DROIT PÉNAL ET PROCÉDURE PÉNALE

Jean-Claude Soyer
Professeur émérite de l'Université Panthéon-Assas (Paris II)
Membre français de la Commission Européenne
des Droits de l'Homme (1981-1999)

DROIT PÉNAL ET PROCÉDURE PÉNALE

20e édition

L.G.D.J
lextenso éditions

33, rue du Mail, 75081 Paris Cedex 02
ISBN 978-2-275-03303-7

Avant-propos
de la 20e édition

« Il existe des traités, même des précis de Droit pénal, parfaitement détaillés, riches et denses. Pourquoi dès lors ce livre ? Son ambition est autre : ne pas tout dire, certes, mais dire tout ce qu'il est possible de rendre clair ». Ainsi commençait la préface de ce manuel, lors de sa 1re édition... en 1972 !

L'ambition de l'auteur n'a pas fléchi. Mais elle se heurte à la réalité contemporaine : beaucoup de textes normatifs-hâtifs, peu de principes, trop de détails, une rédaction parfois brumeuse...

Jean François Revel disait : « *la philosophie vise à nous faire comprendre le monde. Mais elle est le plus souvent incompréhensible* ». Nos législateurs deviendraient-ils philosophes ?

Mes remerciements vont à tous ceux qui m'ont aidé de leur expérience professionnelle. Notamment à Mr le Président Gilbert Azibert, Mr le Procureur Général Yves Bot, Mr le Président Jacques Buisson et — tout particulièrement — Mr le Juge des enfants Pierre Pédron.

Bibliographie Sommaire

CONTE, MAISTRE DU CHAMBON. — Droit pénal général, A. Colin.
DEBOVE, FALLETTI. — Précis de droit pénal et de procédure pénale, PUF.
DECOCQ. — Droit pénal général, A. Colin.
GUINCHARD, BUISSON. — Procédure pénale, Litec.
LEVASSEUR, CHAVANNE, MONTREUIL, BOULOC, MATSOPOULO. — Droit pénal général et Procédure pénale, Sirey.
MERLE et VITU. — Traité de Droit criminel, Cujas.
PEDRON. — Droit et pratiques éducatives de la Protection judiciaire de la jeunesse (mineurs en danger, mineurs délinquants), Gualino.
PRADEL. — Droit pénal, Cujas. — Procédure pénale, Cujas — Droit pénal comparé, Dalloz.
RASSAT. — Droit pénal, PUF — Procédure pénale, PUF.
ROBERT. — Droit pénal général, PUF (Thémis).
STEFANI, LEVASSEUR et BOULOC. — Précis de Droit pénal général et précis de Procédure pénale, Dalloz.
ENCYCLOPEDIE DALLOZ. — Répertoire de Droit pénal et Procédure pénale.
JURIS-CLASSEURS : de Droit pénal et Procédure pénale.

Abréviations

B. crim. : Bulletin Criminel.
CP : Code Pénal.
CPP : Code de procédure pénale.
D : Dalloz.
GP : Gazette du Palais.
JCP : Juris-Classeurs Périodiques.

Recommandation préliminaire

Travailler avec les Codes (pénal, procédure pénale)
dans leur version **à jour**.

Pour cela recourir aux ressources immenses du WEB.
Et surtout du site
www.legifrance.gouv.fr

Le recours fréquent au site legifrance est d'autant plus recommandé, que les réformes ne cessent pas de se succéder.

Ainsi, cette 20e édition du Manuel s'est close au 30 juin 2008. Mais dès le 2 juillet, paraissait au *Journal Officiel* (n° 153), la loi 2008-644 du 1er juillet 2008, créant de nouveaux droits pour les victimes et améliorant l'excécution des peines.

Introduction

Généralités

1. Objet du système répressif. — Dans notre société, le système répressif contemporain s'attache à concilier la protection de l'ordre social et la sauvegarde des libertés individuelles. Il s'ensuit que le Droit pénal et la Procédure pénale reposent sur trois principes.

2. Le principe de légalité. — Ce principe peut ainsi s'énoncer : « pas d'infraction, et pas de peine sans texte de loi » : nécessité de la répression qui protège l'ordre social contre les auteurs d'infractions, mais en même temps, exigence d'une loi, qui prévient et menace tous de la même façon. Cette loi, valant pour tous, protège chaque citoyen de l'arbitraire. D'où le Droit pénal et son « corpus » premier : le Code pénal.

3. Le principe du respect des droits de la défense. — Encore faut-il appliquer le Droit pénal, concrètement, à la suite de procédures protectrices des droits individuels. D'où la procédure pénale, et son corpus premier : le Code de procédure pénale. À cette fin énumère-t-il les formalités protectrices de tout citoyen : à propos, notamment, de la garde à vue, des perquisitions et saisies, de la détention provisoire ; de l'interrogatoire d'une personne mise en examen ; des voies de recours : autant de garanties pour les libertés individuelles et le respect des droits de la défense.

4. Le principe de l'aptitude à la réinsertion sociale. — Ce principe joue après condamnation, dans l'exécution des peines privatives de liberté. Ces peines doivent être aménagées de façon que le condamné reçoive sa chance de revenir dans la société et d'y jouer un rôle normal. Un tel principe entraîne une conséquence majeure : si la peine a pour objet plutôt de traiter (au sens curatif) que d'infliger (au sens répressif), c'est que l'on considère beaucoup moins l'infraction commise et le passé que l'avenir de la société et le devenir du délinquant, par sa « resocialisation ». Cette optique nouvelle conduit à « décrocher » la réaction sociale contre la délinquance de la seule finalité réprobatrice et dissuasive. On voit alors apparaître la notion de mesure de sûreté (*infra,* n° 323 s.) moralement neutre, étrangère à l'idée d'opprobre et d'expiation.

5. Peine et mesure de sûreté. — Beaucoup se demandent, à présent, si le déclin de la sévérité, si l'émoussement de la peine et de son pouvoir d'intimidation ne constituent pas une très coûteuse erreur. Devant la multiplication des vols, des agressions, du vandalisme, des attentats, ne faudra-t-il pas revenir à une politique de répression résolue, qui ose vraiment punir ? Cette question de demain, pour capitale qu'elle soit, doit suivre et ne peut pas précéder le constat d'aujourd'hui. Aujourd'hui, notre système actuel, imprégné des idées décrites, est composite dans ses sanctions. Il comporte, à côté de la peine, largement adoucie et dès lors beaucoup moins dissuasive, des mesures de sûreté, qu'inspire et que façonne un esprit de « médecine sociale ».

La mesure de sûreté la plus usuelle concerne l'enfance délinquante : à l'égard des mineurs (moins de 18 ans à l'époque des faits) qui ont commis une infraction, on appliquera, autant que possible, des mesures de protection, d'assistance, de surveillance ou d'éducation. La prévention prévaut alors sur la répression. Au total, les règles concernant la délinquance juvénile sont empreintes d'un particularisme important. La minorité pénale doit donc être traitée séparément du Droit pénal et de la Procédure pénale (*infra,* n° 929 s.).

6. Contenu et plan du manuel. — Le recensement qui vient d'être fait délimite le triple contenu et le plan de ce livre : **droit pénal** (1re Partie), **procédure pénale** (2e Partie), la **minorité pénale** (3e Partie). Mais avant de suivre ce plan général, il faut se munir, dans cette introduction, d'un double éclairage. D'une part, on sait que le principe de légalité confère une importance primordiale aux deux Codes, Code pénal et Code de procédure pénale. S'il est vrai de dire, en reprenant la vieille plaisanterie, que le juriste est un obsédé textuel, cela trouve surtout sa vérité à propos du Droit pénal et de la Procédure pénale, où les deux Codes sont d'une utilisation constante. D'où leur présentation (chapitre 1). Mais, encore faut-il d'autre part, éclairer ces Codes par l'histoire des idées et des faits dont ils sont l'aboutissement. Il convient donc de décrire l'évolution du Droit pénal et de la Procédure pénale (chapitre 2).

Chapitre 1
Présentation des Codes et notions clés

7. Présentation : couleur. — Code pénal ou Code de procédure pénale, cela désigne en pratique des livres nommés d'après leur éditeur : ainsi codes Dalloz, de couleur rouge ; codes Litec, de couleur bleue. Leur présentation ne consiste pas seulement à en donner une vue d'ensemble. Il faut aussi, tant du Code pénal (Section 1) que du Code de procédure pénale (Section 2), extraire quelques notions clés, ou quelques schémas directeurs, dont on retrouve, très vite et partout, la nécessité.

Section 1
Le Code pénal

8. Distinction du Code pénal proprement dit et de ses ajouts. — À l'intérieur d'un Code pénal, qu'il soit Dalloz ou Litec, on trouve d'abord le Code pénal proprement dit, puis ce que l'on peut appeler les ajouts. Le Code pénal proprement dit (en abrégé : CP) forme un ensemble systématique et général, construit par l'autorité publique. L'ensemble comporte, outre les principes généraux du Droit pénal, un catalogue qui classe les infractions selon des catégories homogènes. Ce Code pénal en vigueur le 1er mars 1994, a remplacé le Code pénal remontait à 1810. Les **ajouts** réunissent des textes particuliers, épars, postérieurs à la codification. Leur regroupement méthodique, qui vise à faciliter leur consultation, est le fait non plus de l'autorité publique, mais d'un éditeur privé... Les textes y sont classés soit par ordre alphabétique (fraudes, jeux, pêche, presse...) soit par ordre chronologique.

9. Les deux parties du Code pénal. Leur numérotation. — La Constitution de 1958 opère une délimitation rigoureuse entre le domaine de la loi et le domaine du règlement (*infra,* n° 88 s.). La loi au sens étroit du mot est votée par le pouvoir législatif. Le règlement est édicté par le pouvoir exécutif. Or, s'agissant du Droit pénal, la Constitution (art. 34) prévoit que les règles générales et les infractions les plus graves (crimes et délits) ressortissent au domaine législatif, tandis que les détails d'application et les infractions les moins graves (contraventions) ressortissent au domaine réglementaire (art. 37).

À ces deux sources, correspondent les deux parties du Code pénal : partie législative, partie réglementaire, et leur double numérotation. Celle-ci, toujours du type décimal (*infra,* n° 54-2°), se différencie selon la partie considérée du Code. Quant à la **partie législative**, un article est cité par son numéro seul. Par exemple, article 221-1 CP pour le crime de meurtre. Quant à la **partie réglementaire**, un article est cité par son numéro précédé de R, lettre initiale du mot « Règlement ». Par exemple, article R. 623-2 CP pour la contravention de tapage nocturne. Cela précisé, reste à décrire distinctement chacune des deux parties du Code pénal.

10. Première partie du Code pénal : la partie législative. Son plan. — Dans sa « première partie : législative », le Code pénal se divise en livres. Le Livre I traite des dispositions générales : loi pénale, responsabilité pénale, peines. Le Livre II traite des crimes et délits contre les personnes. Le livre III (art. 311-1 à 324-9), des crimes et délits contre les biens. Le livre IV (art. 410-1 à 450-5) des crimes et délits contre la nation, l'État et la paix publique. Le livre V « des autres crimes et délits ». Le livre VI des contraventions (voir n° suivant). Le livre VII réunit les dispositions spéciales aux territoires d'outre-mer.

11. Seconde partie du Code pénal : la partie réglementaire. Son plan. — Dans cette seconde partie : « décrets en Conseil d'État », le Code pénal se divise en sept livres. Les cinq premiers livres se répartissent exactement comme ceux de la partie législative (*supra,* n° 10), qui concernaient les crimes et les délits. C'est dire qu'alors, le règlement ne peut édicter d'incrimination. Il se limite donc à formuler des règles d'application de la loi, sans créer aucun crime ni délit. Le livre sixième se dénomme « des contraventions », pour lesquelles le pouvoir exécutif a non seulement compétence, mais exclusivité. Les articles de ce livre sixième sont précédés de la lettre R, pour Règlements. Le livre septième réunit les dispositions spéciales aux territoires d'outre-mer.

12. Les trois tables du Code pénal. — Quelle que soit l'édition de l'ouvrage « Code pénal », on a vu qu'il comporte (*supra,* n° 8) d'abord le Code pénal proprement dit, lequel suit un plan officiel, par conséquent intangible. À la suite de ce Code, viennent les ajouts (annexe, appendice...) où l'éditeur rassemble des textes divers, mais classés suivant un ordre alphabétique ou chronologique. Pour guider les recherches, l'ouvrage comporte, trois sortes de table.

• La **table analytique** (dite aussi table des matières) retrace le plan du Code pénal proprement dit (*supra,* n° 10 et 11), et ne concerne que lui.

• La **table chronologique**, se référant aux textes d'après leur date, ne vaut que pour les ajouts au Code (exemple : loi du 25 février 2008 sur la rétention de sûreté).

• La **table alphabétique** couvre tant le Code pénal proprement dit que l'appendice. Les textes recherchés se trouvent signalés dans cette table suivant les mots significatifs qu'ils concernent, mots classés de A jusqu'à Z comme dans un dictionnaire.

13. La distinction du Droit pénal général et du Droit pénal spécial. — L'existence de ces diverses tables marque la nécessité, parfois la difficulté, de retrouver le texte relatif à telle ou telle infraction, dans le maquis des textes applicables. Que ces textes soient inclus ou non dans le Code pénal proprement dit, ils conservent la même valeur. Mais on trouve dans ce Code pénal proprement dit, à côté d'une énumération d'infractions une à une définies, les principes généraux relatifs à la loi pénale, à la responsabilité pénale, à la peine. Cela constitue ce qu'on appelle le Droit pénal général, par opposition avec le Droit pénal spécial, qui considère chacune des incriminations dans sa singularité. Le Droit pénal spécial se ramifie. Par exemple, la complexité du monde moderne érige en discipline séparée, donnant lieu d'ailleurs à enseignement distinct, une branche du Droit pénal spécial, le Droit pénal des affaires, qui traite, une à une, des multiples infractions pouvant être commises dans la vie des affaires.

14. La prééminence du Code pénal proprement dit. — C'est parce qu'il est le bréviaire du Droit pénal général que le Code pénal proprement dit conserve sa prééminence. D'autres textes, extérieurs à lui, peuvent contenir des dispositions pénales d'une importance pratique très grande (ainsi, Code de la route 1958). Mais les principes généraux se trouvent dans le Code pénal proprement dit ; on a vu d'ailleurs (*supra,* n° 10) qu'ils sont rassemblés dans le livre premier de ce Code, désormais cité par ses initiales : CP. L'article qui débute le Code pénal (art. 111-1) contient la disposition-clé de notre système répressif : la classification des infractions en crimes, délits, contraventions. Classification d'une telle importance qu'il faut s'y appesantir, traitant d'abord de son critère (§ 1), puis de ses conséquences (§ 2).

§ 1. Le critère de la classification des infractions en crimes, délits, contraventions

15. Rapport entre la nature de l'infraction et la peine encourue. — L a gravité d'une infraction se marque par la peine dont la loi réprime cette infraction. Il suffit donc de connaître la liste des peines criminelles, correctionnelles et contraventionnelles (dites encore de police) pour trier les infractions : crimes, délits ou contraventions.

16. Simplicité du critère. — Sont des crimes (art. 131-1 CP) les infractions punies de la réclusion ou de la détention, qu'elle soit perpétuelle ou temporaire. Sont des délits (art. 381 Code de procédure pénale, désormais cité par ses initiales : CPP) les infractions que la loi punit d'emprisonnement ou d'une peine d'amende égale ou supérieure à 3 750 euros. Sont des contraventions (article 131-13 CP), les infractions que la loi punit d'une peine d'amende n'excédant pas 3 000 euros.

17. Précisions quant au critère. — Le critère prend en compte la peine attachée par la loi à l'infraction, et non pas la peine effectivement prononcée contre tel ou tel coupable. Or, le juge dispose, dans le choix de la peine, de pouvoirs très larges d'appréciation quant à la peine (*infra,* n° 388 s.). Il peut donc se faire, par exemple, que l'auteur d'un crime se trouve puni de simple emprisonnement (art. 132-18 CP) ou l'auteur d'un délit d'une amende de taux contraventionnel (art. 132-20 CP).

Mais cela ne modifie pas pour autant la nature de l'infraction commise. La solution s'impose, puisque la classification des infractions en crimes, délits, contraventions produit ses conséquences indépendamment de la décision sur la peine. Ce qu'il faut maintenant vérifier.

§ 2. Les conséquences de la classification des infractions en crimes, délits, contraventions

18. Diversité des conséquences. Distinction. — Ces conséquences sont importantes et nombreuses. On les retrouve dans presque tout le Droit pénal et la Procédure pénale. On distinguera : conséquences de fond, conséquences de forme.

19. Les conséquences de fond. — Certaines de ces conséquences concernent le montant de la répression applicable à tel infracteur.

Ainsi, dans le cas de récidive, qui aggrave la peine encourue (*infra*, n° 434 s.). On verra que les règles applicables varient suivant que l'infraction autrefois commise était un crime, un délit, ou une contravention. D'autres conséquences concernent la tentative, la complicité et la prescription.

• La **tentative**. Selon l'article 121-4 CP, l'auteur d'une tentative de crime est toujours punissable, et comme s'il était l'auteur du crime consommé. L'auteur d'une tentative de délit correctionnel est punissable comme s'il était l'auteur du délit consommé, mais seulement dans les cas où le texte définissant ce délit le prévoit. L'auteur d'une tentative de contravention n'est jamais punissable.

• La **complicité** est punissable dans le domaine des crimes et des délits correctionnels (art. 121-6 CP). Elle ne l'est, dans le domaine des contraventions, que s'il s'agit d'une complicité par instigation (*infra*, n° 167).

• La **prescription**, qui s'opère par l'écoulement d'un certain délai, peut être de deux sortes. La prescription de l'action publique fait obstacle à la poursuite du délinquant, et joue donc avant toute condamnation. La prescription de la peine fait obstacle à l'exécution de la peine prononcée, ce qui suppose une condamnation.

Certaines infractions « odieuses » obéissent à des règles spéciales. Ainsi les crimes contre l'humanité sont imprescriptibles (art. 213-5 CP) ; en matière de terrorisme ou de trafic de stupéfiants, les crimes se prescrivent par 30 ans, les délits par 20 ans (art. 706-25-1 et 706-31 CPP). Et ces solutions valent à la fois pour l'action publique et pour la peine.

Dans toutes les autres hypothèses, la situation est la suivante. Le délai de prescription, plus long pour les crimes, s'abrège pour les délits et devient plus court encore pour les contraventions. Pour l'action publique, 10, 3, 1 an (art. 7). Pour la peine 20, 5, 3 ans (art. 133-2 CP). On notera que la prescription de la peine exige en général un délai beaucoup plus long que le délai requis pour la prescription de l'action publique. Cela se comprend : la prescription de la peine suppose qu'il y ait eu condamnation, et par conséquent constat officiel et public de culpabilité.

20. Les conséquences de forme. — Ces conséquences ont trait, soit à la compétence, soit à la procédure.

• La **compétence** : sauf exceptions rares (*infra*, n° 816 s.), les crimes sont jugés par une Cour d'assises, les délits correctionnels par un tribunal correctionnel, les contraventions par un tribunal de police.

• La **procédure**, normalement, varie dans sa longueur et sa minutie, suivant la gravité de l'infraction, crime, délit ou contravention. Qu'elles soient de compétence ou de procédure, ces conséquences mettent en jeu la procédure pénale. Elles sont donc réglées par le Code de procédure pénale.

Section 2
Le Code de procédure pénale

21. Plan du Code de procédure pénale. — Le Code de procédure pénale (en abrégé CPP) date de 1958. Il a remplacé le Code d'Instruction criminelle, qui remontait à 1808. À part quelques textes qui lui sont extérieurs (ainsi ceux réglant l'organisation judiciaire, ou la procédure à suivre pour les délinquants mineurs), le Code de procédure pénale intègre toutes les dispositions de procédure pénale, selon un plan largement chronologique.

• Un titre préliminaire traite de **l'action publique**, et de **l'action civile** qui peut coexister. Cela s'explique, puisque l'action publique, que le procès pénal a pour but de juger, est au commencement de ce procès.

• Un livre 1 est consacré à la **police judiciaire**, au **Ministère public**, aux **juridictions d'instruction**, en d'autres termes à la phase préliminaire du procès pénal, phase visant à l'élucidation de l'affaire avant de la soumettre, lors du procès proprement dit, à une juridiction de jugement.

• Un livre 2 traite des **juridictions de jugement**.

• Un livre 3 des **voies de recours extraordinaires**. Puis, toujours en suivant le déroulement du procès jusqu'à ses conséquences ultimes, après un livre 4 concernant quelques procédures particulières, le livre 5 décrit les procédures d'exécution des jugements intervenus. Ce plan se retrouve dans les diverses parties que comporte le Code de procédure pénale.

22. Les diverses parties du CPP. — Suite à la distinction imposée par la Constitution de 1958 entre le domaine de la loi proprement dite et le domaine des règlements (*infra,* n° 86), on distingue dans le CPP cinq parties. Après une 1re partie législative, dont on cite les articles sans les faire précéder d'aucune lettre, se succèdent quatre parties réglementaires qui réunissent – successivement – les Décrets en Conseil d'État, les Décrets simples, les Arrêtés, une Instruction générale ou Circulaire d'application.

Pour distinguer chacune des parties réglementaires, on en cite les articles en les faisant précéder d'une initiale correspondant à la nature du texte (exemple : art. R. 1 pour l'art. 1 de la partie consacrée aux décrets en Conseil d'État, autrefois nommés Règlements d'administration publique — art. D. 1 : art. 1 des Décrets — art. A. 1 : art. 1 des Arrêtés — art. C. 1 : art. 1 de la Circulaire d'application).

23. Les éditions du CPP — Structure et tables. — Ce qui précède vaut pour le Code de procédure pénale proprement dit, ensemble structuré par le législateur. Les éditions commerciales (Dalloz, Litec) qui reproduisent ce Code proprement dit le complètent par des textes divers, dont le regroupement facilite la tâche du juriste. Ces ajouts (on y trouve, par exemple, le Code de justice militaire) portent le nom, suivant l'éditeur, d'appendice ou d'annexes.

À la fin du volume contenant l'ensemble, et quel qu'en soit l'éditeur, trois tables figurent.

- La **table analytique**, dite aussi table des matières, qui reproduit le plan suivi par le Code proprement dit ;
- La **table chronologique**, concernant les textes divers de l'appendice ou de l'annexe ;
- La **table alphabétique**, qui couvre tant le CPP proprement dit que l'appendice. Ces trois tables, on le voit, sont les mêmes que celles qui permettaient les recherches dans le Code pénal (*supra,* n° 12).

24. Les idées directrices de la Procédure pénale. — La présentation du CPP est incomplète sans la mise en lumière des deux idées qui dominent notre Procédure pénale. La première de ces idées concerne les organes de la Procédure pénale (§ 1). La seconde de ces idées éclaire le déroulement de la Procédure pénale (§ 2).

§ 1. Les organes de la Procédure pénale

25. L'unité de la justice pénale et de la justice civile. — Dans notre organisation judiciaire, il y a unité de la justice pénale et de la justice civile.

- À chaque étage de la pyramide judiciaire, une **même juridiction** englobe les rouages de la justice répressive et ceux de la justice civile. Ils sont, les uns et les autres, semblablement disposés au regard des voies de recours, appel ou cassation (voir schéma, ci-contre). L'unité des juridictions s'accompagne d'une l'**unité de personnel**. Il pourra se faire que, dans une « petite » juridiction, par exemple, les mêmes juges siègent tantôt au civil, tantôt au pénal. Dans une juridiction plus vaste, les magistrats qui siègent seulement au pénal peuvent avoir été, dans une étape antérieure de leur carrière, des juges qui siégeaient seulement au civil. Car ces magistrats ont été recrutés de la même façon et ont subi la même formation de départ (sauf rare exception, École nationale de la magistrature), quel que soit leur poste à une période déterminée de leur vie professionnelle. La même observation explique d'ailleurs qu'au cours de leur carrière, des magistrats qui siègent dans une juridiction de jugement aient autrefois occupé des fonctions d'instruction (ou l'inverse). Et même, que des magistrats du Ministère public aient autrefois occupé des fonctions de jugement, ou l'inverse.

• Mais cela n'est vrai qu'en ce qui concerne les hommes dans l'évolution de leur carrière. Cela cesse d'être vrai en ce qui concerne les fonctions qu'ils occupent à un moment donné, pour une affaire donnée. Alors, il y a, il doit y avoir indépendance : soit du Ministère public et de la juridiction de jugement (*infra,* n° 658) ; indépendance du Ministère public et de la juridiction d'instruction (*infra,* n° 748) ; indépendance de la juridiction d'instruction et de la juridiction de jugement (*infra,* n° 803). Comme le montre leur schéma récapitulatif (page suivante), les organes de la procédure pénale peuvent donc être distingués par leurs fonctions. Comment s'exercent ces fonctions ? C'est ici qu'entre en jeu la seconde idée directrice, relative au déroulement de la Procédure pénale.

§ 2. Le déroulement de la Procédure pénale

26. Idées directrices. — La procédure pénale vise à protéger les citoyens contre des poursuites arbitraires. Cette protection repose sur deux piliers : présomption d'innocence et respect des droits de la défense. Mais on ne peut pas, pour autant, négliger une autre valeur fondamentale, nécessaire à la protection des victimes : la répression. La conciliation de ces nécessités contradictoires n'est pas toujours aisée, surtout dans une société sujette à d'immenses mutations. Il faut y ajuster la procédure pénale.

27. Réformes et permanence. — Pour ce faire, les réformes ont été nombreuses. Maintes lois modificatrices sont intervenues. Elles seront prises en compte, bien entendu, dans les développements ultérieurs. Mais une constance demeure. On ne peut juger de la même manière un stationnement prohibé, une escroquerie, un assassinat. Les

SCHÉMA DES ORGANES DE LA PROCÉDURE PÉNALE

MINISTÈRE PUBLIC	JURIDICTIONS D'INSTRUCTION	JURIDICTIONS DE JUGEMENT	RAPPORTS (ET UNITÉ) AVEC LA JUSTICE CIVILE	ÉTAGEMENT DES JURIDICTIONS
Procureur général de la Cour (et son Parquet)	Commission d'instruction	Chambre criminelle	Chambre civile	COUR DE CASSATION
Procureur général de la cour d'appel et son Parquet	Chambre de l'instruction	Cours d'assises (avec jurés)	Chambre civile	COUR D'APPEL
Procureur de la République	Juge d'instruction	Tribunal correctionnel	Chambre civile	TRIBUNAL DE GRANDE INSTANCE
Commissaire de police		Tribunal de police Juridiction de proximité	Tribunal d'instance	TRIBUNAL D'INSTANCE

investigations menées doivent dépendre, bien sûr, de la gravité de l'infraction. Une instruction, confiant à un juge qui en est chargé des pouvoirs très étendus d'investigation, ne doit s'imposer que dans les hypothèses graves. Par là se justifie la distinction que l'article 79 CPP opère : « L'instruction est obligatoire en matière de crime ; sauf dispositions spéciales, elle est facultative en matière de délit ; elle peut également avoir lieu en matière de contravention si le Procureur de la République le requiert... ». Il convient dès lors de distinguer entre la matière criminelle et la matière non-criminelle.

28. Procédure pénale en matière criminelle. — S'il y a crime, la saisine d'un juge d'instruction est obligatoire. Et longtemps, l'instruction devait être à double étage. Après l'instruction du premier degré par le juge d'instruction, se plaçait nécessairement une instruction de second degré, par la chambre d'accusation, qui seule pouvait renvoyer l'affaire devant la terrible Cour d'assises, associant trois juges de profession aux neuf jurés, simples citoyens désignés par le sort. Et cette Cour d'assises (sauf cassation de son verdict pour manquement à la loi) statuait souverainement.

Mais tout change... À présent, c'est le juge d'instruction qui renvoie l'affaire aux Assises — directement — par une ordonnance de mise en accusation (*infra,* n° 783 s.). Car le verdict d'une Cour d'assises n'est plus, comme il le fut si longtemps, souverain. L'appel en est à présent possible devant une autre Cour d'assises, de composition semblable, avec simplement un nombre plus substantiel de jurés, douze au lieu de neuf (*infra,* n° 833 s.).

29. Procédure pénale en matière non-criminelle. — Il faut ici distinguer.

• Il se trouve dans l'affaire en cause des faits simples et non controversés. C'est le cas en général pour les contraventions (*infra,* n° 875 s.) et pour un certain nombre de délits. Alors c'est au moyen d'une « citation directe » que la juridiction de jugement sera saisie, soit par la victime, soit par le Ministère public.

• Les faits sont ou complexes ou non établis. Il faut alors recourir à l'instruction, laquelle se trouve ouverte soit à la demande de la victime (plainte avec constitution de partie civile) soit sur initiative du ministère public, par un réquisitoire à fin d'informer, dit encore réquisitoire introductif. Le juge d'instruction saisi, une fois terminées ses investigations, rendra soit une ordonnance de non-lieu, soit une ordonnance de renvoi qui sera, suivant les cas, devant le tribunal de police ou devant le tribunal correctionnel.

Chapitre 2
L'évolution du Droit pénal et de la Procédure pénale

30. Division. — Cette longue évolution est complexe. Dans l'espoir que ses grandes lignes se dégagent bien, il faut accepter certaines simplifications, sachant que ce ne fut pas si simple, et séparer nettement les périodes, sachant que leur découpage, parfois, ne fut pas si net. 1810 — date du Code pénal Napoléon — constitue la date charnière. On distinguera par conséquent l'évolution jusqu'à 1810 (Section 1) et depuis 1810 (Section 2).

Section 1
L'évolution du Droit pénal et de la Procédure pénale jusqu'à 1810

31. Les diverses phases. — Cette longue évolution peut être ainsi jalonnée : le déclin de la justice privée (§ 1) ; l'Ancien Droit allant du XVIe au XVIIIe siècle (§ 2) ; les conquêtes légalistes, à la fin du XVIIIe siècle (§ 3) ; les Codes napoléoniens (§ 4).

§ 1. Le déclin de la justice privée

32. Le processus du déclin. — Suivant un schéma souvent répété, même s'il n'est pas universel, au commencement fut le règne de la force. À l'intérieur du groupe social primitif, il existait une autorité domestique, imposant ses préceptes et réprimant leur inobservation. Mais, de groupe à groupe, en l'absence d'une autorité centrale, les torts donnaient lieu à la guerre, à la vengeance non contrôlée. En quelque sorte, dans la nuit des temps, il s'agissait de règlements de comptes. De proche en proche, l'escalade des représailles décime les clans. Pour survivre, il leur faut limiter la vengeance ; en d'autres termes, organiser la justice, mais une justice privée, puisqu'elle est encore rendue par les intéressés eux-mêmes.

Comment y parvenir ? Au fil des siècles, divers procédés y concoururent. **L'abandon noxal** : si le coupable d'une agression injustifiée est abandonné par les siens au clan adverse, ce geste interdit la vengeance sur d'autres que le coupable. **Le talion** : « œil pour œil, dent pour dent » traduisait — originairement — le désir de modérer la vengeance. **La composition pécuniaire** : cette tarification de la vengeance découle du talion, tout comme la vente, grâce à la monnaie, remplace le troc ; non plus œil pour œil, mais telle somme d'argent pour un œil. **Lieux d'asile** : la vengeance est complètement interdite en certains endroits ; ou à certains moments, par les **trêves de Dieu**. Cette dernière expression montre que l'évolution peut tenir à des influences religieuses ; mais elle provient surtout de l'établissement d'un pouvoir central, autorité politique qui plie sous sa loi commune les tribus ou les féodalités rivales. Avec l'organisation de l'État, la justice privée tombe en déclin. En France, au début du XVIe siècle, l'évolution est parachevée : « toute justice émane du Roi ». Ce qu'exprimait, de belle manière, un criminaliste de l'époque (Argou) : « la vengeance est interdite aux hommes. Il n'y a que le Roi qui la puisse exercer par ses officiers, en vertu du pouvoir qu'il tient de Dieu ».

§ 2. L'Ancien Droit

33. Les traits dominants de l'Ancien Droit. — Cette phase, qui va du XVIe siècle à la Révolution française, se caractérise par deux traits : l'arbitraire et la rigueur de la répression.

• **L'arbitraire** de la répression ne signifiait pas que le juge condamnait, pour n'importe quel fait, à n'importe quelle peine. Tel n'était pas le cas : la coutume déterminait les infractions, et le châtiment qui s'y attachait. Si l'adage disait « toutes peines sont arbitraires en ce Royaume », cela signifiait que le juge pouvait graduer la peine prévue par la coutume, suivant les particularités du crime et la perversité du coupable. L'arbitraire d'alors n'était pas seulement judiciaire mais royal. Le Prince, à son caprice, avait le pouvoir d'emprisonner (lettres de cachet), ou pardonner (lettres de grâce, lettres d'abolition de procédure). Certaines catégories de personnes, nobles, ecclésiastiques, bénéficiaient de privilèges, quant aux juridictions et quant aux peines encourues. Ces inégalités-là pouvaient être d'autant plus ressenties que la répression était empreinte de rigueur.

• **La rigueur** de la répression se manifestait dans la cruauté de certaines peines (fouet, roue...), ou dans l'oppression de la procédure qui provoquait l'aveu, preuve décisive, par la torture. La procédure est secrète, non contradictoire ; l'accusé est à la merci du juge, il ignore ce qu'on lui reproche, et doit se taire quand on ne le « fait » pas parler. Bref, suivant un adjectif évocateur, la **procédure** est **inquisitoire**.

Arbitraire et rigueur de la répression suscitèrent, avant même la fin de l'Ancien Régime, des critiques violentes qui appelèrent, et font comprendre, les conquêtes légalistes.

§ 3. Les conquêtes légalistes

34. L'origine des conquêtes légalistes. — Cette origine se trouve dans un livre publié en 1764 par un Italien, Cesare Beccaria : ***« Traité des délits et des peines »***. L'ouvrage eut un succès prodigieux : on peut dire qu'il contribua à la Révolution française. En réaction contre les vices du système alors en vigueur, l'ouvrage préconisait, quant à la répression, l'égalité (au lieu de l'arbitraire) et la modération (au lieu de la rigueur).

• **L'égalité de la répression**. Que tous soient traités de la même façon. Il faut donc qu'à l'avance le citoyen connaisse et la liste des infractions, et le montant de la peine qui s'y attache. Cela exige un texte. Ce texte, parce qu'il limite la liberté, ne peut être qu'une loi, expression de la volonté générale. On reconnaît là les idées de J.-J. Rousseau, et l'application de l'idée de contrat social. On voit alors que le principe de la légalité des délits et des peines sort du souci de l'égalité. Souci poussé si loin, crainte de l'arbitraire si forte, que la peine sera fixe, telle que la loi l'a prévue. Car le Souverain ne disposera pas du droit de grâce. Et le juge, s'il condamne, n'aura pas le pouvoir de doser la répression, qui sera d'ailleurs modérée.

• La **modération** de la répression devient en effet la règle. Un fait ne doit constituer une infraction que s'il inflige un préjudice à la société. En prolongement, la peine n'a de raison d'être que par son utilité. Il ne s'agit pas de faire expier le coupable, en considération du passé ; il suffit d'empêcher qu'à l'avenir ce coupable recommence ou soit imité. Ce qui importe surtout à cette fin, c'est la certitude et la promptitude du châtiment infligé. Les peines atroces de l'Ancien Droit seront donc exclues. De même la torture, et la procédure inquisitoire qu'elle servait. Au contraire, l'individu poursuivi sera présumé innocent, la **procédure** doit être **accusatoire,** c'est-à-dire publique et contradictoire, à l'imitation de l'Angleterre : d'où l'institution du jury, juridiction formée de simples citoyens. Ces idées eurent un retentissement profond. Les édits de Lamoignon, que Louis XVI s'efforça vainement de faire entrer en vigueur en mai 1788, s'en inspiraient beaucoup. Les cahiers de doléances, rédigés peu après en vue de la réunion des états généraux, demandaient pour la plupart l'instauration pure et simple du système décrit par Beccaria.

35. La réalisation des conquêtes légalistes. — La Révolution française allait, bien entendu, consacrer ce système. La Déclaration des Droits de l'Homme de 1789 le fait en des termes révélateurs de leur origine.

- Article 5 : « la loi n'a le droit de défendre que les actions nuisibles à la société... ».
- Article 6 : « la loi est l'expression de la volonté générale. Elle doit être la même pour tous, soit qu'elle protège, soit qu'elle punisse... ».
- Article 8 : « la loi ne doit établir que des peines strictement et évidemment nécessaires, et nul ne peut être puni qu'en vertu d'une *loi* établie et promulguée antérieurement au délit ».
- Article 9 : « tout homme est présumé innocent jusqu'à ce qu'il ait été déclaré coupable... ».

Ces principes furent complétés ultérieurement... après la parenthèse de la Terreur. La Convention, dans son Code de Brumaire an IV, ancra la procédure accusatoire et le recours au jury, la suppression du droit de grâce et l'instauration des peines fixes. Beccaria avait triomphé, les conquêtes légalistes étaient acquises. Qu'allait en faire Napoléon 1er ?

§ 4. Les Codes napoléoniens

36. Une œuvre de conciliation. — Les Codes napoléoniens firent en ce domaine, comme en d'autres, œuvre de conciliation entre la Révolution (l'Empire en était sorti, il ne pouvait la renier), et l'Ancien Droit, enraciné par deux siècles de tradition.

37. La conciliation dans le Code d'Instruction criminelle. — La conciliation s'opéra d'abord dans le Code d'Instruction criminelle (1808), ancêtre du Code de procédure pénale. Au stade de l'instruction, la procédure était, comme jadis, inquisitoire (sans la torture, toutefois !). Mais au stade du jugement, la procédure devenait accusatoire, c'est-à-dire orale, publique, contradictoire, avec, pour le jugement des crimes, une Cour d'assises dont le jury était composé de simples citoyens.

38. La conciliation dans le Code pénal. — De même, en 1810, le Code pénal opéra-t-il une conciliation.

• D'une part, la modération de la répression est abandonnée. On fait retour à la rigueur de l'Ancien Droit. Élévation générale des peines, châtiments corporels assez fréquents, peines cruelles comme le carcan, la marque au fer rouge, l'amputation du poing. Cette cruauté de retour s'explique par des raisons de fait ; durant la tourmente révolutionnaire, brigandage et pillage s'étaient répandus ; mais elle s'explique aussi par des raisons de doctrine. On ressentait l'influence d'auteurs nouveaux. Kant, qui avait exalté la justice absolue, et la vertu de l'expiation, tournée vers le passé. Bentham, qui fondait la peine, comme Beccaria, sur son utilité, mais ne répugnait pas à une extrême sévérité, en vue d'une bonne intimidation.

• D'autre part, la légalité de la répression garde sa force presque entière. Le Code pénal conserva la solution révolutionnaire. Sans doute n'allait-il pas jusqu'à maintenir, dans sa rigidité, la fixité des peines. La peine applicable à l'infraction était définie par un maximum et un minimum, à l'intérieur desquels le juge choisissait librement. Mais le jeu des circonstances atténuantes permettant de descendre au-dessous de ce minimum était strictement limité. Pour l'essentiel, la légalité l'emportait. Suivant l'article 4 CP : « nulle contravention, nul délit, nul crime, ne peuvent être punis de peines qui n'étaient pas prononcées par la loi avant qu'ils fussent commis ».

Cet impératif demeure. Cependant, le Code pénal de 1810, sur bien d'autres points, a supporté des modifications profondes, résultant de nombreuses lois, avant que ne lui succède, au 1er mars 1994, un nouveau Code pénal (*supra,* n° 8). Quant au Code d'Instruction criminelle, il fut remplacé, après cent cinquante années d'existence, par le Code de procédure pénale (1958).

Section 2
L'évolution du Droit pénal et de la Procédure pénale depuis 1810

39. Division. — On ne prétend pas retracer ici tous les méandres de l'histoire et les multiples retouches subies jusqu'à présent par notre système pénal. Par exemple, les mouvements anarchistes de la fin du XIXe siècle, la tension internationale précédant la Seconde Guerre mondiale, ont entraîné un durcissement de la répression quant aux infractions subversives. Sans parler de ces réformes — importantes, mais « circonstancielles » — on s'efforcera surtout de mettre en lumière les deux facteurs principaux de l'évolution : d'une part, l'influence des doctrines successives (§ 1) ; d'autre part, l'apparition et le développement des sciences criminelles (§ 2). Ainsi pourra-t-on mieux situer l'état actuel de l'évolution (§ 3).

§ 1. L'influence des doctrines successives

40. Les trois écoles principales. — On doit oublier des courants de pensée non négligeables mais secondaires, pour tenter d'avoir une vue d'ensemble. On distinguera donc les trois écoles qui, l'une après l'autre, ont jalonné de leur influence la politique criminelle. À savoir : l'École néo-classique (A), l'École positiviste (B), l'École de la défense sociale nouvelle (C).

A L'École néo-classique

41. Doctrine de l'École néo-classique. — Cette école, représentée par Guizot, Ortolan, Rossi, domine les années 1830-1870. Elle s'épanouit avec le renouveau libéral qui marque le début de la monarchie de Juillet. Une maxime résume sa doctrine : « punir pas plus qu'il n'est juste, et pas plus qu'il n'est nécessaire ». En réaction contre le Code pénal et sa rigueur, l'École néo-classique prône donc la modération dans la répression, comme Beccaria. Mais l'École s'écarte fondamentalement de Beccaria, quant à la modulation de la peine ; bien loin que cette peine soit égale pour tous les auteurs d'une même infraction, on la fera dépendre du degré de responsabilité morale de chaque délinquant. Contrairement à ce que pensaient les philosophes du XVIIIe siècle, les hommes n'ont pas tous le même discernement, les données psychologiques changent à l'infini suivant les individus.

En particulier, on montrera de l'indulgence pour les crimes politiques, dont le mobile est noble. En général, on redonnera au juge une très large liberté d'appréciation, lui permettant « l'individualisation de la peine ». Une dérivation de l'École néo-classique se préoccupa plutôt des modalités d'infliction de la peine, voulant qu'elle soient organisée de manière à produire l'amendement du condamné. Pour éviter l'effet corrupteur des prisons, on prôna l'emprisonnement cellulaire, ou, pour les travaux forcés, la transportation dans les territoires coloniaux, afin d'améliorer « l'homme par la terre, la terre par l'homme ».

42. Influence de l'École néo-classique. — Elle fut grande. Son programme passa largement dans le Droit positif. On adoucit les peines (lois de 1832, 1863), on accrut le domaine et la portée des circonstances atténuantes (1832), on abolit la peine de mort en matière politique (1848). Les travaux forcés furent subis outre-mer (1845), l'emprisonnement cellulaire fut largement prescrit, au moins dans les textes (1836, 1841, 1875). Malchance de cette doctrine : son influence, qui fut grande, se révéla désastreuse. La criminalité s'amplifia beaucoup, ce qui prouvait l'échec de l'intimidation ; le nombre des récidivistes se multiplia, ce qui prouvait l'échec de l'amendement. Un changement radical apparut nécessaire. L'École positiviste le proposait.

B L'École positiviste

43. Doctrine de l'École positiviste. — Cette école apportait un programme « de rupture », des idées tout autres. Elles furent d'abord présentées dans un livre, bientôt fameux, l'homme criminel (1876), œuvre d'un médecin d'Italie, Lombroso. Elles furent ensuite précisées, ou par Lombroso lui-même dans les éditions ultérieures de son livre, ou par deux de ses compatriotes, Ferri et Garofalo, autres chefs de file du positivisme.

Pour l'essentiel, le positivisme se résume en un maître-mot, celui de **déterminisme.** Le destin de chaque homme est par avance scellé, ses actes ne dépendent pas de sa liberté, qui n'est qu'une vieille illusion. La responsabilité morale est donc à bannir : on ne peut pas vous reprocher ce qui ne dépend pas de vous. La notion même de peine, avec l'idée de rétribution et de réprobation qui s'y attache, doit disparaître. Punit-on un typhoïdique ? On le soigne.

44. La mesure de sûreté. — Pour bien marquer la rupture, on ne parlera plus de peine ; on parlera de mesure de sûreté, décidée non d'après la faute du délinquant, puisqu'il ne peut pas en avoir commis, n'ayant fait que suivre une pente irrésistible, mais d'après son état dangereux, autrement dit sa « témibilité ». Il s'agit donc uniquement de scruter la personnalité de l'individu, pour choisir, comme dans un traitement médical, la thérapeutique, autrement dit la mesure de sûreté qui s'impose.

• Les mesures de sûreté ne sont pas très nombreuses, ni différenciées. Elles se ramènent à l'élimination (mais sans cruauté d'expiation) des criminels dont on ne peut rien attendre : ainsi pour les criminels aliénés, les délinquants d'habitude, et bien sûr le « criminel-né », dépeint par Lombroso et dont le portrait-robot, frappant l'imagination, contribua à faire connaître la doctrine positiviste. À l'inverse, les criminels non dangereux, occasionnels ou passionnels, relèveront de mesures bénignes, voire symboliques, comme la condamnation conditionnelle : l'exécution en est suspendue tant que le délinquant n'a pas rechuté.

• Rétrospectivement, la gamme de ces mesures semble sommaire, tout autant que la typologie des délinquants. D'ailleurs, le credo déterministe commande le scepticisme quant à l'efficacité des mesures de sûreté autres que l'élimination. Aussi certains positivistes insistaient-ils sur l'importance des **mesures préventives**, qui s'opposent à la survenance de situations « criminogènes » (lutte, par exemple, contre l'alcoolisme, contre la prostitution). Et pourquoi ne pas aller plus loin dans l'anticipation ? S'il apparaît certain, comme dans le cas du criminel-né, que l'individu passera nécessairement à l'acte, il convient de prendre une mesure de sûreté « *ante delictum* », avant même la commission d'un délit.

Cette dernière conséquence montre quel bouleversement le positivisme apportait aux doctrines précédentes. Par lui, la politique criminelle abordait une terre inconnue. Jusqu'à présent, les écoles ou leurs variantes différaient sur le fondement, ou les modalités d'infliction de la peine. Mais elles n'avaient jamais songé qu'un jour, le concept même de peine puisse sembler inadéquat. Concernant la délinquance, cette optique ni juridique, ni répressive même, mais médicale en quelque sorte, était d'une profonde nouveauté.

45. Influence de l'École positiviste. — Cette influence fut très grande, à l'étranger et en France. Notre Droit positif l'enregistra sans tarder. On institua dès 1885 la relégation, qui envoyait outre-mer, pour le reste de leur vie, certains multi-récidivistes, les incorrigibles. On institua en 1891, au profit des délinquants primaires, le sursis à l'exécution (condamnation conditionnelle). Enfin et surtout, une loi de 1912 relative aux mineurs délinquants prévoyait, dans un certain nombre de cas, des mesures d'éducation totalement étrangères à la notion de peine. La voie était ouverte à des réformes encore plus radicales, qui tenteront de lutter contre la criminalité, en éloignant notre Droit, bien davantage encore, de la répression traditionnelle. Ce fut sous l'influence de la défense sociale nouvelle.

C L'École de la défense sociale nouvelle

46. La doctrine de la défense sociale nouvelle. Ses rapports avec le positivisme. — L'initiateur de cette tendance, pour la France, est Marc Ancel. L'exposé de la doctrine se trouve dans son livre *La défense sociale nouvelle* (1954). Certaines des idées qu'il systématise avaient été présentées dès la Libération. Les excès totalitaires, les séjours en prison de citoyens honorables, faisaient alors mieux comprendre l'importance de respecter la personne humaine et sa dignité. Précisément l'École de la défense sociale nouvelle entend définir une politique criminelle « humaniste », qui protège l'homme en même temps qu'elle assure la défense sociale. Pour atteindre ce but, l'école retient certains apports du positivisme ; mais elle en répudie d'autres.

• **À la suite du positivisme,** elle proclame l'importance de la prévention ; comme lui, elle ne veut fonder la réaction de la collectivité contre le délinquant sur aucune considération morale ; comme lui, elle décide de ne choisir et doser cette réaction qu'à raison de sa seule utilité. Comme lui donc, mais avec toutes les ressources attendues de l'essor de la criminologie (*infra,* n° 50), elle entend individualiser la réaction sociale ; étant précisé qu'une telle individualisation, bien sûr, n'a rien à voir avec celle des néo-classiques. Il ne s'agit pas, considérant le passé, de peser la responsabilité morale de tel délinquant ; il faut, se préocupant surtout de l'avenir, rechercher le traitement le plus adéquat, déterminé par un examen « scientifique » de la personnalité du délinquant.

• **À la différence du positivisme,** la défense sociale nouvelle n'adhère pas au déterminisme. Elle affirme, en conséquence, que le traitement nécessaire à la défense de la société doit aussi permettre au délinquant d'y reprendre sa place, d'y faire sa « réinsertion », bref d'y retrouver ses droits et ses responsabilités. N'est-ce pas d'ailleurs là, pour la société elle-même, l'issue la moins coûteuse, et le meilleur moyen d'éviter la « rechute » du délinquant ?

Autre caractéristique qui l'éloigne du positivisme, la défense sociale nouvelle entend ne pas méconnaître, au profit de la société, la primauté de l'homme. Son respect de la personne se marque dans son attachement au principe de légalité, comme à la nécessité de l'intervention judiciaire. D'une part, toute atteinte à la liberté individuelle, quelque but de resocialisation qu'elle poursuive, et de quelque façon qu'on nomme le traitement applicable (peine ou mesure de sûreté), ne peut intervenir que dans les limites, précises et préalables, définies par la loi. D'autre part, le juge seul, suivant des formes procédurales qui ménagent les droits de la défense, pourra proclamer que la personne poursuivie a commis une infraction ou présente l'état dangereux défini par la loi. C'est là besogne de juriste. Pour la suite, choix ou exécution du traitement, le juge interviendra encore, afin que son indépendance assure l'impartialité des décisions, et leur bonne application. Mais à cette fin, il utiliseral'aide de médecins, de psychologues, de travailleurs sociaux. C'est la « déjuridicisation » : on est loin de la répression traditionnelle.

47. Influence de la défense sociale nouvelle. — Cette influence se manifeste de beaucoup de façons. Aux mineurs délinquants, on applique surtout des mesures de protection, d'assistance, de surveillance et d'éducation : mesures de sûreté à but non répressif (*infra,* n° 935 s.). Pour les condamnés à des peines d'emprisonnement, le sursis sous ses diverses formes (*infra,* n° 512, 525, 543) peut être octroyé beaucoup plus largement. Pour les détenus, diverses mesures favorisent leur reclassement social (*infra,* n° 564 s.). La relégation, qui frappait les multi-récidivistes (*supra,* n° 45), est abolie : si lourd que soit le passé criminel d'un individu, l'on ne veut pas douter de son aptitude à se resocialiser.

Les objectifs de la défense sociale nouvelle (individualisation, réinsertion) ont donc marqué profondément notre Droit positif, ainsi d'ailleurs que le nouveau Code pénal, en vigueur depuis le 1er mars 1994 (*supra*, n° 8 — *infra,* n° 54). Mais ces objectifs supposent que l'on connaisse les raisons de la délinquance, que l'on ait les moyens d'assurer l'ajustement social d'un délinquant, d'évaluer les risques de sa récidive... Dispose-t-on, quant au crime, de connaissances de valeur scientifique, fondant de véritables « sciences » criminelles ? Est-ce bien le cas ?

§ 2. L'apparition et le développement des sciences criminelles

48. Les diverses sciences criminelles. — Le Droit édicte des règles de conduite, fixant ainsi ce qui est socialement « normal ». On dit, pour cette raison, que le Droit est « normatif ». Au contraire, les lois de la science n'ont pas été édictées par la science ; elles existaient bien antérieurement, et indépendamment d'elle qui les a simplement découvertes, par l'observation ou l'expérimentation. Ainsi la loi de la pesanteur. En appliquant cette distinction au domaine de la criminalité, on voit ce qui différencie le Droit pénal et les sciences criminelles. Le Droit criminel, qui décide, établit des incriminations et des peines. Les sciences criminelles, qui constatent, ont pour objet l'observation du phénomène criminel, afin d'en comprendre la dynamique humaine et sociale. Mais, suivant l'aspect considéré du phénomène criminel, il existe deux groupes tout à fait séparés de « sciences » criminelles : d'une part, la criminalistique ; d'autre part, la criminologie.

49. La criminalistique. — On désigne ainsi les diverses techniques ayant pour objet la détection des infractions, leur preuve, et l'identification de leurs auteurs. Parfois, il n'y a qu'utilisation de sciences ou de **techniques préexistantes**. Ainsi pour la médecine légale, qui renseigne sur les causes et les circonstances d'un décès ; la toxicologie, sur la présence ou la nature d'un poison... Parfois, il y a création de **techniques spécifiques,** facilitant l'identification des suspects. Ainsi l'anthropométrie (mensurations corporelles), la dactyloscopie (empreintes digitales). Il faut y ajouter des techniques plus récentes : ainsi le repérage par la texture de l'iris, par les empreintes génétiques (*infra,* n° 478)... S'appuyant sur les moyens modernes (microscopes électroniques, ordinateurs surpuissants...), la détection des crimes et la recherche de leurs auteurs est en progrès spectaculaire. Elle est menée par les laboratoires de police scientifique et technique. Enrichie de ces techniques récentes, la criminalistique est de plus en plus utile. C'est qu'elle concerne des faits matériels, précis et passés. Il s'ensuit qu'elle peut être, dans une large mesure, une science exacte. Les erreurs qui sont commises dans telle ou telle affaire (ainsi, présence ou non de poison dans le corps de la victime) procèdent d'une mauvaise application des techniques et des méthodes, sans remette en cause leur valeur. Par ces divers traits, la criminalistique contraste avec la criminologie.

50. La criminologie. — Elle étudie le phénomène criminel pour en dégager les causes, le cheminement, les effets, et corrélativement les remèdes. À cette fin concourent des sciences médicales, et des sciences sociales.

• Les **sciences médicales** considèrent les causes endogènes de la criminalité, c'est-à-dire les causes intérieures à l'individu. Ainsi l'anthropologie criminelle, fondée par Lombroso (*supra,* n° 43), cherche ces causes dans la constitution anatomique du délinquant. La biologie criminelle, dans sa physiologie et son système endocrinien. La psychologie et la psychiatrie criminelles, dans le fonctionnement, normal ou pathologique, des processus mentaux.

• Les **sciences sociales** considèrent les causes exogènes de la criminalité, c'est-à-dire les causes extérieures à l'individu. La sociologie criminelle, dont l'un des créateurs est Ferri (*supra,* n° 43), cherche des causes dans le milieu géographique, démographique, social (influence de la famille, des études, de la profession, des *mass media*....).

On s'efforce de coordonner ces diverses approches, de les fondre en un ensemble qui constituerait la criminologie. Il faut en rapprocher la science pénitentiaire, ou pénologie, consacrée à l'étude des peines, et de leur efficacité.

51. Les handicaps de la criminologie et de la pénologie. — Criminologie et science pénitentiaire peuvent aider de leurs constats et de leurs conclusions le juge qui choisit la peine, l'administration pénitentiaire qui l'applique, et le législateur qui définit une politique criminelle. Pour y réussir, criminologie et pénologie doivent pronostiquer des comportements individuels ou sociaux. Prédiction dont on devine la difficulté : l'enchevêtrement des facteurs de criminalité s'ajoute aux obstacles de méthode en ce domaine. Ainsi, deux techniques courantes de l'investigation scientifique (l'observation, l'expérimentation) deviennent ici largement inefficaces.

• D'une part, l'observation reste limitée. Car toute une part de la criminalité reste cachée, secrète, sans qu'on puisse en savoir l'importance exacte par rapport à la criminalité connue, recensée : on désigne cette proportion variable, mais imprécise par définition, sous le terme de « chiffre noir ».

• D'autre part, l'expérimentation reste inconcevable. L'idée de « cobayes » humains paraît inhumaine, donc inacceptable. Bref, alourdies de tous ces handicaps, la criminologie, la science pénitentiaire peuvent-elles, en l'état actuel de leurs connaissances, prétendre utilement guider le Droit pénal ? Peuvent-elles invoquer une autorité « scientifique », entendue dans le sens de précision concrète et de prévision fiable ?

Il paraît équitable de chercher la réponse chez les criminologues. L'un des plus autorisés, le professeur Jacques Leauté (Criminologie et science pénitentiaire, Thémis), écrivait à ce propos : « La criminologie est encore éloignée d'avoir découvert ce qu'elle cherche : l'explication du crime... Il n'y a pas de vraie science incapable de prédire... L'astronomie, par exemple, permet de connaître le moment de passage des étoiles et le temps des éclipses, calculés selon les lois théoriques découvertes auparavant. Les sciences humaines n'accéderont pas à l'état de véritables sciences si les prédictions leur restent impossibles. Pour devenir une science véritable, la criminologie doit pouvoir annoncer elle aussi, sans être démentie, le comportement futur des criminels. Jusque-là, elle ne sera qu'une sorte d'inventaire de facteurs éventuels de la délinquance... » (p. 24 et 64). « La science pénitentiaire... ne livre pas non plus le secret cherché : celui de savoir comment prévenir efficacement la récidive par l'exécution des peines. Le taux des rechutes reste élevé... Les longues peines ont, il est vrai, permis d'abaisser le taux des rechutes... mais... il n'est pas sûr que leur succès partiel soit lié de manière indiscutable aux types de traitement appliqués. Quelques auteurs pensent que la grande durée de ces privations de liberté fait leur succès relatif ; l'écoulement en prison des années de plus forte énergie délictueuse diminuerait, de lui-même, les chances de récidive en brisant l'élan des impulsions criminogènes... » (p. 27).

§ 3. L'état actuel de l'évolution

A L'évolution du Droit pénal

52. L'évolution des idées. — Cette évolution a pour origine un double constat, d'analyse et d'expérience. On s'avisa d'abord, chez certains criminologues (*supra,* n° 51), que la criminologie n'avait pas tenu ses promesses ; la médecine scientifique du crime, dont elle annonçait l'avènement, n'existe toujours pas. La défense sociale nouvelle, école de pensée régnante, sortait affaiblie de cette découverte, ou plutôt de cette absence de découverte. Une telle école prétend concilier l'humanisme néo-classique et l'approche thérapeutique (*supra,* n° 46). Mais, faute d'une corps suffisant de savoir, elle additionne les tares de ses devanciers : du néoclassicisme, l'impuissance répressive ; et du positivisme, une justice faussement scientifique, c'est-à-dire arbitraire et prêtant à l'abus.

Et ce constat d'analyse se renforçait d'un constat d'expérience. Dans les pays où l'organisation pénitentiaire, fort coûteuse d'ailleurs, subordonne tout à la réinsertion du délinquant, le taux de récidive après emprisonnement reste très élevé. Pour sa part, le grand public n'avait pas besoin que la météorologie vînt lui apprendre qu'il pleuvait. L'énorme ascension de l'insécurité ne laissait pas de place au doute : la mystique de la réinsertion conduit à la faillite répressive. Le rapport Arpaillange, dans les années 1980, analysait déjà le mécanisme d'échec : « La sanction pénale est censée à la fois punir, intimider, éliminer ou neutraliser au moins provisoirement, amender et resocialiser le délinquant, tout en exerçant un effet de dissuasion sur ses imitateurs éventuels. Ces diverses fonctions ne sont en réalité guère compatibles. Les tribunaux prononcent des mesures qui ne sont bien souvent ni intimidantes ni rééducatrices. Les tribunaux n'osent plus punir, ils n'ont pas les moyens de traiter, de telle sorte que ce mélange des genres rend l'intervention judiciaire équivoque, parfois aberrante et finalement peu efficace... ».

53. L'évolution des lois. — Ces constats, peu discutables, jettent un doute cruel sur l'efficacité de la réinsertion. Fallait-il alors faire retour, du moins pour les infractions graves, à la répression ferme et résolue ? Des réformes l'ont tenté. Mais les idées en place, s'appuyant sur un quasi-monopole médiatique, refusent d'enregistrer les leçons de l'expérience. Si l'on excepte quelques parenthèses à contre-courant, et vite refermées, depuis quelques décennies le sens majoritaire des réformes, fut de privilégier la réinsertion sociale des délinquants. C'est en apothéose de cette tendance que survint, en 1992, le nouveau Code pénal.

54. Le Code pénal de 1992. — De ce Code, il faut retracer la genèse, les caractéristiques, les prolongements par des lois ultérieures.

1° ***Genèse.*** Au commencement fut une commission de révision du Code pénal, créée par un décret du 8 novembre 1974. Elle publia, dès 1976, un projet esquissant les principes d'un futur Code pénal. Symboliquement, ce projet ne parlait plus de peines, mais de « sanctions », terme à connotation moins répressive.

En 1981, Robert Badinter, alors ministre de la Justice, devint le nouveau président de la commission. En 1986, ses travaux aboutirent à un projet de texte de loi. Déposé sur le bureau du Sénat, il contenait un début de Code pénal.

L'orientation de ce projet pouvait être aisément devinée, puisque quelques années auparavant, M. Badinter avait salué le pape de la défense sociale nouvelle Marc Ancel (*supra*, n° 46), comme son « père spirituel ».

En 1992, ce nouveau Code pénal parut, sous la forme de quatre lois, toutes datées du 22 juillet de la même année, chacune correspondant à l'un des quatre livres du Code (*supra*, n° 10). Le 1er Mars 1994, le nouveau Code pénal entrait en vigueur.

2° ***Caractéristiques.*** Les articles sont classés suivant la numérotation décimale. Un premier chiffre indique le livre du Code ; le deuxième le titre ; le troisième le chapitre au sein duquel figure l'article cité.

Ainsi, la tentative punissable est définie par l'article 121-5 : 1 parce qu'il figure dans le livre 1 du Code (dispositions générales). 2, parce qu'il figure dans le titre 2 (de la responsabilité pénale) de ce livre. 1 encore, parce qu'il figure dans le chapitre 1 (dispositions générales) de ce titre. 5 enfin, parce qu'il est le 5e article au sein de ce chapitre. Donc, moderne, se veut la présentation. Quant aux orientations, elles le sont moins. Certes, le Code pénal érige en principe la responsabilité pénale des personnes morales (*infra*, n° 271 s.). Mais, pour les personnes physiques, l'ensemble du système tend à favoriser la réinsertion sociale du délinquant. À cette fin, le Code pénal accroît encore, s'il est possible, l'individualisation de la peine. Il n'existe plus, symboliquement, de peine minimale, ni de circonstances atténuantes. Le juge répressif n'est donc plus tenu que par le maximum légal et théorique qui, placé très haut le plus souvent, lui laisse en fait un pouvoir discrétionnaire. Lequel évoque, ô paradoxe, un adage d'Ancien Régime (*supra,* n° 33) : « Toutes peines sont arbitraires en ce royaume ». De surcroît, on a multiplié les mécanismes qui permettant de dégonfler, lors de son exécution, la peine prononcée. C'est dire que, dans son inspiration principale et soutenue, le Code reste « daté » par la défense sociale Ancellienne, dont le manifeste remonte, il faut le rappeler, à 1954 (*supra,* n° 46).

3° ***Prolongements.*** Fait révélateur de son vieillissement précoce, le nouveau Code pénal n'a pas tari le flot des réformes législatives. Elles seront signalés lors des développements qu'elle concerne. Leur liste, déjà longue, a pu faire parler, sévèrement, d'incontinence normative. Les élections présidentielles de mai 2002, largement influencées par l'essor insolent de la violence, ont marqué le désir d'une fermeté résolue. Ainsi, loi du 9 septembre 2002 pour la justice ; loi du 18 mars 2003 pour la sécurité intérieure ; loi du 9 mars 2004 (souvent dénommée loi Perben 2) ayant pour titre « Adaptation de la Justice aux Évolutions de la Criminalité ». Depuis lors, sont intervenues de nouvelles lois. Dans leur liste abondante, on trouve notamment : loi 2005-1549 du 12 décembre 2005 relative au traitement de la récidive des infractions pénales ; loi 2006-64 du 23 janvier 2006 relative à lutte contre le terrorisme ; loi 2007-297 du 5 mars 2007 relative à la prévention de la délinquance ; loi 2007-1198 du 10 août 2007 renforçant la lutte contre la récidive ; loi 2007-1598 du 13 novembre 2007 relative à la lutte contre la corruption ; loi 2008-174 du 25 février 2008 relative à la rétention de sûreté. Cette frénésie textuelle concerne aussi la procédure pénale.

B L'évolution de la procédure pénale

55. Vaste mouvement d'idées : les réformes... Au Code d'instruction criminelle (1808) a succédé le Code de procédure pénale, en 1958. Cette réforme d'ensemble n'a cependant pas tari le flot des réformes. Elles ont surgi de réalités récentes : le pouvoir affirmé des médias, écornant le secret de l'instruction, dont le principe est proclamé par l'article 11 du Code de procédure pénale ; les séries télévisées, popularisant le « modèle » d'une justice à l'anglo-saxonne ; enfin l'influence, profonde, de la Convention européenne des droits de l'homme, où l'exigence du procès équitable occupe une place éminente (*infra,* n° 92). Ainsi la loi Perben 2 a mis en place de nouvelles garanties entourant la garde à vue ; une procédure dite du « plaider coupable » (*infra*, n° 677). Depuis lors — et déjà ! — maintes autres réformes sont intervenues, affectant Droit pénal et procédure pénale. Notamment, la loi 2008-174 du 25 février 2008 relative à la rétention de sûreté (*infra*, n° 337).

Première Partie
Droit pénal

56. Le quarté du Droit pénal. — Le Droit pénal a pour matière première l'infraction. Il convient donc, avant toute chose, de préciser ce que recouvre le mot **d'infraction pénale.** Cela sera fait dans un chapitre préliminaire. Ensuite, on se rappellera le principe fondateur de notre Droit pénal (*supra,* n° 2) : « pas d'infraction sans loi ». Il s'impose donc d'étudier la **loi pénale**. Or, s'appliquant à des situations individuelles, la loi pénale conduit le juge à condamner telle ou telle personne, lorsque les conditions de sa responsabilité pénale se trouvent réunies. La notion de **responsabilité pénale** doit en conséquence être précisée. Contre la personne reconnue responsable, le juge prononcera l'une (ou plusieurs) des **peines** dont la loi sanctionne l'agissement coupable. Encore faut-il faire l'étude de ces peines.

Ainsi s'impose, pour le plan, cet ordre :

Chapitre préliminaire. — **L'infraction pénale.**
Titre 1. — **La loi pénale.**
Titre 2. — **La responsabilité pénale.**
Titre 3. — **Les peines.**

Chapitre préliminaire
L'infraction pénale

57. Division. — Le concept d'infraction recouvre des réalités multiples : du meurtre au stationnement illicite de véhicule, du viol à l'affichage interdit... Entre le Code pénal et les lois éparses, les incriminations fourmillent. Il convient d'opérer leur tri par catégories homogènes. On doit donc préciser, tout d'abord, le concept d'infraction pénale (Section 1) ; puis le classement des infractions pénales (Section 2).

Section 1
Le concept d'infraction pénale

58. Concept d'infraction pénale et notions voisines. — L'infraction pénale est un fait puni par la loi et pouvant être imputé (c'est-à-dire reproché) à son auteur ; cette définition appelle bien des précisions, mais d'abord celle-ci : l'infraction pénale n'est pas le seul fait nuisible, antisocial, que la loi sanctionne. Par exemple, celui qui a causé un préjudice est condamné à verser des dommages et intérêts ; on dit qu'il a commis un **délit civil.** Un avocat convaincu d'indélicatesses graves est radié de son Ordre professionnel ; on dit qu'il a commis un **délit disciplinaire**. Mais en quoi ces délits se distinguent-ils de l'infraction pénale ?

59. Distinction de l'infraction pénale et du délit civil. — Le délit civil diffère de l'infraction pénale à trois égards.

• Tout d'abord quant à la **source :** le délit civil, c'est tout fait fautif qui cause à autrui un dommage (art. 1382 Code civil). La liste des fautes n'est donc pas à l'avance dressée, de façon limitative. Au contraire, l'infraction pénale (*supra,* n° 2, « pas d'infraction sans texte ») figure nécessairement sur un catalogue exhaustif, décrivant de façon précise l'acte visé.

• Ensuite, quant au **résultat :** le délit civil n'existe pas sans un dommage causé. Au contraire l'infraction pénale peut n'avoir infligé aucun préjudice (excès de vitesse). Et la sanction, toujours prévue par la loi (« pas de peine sans texte », *supra,* n° 2), est souvent indépendante du résultat. Même si le juge peut en tenir compte dans l'individualisation de la peine, il ne s'agit là que d'un élément d'appréciation parmi d'autres.

• Enfin, quant à la **sanction :** l'indemnisation, sanction du délit civil, profite à la victime. La peine, sanction de l'infraction pénale, vise à protéger la société et à resocialiser le délinquant ; elle ne « profite » pas à la victime.

Cette triple différence explique qu'il puisse y avoir infraction pénale sans délit civil (par exemple, violation d'un « stop » non suivie de collision) ; ou délit civil sans infraction pénale (par exemple, le peintre d'une façade, en manœuvrant son échelle de façon maladroite, casse une baie vitrée). Mais souvent, l'infraction pénale est aussi délit civil (par exemple, coups et blessures). Dans ce cas, on trouve deux actions : l'action publique pour l'application de la peine, l'action civile pour la réparation du dommage. Dans cette hypothèse, l'unité des justices répressive et civile (*supra,* n° 25) rapproche les actions. On verra que l'action civile est alors fortement influencée par l'action publique (*infra,* n° 682).

• **60. Distinction de l'infraction pénale et du délit disciplinaire.** — Le délit disciplinaire est un délit interne à un groupe social délimité (médecins, avocats, étudiants...). Il diffère triplement de l'infraction pénale.

• Quant à la **source :** le délit disciplinaire, c'est tout fait quelconque qui porte atteinte aux intérêts collectifs de ce groupe social délimité, sans que le fait soit nécessairement désigné à l'avance de façon précise (ce peut être n'importe quel manquement à l'honneur, à la dignité, à la bienséance professionnelle) ; à l'inverse, l'infraction pénale entre dans une énumération légale, peut-être très abondante, mais limitative.

• Quant au **résultat :** le délit disciplinaire ne perturbe qu'un ordre juridique particulier au groupement en cause ; l'infraction pénale perturbe l'ordre juridique en général.

• Quant à la **sanction :** la mesure disciplinaire est le plus souvent prononcée par une juridiction disciplinaire de type corporatif (ainsi Conseil de l'Ordre des médecins) ; et la sanction la plus grave ne peut consister que dans l'exclusion du groupement auquel le délinquant appartenait. Tandis que la sanction pénale est infligée par une juridiction répressive, de type étatique, et cette sanction peut de beaucoup excéder le simple exercice d'activités professionnelles : ainsi la peine de réclusion criminelle.

Cette triple différence explique qu'il puisse y avoir infraction pénale sans délit disciplinaire (ainsi, vol commis par un vagabond) ; ou délit disciplinaire sans infraction pénale (ainsi, publicité racoleuse d'un chirurgien en faveur de sa clinique). Mais il arrivera que l'infraction pénale soit aussi un délit disciplinaire (ainsi, escroquerie commis par un officier ministériel). Dans cette hypothèse, on admet généralement que la décision disciplinaire ne doit pas contredire la décision pénale. C'est que le disciplinaire veille au respect de règles particulières à un groupe. Le pénal, qui veille au respect de règles civiques s'imposant à chaque citoyen, doit disposer d'une force supérieure.

61. Les trois éléments de l'infraction. — Une fois précisé le concept d'infraction par rapport aux notions qui lui sont extérieures, il faut scruter l'intérieur, ou le contenu, de ce concept. L'infraction se définit alors comme un agissement que prévoit et que punit la loi pénale. On trouve là les trois éléments (légal, matériel, moral) qui sont consubstantiels à toute infraction. Par exemple, l'article 221-1 du Code pénal dispose : « le fait de donner volontairement la mort à autrui constitue un meurtre ». L'infraction de meurtre, qui encourt trente ans de réclusion criminelle, se décompose comme suit. Élément légal, l'article 221-1 CP. Élément matériel, le fait de tuer un être humain. Élément moral, homicide commis « volontairement », c'est-à-dire qu'on a causé la mort de la victime à dessein. Ne l'a-t-on pas voulue, il n'y a pas meurtre. Mais si la mort d'autrui résulte d'une imprudence commise, il s'agira d'un homicide par imprudence (infraction de nos jours fréquente, à cause des accidents d'automobile). L'homicide par imprudence comporte un élément légal, ou texte incriminateur, l'article 221-6 CP. Un élément matériel, l'imprudence ayant provoqué le décès. L'élément moral, dont l'existence paraît ici moins évidente, est cependant requis (*infra,* n° 195 s.). Si le conducteur apparemment fautif avait perdu son libre arbitre par suite d'un trouble psychique, ou s'il avait été contraint d'agir comme il l'a fait (*infra,* n° 213 s.), l'élément moral ferait défaut. L'infraction ne serait pas constituée.

62. Une querelle de mots sur la trinité. — Ces exemples permettent de prendre parti dans une querelle. Certains auteurs ont prétendu que les éléments de l'infraction ne formaient pas une trinité, car il n'y avait pas, à proprement parler, d'élément légal de l'infraction. Un élément, rappellent ces auteurs, fait partie du tout, nécessairement. Or, l'article 221-1 CP ne fait pas partie du meurtre, l'article 221-6 CP ne fait pas partie de l'homicide par imprudence. Puisque le texte définit l'infraction, il ne peut pas être en elle.

Bien sûr ; mais il suffit de s'entendre. À raison du principe de légalité (*supra,* nº 2), il n'existe d'infraction que prévue par une loi. Est-il dès lors excessif de voir dans la loi un élément de l'infraction, ce mot d'élément étant pris dans le sens de condition nécessaire ? On peut donc conserver, sans crainte d'en être intellectuellement égaré, la façon traditionnelle de décomposer l'infraction en ses éléments légal, matériel et moral. La discussion qui précède, un peu verbale, a tout de même le mérite de rappeler une évidence : sous la notion d'infraction, se trouvent des infractions, au pluriel. Un pluriel si nombreux, d'ailleurs, qu'il faut y mettre un peu d'ordre. On y parvient par le classement des infractions.

Section 2
Le classement des infractions pénales

63. Division. — La classification première, qui domine tout notre système répressif, distingue les crimes, les délits et les contraventions. Elle est d'une telle importance qu'il a fallu l'étudier dès l'introduction (*supra,* nº 15 s.). Les autres classifications sont celles fondées sur la nature des infractions (§ 1) ou sur le mode d'exécution des infractions (§ 2).

§ 1. Classifications fondées sur la nature des infractions

64. Infractions de droit commun ou non. — Les deux classifications ci-dessous opposent les infractions de droit commun aux infractions politiques (A), et aux infractions militaires (B)

A Infractions de droit commun et infractions politiques

65. Les critères proposés. — À quoi reconnaître les infractions politiques (les autres étant de Droit commun) ?

• Selon le critère **objectif,** l'infraction est politique quand son objet (d'où le mot objectif) est politique. Ainsi, le complot en vue de changer le régime constitutionnel est objectivement politique.

• Selon le critère **subjectif,** l'infraction, quelle qu'elle soit, devient politique, si le mobile de son auteur (c'est-à-dire de son sujet, d'où le mot subjectif) est un mobile politique.

Chacun de ces critères est en lui-même précis. Mais la réalité présente des situations délicates, parce que mêlant le politique et le non-politique.

Par exemple, l'assassinat du chef de l'État. L'assassinat est objectivement une infraction de Droit commun, mais la qualité de la victime révèle le mobile politique de l'assassin. On parle alors d'**infraction complexe.**

Autre exemple, un vol d'armes dans une armurerie lors d'une insurrection ; le vol est objectivement une infraction de Droit commun, mais le contexte de l'agissement révèle le mobile politique du voleur. On parle alors d'**infraction connexe,** puisque le vol, distinct de l'insurrection, s'y rattache cependant.

Devant de telles situations, quel critère — objectif ou subjectif — prédominera-t-il ?

66. Le critère retenu. L'importance de l'intérêt en cause. Distinction. — En matière criminelle, il existe une peine spécifiquement politique, à savoir la détention, temporaire ou perpétuelle. Si donc un crime encourt la détention, il sera traité comme une infraction politique, à tous égards. En dehors de cette situation simple, l'infraction peut fort bien être tenue pour politique à certains égards, mais non pas à d'autres. On doit alors distinguer deux hypothèses : soit que le texte propre à l'intérêt en cause définisse l'infraction politique ; soit qu'il ne la définisse pas.

67. Le texte propre à l'intérêt en cause définit l'infraction politique. — Il arrive que l'intérêt en cause donne lieu, dans le texte particulier qui en traite, à une définition de l'infraction politique. C'est le cas, par exemple, en ce qui concerne l'extradition. La France la refuse normalement au cas d'infraction politique. Mais le texte applicable (art. 696-4-2° CPP) en précise la notion, en tant qu'il s'agit d'extradition. De même, en ce qui concerne le régime pénitentiaire dit spécial, le texte qui en fixe les avantages détermine aussi ses bénéficiaires, parmi lesquels les auteurs de certaines infractions tenues pour politiques (art. D 490 CPP *infra,* n° 551). Dans de tels cas, la définition donnée par le texte fournit la solution. Mais cette solution ne vaut que pour l'intérêt considéré.

68. Le texte propre à l'intérêt en cause ne définit pas l'infraction politique. — Il arrive assez souvent qu'un texte, se rapportant à une peine politique, n'en donne pourtant pas la définition.

Ainsi, il y a bien des textes qui prévoient que la procédure accélérée de jugement correctionnel (art 393 s. CPP), le sursis (art. 132-30 CP pour le sursis simple, art. 132-41 CP pour le sursis avec mise à l'épreuve), l'ancienne contrainte par corps (à présent dénommée contrainte judiciaire, art. 749 s. CPP) ne sont pas applicables aux infractions politiques. Mais ces mêmes textes ne nous disent pas ce qu'il faut entendre par infraction politique.

Dans cette hypothèse, la jurisprudence doit fournir la réponse. Et cette jurisprudence, après un bref flottement lors des années post-1968, applique le **critère objectif.**

Par suite, dans le silence du texte relatif à l'intérêt en cause, l'on considère comme une infraction de droit commun aussi bien l'infraction complexe que l'infraction connexe (*supra,* n° 65). Ainsi traite-t-on les attentats terroristes, dont le mobile est politique, comme des crimes de droit commun.

B Infractions de droit commun et infractions militaires

69. Intérêts et critère. — Les intérêts de savoir si l'on est en présence d'une infraction militaire sont les suivants : l'infraction militaire ne donne pas lieu à extradition, ne compte pas pour la récidive et ne fait pas obstacle à l'octroi du sursis. Par ailleurs, la poursuite et le jugement d'une infraction militaire obéissent à certaines règles particulières, définies par le Code de procédure pénale (art. 697 s.) et par le Code de justice militaire.

Quant au critère, on qualifie de militaires : d'une part, les infractions proprement militaires, car inconcevables en dehors de la vie militaire ; ainsi la désertion, l'insoumission ; d'autre part, des infractions qui pourraient être commises en dehors de la vie militaire, mais qui y prennent une gravité particulière, et comme une autre nature, à raison de la discipline spécialement stricte imposée aux militaires. Ainsi, les outrages à un supérieur...

§ 2. Classifications fondées sur le mode d'exécution des infractions

70. Division. — On considérera le mode d'exécution sous son aspect matériel (A) et sous son aspect psychologique (B).

A Classifications fondées sur le mode matériel d'exécution

71. Les infractions d'action et d'omission. — Il faut mettre à part, pour n'en plus reparler, une classification simplement descriptive, qui sépare infractions d'**action** et infractions d'**omission.** Les infractions d'action consistent en la commission d'un fait positif (ainsi le faux, art. 441-1 CP) ; les infractions d'omission consistent en une abstention (ainsi, l'omission de porter secours à une personne en péril, art. 223-6, al. 2 CP).

72. Les autres classifications. Division. — Les autres classifications, au contraire de la précédente, comportent de nombreux intérêts juridiques. Elles sont au nombre de quatre ; à savoir : infractions instantanées et continues (a), infractions simples et d'habitude (b), infractions simples et complexes (c), infractions matérielles et formelles (d).

a) Infractions instantanées et continues

73. Principe de la distinction. — Les infractions instantanées sont celles qui s'exécutent en un instant plus ou moins long. Mais la durée d'exécution n'est pas incluse dans la définition légale juridique de l'infraction (par exemple l'escroquerie, art. 313-1 CP). Les infractions continues (dites encore successives) sont celles qui supposent, de par leur définition légale, une exécution qui s'étale dans le temps, et la persistance corrélative de la volonté coupable (par exemple la séquestration arbitraire, art. 224-1 s. CP).

Il ne faut pas confondre ces infractions continues avec les infractions dites permanentes. Les infractions permanentes ont des effets qui s'étalent dans le temps, mais sans qu'il y ait réitération de la volonté coupable. Une illustration se trouve dans la bigamie (art. 433-20 CP). Il est vrai que cette situation s'inscrit dans la durée. Mais cette durée se poursuit indépendamment du fait infractionnel (célébration du second mariage). Une fois de trop marié, l'auteur n'a plus à soutenir, par une persistance de volonté coupable, la continuité des conséquences illicites. Pour cette raison, notre Droit assimile les infractions permanentes aux infractions instantanées.

74. Intérêts de la distinction. — Ces intérêts sont au nombre de deux.

• Premier intérêt : **la prescription de l'action publique.** Pour l'infraction instantanée (ou pour l'infraction permanente), la prescription court dès l'instant où le fait initial a été commis, sans tenir compte du prolongement des effets de l'infraction (puisqu'ils n'exigent pas la persévérance dans la volonté coupable). Ainsi, le délit du bigame commence à se prescrire dès la date du second mariage. Pour l'infraction continue, au contraire, la prescription ne court que de l'instant où la volonté coupable, réitérée par hypothèse, a pris fin. Ainsi, la séquestration arbitraire ne commence à se prescrire qu'à compter de la date où le séquestré est remis en liberté.

• Second intérêt : **l'application d'une loi pénale nouvelle plus rigoureuse.** On verra plus tard, en étudiant le principe de non-rétroactivité de la loi pénale, qu'une loi pénale nouvelle, plus rigoureuse que l'ancienne, ne s'applique qu'aux faits postérieurs à son entrée en vigueur (*infra,* n° 109 s.). Il s'ensuit que pour l'infraction instantanée, la loi nouvelle plus sévère ne saisit pas l'infraction qui s'est commise avant l'entrée en vigueur de cette loi. Il en va de même pour l'infraction permanente, antérieure par le fait initial, quand bien même les effets s'en prolongeraient au-delà de l'entrée en vigueur de la loi nouvelle. Au contraire, pour l'infraction continue, si ses conséquences ont persisté au-delà de l'entrée en vigueur de la loi nouvelle, cette loi nouvelle s'appliquera. Cela se comprend, puisque ces conséquences n'ont pu se poursuivre que par la persistance de la volonté coupable sous l'empire de la loi nouvelle.

b) **Infractions simples et d'habitude**

75. Principe de la distinction. — L'infraction simple consiste en un fait matériel unique (ainsi le vol), alors que, par contraste, l'infraction d'habitude suppose plusieurs faits semblables, dont chacun isolément ne serait pas punissable (ainsi, l'exercice illégal de la médecine). La jurisprudence considère que l'habitude existe dès le second acte semblable.

76. Intérêts de la distinction. — Ces intérêts sont au nombre de deux. Premier intérêt : la prescription de l'action publique ne court pour l'infraction d'habitude qu'à partir du second acte, puisque sans lui, il n'y aurait pas encore habitude ni par conséquent infraction consommée. Second intérêt : l'application d'une loi pénale nouvelle plus rigoureuse. Une telle loi s'applique à l'infraction d'habitude, dès lors que le second acte se situe après l'entrée en vigueur de la loi nouvelle.

c) **Infractions simples et complexes**

77. Principe de la distinction. — Notons d'abord qu'ici le mot « complexes » est pris dans un autre sens qu'à propos des infractions politiques (*supra,* n° 65). Tandis que l'infraction simple consiste en un fait matériel unique (ainsi le vol), l'infraction complexe exige, de par sa définition même, l'existence d'actes matériels de nature distincte (exemple : l'escroquerie, qui suppose à la fois des manœuvres frauduleuses émanant de l'escroc, ainsi qu'une remise ultérieure par la victime).

• **78. Intérêts de la distinction.** — Ces intérêts sont au nombre de deux. D'une part, quand à la prescription de l'action publique : ce délai de prescription ne court, pour les infractions complexes, qu'à dater du jour où les divers actes matériels ont été accomplis, parachevant l'infraction dans tous ses éléments constitutifs. D'autre part, quant à l'application de la loi répressive. Dans l'ordre interne, chacune des juridictions pénales dans le ressort de laquelle un des actes matériels s'est placé devient territorialement compétente. Et, dans l'ordre international, la loi française (et les juridictions françaises) sera compétente, dès lors qu'un des faits constitutifs de l'infraction ont été commis en France (art. 113-2, al. 2 CP).

d) **Infractions matérielles et formelles**

79. Principe de la distinction. — Les infractions matérielles sont celles dans lesquelles le résultat représente un élément constitutif. Ainsi le meurtre, qui n'est consommé que si la victime meurt (art. 221-1 CP). Au contraire, les infractions formelles n'incluent pas dans leur définition le résultat des agissements. Ainsi l'empoisonnement, consommé par l'administration de substances de nature à donner la mort, même si le résultat mortel ne s'est pas produit (art. 221-5 CP).

80. Intérêt de la distinction. — Cet intérêt se manifeste à propos de la tentative. La tentative est normalement punissable lorsqu'elle s'est manifestée par un commencement d'exécution. Mais si l'auteur, avant que l'infraction soit consommée, renonce à son action par un désistement volontaire, la tentative cesse d'être punissable (*infra*, n° 148).

Cette solution conduit à traiter différemment l'infraction matérielle et l'infraction formelle. Dans l'infraction matérielle, le candidat meurtrier qui s'aposte, arme au poing, à l'endroit où sa victime doit apparaître, accomplit un commencement d'exécution ; mais s'il se ravise avant l'heure de la venue de sa victime, son désistement volontaire ôte à la tentative le caractère coupable. Dans l'infraction formelle, l'empoisonneur, ayant fait ingérer par sa victime des substances de nature à donner la mort, a déjà été plus loin que la tentative. L'infraction est consommée. Il n'y a donc plus place pour un désistement volontaire. Tout au plus l'empoisonneur peut-il, en faisant prendre à sa victime un antidote, prouver ce qu'on appelle un repentir actif, qui mérite l'indulgence, mais ne supprime pas le crime.

B Classification fondée sur le mode psychologique d'exécution

81. Infractions intentionnelles et non intentionnelles. — Une telle classification se trouve en rapport étroit avec l'élément moral, ou psychologique, de l'infraction (*infra,* n° 178 s.).

• Les **infractions intentionnelles** sont celles qui requièrent, chez l'agent, l'intention. En des termes courants mais expressifs, « il l'a fait exprès ». Le meurtre, par exemple, suppose à l'évidence que le meurtrier veuille la mort de sa victime.

• Les **infractions non intentionnelles** sont celles qui existent, indépendamment de l'intention de l'agent, et quand bien même donc « il ne l'a pas fait exprès ». Par exemple, au cas de contravention pour stationnement d'un véhicule en un endroit prohibé, l'infraction existe même si le contrevenant s'est irrégulièrement garé par mégarde, et sans vouloir enfreindre le règlement. En d'autres termes, s'agissant d'une infraction non intentionnelle, la bonne foi, c'est-à-dire l'absence d'intention, est indifférente.

82. Critère de la distinction. — Comment alors savoir si telle infraction précise est non intentionnelle ? La réponse est d'un grand intérêt pratique, puisqu'elle commande la répartition de la preuve, lors du procès pénal, entre l'accusation et la défense. Les solutions seront précisées à propos de la responsabilité pénale (*infra,* n° 179 s.). Mais il faut, auparavant, considérer la loi pénale.

Titre 1

La loi pénale

83. Plan. — Suivant la chronologie même, qui va de la disposition abstraite de la loi jusqu'au jugement du cas particulier, l'étude de cet élément légal conduit à examiner : la nécessité de la loi pénale (Chapitre 1) ; la sphère d'application de la loi pénale (Chapitre 2) ; l'application de la loi pénale par le juge (Chapitre 3).

Chapitre 1
La nécessité de la loi pénale

84. Idée générale. Division. — Cette nécessité résulte du principe de légalité, qui domine notre Droit pénal : pas d'infraction, pas de peine qui ne soient prévues par la loi (*supra,* n° 2). Le principe a traversé majestueusement les siècles. Depuis qu'il a été réclamé par Beccaria, proclamé par la Déclaration des Droits de l'Homme (*supra,* n° 34 s.), il n'a pas quitté nos Constitutions et nos Codes. Ainsi que le Code pénal de 1810, le Code pénal qui l'a remplacé depuis le 1er mars 1994 place le principe, symboliquement, en tête de ses dispositions (art. 111-2).

Mais cette façade de continuité triomphante est trompeuse. À la vérité, dans l'évolution de notre système répressif, le principe de légalité, toujours inscrit à nos frontons, n'a plus la même portée qu'à ses débuts. Et la notion de loi pénale dont la nécessité s'impose toujours n'est plus entendue de la même façon. Il faut donc savoir ce que recouvre le principe de légalité (Section 1), avant de préciser ce qu'est devenue la notion de légalité (Section 2).

Section 1
Le principe de légalité

85. Origine du principe. — À son origine (*supra,* n° 34 s.), le principe conjuguait la crainte de l'arbitraire, exprimée par Beccaria, et l'exaltation de la volonté générale, tenant à l'influence de Rousseau. S'entendant ainsi, le principe comportait des conséquences : seule la loi, expression de la volonté générale, plus précisément des représentants du peuple, pouvait prévoir les infractions et les peines. Le législatif l'emportait sur l'exécutif. Il l'emportait aussi sur le judiciaire, par méfiance duquel on instituait des peines fixes. Le Code pénal, en 1810, ne s'était pas beaucoup éloigné de cette rigueur primitive. Certes, il avait abandonné la fixité des peines (*supra,* n° 38), mais la latitude laissée au juge de choisir la peine n'existait que dans une marge fort limitée.

86. Évolution du principe. — Depuis lors, une évolution profonde a déplacé très sensiblement le principe de légalité. En recherchant une individualisation de la peine de plus en plus large (*supra,* n° 41, 46), les diverses écoles ont uni leur influence pour redonner au juge une liberté d'appréciation telle que, s'agissant de la sanction pénale, le principe de légalité ne revient plus, très souvent, qu'à **édicter un maximum** au-dessous duquel les écarts les plus considérables de peines effectivement subies peuvent être relevés.

Or, dans le même temps, et s'agissant des incriminations, le principe de légalité, tel qu'il avait été forgé, recevait des modifications sensibles. Le temps est passé d'une société simple et rurale, où les représentants du peuple pouvaient tout prévoir et contrôler. La complexité du monde moderne, l'évolution sociale et technique, l'élargissement du rôle de l'État conduisent, entre autres conséquences, à une inflation des textes telle que le Parlement ne suffit plus à la besogne. Cela, vrai pour toute législation, l'est donc pour la législation répressive, qui apporte aux autres sa sanction. Il s'ensuit une « inflation » pénale : trop de lois, vite fabriquées, parfois brumeuses, peu connues du simple citoyen, ouvrent la porte à l'arbitraire de fait.

De plus, dans son rôle de législateur, le Parlement rencontre la concurrence du pouvoir exécutif, mieux armé pour régir les détails infinis du monde contemporain, et s'y adapter. Les règlements administratifs, autrefois toujours subalternes de la loi votée par le Parlement, acquièrent parfois une autorité autonome. La Constitution de 1958 a d'ailleurs pris acte de ce glissement : elle assigne deux domaines distincts à la loi proprement dite, et aux règlements administratifs, en conférant à certains de ces derniers une force autrefois réservée à la loi proprement dite (*infra,* n° 105).

87. Signification présente du principe. — Que reste-t-il donc, présentement, du principe originaire de légalité ? Toujours la nécessité d'un texte, qui définit en termes généraux, impersonnels, l'agissement interdit, et qui fixe le maximum de la sanction encourue. Subsistent aussi les deux corollaires du principe : la non-rétroactivité de la loi pénale (*infra,* n° 108 s.) et son interprétation restrictive (*infra,* n° 130 s.). Mais la peine prononcée contre un individu — dans la limite du maximum théorique, très haut placé le plus souvent — est choisie par le juge d'une façon largement discrétionnaire (*infra,* n° 388 s.). Et la loi pénale n'est plus la même qu'à l'origine du Code pénal. La notion de légalité doit donc être précisée.

Section 2
La notion de légalité

88. Les deux sources de la légalité. Division. — Qu'est-ce donc que cette légalité, sans laquelle il n'est pas d'infraction pénale ? Notre Constitution distingue : en matière de crimes et de délits, il faut une loi proprement dite, texte voté par le Parlement (art. 34) ; mais les contraventions sont du domaine réglementaire (art. 37). La légalité — au sens large — inclut donc tant le règlement que la loi. Cependant, on les a toujours distingués. Tandis que les règlements administratifs pouvaient donner lieu à divers recours devant le juge administratif ou pénal, les lois proprement dites, votées par les représentants du peuple, étaient souveraines. Leur application s'imposait au juge.

Mais cette distinction s'est estompée. Maintenant, les lois proprement dites doivent, elles aussi, respecter certaines règles qui leur sont supérieures, et que l'on dénomme pour cette raison règles (ou normes) supra-législatives. À présent, au-dessous des normes supra-législatives, figurent donc les lois proprement dites et, par ordre d'autorité décroissante, les règlements administratifs. Entre ces deux degrés, se trouvent les décrets-lois, résultant d'une délégation consentie par le législatif à l'exécutif. La notion de légalité comporte donc plusieurs étages. Soit, partant du haut : normes supra-législatives (§ 1) ; lois proprement dites (§ 2) ; décrets-lois (§ 3) ; règlements administratifs (§ 4).

§ 1. Les normes supra-législatives

89. Les deux normes supra-législatives. — Il s'agit d'abord, et bien évidemment, de la norme dite fondamentale, c'est-à-dire la Constitution française (A).

Il s'agit ensuite, à raison d'ailleurs de dispositions contenues dans cette Constitution, des traités internationaux (B).

A La Constitution française

90. La cinquième République. Le contrôle du Conseil constitutionnel. — La Constitution l'emporte évidemment sur la loi.

Mais longtemps, cette supériorité resta théorique, faute de toute sanction contre la loi contraire à la Constitution. Il fallut attendre 1958 et la Ve République pour voir apparaître un contrôle effectif de la conformité des lois à la Constitution, ainsi qu'aux textes que son préambule a visés, dotant ainsi ces textes d'une force supra-législative. À savoir, la Déclaration des Droits de l'Homme et du Citoyen de 1789, et le préambule de la Constitution de 1946, concernant de nouveaux droits de l'homme.

Tous ces textes ont valeur constitutionnelle, et la loi votée par le Parlement doit s'y conformer, sous peine d'annulation par le Conseil constitutionnel.

Cependant, une disposition législative « non conforme » ne peut être invalidée par le Conseil constitutionnel qu'à titre préventif, avant la promulgation de la loi. Après promulgation, le juge — qu'il soit administratif ou judiciaire — doit faire application de la loi, même s'il la tient pour inconstitutionnelle.

L'efficacité du contrôle est donc limitée. D'autant plus que le Conseil constitutionnel ne peut pas se saisir lui-même. De surcroît, le nombre de personnes recevables à saisir le Conseil constitutionnel se réduit à une courte liste de personnalités politiques : président de la République, Premier ministre, président de l'Assemblée nationale ou du Sénat, soixante députés ou soixante sénateurs (art. 61 de la Constitution).

B Les traités internationaux

91. L'article 55 de la Constitution. — Aux termes de cet article 55, les traités internationaux disposent, dès leur publication au *Journal Officiel,* d'une autorité supérieure à celle des lois proprement dites.

Par conséquent le juge, pénal ou administratif, doit refuser d'appliquer une loi proprement dite qui contredirait un traité international. Or il existe, pour ce qui concerne le Droit pénal et la Procédure pénale, deux traités internationaux d'une importance particulière. Le Pacte des Nations unies relatif aux droits civils et politiques, et la Convention européenne des droits de l'homme.

Supposons alors que le Parlement ait voté une loi pénale de portée rétroactive. Elle est bien sûr contraire à la Déclaration de 1789 (art. 8). Cependant, elle est entrée en vigueur, parce qu'aucune des autorités compétentes n'a saisi le Conseil constitutionnel.

Le juge ne pourrait donc pas refuser d'appliquer la loi au motif qu'elle est inconstitutionnelle. Mais il le peut en constatant qu'elle contredit un traité international proscrivant la rétroactivité des lois pénales. C'est le cas tant du Pacte des Nations unies (art. 15) que de la Convention européenne des droits de l'homme (art. 7).

92. La Convention européenne des droits de l'homme. Sa très large influence. — La solution est d'autant plus importante que ces traités ont mis en place, pour veiller à leur respect, des juridictions internationales. Et l'interprétation que ces juridictions donnent du traité s'impose au même titre que son texte.

De plus, la Convention européenne a créé le recours individuel supranational, par lequel toute personne peut invoquer la violation dont elle serait victime, de la part d'un État-partie, auprès de la Cour européenne des droits de l'homme.

Par l'effet de ce recours individuel supra-national, on a vu grandir l'influence de cette Convention et de sa jurisprudence européenne (fort bien exposée par l'ouvrage de Michel de Salvia, « Compendium de la Convention européenne des droits de l'homme », éditions Engel).

Aujourd'hui, le Droit français (*supra,* n° 55) a largement incorporé les exigences de la Convention dans notre procédure pénale. Ainsi, quant à la « durée raisonnable » aussi bien de la détention provisoire (art. 144-1 CPP) que de l'ensemble de l'instruction (art. 175-2 CPP) ; quant à l'appel en matière criminelle (art. 380-2 CPP) ; quant au réexamen d'une décision pénale à la suite d'un arrêt de la Cour européenne des droits de l'homme (art. 626-1 CPP).

§ 2. Les lois proprement dites

93. Les deux sortes de lois proprement dites. — La loi proprement dite s'entend, à titre habituel, de la loi votée par le Parlement. Mais il existe des textes équivalents à la loi parlementaire. Ils sont issus de circonstances exceptionnelles et transitoires, dans lesquelles s'est produite une certaine confusion des pouvoirs législatif et exécutif. On comprend que de tels textes puissent recevoir la force de la loi parlementaire, puisque le pouvoir dont ils émanent est législatif autant qu'exécutif. Cela mérite précision.

94. Lois prises dans une période de confusion des pouvoirs. — On en trouve de deux sortes, soit lors de l'institution d'un nouveau régime politique, soit lors d'une crise grave menaçant l'existence de la République.

95. Lois prises lors de l'institution d'un nouveau régime politique. — Ce fut le cas, à l'origine de la IIIe République (gouvernement de la Défense nationale, en 1870). De la IVe République (Gouvernement provisoire de la République française, en 1944). De la

Ve République : du 4 octobre 1958, date de l'adoption de l'actuelle constitution par voie de référendum, au 4 février 1959, où les nouvelles institutions, dont le Parlement, ont été mises en place. On nomme ces texte soit décrets (1870) ou ordonnances (1944, 1958, 1959) ; mots équivoques, puisque décrets ou ordonnances, on va le voir, sont aussi parfois des textes de valeur moindre (*infra,* n° 98 s.). Mais la date permet de soupçonner l'équivoque, qu'il est alors facile de dissiper en se reportant au texte : la procédure de son édiction fixera sa valeur, législative ou non.

96. Lois prises lors d'une crise grave menaçant l'existence de la République. — L'article 16 de la Constitution de 1958 investit le président de la République, lorsque le fonctionnement régulier des pouvoirs publics constitutionnels est interrompu, du droit de prendre toutes mesures nécessaires.

Ces circonstances, exceptionnelles et gravissimes, entraînent alors une réunion temporaire des pouvoirs, tant exécutif que législatif, dans les mains du président de la République.

En exerçant les pouvoirs de l'article 16, après consultation du Conseil constitutionnel, le président édicte des « décisions ». Ces décisions ont valeur législative, quoique temporaire.

Un exemple s'en trouve dans la décision du 4 mai 1961 (*JO* du 5 mai 1961) qui a modifié pour plusieurs mois l'application des règles du Code de procédure pénale concernant l'instruction préparatoire, s'agissant des infractions en rapport avec les événements d'Algérie.

97. Valeur de la loi parlementaire et des textes équivalents. — Cette place se situe de deux manières.

• D'abord, dans la hiérarchie des textes. On a vu que tous ces textes ne peuvent pas être critiqués devant le juge pénal ou administratif, sauf pour non-conformité aux traités internationaux (*supra,* n° 91 s.).

• Ensuite, par le type d'incriminations pénales qu'ils peuvent créer (*supra,* n° 88). De plus, notre Constitution de 1958 (art. 34) leur réserve la fixation des règles concernant : d'une part, la procédure pénale et l'amnistie ; d'autre part, la détermination des crimes et des délits, ainsi que des peines qui leur sont applicables. Les contraventions, au contraire, sont du domaine des règlements administratifs (art. 37). La distinction est simple, mais à la condition d'y intercaler, en catégorie intermédiaire, le décret-loi.

§ 3. Les décrets-lois

98. Notion de décret-loi. La délégation du pouvoir législatif. — Ces textes sont hybrides parce que, émanés du pouvoir exécutif, plus précisément du gouvernement, ils ont en partie seulement valeur de loi.

L'hypothèse doit être bien distinguée de celle d'une confusion des pouvoirs (*supra,* n° 94 s.). Il ne s'agit plus ici d'un changement de régime politique ou d'une période insurrectionnelle. Le Parlement est dûment en place, il pourrait légiférer. Mais pour des raisons diverses (urgence, ou impopularité des mesures à prendre), il préfère céder temporairement une partie de son pouvoir législatif au pouvoir exécutif. En vertu de cette délégation de pouvoirs, le gouvernement se trouve investi de la prérogative d'édicter des décrets qui ont, dans une certaine mesure, l'autorité de la loi proprement dite. D'où le mot de « décrets-lois ».

99. L'histoire des décrets-lois. — Sous la IIIe République, le procédé des décrets-lois est devenu chronique. Des « trains » entiers de décrets-lois ont été pris en 1926, 1935, 1939. La Constitution du 28 octobre 1946, en réaction, semblait prohiber complètement la pratique, qui traduit un certain abaissement du Parlement. Mais dès 1948, sous étiquette différente, les décrets-lois étaient réapparus. On en trouve de nombreux, et importants, en 1953 et 1955.

100. Les « ordonnances » de la Ve République. — Aujourd'hui, le procédé est officiellement prévu par la Constitution de 1958. Sa possibilité est permanente, d'après l'article 38 : « Le gouvernement peut... demander au Parlement l'autorisation de prendre par ordonnance, pendant un délai limité, des mesures qui sont normalement du domaine de la loi ».

Quoique l'article 38 désigne ce genre de texte sous le nom d'ordonnance, il est clair que l'on est en présence d'un décret-loi. Par application de cet article 38, le gouvernement a reçu plusieurs fois les « pleins pouvoirs » l'autorisant à prendre des « ordonnances ».

On remarquera que le mot d'ordonnance, désignant ces décrets-lois, est utilisé pour nommer d'autres textes (*supra,* n° 95). Mais à lire le texte de l'ordonnance au *Journal Officiel,* on ne peut pas se tromper. Une ordonnance-décret-loi comporte en tête deux mentions (ou visas) caractéristiques : l'article 38 de la Constitution, et la loi proprement dite, appelée loi d'habilitation, d'où découle le pouvoir, pour le gouvernement, de légiférer.

Une telle distinction est nécessaire, car les décrets-lois, pris par délégation de pouvoirs, n'occupent pas la même place que les textes pris en période de confusion des pouvoirs.

101. Statut juridique des décrets-lois. — Ils tiennent une place intermédiaire entre les lois proprement dites, et les simples décrets (*infra*, n° 102).

• D'une part, les **décrets-lois sont lois** en ce sens qu'ils peuvent édicter des mesures ressortissant au domaine de la loi (*supra,* n° 98). Un décret-loi sera donc fondé (mais seulement dans le cadre de l'habilitation consentie par le Parlement) à créer des crimes ou des délits, ou modifier les lois proprement dites ayant créé de telles infractions.

• D'autre part, les **décrets-lois sont décrets** en ce sens qu'à tous autres égards, ils sont traités comme des règlements administratifs. Ils peuvent donc être critiqués par le simple citoyen, soit devant la juridiction administrative (recours pour excès de pouvoir) soit devant la juridiction pénale (exception d'illégalité, *infra,* n° 127 s.). Le contrôle du juge vérifiera la conformité du décret-loi, d'une part aux traités internationaux, et d'autre part à la loi d'habilitation. En cela, les décrets-lois sont proches des règlements administratifs.

§ 4. Les règlements administratifs

102. Diversité des règlements. — Les règlements administratifs, comme leur nom l'indique, sont des textes émanés de l'Administration, c'est-à-dire du pouvoir exécutif. Ou bien le gouvernement lui-même, pris collectivement ; il s'agit alors de **décrets**, de type d'ailleurs variable, entre autres suivant qu'ils ont été accompagnés ou non de la consultation du Conseil d'État : soit décrets en Conseil d'État, soit décrets simples. Ou bien ce sont des membres du gouvernement, ou des représentants de pouvoirs locaux, qui sont les auteurs du règlement administratif. On parle alors d'**arrêtés**, dont un adjectif précise l'auteur. Ainsi l'arrêté ministériel, émanant d'un ministre, ou parfois de plusieurs (arrêté interministériel). Ainsi l'arrêté préfectoral, émanant d'un préfet. Ainsi l'arrêté municipal, émanant d'un maire. Il y a donc une grande diversité des règlements, qui correspond à leur hiérarchie.

Cette hiérarchie se manifeste en ce que, dans l'ordre décroissant qui vient d'être énuméré, chacun de ces règlements a une valeur moindre que celui plus haut placé. Ainsi un arrêté ne peut contredire un décret en Conseil d'État. Cependant, où qu'ils se situent dans la hiérarchie, les règlements administratifs sont susceptibles de contrôle juridictionnel, soit de la part des juridictions administratives (recours pour excès de pouvoir) soit de la part des juridictions répressives (exception d'illégalité). Mais ce contrôle juridictionnel aura plus ou moins d'étendue suivant « l'étage » du règlement en cause, autrement dit sa force.

103. Force des règlements. Une distinction nécessaire. — Cette force varie suivant le type d'infractions que le règlement concerne. Il convient alors de distinguer : d'une part les crimes et délits ; d'autre part, les contraventions.

104. Force des règlements en matière de crimes et délits. — La loi proprement dite peut seule édicter les crimes et les délits (art. 34 de la Constitution). Mais il arrive que la loi proprement dite renvoie, pour la définition d'un des éléments de l'infraction, à des règlements administratifs, parfois même à plusieurs étages, la loi se référant à un décret, le décret à un arrêté, pour moduler les conditions d'application de la loi. Ainsi pour le délit de chasse, des règlements en cascade fixent les hypothèses diverses (gibier, lieu, période) dans lesquelles la chasse est prohibée. Ces règlements d'étage divers sont subordonnés, d'abord entre eux comme il a été dit, mais aussi à la loi, d'où ils tirent leur source. On admet en conséquence que le juge répressif peut et doit refuser de retenir l'incrimination résultant d'un règlement administratif qui serait contraire, ou bien à un règlement supérieur, ou bien à la loi proprement dite, ou bien, à plus forte raison aux normes supra-législatives (*supra,* n° 89 s.).

105. Force des règlements en matière de contraventions. — Les contraventions sont édictées par le règlement (art. 34 de la Constitution). Mais il faut séparer deux hypothèses.

• Si c'est un **règlement « inférieur »** — soit décret simples, soit arrêtés — qui détermine les contraventions, ce règlement ne peut instituer qu'une contravention de 1re classe, la moins chère, d'un montant maximum de 38 euros (art. 131-13-1° CP). Il faut aussi que ce règlement inférieur respecte tous les textes situés au-dessus de lui ; sinon le juge répressif devra refuser d'en faire application.

• Si c'est un **décret en Conseil d'État** qui détermine les contraventions, comme tel est le principe en matière de contraventions (art. R. 610-1 CP), ce règlement, le plus haut dans la hiérarchie des règlements, peut instituer l'amende contraventionnelle la plus forte, jusqu'à 1 500 euros d'amende, et 3 000 euros au cas de récidive (art. 131-13, 5° CP).

À raison de ce qu'un tel décret intervient à titre autonome, il n'a pas à respecter une loi dont il serait le texte d'application. Encore faut-il qu'il soit conforme à toutes les valeurs consacrées par les normes supra-législatives (*supra,* n° 89 s.).

Chapitre 2
La sphère d'application de la loi pénale

106. Division. — Suivant en cela le Code pénal, on distinguera l'application de la loi pénale dans le temps (Section 1) et l'application de la loi pénale dans l'espace (Section 2).

Section 1
L'application de la loi pénale dans le temps

107. Division. — Pour décrire l'application de la loi pénale dans le temps, il faut séparer les lois pénales de fond (§ 1), et les lois pénales de forme (§ 2).

§ 1. L'application dans le temps des lois pénales de fond

108. Principe de non-rétroactivité des lois pénales de fond. — Les lois pénales de fond sont celles qui définissent une infraction, ou bien qui déterminent la peine applicable à l'auteur de cette infraction.

C'est à leur propos que fut édicté le principe de la non-rétroactivité des lois pénales. Visé par l'article 8 de la Déclaration des Droits de l'Homme et du Citoyen, il est de valeur constitutionnelle. Il est d'ailleurs consacré par les instruments internationaux relatifs aux droits de l'homme (art. 7 de la Convention européenne des droits de l'homme, art. 15 du Pacte de l'ONU relatif aux droits civils et politiques).

Ce principe est un prolongement nécessaire du principe de légalité. Si la loi venait à réprimer un fait commis avant qu'elle fût en vigueur, cela permettrait de punir un fait qui, lors de son accomplissement, n'était interdit par aucune loi.

De même, si la loi nouvelle venait punir un fait déjà punissable, mais en majorant la peine encourue lors de son accomplissement, il y aurait peine sans loi, dans toute la mesure de cette majoration.

Telle étant la raison d'être de la non-rétroactivité, on comprend que le principe ne vaille que pour les lois nouvelles plus sévères (A). Il est au contraire écarté pour les lois nouvelles plus douces (B).

A La non-rétroactivité des lois pénales plus sévères

109. L'application de la non-rétroactivité. — Suivant l'article 112-1 du Code pénal : « Sont seuls punissables les faits constitutifs d'une infraction à la date à laquelle ils ont été commis. Peuvent seules être prononcées les peines légalement applicables à la même date ». La règle est d'application simple : une loi pénale plus sévère ne saisit que le fait postérieur à son entrée en vigueur. Mais il arrive que le fait s'étale dans le temps (ainsi, pour la séquestration arbitraire, ainsi pour l'exercice illégal de la médecine). Que décider alors ? On a déjà donné la réponse à propos des infractions continues (*supra*, n° 74) et des infractions d'habitude (*supra*, n° 76).

B La rétroactivité des lois pénales plus douces

110. La rétroactivité « *in mitius* ». — Les lois pénales de fond plus douces rétroagissent en principe, car elles sont favorables à la personne poursuivie. C'est ce qu'on appelle la rétroactivité « *in mitius* ». Elle est énoncée par l'article 112-1 alinéa 3 du Code pénal :

« ... les dispositions nouvelles s'appliquent aux infractions commises avant leur entrée en vigueur et n'ayant pas donné lieu à une condamnation passée en force de chose jugée lorsqu'elles sont moins sévères que les dispositions anciennes ».

Dans le cas, au contraire, d'une condamnation passée en force de chose jugée lors de l'entrée en vigueur de la loi pénale, cette condamnation doit être exécutée. Il n'en va autrement que dans un cas particulier, prévu par l'article 112-4 al. 2 du Code pénal :

« Toutefois, la peine cesse de recevoir exécution quand elle a été prononcée pour un fait qui, en vertu d'une loi postérieure au jugement, n'a plus le caractère d'une infraction pénale ».

Par ailleurs, il existe des lois d'amnistie, lois d'oubli (*infra*, n° 615 s.) dont l'utilité de pacification tient précisément à leur rétroactivité, même concernant des condamnations définitives.

§ 2. L'application dans le temps des lois pénales de forme

111. Principe d'application immédiate des lois nouvelles de forme. — Les lois nouvelles de forme ont pour objet de régler soit la procédure qui mène à la condamnation, soit l'exécution de cette condamnation. Elles ne concernent ni la définition de l'infraction, ni la détermination de la peine applicable. Étant étrangères au fond, ces lois pénales de forme sont traditionnellement d'application immédiate, dès leur entrée en vigueur. Le Code pénal, qui reprend cette solution classique, en détaille les hypothèses d'application.

• Première hypothèse (art. 112-2, 1°) : les lois de compétence et d'organisation judiciaire, tant qu'un jugement sur le fond n'a pas été rendu en première instance, sont applicables immédiatement.

• Deuxième hypothèse (art. 112-2, 2°) : les lois fixant les modalités des poursuites et les formes de la procédure sont applicables immédiatement.

• Troisième hypothèse (art. 112-2, 3°) : les lois relatives au régime d'exécution et d'application des peines sont applicables immédiatement. Toutefois ces lois, lorsqu'elles auraient pour résultat de rendre plus sévères les peines prononcées par la décision de condamnation, ne sont applicables qu'aux condamnations prononcées pour des faits commis postérieurement à leur entrée en vigueur. Cette exception s'explique puisqu'ici, la loi nouvelle, alourdissant l'exécution d'une peine, rejaillit sur le fond et ne peut prendre une force rétroactive. Il y a donc survie de la loi ancienne.

• Quatrième hypothèse (art. 112-2, 4°) : les lois relatives à la prescription de l'action publique et à la prescription des peines (*supra*, n° 19) sont applicables immédiatement tant que les prescriptions ne sont pas acquises. Mais il existe une exception, de même nature que l'exception précédente : les lois nouvelles sur la prescription, qui auraient pour résultat d'aggraver la situation de l'intéressé, ne sont pas applicables à la prescription en cours. Il y a survie de la loi ancienne.

• Cinquième hypothèse (art. 112-3) : les lois relatives à la nature et aux cas d'ouverture des voies de recours ainsi qu'aux délais dans lesquels elles doivent être exercées et à la qualité des personnes admises à se pourvoir sont applicables aux recours formés contre les décisions prononcées après leur entrée en vigueur. Les recours sont soumis aux règles de forme en vigueur au jour où ils sont exercés.

Toutefois, lorsque ces lois nouvelles de diverses sortes reçoivent une application immédiate, cette application reste sans effet sur la validité des actes accomplis conformément à la loi ancienne (art. 112-4, al. 1).

Section 2

L'application de la loi pénale dans l'espace

112. Droit pénal international et Droit pénal français. Division. — Le progrès des transports et des communications favorise une criminalité qui enjambe les frontières. Contre elle, les États doivent faire preuve d'entraide.

• Ce peut être à l'**échelon mondial,** sous l'égide de l'ONU : coopération des polices (Interpol) ; juridictions pénales internationales, ayant compétence pour réprimer les actes maudits par la conscience universelle (génocide, crimes de guerre, crimes contre l'humanité). Soit des juridictions à compétence limitée : tribunal international, dont le siège est aux Pays-Bas (La Haye), jugeant les violations graves et généralisées du Droit universel humanitaire qui ont été commises en ex-Yougoslavie (résolution n° 827 du Conseil de sécurité, 25 mai 1993) ; tribunal international, dont le siège est en Tanzanie (Arusha), jugeant les violations de même nature commises au Rwanda (résolution n° 955 du Conseil de sécurité, 8 novembre 1994). Plus récemment, juridiction à compétence générale, pour juger des violations de même nature, mais où qu'elles aient été commises : la **Cour pénale internationale**. Le traité de Rome qui instaure cette juridiction, est entré en vigueur le 1er juillet 2002. La France y apporte sa coopération (art. 627 à 627-20 CPP).

• Ce peut être à l'**échelon européen**, sous l'égide de l'Union européenne : Europol (pour Police Européenne), équipes communes d'enquêtes, mandat d'arrêt européen ; unité Eurojust et représentant national auprès d'elle (art. 695 s. CPP).

À raison de sa complexité, ce Droit pénal international a suscité des enseignements distincts et des manuels spécialisés. Y renvoyant, on ne considère ici que la seule question tranchée par notre Code pénal. À savoir, la détermination des infractions pénales relevant du Droit français. Or, ce Droit est d'application territoriale. Il ne régit, en principe, que les infractions commises sur le territoire français. Mais le principe doit être précisé. De plus, il comporte une exception. Certaines infractions, commises en dehors du territoire français.

Tout cela conduit à traiter, suivant le plan même du Code pénal à ce sujet, des infractions commises sur le territoire de la République (§ 1) ; des infractions commises hors du territoire de la République (§ 2).

§ 1. Infractions commises sur le territoire de la République française

113. La notion de territoire français. — Le territoire de la République comprend, outre son étendue terrestre, les espaces maritimes et aériens qui lui sont liés (art. 113-1 CP).

• Quant à l'**espace terrestre**, le territoire inclut la France métropolitaine et les DOM-TOM, c'est-à-dire les Départements d'Outre-Mer et les Territoires d'Outre-Mer. La France métropolitaine est l'hexagone plus ses îles proches (ainsi la Corse). Les départements d'outre-mer sont la Martinique, la Guadeloupe, la Guyane, la Réunion. Les territoires d'outre-mer sont la Polynésie française, les Terres australes et antarctiques françaises, les îles Wallis et Futuna ; auxquelles s'ajoutent tant la Nouvelle-Calédonie que les collectivités territoriales de Mayotte et de Saint-Pierre-et-Miquelon.

• Quant à l'**espace maritime**, il est constitué de la mer entourant le territoire français, dans une bande large de 12 milles marins, désignée par l'expression évocatrice de mer territoriale (ou eaux territoriales). Pour les droits de pêche (et la poursuite des infractions pénales s'y rapportant), la zone économique s'étend à 200 milles marins au large des côtes ; sous réserve, bien sûr, des droits concurrents que peuvent avoir, sur leur propre espace maritime, les États en regard.

• Quant à l'**espace aérien**, il est dessiné par une paroi verticale imaginaire, montant au ciel, à l'aplomb des frontières terrestres et maritimes ci-dessus définies.

114. La notion d'infraction commise sur le territoire français. — Le Code pénal contient à ce sujet des règles générales de localisation, et des règles particulières lorsque l'infraction a été commise à bord d'un navire ou d'un aéronef français.

• **Règles générales de localisation.** *D'abord* — c'est là l'expression même du principe de territorialité — « la loi pénale française est applicable aux infractions commises sur le territoire de la République » (art. 113-2, al. 1 CP). *Ensuite*, « l'infraction est réputée commise sur le territoire de la République dès lors qu'un de ses faits constitutifs a eu lieu sur ce territoire » (art. 113-2, al. 2 CP). Il y a là extension de la compétence française, puisque la totalité de l'infraction ne se localise pas sur le territoire (d'où l'expression non pas « commise », mais « réputée » commise). Cependant l'infraction s'y est placée par l'un de ses faits constitutifs, et le Droit pénal français entend alors se saisir du tout. *Enfin*, « la loi pénale française est applicable à quiconque s'est rendu coupable sur le territoire de la République, comme complice, d'un crime ou d'un délit commis à l'étranger », mais sous réserve d'une double condition : « si le crime ou le délit est puni à la fois par la loi française et la loi étrangère et s'il a été constaté par une décision définitive de la juridiction étrangère — » (art. 113-5 CP).

• **Règles particulières de localisation.** Elles concernent l'infraction commise à bord d'un navire ou d'un aéronef français.

Suivant l'article 113-3 du Code pénal, « la loi pénale française est applicable aux infractions commises à bord des **navires** battant pavillon français, ou à l'encontre de tels navires, en quelque lieu qu'ils se trouvent. Elle est seule applicable aux infractions commises à bord des navires de la marine nationale, ou à l'encontre de tels navires, en quelque lieu qu'ils se trouvent ». On remarquera la différence des formules. Pour les navires privés, la loi française est applicable : ce qui réserve la compétence concurrente d'un autre État. Pour les navires d'État, la loi française est seule applicable.

L'article 113-4 du Code pénal donne une règle identique pour les **aéronefs** immatriculés en France (compétence concurrente) et les aéronefs militaires (compétence exclusive de la loi française).

§ 2. Infractions commises hors du territoire de la République française

115. Le principe d'incompétence de la loi française. — L'infraction qui se place en dehors du territoire français (tel que ci-dessus déterminé) échappe en principe à la compétence française. Ce principe repose sur des considérations de bon sens. Ce qui justifie la compétence pénale d'un État, c'est sa souveraineté, dont l'essence est territoriale. Et l'on risque d'offusquer d'autres États, si l'on se mêle de ce qui se passe sur leur sol, où règne leur propre souveraineté. Enfin, la France a parfois du mal à faire respecter, chez elle, ses propres lois. Pourquoi s'occuperait-elle de les faire respecter ailleurs ?

116. Les deux séries d'exceptions au principe d'incompétence. — Ces exceptions se rencontrent lorsque, précisément, ces considérations de bon sens viennent à perdre leur force. Cela se produit dans deux contextes bien différents.

• Tantôt, bien que l'infraction ait été commise en dehors du territoire français, elle n'en viole pas moins, de façon substantielle, les intérêts, soit de citoyens français, soit de la nation française. L'on comprend que la France ne puisse pas alors rester inactive. Mais elle sévit pour son propre compte, comme tout État le fait immémorialement, c'est-à-dire de façon souvent égoïste. Elle procède alors par **extension de la compétence nationale**.

• Tantôt, la France ne défend plus ses intérêts de nation, mais se comporte plutôt en gendarme de la collectivité internationale, face à des actes odieux qui viole des valeurs universelles. La France procède alors, en quelque sorte, par une **délégation de la communauté internationale**.

117. Extension de la compétence nationale. — Le Code pénal (art. 113-6 à 113-12) vise diverses hypothèses. Les deux principales sont celles :

• où l'infraction commise implique un national français, qu'il soit auteur ou victime ;

• où l'infraction commise menace les intérêts fondamentaux de la nation.

Ainsi, s'agissant de la trahison, de l'espionnage, de l'instigation de mouvements insurrectionnels dirigés contre la France, de la fabrication de fausse monnaie française, d'agressions contre des représentants de la France ou des locaux où leurs fonctions s'exercent.

118. Délégation de la communauté internationale. — La France agit à deux titres.

• Soit en vertu de conventions internationales. Ainsi celles relatives aux actes de torture, de terrorisme, de piraterie aérienne ou maritime, ainsi qu'au trafic des matières nucléaires (art. 689-1 à 689-10 CPP). La France doit alors — quand elle ne l'extrade pas — juger toute personne, même non-Française, accusée de tels agissements, et quand bien même leur victime ne serait pas française.

• Soit en vertu de résolutions prises par le Conseil de sécurité de l'ONU et créant des juridictions internationales à compétence limitée, pour réprimer des violations graves et généralisées du Droit international humanitaire (*supra,* n° 112). Ces résolutions n'obligent pas la France à coopérer, mais la France a choisi de le faire, voulant s'associer au combat contre de tels crimes (lois 95-1 du 2 janvier 1995 et 96-432 du 22 mai 1996).

Chapitre 3
L'application de la loi pénale par le juge

• **119. Contenu. Division.** — L'application de la loi pénale par le juge, en un sens très large, c'est tout le procès pénal. Il ne s'agit pas ici de cela, bien sûr, mais de questions plus particulières, découlant très directement du principe de légalité. Il y en a trois.

• Première question : puisqu'il n'y a pas d'infraction sans texte, quel est en l'espèce le texte applicable ? Répondre, c'est opérer la **qualification** (section 1).

• Deuxième question : puisque beaucoup de textes incriminateurs ne sont pas « souverains » (*supra,* n° 88 s.), le texte invoqué par la poursuite a-t-il une force juridique incontestable ? Répondre, c'est opérer le **contrôle de légalité** (section 2).

• Troisième question : s'il est admis que le texte s'applique, et s'applique avec une pleine force juridique, recouvre-t-il exactement les faits de l'espèce ? Si tel n'est pas le cas, peut-on l'étirer, en étendre le champ d'application ? Répondre, c'est opérer l'interprétation de la loi pénale. On verra que le principe de légalité oblige à donner une **interprétation restrictive** (section 3).

Section 1
La qualification

120. La nécessité de la qualification. — La qualification, c'est l'étiquette posée sur un fait, un acte, pour les désigner au regard des catégories juridiques. Ainsi, en Droit civil, on qualifie un contrat de contrat de dépôt... Le Droit pénal, pour sa part, qualifie l'infraction commise. Exemple : un individu dérobe un portefeuille dans le métro. C'est un vol.

En Droit pénal, la qualification est d'une importance primordiale, à cause du principe de légalité. Puisqu'il n'y a pas d'infraction et de peine sans texte, il faut bien désigner le texte en cause, l'incrimination applicable. On le fait d'un mot, qui nomme l'infraction commise : ainsi « vol », dans l'exemple proposé.

Mais ce mot peut être approximatif s'il recouvre plusieurs textes, et des incriminations différentes. Dans l'exemple du vol, il y a maintes sortes de vols, simples, ou qualifiés crimes, suivant les circonstances qui les ont entourés (escalade, effraction, violence, réunion).

C'est pourquoi, dans la pratique judiciaire, on indique, très précisément, les références du texte en jeu : ainsi dira-t-on « vol, fait prévu et puni par les articles 311-1 et 311-3 CP ».

121. Le moment de la qualification. — La qualification s'opère au plus tard lors de la mise en mouvement de l'action publique. Qu'il procède par citation directe, ou par réquisitoire à fin d'informer (*supra,* n° 28 s.), le Parquet devra mentionner le texte qui forme la base de la poursuite.

• La qualification ainsi opérée n'est que provisoire. Pour des raisons diverses (nouveau témoignage, examen juridique plus approfondi de la question, etc.), il se peut que la qualification primitive doive être modifiée. Ainsi feront le cas échéant les **juridictions d'instruction** (juge d'instruction — chambre de l'instruction à hauteur d'appel).

• Un contrôle ultérieur est exercé par les **juridictions de jugement**, qui sont, comme on dit, « maîtres de leur qualification ». Par exemple, une Cour d'assises constate, à la lumière des débats, que le prétendu crime n'est qu'un délit correctionnel ; elle peut rectifier la qualification, et juger le délit (*infra,* n° 817). Il peut s'ensuivre, d'ailleurs, dans certains cas, une décision d'incompétence, si la juridiction qualifie d'une manière telle que l'infraction retenue excède sa compétence. Par exemple, un Tribunal correctionnel, saisi d'un homicide par imprudence (art. 221-6 CP), découvre lors de l'audience qu'il s'agit d'un meurtre (art. 221-1 CP), c'est-à-dire d'un crime justiciable de la seule Cour d'assises. Il devra se déclarer incompétent, renvoyant le Ministère public à « se pourvoir ainsi qu'il appartiendra ».

• Le contrôle de la qualification s'étend plus loin ; il n'appartient pas seulement aux juridictions de jugement dites du fond, ou du fait (Tribunal de police, Tribunal correctionnel, Cour d'assises), mais ultimement à la **Cour de cassation,** car la qualification est une question de droit. La Cour de cassation exerce donc son contrôle à ce propos, et même peut l'exercer par un moyen pris d'office (c'est-à-dire non soulevé par le pourvoi qui a saisi la Chambre criminelle, *infra,* n° 902).

Cependant, à l'inverse, l'erreur de qualification, serait-elle invoquée par le pourvoi, ne peut conduire à la cassation si elle n'a pas lésé l'intérêt du condamné ou les droits de sa défense ; ainsi, par exemple lorsque la vraie qualification (escroquerie au lieu de vol) aurait justifié la peine prononcée. On ne prononcera pas la cassation : c'est la théorie de *la peine justifiée* (art. 598 CPP, *infra,* n° 900).

122. La pluralité de qualifications. Les deux hypothèses. — Il arrive qu'un même fait tombe sous le coup de plusieurs lois pénales. On parle alors d'une pluralité de qualifications. Et l'on doit distinguer- suivant que la pluralité de qualifications est successive ou simultanée.

123. Première hypothèse : pluralité successive de qualifications. — On suppose qu'un individu est jugé pour un fait pris sous une qualification donnée. Mais il se révèle ultérieurement que la qualification véritable était autre. Par exemple, un individu est poursuivi devant le Tribunal correctionnel pour homicide par imprudence, et condamné définitivement de ce chef à trois mois d'emprisonnement. Or, des révélations ultérieures montrent qu'il s'agissait d'un meurtre. Peut-on poursuivre à nouveau l'individu ? Cette question est en rapport avec l'**autorité de la chose jugée** ; elle sera examinée à ce propos (*infra,* n° 910).

124. Seconde hypothèse : pluralité simultanée de qualifications. — Cela se produit lorsqu'un même fait, ou ensemble de faits, tombe sous le coup de deux qualifications pénales. Exemple : un individu fomente frauduleusement, sur le marché, des pratiques anti-concurrentielles. Elles faussent la liberté des prix, et conduisent donc les contractants à payer plus qu'ils ne l'auraient fait en l'absence de ces manœuvres.

Or, cette conduite relève de deux qualifications. La première est constituée par l'article L 420-6 du Code de commerce, qui commine un emprisonnement de quatre ans et une amende de 75 000 euros. La seconde qualification résulte de l'article 313-1 du Code pénal, définissant l'escroquerie. Ce texte réprime le fait d'obtenir, grâce notamment à des manœuvres frauduleuses, des fonds que la victime n'aurait pas remis sans les ruses utilisées. Une telle escroquerie encourt cinq ans d'emprisonnement et 375 000 euros d'amende.

Dans cette hypothèse, où l'on trouve deux qualifications pour un même fait, on parle d'un **cumul idéal d'infractions, ou** d'un **concours de qualifications**. Alors, la règle est qu'on ne peut retenir qu'une seule qualification, quitte d'ailleurs à hésiter sur la qualification qui doit l'emporter. Soit on préfère la plus haute (c'est-à-dire la plus lourdement réprimée d'après le maximum de la peine encourue). Soit on préfère la qualification spéciale (c'est-à-dire qui décrit l'acte considéré de la manière la plus précise). Quel que soit le choix opéré, la qualification retenue chassera l'autre. Il n'y aura, juridiquement, qu'**une seule infraction**. Dans ses résultats, la solution paraît claire.

125. Incertitude subsistante sur la notion de « même fait ». — Mais l'hésitation renaît pour un autre motif. Car le cumul idéal suppose un même fait. Or, qu'est-ce qu'un même fait ? Le doute est ouvert. Par exemple, une grenade est jetée dans un café, blessant les personnes visées. Il y a en même temps destruction par explosifs (art. 322-6 CP) et tentative d'assassinat (art. 121-4 et 5, et 221-3 CP).

Ces deux qualifications procèdent du même fait, si l'on considère l'aspect matériel du fait : lancer une **grenade**. Mais elles procèdent de deux faits bien distincts sous l'aspect psychologique. Car les deux infractions relèvent d'intentions et de finalités différentes : vouloir détruire une chose n'est pas vouloir tuer une personne. Pour cette raison, la Chambre criminelle a jugé qu'il n'y a pas ici cumul idéal d'infractions (arrêt dit de la grenade, en date du 3 mars 1960, *B. crim.* n° 138. Solution confirmée, sous un autre angle, par l'arrêt Laurent, en date du 19 mai 1983, *B. crim.* n° 149, *infra,* n° 910) : les **deux incriminations peuvent se cumuler**, les deux infractions coexistent, et cela constitue un concours d'infractions (*infra,* n° 466 s.).

Section 2
Le contrôle de légalité

126. Les formes du contrôle. — Le contrôle de légalité s'opère sous deux formes : tantôt la juridiction administrative statue sur un recours pour excès de pouvoir, dont l'étude est faite par le Droit administratif. Tantôt, la juridiction répressive statue par une exception d'illégalité, qu'il faut examiner ici.

127. L'exception d'illégalité, ou plus exactement de non-conformité. — Dans cette hypothèse, un individu se trouve poursuivi devant la juridiction répressive, ce qui suppose la violation d'un texte. Mais il invoque l'illégalité du texte. À vrai dire, ce mot d'illégalité n'est plus adéquat. Il provient d'un temps où seuls les règlements administratifs pouvaient seuls être critiqués, en tant qu'ils contrariaient une norme supérieure (*supra,* n° 88).

Tel n'est plus le cas. Aujourd'hui, la loi proprement dite est elle aussi susceptible de critiques. Non pas, certes, pour inconstitutionnalité, puisque son contrôle est le monopole du Conseil constitutionnel, qui ne peut être saisi — par des personnalités politiques limitativement désignées — qu'avant la promulgation de la loi (*supra,* n° 90). Mais pour irrespect des traités internationaux, notamment de ceux relatifs aux droits de l'homme, ce qui ouvre largement le contrôle du juge répressif (*supra,* n° 91 s.).

Il serait plus approprié, plus expressif aussi, de parler aujourd'hui d'un contrôle de non-conformité, c'est-à-dire de non-conformité du texte, base de la poursuite pénale, aux normes juridiques qui lui sont supérieures. Cependant, l'appellation ancienne, « exception d'illégalité », reste usuelle.

128. Mécanisme de l'exception de non-conformité. — Lorsque le juge accueille l'exception, en d'autres termes lorsqu'il la juge fondée, il constatera que la poursuite manque de base « légale », entendons de régularité juridique. Le juge répressif renverra donc le prévenu des fins de la poursuite ; mais le texte jugé irrégulier subsistera. Seul le recours pour excès de pouvoir (quand il est possible et s'il triomphe) conduit à l'annulation du texte à l'égard de tous.

129. Domaine de l'exception de non-conformité. — La Révolution française avait proclamé la séparation des fonctions judiciaires et des fonctions administratives (loi des 16-24 août 1790). Longtemps, ce dogme a fait obstacle au contrôle d'un acte administratif par le juge judiciaire.

Et l'évolution, sur plus d'un siècle et demi, eut pour sens d'implanter ce contrôle, puis d'en élargir le champ. Ce ne fut pas sans lenteurs, hésitations, repentirs... Mais en 1958, la Constitution de la 5e République vint modifier sensiblement la donne. D'une part, son article 55 consacre la valeur supra-législative des traités. Ainsi le juge judiciaire peut-il écarter une loi non conforme à ces traités. Pourquoi ne pourrait-il pas écarter un simple règlement administratif ? D'autre part, l'article 66 de la Constitution fait de l'autorité judiciaire la gardienne de la liberté individuelle. C'est une autre raison de concéder au juge pénal tout pouvoir d'appréciation nécessaire à décider sur les poursuites pénales.

Le Code pénal a tari la controverse. Son article 111-5 dispose : « Les juridictions pénales sont compétentes pour interpréter les actes administratifs, réglementaires ou individuels, et pour en apprécier la légalité lorsque, de cet examen, dépend la solution du procès pénal qui leur est soumis ».

Section 3
L'interprétation restrictive de la loi pénale

130. Raison d'être et proclamation du principe. — La loi pénale doit être interprétée restrictivement par le juge chargé de l'appliquer. Il n'a pas le droit de l'étendre à des situations autres que celles ouvertement visées par la loi pénale. C'est là un autre corollaire — avec la non-rétroactivité de la loi pénale (*supra,* n° 108 s.) — du principe de légalité. En effet, si l'on « étire » un texte au-delà de ses bornes normales, on parvient, dans cette mesure même, à condamner sans texte. Ce qui doit donc être prohibé. Le récent Code pénal l'énonce de façon péremptoire, en son article 111-4 : « La loi pénale est d'interprétation stricte ». Le principe est donc ferme. Encore faut-il considérer son application.

131. L'application du principe. Distinction. — On doit ici distinguer deux hypothèses, suivant qu'il s'agit de l'élucidation, ou de l'adaptation du texte considéré.

132. Première hypothèse : élucidation du texte. — On suppose qu'une loi pénale, de par sa rédaction obscure ou équivoque, est de portée douteuse. En présence d'un tel texte, le juge doit s'efforcer d'en découvrir le sens par le recours, soit aux travaux préparatoires, soit à l'analyse rationnelle. Ce n'est que si le doute demeure indissipable que le juge pourra refuser l'application du texte répressif. Ce qu'on exprime par l'adage ***« in dubio pro reo »***. Cela signifie « le doute profite à l'accusé », que le doute porte d'ailleurs sur la preuve de l'infraction (*infra,* n° 805), ou comme ici sur le sens de la loi. Mais, lorsque le doute peut être dissipé, le juge doit dire quel est ce sens. On voit ainsi qu'interprétation restrictive ne veut pas dire refus d'interprétation.

Il faut faire entrer, dans la même hypothèse, le cas où le texte, d'après sa lettre même, pourtant claire et non douteuse en apparence, conduit à des résultats absurdes. Il en existe un exemple célèbre : un règlement de la police des chemins de fer interdisait « de descendre ailleurs que dans les gares et lorsque le train est complètement arrêté ». Dans son interprétation littérale, ce texte semblait défendre de descendre autrement qu'en marche, ce qui était ridicule, et manifestement contraire au but du règlement. En conséquence, la Chambre criminelle a approuvé la condamnation d'un voyageur descendu avant l'arrêt du train (Crim. 8 mars 1930, *D.* 1930.I.101). En d'autres termes, le juge doit faire prévaloir le sens évident et logique de la loi sur sa rédaction formelle. On peut voir par là qu'interprétation restrictive ne veut pas dire interprétation littérale, interprétation au pied de la lettre.

133. Seconde hypothèse : adaptation du texte. — Cette hypothèse soulève davantage de difficultés. Elle découle non plus, comme précédemment, de la malfaçon originaire d'un texte, mais de son vieillissement. Le texte était, lors de son édiction, clair et logique ; ce qu'il voulait dire n'offrait pas prise à l'hésitation. Mais au fil des temps, de nouvelles situations apparaissent, qui n'avaient pas été prévues quand le texte a été rédigé.

Par exemple, le vol était défini par le Code de 1810 (comme il l'est par le Code pénal actuel, art. 311-1) : « la soustraction frauduleuse de la chose d'autrui ». Pour l'électricité, dont le législateur ne pensait pas, en 1810, envisager la distribution, pouvait-il y avoir vol ? Autre exemple : que décider pour un vol dans un magasin dit « à libre service », où l'on incite le client à emporter les marchandises offertes ? Peut-il y avoir vol par « soustraction » ?

Dans ces deux situations, la Cour de cassation a approuvé la condamnation (Crim. 3 août 1912, *S.* 1913-1-337 pour le vol d'électricité — Crim. 14 mai 1958, *D.* 1958-513, pour le vol dans un « libre-service »). Plus généralement, il est permis au juge de faire tomber sous le coup de la loi pénale les agissements qui « se révèlent, dans leur objet et leurs caractères, foncièrement identiques à ceux en vue desquels la sanction avait été édictée » (Crim. 18 octobre 1951, *Revue de science criminelle* 1952, p. 199).

Ainsi, la jurisprudence admet la condamnation de l'auteur d'une diffamation par cinéma, radio, ou disque, procédés de diffusion inconnus, bien sûr, quand la loi du 29 juillet 1881 a incriminé la diffamation par voie de presse écrite.

Au total, il est acquis qu'interprétation restrictive ne veut pas dire interprétation exégétique, laquelle limiterait l'application de la loi aux seules situations envisagées par le législateur de l'époque.

134. Signification véritable du principe. — Au total, ainsi maintenue dans des limites raisonnables, l'interprétation restrictive prohibe uniquement l'interprétation par analogie, ou forcée, ou déformante, qui permettrait d'étendre la répression au-delà des limites que la loi assigne au texte par son **sens clair, logique** et **actuel**.

C'est seulement dans cette mesure, en effet, que l'on arriverait à créer indirectement des infractions ou des pénalités sans texte, et qu'il y aurait là le risque d'arbitraire contre lequel le principe de légalité vise à protéger les citoyens.

Titre 2

La responsabilité pénale

135. Personne physique et personne morale. Plan. — Depuis longtemps, notre Droit pénal avait pour seul destinataire l'être humain, la personne physique, dotée d'une existence naturelle et palpable. « Je n'ai jamais déjeuné avec une personne morale », résumait la boutade.

Mais à l'époque contemporaine, la fiction juridique devient réalité. On voit des groupes d'intérêts conquérir une puissance d'action souvent bien supérieure à celle des individus de chair. Et la boutade précitée mérite un addendum : « Jamais déjeuné avec une personne morale ? sans doute. Mais je l'ai vue cent fois régler l'addition... ».

Dès lors, il s'explique que le Droit pénal moderne prenne pour cible une personne morale, sous la condition bien sûr d'adapter en conséquence les conditions de sa culpabilité, comme les modalités de sa peine. Et le Code pénal de 1992 consacre la responsabilité pénale de la personne morale.

Il devient donc nécessaire de considérer en premier lieu la responsabilité pénale des personnes physiques (Sous-titre 1) puis en second lieu la responsabilité pénale des personnes morales (Sous-titre 2).

Sous-titre 1

La responsabilité pénale des personnes physiques

136. Le Code pénal. Division. — Comme le fait le Code pénal, il faut considérer, dans deux chapitres successifs : les éléments de la responsabilité pénale (Chapitre 1) ; les causes d'irresponsabilité pénale (Chapitre 2).

Chapitre 1
Les éléments de la responsabilité pénale des personnes physiques

137. Les deux éléments de la responsabilité. — Cette responsabilité requiert la réunion de deux éléments : l'élément matériel (Section 1) ; l'élément moral, dit encore psychologique (Section 2).

Section 1
L'élément matériel de la responsabilité pénale

138. La diversité de l'élément matériel. — L'élément matériel se déduit pour chaque infraction du texte incriminateur, qui existe nécessairement.

Or, cet élément matériel consiste en un fait, aussi variable que les incriminations sont nombreuses : fait positif ou négatif, comme on l'a dit ; mais encore fait instantané ou fait prolongé ; fait occasionnel ou fait d'habitude ; fait unique ou faisceau de faits, etc. On reconnaît là les diverses classifications des infractions, précisément tirées des modes matériels de leur exécution (*supra,* n° 71 s.).

Ces classifications étant connues, il semblerait que le Droit pénal général puisse s'arrêter là dans l'étude de l'élément matériel. Pour le surplus, il faudrait considérer une à une chaque infraction, ce qui ressortit au Droit pénal spécial (*supra,* n° 13).

L'observation ne manque pas de vérité. Mais elle méconnaît une situation très fréquente, concevable pour toutes les infractions et qu'il convient donc d'examiner ici.

139. Le minimum de criminalité. — Il arrive que le fait qui constitue l'élément matériel de l'infraction ne soit pas totalement accompli. On pourrait dire alors que l'infraction n'est pas commise. Mais la solution serait dangereuse, comme le font comprendre deux exemples fort simples.

Ainsi, des bandits projettent l'attaque d'une banque. La police, qui les file, sait que leur attaque est imminente, car ils ont chargé des armes dans leur voiture, ce matin-là. Faut-il attendre que le hold-up soit accompli, pour arrêter les malfaiteurs ?

Ou bien, autre exemple, on intercepte un passeur de drogue dans un aéroport. Ce passeur est certes punissable pour importation de stupéfiants (art. 222-36 CP). Mais il est beaucoup plus important de condamner ses « patrons ». Or, matériellement, qu'ont-ils fait ? Téléphoner, engager du personnel, verser de l'argent, en recevoir, tous faits qui ne sont pas réprimés par eux-mêmes. La loi pénale ne doit-elle pas, pourtant, permettre de les atteindre ?

Ces exemples posent des questions voisines. Dans l'un et l'autre cas, il s'agit de déterminer le minimum de criminalité au-delà duquel la répression doit intervenir.

140. Division. — Cependant, si les questions sont ainsi reliées, elles sont différentes, et il faut les examiner séparément. Dans le premier exemple, on se proposait d'aller jusqu'au bout de l'infraction, mais un élément extérieur y a fait obstacle. Il s'agit de l'infraction inachevée. Dans le second exemple, le « passeur » a bien commis l'infraction. Mais d'autres s'y sont associés. Il s'agit de l'infraction commise à plusieurs. On examinera donc l'élément matériel dans l'infraction inachevée (Sous-section 1) puis dans l'infraction commise à plusieurs (Sous-section 2).

Sous-section 1

L'élément matériel dans l'infraction inachevée

141. Distinction. — En général, une infraction ne se réalise pas d'un seul coup. Elle est le résultat de toute une série d'efforts qui s'échelonnent, depuis la simple pensée criminelle jusqu'à la consommation complète du méfait. Si l'on n'a pas été jusqu'au bout du chemin, à partir de quelle étape le Droit pénal sévira-t-il ? C'est à quoi répond la théorie de la **tentative punissable** (§ 1). Il arrive aussi que toutes les étapes aient été franchies, mais sans qu'au bout du chemin du crime, le résultat recherché ait été obtenu (l'infraction reste donc, sous cet angle, inachevée). Par exemple, on a acheté une arme, on s'est entraîné ; on guette les habitudes de sa victime ; la voyant assise derrière sa fenêtre, on tire sur elle, on fait mouche. Mais la victime venait de mourir, une heure auparavant, d'une crise cardiaque. Le Droit pénal sévira-t-il ? C'est à quoi répond la théorie de l'**infraction impossible** (§ 2).

§ 1. La tentative punissable

142. Répression de la tentative punissable. — D'après l'article 121-4 du Code pénal : « est auteur de l'infraction la personne qui : 1° commet les faits incriminés ; 2° tente de commettre un crime ou, dans les cas prévus par la loi, un délit ».

De ce texte, il résulte que l'agent d'une tentative est tenu pour auteur, tout autant que s'il avait consommé l'infraction. Il encourt donc la même peine que si l'infraction avait été consommée.

Il résulte aussi du texte que la tentative est punissable : au cas de crime, toujours ; au cas de délit, parfois (lorsque le texte incriminateur le prévoit expressément) ; enfin, dernière hypothèse, au cas de contravention, jamais.

143. Concept de la tentative punissable. Division. — Reste à préciser le concept de tentative punissable. À quelles conditions y a-t-il tentative ?

Reprenant presque mot à mot le texte (art. 2) de l'ancien Code, l'article 121-5 du Code pénal actuel dispose : « La tentative est constituée dès lors que, manifestée par un commencement d'exécution, elle n'a été suspendue ou n'a manqué son effet qu'en raison de circonstances indépendantes de la volonté de son auteur ».

Il résulte de ce texte que, désormais comme autrefois, la tentative existe à deux conditions. L'une est positive : le **commencement d'exécution** (A). L'autre est négative : il faut que le candidat à l'infraction ne se soit pas arrêté, de lui-même, dans son commencement d'exécution. On appelle cette seconde condition l'**absence de désistement exonératoire**, ou disculpateur (B).

A Le commencement d'exécution

144. Les trois étapes de perpétration. — La route qui mène à l'accomplissement d'une infraction est jalonnée par trois étapes.

• Il y a d'abord la **résolution** criminelle. Dans l'esprit de l'auteur, quelques pensées éparses se cristallisent en un projet précis. Sauf rares exceptions, la loi pénale ne vise pas ce simple projet. Tant qu'il ne dépasse pas le stade velléitaire, il ne cause en lui-même aucun trouble social. De plus, la preuve de la seule pensée coupable est souvent incertaine, et la répression pénale, tournant au procès d'intention, risquerait d'être arbitraire.

• Vient ensuite la **préparation** de l'infraction, consistant en des actes simplement préliminaires. Ils ne sont pas encore punissables, à moins de constituer par eux-mêmes un délit, tel que le port d'arme prohibée, par exemple.

• Enfin le criminel entre dans la phase de **réalisation**. Le passage à l'acte débute : il s'agit du commencement d'exécution qui tombe, lui, sous le coup de la loi pénale. En pratique, toute la difficulté sera de tracer la frontière entre l'acte préparatoire, qui n'est pas encore punissable, du commencement d'exécution, qui l'est.

145. Critère du commencement d'exécution. — L'acte préparatoire est par nature équivoque : on peut acheter un couteau sans vouloir poignarder son prochain. Au contraire, le commencement d'exécution révèle chez son auteur le désir d'aller jusqu'au bout. Ainsi, le couteau ouvert en main, on attend un garçon de recettes sur le lieu de son passage habituel.

On voit par cet exemple que les circonstances les plus diverses (de lieu, de temps, de situation) peuvent être prises en compte pour qualifier un fait de commencement d'exécution. Il arrive même que l'on scrute le passé de la personne en cause. Le même fait, tenu pour un acte simplement préparatoire chez un délinquant primaire, peut être considéré comme un acte d'exécution chez un récidiviste.

Il s'ensuit un risque d'arbitraire. Pour le conjurer, on cherche dans la jurisprudence un critère précis du commencement d'exécution. Existe-t-il ?

146. La jurisprudence : diversité de ses formules. — La Cour de cassation définit le commencement d'exécution par trois formules, que l'on voit réapparaître au fil des arrêts.

• Suivant une **première formule** : « le commencement d'exécution (est) caractérisé par des actes qui tendent directement au délit et accomplis avec l'intention de le commettre » (Crim. 5 juillet 1951, *B. crim.* n° 198). Cette formule inclut à la fois l'acte et l'intention.

• Suivant une **deuxième formule** : « le commencement d'exécution n'est caractérisé que par des actes devant avoir pour conséquence directe et immédiate de consommer le crime, celui-ci étant ainsi entré dans la période d'exécution » (Crim. 25 octobre 1962, *B. crim.* n° 292). Cette formule, sensiblement plus restrictive que la précédente, ne se réfère qu'à l'acte et ne mentionne plus l'intention.

• Suivant une **troisième formule** : « le commencement d'exécution consiste dans des actes qui tendent directement et immédiatement à la réalisation de l'infraction projetée » (Crim. 19 juin 1979, *B. crim.* n° 219). La formule jurisprudentielle, en visant les actes accomplis, fait aussi référence à l'infraction « projetée » : ce qui réincorpore l'intention dans le schéma.

147. La jurisprudence : unité de son inspiration. — Sous les trois formules, en dépit de leur différence, on discerne l'unité d'inspiration : il faut à la fois l'acte et l'intention.

Mais tantôt, l'acte accompli se trouve si proche de l'infraction tentée qu'il ne se conçoit pas sans l'intention, laquelle passe à l'arrière-plan. Tantôt, au contraire, l'acte est d'une finalité moins évidente, et c'est alors l'intention — parce qu'elle apparaît manifeste dans les circonstances de l'espèce — qui rapproche l'acte d'exécution de l'accomplissement délictueux.

Les auteurs paraissent s'entendre sur cette interprétation de la jurisprudence. Dès lors, ne serait-il pas souhaitable, et plus simple, que les arrêts retiennent une seule formule ? La première citée, d'ailleurs, résume fort bien le critère le plus utilisé : « le commencement d'exécution est caractérisé par des actes qui tendent directement au délit avec l'intention de le commettre ».

B L'absence de désistement exonératoire

148. La double exigence. — Après un commencement d'exécution, l'auteur punissable cesse de l'être s'il renonce à son entreprise coupable. Pour prévenir l'infraction, la loi confère une force exonératoire au désistement. Mais il faut pour cela qu'il satisfasse deux exigences : être volontaire ; être antérieur à la consommation de l'infraction.

149. Le désistement doit être volontaire. — Cette exigence soulève des difficultés d'application. Certes, il y a des cas non douteux. Ayant mis sa victime en joue, on renonce de soi-même à tirer : le désistement est bien sûr volontaire, car spontané. Si, à l'inverse, le délinquant est surpris et ceinturé par un gardien, au moment où il cambriolait un appartement, le désistement est à coup sûr involontaire, car imposé. Mais il y a nombre de cas où l'hésitation est permise ; par exemple, le désistement a eu lieu sous l'empire d'un événement extérieur, quoique non contraignant. Ainsi le cambrioleur repart de l'appartement « visité », parce qu'il y a entendu sonner le téléphone. Que décider ? Les juges devront démêler, pour chaque cas d'espèce, la raison déterminante du désistement.

150. Le désistement doit être antérieur à la consommation de l'infraction. — Une fois l'infraction consommée, le délinquant ne peut plus l'effacer en s'efforçant d'en réparer les conséquences.

Ainsi dans le cas d'un empoisonnement criminel. On a vu (*supra*, n° 79) qu'il s'agit d'une infraction formelle, pleinement constituée dès l'administration du poison, indépendamment du résultat produit. En conséquence, l'empoisonneur qui administre un antidote à sa victime, pour la sauver, manifeste un repentir actif, pouvant lui mériter l'indulgence des juges. Mais il n'y a pas désistement disculpateur.

§ 2. L'infraction impossible

151. Notion. La controverse séculaire. — On a tiré sur un cadavre. Évidemment, on n'a pas pu le tuer. C'est un exemple d'infraction impossible, et du doute qu'elle soulève : faut-il la réprimer ? Une controverse séculaire divisa les auteurs. Sans doute admirent-ils assez vite qu'il fallait distinguer, mais ils ne s'accordèrent pas sur la distinction qu'il convenait de faire.

Pour les uns, l'impunité devait couvrir l'impossibilité de droit (ainsi, l'avortement d'une femme non enceinte), et non pas l'impossibilité de fait (ainsi, l'avortement tenté par des passes magnétiques et l'invocation de Saint Délivrand). Pour d'autres auteurs, plus nombreux, l'impunité devait couvrir l'impossibilité absolue (au cas de « cadavricide »), et non pas l'impossibilité relative (le revolver n'était point chargé).

La loi régla quelques hypothèses particulières, à part lesquelles la jurisprudence imita la doctrine : en flottant. La solution, ferme et générale, ne fut adoptée par la Cour de cassation que beaucoup plus tard, dans l'arrêt Perdereau.

152. Issue de la controverse : l'arrêt Perdereau. — Par cet arrêt (16 janvier 1986, *Bull. crim.* n° 25), la Cour de cassation s'est prononcée de la façon la plus claire : l'infraction impossible n'est autre qu'une tentative punissable. En l'espèce, des agresseurs avaient frappé sauvagement, en vue de la tuer, une personne étendue. Elle était déjà morte, mais ils ne le savaient pas. C'était, à n'en pas douter, l'archétype de l'infraction impossible. Or, la Cour constate que ces agissements constituaient un commencement d'exécution, puisqu'ils tendaient au crime, avec l'intention de le commettre. Et ce commencement d'exécution n'avait raté son but que par des circonstances indépendantes de la volonté de son auteur. On reconnaît là les deux éléments de la tentative punissable, suivant la définition même qu'en donnait l'ancien Code pénal et qu'a reprise, inchangée, le nouveau Code (*supra,* n° 143). La solution de l'arrêt Perdereau est donc pleinement fondée.

153. Limites de la répression au titre de la tentative punissable. — Mais une telle solution trace d'elle-même ses deux limites.

• Dans l'hypothèse où la tentative n'est pas punissable, l'infraction impossible cesse également de l'être. Ainsi, l'abstention de porter secours à personne en péril est un délit correctionnel. Sa tentative n'est donc punissable que si le texte incriminateur le décide. Tel n'étant pas le cas (art. 223-6, al. 2 CP), le refus de porter secours à une personne déjà morte échappe à la répression.

• À supposer que la tentative de l'infraction considérée soit punissable, encore faut-il que les conditions de la responsabilité pénale se trouvent par ailleurs réunies. Notamment, la répression suppose, le plus souvent, une intention coupable chez l'auteur (*infra,* n° 178 s.). La répression sera donc écartée lorsque les circonstances de l'infraction impossible excluent l'existence de l'intention coupable. Ainsi, pas de tentative de meurtre quand on tire sur une personne avec un fusil d'enfant, sachant que cette arme est inoffensive ; ou quand on crible un cadavre de balles, sachant qu'on se trouve en présence d'un cadavre.

Sous-section 2
L'élément matériel dans l'infraction commise à plusieurs

154. Division. — Surtout à l'époque moderne, la délinquance, comme toute autre activité humaine, s'accompagne de la division du travail. Gangs, mafias, réseaux de drogue... Autant d'expressions révélatrices. Dans la répartition des tâches, il y a des exécutants, qui accomplissent la basse besogne, la « matérialité » de l'infraction. Mais il y a aussi les autres, dont certains, chauffeurs, porte-valises, « troisièmes couteaux », ne participent qu'en auxiliaires. Et d'autres encore, en haut de la hiérarchie du crime : les inspirateurs, cerveaux ou bailleurs de fonds.

Il faut alors soupeser la participation de ces divers personnages, pour savoir quand la répression peut ou non les frapper. En d'autres termes (*supra,* n° 139), quel est le minimum de criminalité punissable ? La réponse concernera : la complicité (§ 1), la responsabilité pénale du fait d'autrui (§ 2).

§ 1. La complicité

155. Le statut juridique de la complicité. Plan. — Ce statut détermine : les éléments (A) la répression (B) de la complicité.

A Les éléments de la complicité

156. Code pénal ancien, nouveau : mêmes éléments. — Le nouveau Code pénal, en ce qu'il définit les éléments de la complicité (art. 121-7), ne s'est pas écarté substantiellement de l'ancien Code pénal. Désormais comme autrefois, la complicité suppose la réunion : d'un élément préalable (a), d'un élément matériel (b), d'un élément « moral », autrement dit psychologique (c).

a) **Élément préalable de la complicité**

157. L'exigence d'un fait principal punissable. — Dans les dictionnaires de langue française, le complice est présenté comme : « celui qui participe à l'infraction commise par un autre ». Et l'étymologie du mot en éclaire le sens : *complex, complicis* = celui-là qui s'unit (à l'infraction d'un autre).

Notre Droit pénal consacre cette définition profane. La complicité n'existe qu'à partir d'un fait principal punissable, auquel le complice est venu s'associer. Plus techniquement, on dit que la complicité est accessoire ; en d'autres termes, que la criminalité du complice est une criminalité d'emprunt ; ou qu'elle réalise un emprunt de criminalité.

Par conséquent, toute complicité suppose une infraction commise, à titre principal, par un autre que le complice. Mais il faut rappeler que l'infraction punissable à laquelle se rattache la complicité peut consister en une tentative (*supra,* n° 142). On dit, pour l'exprimer, que la complicité de tentative est punissable.

158. Les dérogations à l'exigence d'un fait principal punissable. Leur portée véritable. — Il arrive qu'un texte spécial réprime la provocation, même infructueuse, à commettre une infraction. Ainsi pour la provocation au suicide (art. L. 223-13 CP), alors que le suicide, en lui-même, échappe à la loi pénale. De même pour l'incitation à l'assassinat, serait il non commis ni même tenté (art. 221-5-1 CP). Dans ces hypothèses, la criminalité n'est plus d'emprunt, mais d'origine, car l'on est coupable à soi seul, et non par le détour de l'acte d'autrui. Souvent on parle alors d'une complicité autonome. À y réfléchir, l'expression est plus évocatrice qu'exacte. Ce qui devient effectivement autonome, c'est la culpabilité du provocateur, puisqu'elle existe indépendamment de tout acte punissable extérieur. Mais par là même, le provocateur cesse d'être un complice, au sens nécessaire et premier (*supra,* n° 157). Ainsi voit-on que, dans leur portée véritable, de telles incriminations n'entament pas le principe suivant lequel la complicité requiert un fait principal punissable. Encore doit-il s'y ajouter deux autres éléments de cette complicité : l'un matériel, l'autre moral.

b) **Élément matériel de la complicité**

159. Les deux types de complicité. — L'article 121-7 CP prévoit deux types de complicité. Ils se distinguent selon l'agissement qui les matérialise : complicité par collaboration ; complicité par instigation.

160. La complicité par collaboration. — D'après l'article 121-7, al. 1 CP : « Est complice d'un crime ou d'un délit la personne qui, sciemment, par aide ou assistance, en a facilité la préparation ou la consommation ».

Exemple d'aide ou assistance dans la préparation : prêt d'une arme au meurtrier, pour qu'il accomplisse le meurtre. Ici, le fait du complice est antérieur au fait principal punissable.

Exemple d'aide ou assistance dans la consommation : guet durant un cambriolage, pour « couvrir » le cambrioleur. Ici le fait du complice est concomitant au fait principal punissable.

161. La complicité par instigation. — D'après l'article 121-7, al. 2 : « Est également complice la personne qui par don, promesse, menace, ordre, abus d'autorité ou de pouvoir aura provoqué à une infraction ou donné des instructions pour la commettre ». Ici, le fait du complice est nécessairement antérieur au fait principal punissable. Ainsi, le recrutement d'un tueur à gages (exemple de provocation). Ainsi, la livraison du mode d'emploi qui permet de pénétrer frauduleusement un système informatique (exemple d'instructions). Cependant, si l'instigation n'est pas suivie du passage à l'acte, l'instigateur échappe à la répression, par faute d'un fait principal punissable. Il ne s'agit alors que d'une tentative de complicité, qui n'est pas punissable, à l'inverse de la complicité de tentative, laquelle tombe, on l'a vu, sous le coup de la loi pénale (*supra,* n° 157).

c) **Élément moral de la complicité**

162. L'intention de complicité. — Avoir l'intention, c'est agir à dessein, c'est avoir fait exprès de prendre une participation dans l'infraction qu'un autre va commettre.

Or, parfois, celui qui accomplit un acte matériel de complicité peut le faire par naïveté, par mégarde : en tout cas sans penser à mal. Certes, cela se conçoit difficilement dans le cas d'une complicité par instigation. Quand on provoque à une infraction, quand on donne des instructions pour la commettre, il s'agit là d'actes délibérés, qui visent un but délictueux. L'intention s'y trouve donc nécessairement incluse.

En revanche, dans le cas d'une complicité par collaboration, la bonne foi n'est pas exclue. Un routier, par exemple, peut transporter des marchandises illicites, placées dans son camion à son insu. C'est pourquoi la formule légale (art. 121-7 CP) vise celui qui, par aide ou assistance, a *sciemment* facilité la préparation ou la consommation de l'infraction. Et ce « sciemment » requiert l'intention, sans laquelle la complicité n'encourt pas la répression.

163. Discordance entre l'intention et le fait commis. — Certaines difficultés peuvent découler de ce que, parfois, l'intention du complice concernait une certaine infraction, qui n'est pas celle effectivement perpétrée. Que décider alors, devant cette discordance ? La réponse tient dans une distinction.

- Parfois, la discordance est complète. Ainsi, l'arme prêtée pour racketter Dubois sert à tuer Duval. Dans cette hypothèse, on estime que le prêteur du pistolet n'est pas complice du meurtre, parce que le crime est totalement étranger au plan primitif : la victime n'est pas celle que l'on voulait atteindre, et l'on trouve un meurtre au lieu d'un racket.
- Parfois, la discordance n'est que partielle. Ainsi, l'on donne des instructions pour étrangler Durand dans un taxi. Et l'exécuteur trucide bien Durand, mais à domicile et par électrocution. Dans une telle hypothèse, on estime que le donneur d'instructions est complice de l'infraction commise. Car cette infraction n'est pas étrangère au plan primitif : on trouve la même victime, d'un point de vue matériel ; et le même crime — assassinat — d'un point de vue juridique (Crim. 31 janvier 1974, *B. crim.* n° 50).

B La répression de la complicité

164. Distinction. — La répression doit être examinée quant à son domaine (a) et quant à son montant (b).

a) Domaine de la répression

165. Les deux hypothèses. — Le domaine est tracé par l'article 121-7 du nouveau Code pénal. Cet article distingue suivant les deux types de complicité (*supra,* n° 159 s.) : complicité par collaboration, complicité par instigation.

166. La complicité par collaboration. — L'article 121-7, alinéa 1 dispose : « est complice d'un crime ou d'un délit... ». Donc, la complicité de ce type (par aide ou assistance) ne peut être retenue qu'au cas de crime ou de délit. Ce qui exclut les contraventions.

167. La complicité par instigation. — L'article 121-7, alinéa 2 dispose : « est également complice la personne qui... aura provoqué à une infraction ou donné des instructions pour la commettre ». Le texte ne dit plus « un crime ou un délit », mais « une infraction », de quelque nature qu'elle soit. Donc, la complicité de ce type (par provocation ou instructions) peut être retenue quelle que soit l'infraction principale qui ait été commise : crime, délit, contravention.

b) **Montant de la répression**

168. L'ancien Code pénal et « l'emprunt de pénalité ». — D'après l'ancien Code pénal (art. 59), la peine ne frappait le complice que par ricochet. Comme l'on disait, le complice emprunte la pénalité de l'auteur principal. Or, cette analyse pouvait conduire à des résultats choquants, comme le montre l'exemple suivant. Un fils avait commandité l'assassinat de son père. L'assassin, auteur principal, n'était pas passible de la peine aggravée frappant le parricide, puisque la victime n'était pas son père. Et le fils, coupable de complicité par instigation, n'était punissable que de la peine applicable à l'auteur principal. Il échappait donc à la peine du parricide.

169. La jurisprudence sur la coaction. — Pour éviter de telles conséquences, la Cour de cassation avait utilisé le concept de coaction. Ce concept, venu du Droit romain, repris par le Droit d'avant 1789, consiste à distinguer, parmi les divers participants du crime, deux sortes d'associés.

Il y a, d'une part, les associés **au** crime (« *socii in crimine* »). Ce sont des « seconds rôles » dans le drame criminel. Ils correspondent aux comparses, simples auxiliaires.

Il y a, d'autre part, les associés **du** crime (« *socii criminis* »). Étant tous premiers rôles, acteurs à part entière, ils jouent à égalité le drame criminel : ce sont des coauteurs, coupables donc de coaction (d'où le nom de la théorie).

Dans l'exemple du fils ayant fait supprimer son père, à quoi conduisait cette théorie ? La jurisprudence considérait que le fils, âme du parricide, en était coauteur. Autrement dit, il était juridiquement tenu comme auteur du crime, au même titre que l'auteur matériel du crime. Dès lors, il encourait la peine du parricide.

Cette théorie de la coaction, étendue d'ailleurs à d'autres hypothèses, ne manquait ni d'utilité pratique, ni de fondement moral. Mais elle avait le défaut de n'être aucunement prévue par la loi.

170. L'innovation du Code pénal de 1992 : le complice est puni comme auteur. — Le Code pénal dispose dans son article 121-6 : « Sera puni comme auteur le complice de l'infraction... ». En d'autres termes, le complice est réputé, juridiquement, avoir accompli lui-même l'infraction matériellement, commise par un autre.

Ainsi, la culpabilité légale place *ex aequo* l'auteur principal et son complice, pareillement tenu pour auteur. Ils sont par conséquent des coauteurs. On voit en quoi le Code pénal innove. Il ne se contente pas de valider la jurisprudence sur la coaction. Il l'étend à tout complice, si modeste en soit la place dans l'infraction réalisée. Encore faut-il, évidemment, que pour ce type d'infraction, la complicité soit punissable. C'est le plus souvent le cas. Mais, il faut rappeler qu'en matière de contraventions, la complicité par collaboration n'est pas réprimée (*supra,* n° 166).

§ 2. La responsabilité pénale du fait d'autrui

171. Définition de la responsabilité pénale du fait d'autrui. — Au sens large, la responsabilité pénale du fait d'autrui s'entend de ce qu'une personne est punissable pour cause d'infraction commise, dans sa matérialité, par quelqu'un d'autre. C'est le cas, par exemple, du complice par instigation (*supra,* n° 161). Dans cette hypothèse, si le responsable du fait d'autrui s'était bien gardé d'accomplir personnellement la besogne, il l'avait tout de même « commandée ». Dès lors, on peut relever à sa charge un agissement coupable, l'instigation, qui le relie à l'infraction commise. Sa responsabilité pénale découle ainsi de son propre fait.

Mais, dans un sens étroit et habituel, la responsabilité pénale du fait d'autrui désigne la responsabilité pénale du chef d'entreprise. Celui-ci se trouve tenu de l'infraction commise matériellement par son personnel, sans qu'il soit besoin de prouver la preuve de sa participation personnelle à cette infraction.

172. Domaine de la responsabilité pénale du chef d'entreprise. — Étirée de la sorte, la responsabilité pénale du chef d'entreprise paraît dérogatoire aux principes. Aussi doit-elle être renfermée dans des limites précises.

C'est ce que marque la Chambre criminelle : « En principe, nul n'est passible de peines qu'à raison de son fait personnel... la responsabilité pénale peut cependant naître du fait d'autrui dans les cas exceptionnels, où certaines obligations légales imposent le devoir d'exercer une action directe sur les faits d'un auxiliaire ou d'un subordonné... » (Crim. 28 février 1956, *JCP* 1956.II.9304).

173. Sources de la responsabilité pénale du chef d'entreprise. — Cette responsabilité découle soit d'une disposition expresse de la loi pénale, soit de l'interprétation jurisprudentielle de la loi.

174. Responsabilité suivant la loi. — Dans certains cas, la responsabilité pénale du fait d'autrui est expressément prévue par la loi. Ainsi l'ordonnance 58-1331 du 23 décembre 1958 (art. 23) punit de peines correctionnelles les dirigeants qui auront « soit contrevenu par un acte personnel, soit en tant que commettant, laissé contrevenir par toute personne relevant de leur autorité ou de leur contrôle, aux dispositions de la présente ordonnance ».

Semblablement, on tient pour responsable d'homicide par imprudence le chef d'entreprise dont le chauffeur a causé l'accident mortel, les freins du camion s'étant rompus par défaut d'entretien. Dans ce cas, la condamnation se fonde sur la lettre même de la loi : « le fait de causer... par maladresse, imprudence, inattention, négligence ou manquement à une obligation de sécurité ou de prudence imposée par la loi ou le règlement, la mort d'autrui constitue un homicide involontaire puni de trois ans d'emprisonnement... » (art. 221-6 CP).

175. Responsabilité suivant la jurisprudence. — D'après la Cour de cassation, il suffit que le texte de loi, même implicitement, astreigne une personne à assurer l'observation du règlement : « ... notamment, dans les industries soumises à des règlements édictés dans un intérêt de salubrité ou de sûreté publiques, la responsabilité pénale remonte essentiellement aux chefs d'entreprise, à qui sont personnellement imposés les conditions et le mode d'exploitation de leur industrie... » (Crim. 28-2-1956, *JCP* 1956.II.9304).

176. Justification habituelle de la responsabilité pénale du chef d'entreprise. — Si le texte incriminateur, fait-on valoir, fait peser directement sur le chef d'entreprise l'obligation de respecter la prescription de la loi, l'irrespect de cette loi témoigne bien de sa faute personnelle, qui consiste dans une négligence. On ajoute alors que cette faute est souvent « lucrative ». Entendons par là qu'elle procure à l'entreprise (donc à ses dirigeants) un gain pécuniaire, soit par encaissement, soit par dépense évitée.

Par suite, soutient-on, on ne déroge pas au principe selon lequel « nul n'est responsable pénalement que de son propre fait » (art. 121-1 CP). Et, si le chef d'entreprise ne peut évidemment veiller à tout par lui seul, il lui appartient d'opérer une délégation de pouvoirs. En effet, la responsabilité du chef d'entreprise disparaît s'il prouve avoir fait transfert de son autorité à des collaborateurs « investis de la compétence et de l'autorité nécessaires pour veiller efficacement au respect des mesures édictées » (Crim. 7 décembre 1981, *B. crim.* n° 325). Et certains vont jusqu'à prétendre que la faute par négligence du chef d'entreprise se caractérise par la non-délégation de ses pouvoirs.

177. L'impératif renforcé de la présomption d'innocence : la loi du 10 juillet 2000. — De ce qui précède, il s'ensuivait que — sauf délégation de pouvoirs — et décentralisation effective de son autorité — le chef d'entreprise pouvait être condamné sans que la preuve concrète de sa faute ait été rapportée. De toute évidence, une telle solution contrarie la présomption d'innocence, à laquelle des traités internationaux confèrent pourtant une valeur supra-législative (*supra*, n° 91).

• Suivant deux arrêts rendus par la Cour européenne des droits de l'homme et concernant la France (Salabiaku, 7 octobre 1988, Pham Hoang, 25 septembre 1992), le principe que tout homme est innocent, jusqu'à preuve contraire, ne condamne pas totalement les présomptions de fait ou de droit qui viennent, dans un système répressif, faciliter la besogne de l'accusation. Mais ce principe « commande aux États (liés par la Convention européenne des droits de l'homme) d'enserrer ces présomptions dans des limites raisonnables prenant en compte la gravité de l'enjeu et préservant les droits de la défense ». En d'autres termes, dès lors que la condamnation encourue cesse d'être bénigne, le juge doit scruter toutes les particularités de l'espèce qui permettent de conclure à la faute — précise, individuelle et dûment prouvée — de celui que l'on déclare pénalement responsable.

• C'est à quoi vise la loi 2000-647 du 10 juillet 2000, « tendant à préciser la définition des délits non intentionnels », et qui a profondément modifié l'article 121-3, dans ses alinéas 3 et 4. Lisant ce texte, on verra qu'il souffre, compte tenu de ses arrière-pensées (*infra*, n° 204), d'une rédaction quelque peu brumeuse. Mais sa portée pratique n'en est pas moins claire. Dorénavant, la responsabilité pénale du dirigeant, personne physique, se trouve subordonnée à la preuve, par l'accusation, qu'il a commis un manquement caractérisé à ses obligations légales ou réglementaires. Une telle exigence vise à redonner au chef d'entreprise, personne physique, le bénéfice effectif et concret de la présomption d'innocence.

• On notera d'ailleurs, que la responsabilité pénale des personnes morales, admise par le nouveau Code pénal, peut y contribuer d'une autre manière, en détournant les foudres répressives de l'individu, personne physique, qui dirige l'entreprise (*infra,* n° 294 s.).

Section 2
L'élément psychologique de la responsabilité pénale

178. Division. — Un fait matériel, action ou omission, commis par une personne physique, ne suffit pas à constituer l'infraction. Il faut aussi relever chez l'auteur du fait un élément immatériel, d'ordre subjectif interne : l'élément psychologique, longtemps appelé l'élément moral.

Quel est cet élément ? La réponse diffère suivant que l'on se trouve en présence d'infractions intentionnelles (Sous-section 1), ou d'infractions non-intentionnelles (Sous-section 2).

Sous-section 1
L'élément psychologique dans les infractions intentionnelles

179. Liste des infractions intentionnelles. — Cette liste inclut :

• tous les crimes ;

• tous les délits, sauf exceptions légales limitativement précisées (*infra,* n° 203 s.) ;

• et, lorsque le texte incriminateur requiert l'intention (ainsi l'art. R. 625-1 CP qui réprime les violences peu graves). Pour ces infractions intentionnelles, l'élément moral est l'intention de commettre l'infraction en cause. Ce que l'on appelle aussi l'intention criminelle ou l'intention délictueuse ; bref, l'intention coupable.

180. Le concept d'intention coupable. Division. — Qu'est donc l'intention coupable ? Il faut en donner la définition (§ 1). Il faut aussi faire la distinction entre l'intention coupable et les mobiles (§ 2). Il faut enfin considérer la discordance possible entre l'intention coupable et le résultat de l'action commise (§ 3).

§ 1. Définition de l'intention coupable

• **181. La volonté qui se tend vers un but illicite.** — L'intention coupable se définit comme suit : « la volonté qui se tend vers un but illicite : l'accomplissement de l'infraction ». La formule se décompose en deux éléments.

• Volonté, qu'est-ce à dire ? Le Droit pénal répond par un postulat. Tout être a la volonté, sauf deux hypothèses précises : ou bien il souffre d'un délabrement mental (*infra,* n° 214 s.) ; ou bien il est contraint par une force extérieure à laquelle il ne peut pas résister (*infra,* n° 221 s.). Mis à part ces deux seuls cas, il y a toujours volonté.

• Volonté... qui se tend vers un but illicite, qu'est-ce à dire ? C'est vouloir faire ce que défend la loi pénale.

Le concept d'intention coupable est donc précis. Mais il souffre d'abstraction. En termes de tous les jours, quel est le réactif de l'intention ?

182. Un réactif de l'intention : « l'avoir fait exprès ». — L'a-t-on fait exprès ? La question, très concrète, résume les deux données de l'intention coupable.

• **Il faut avoir la volonté**, telle que définie ci-dessus (n° 181). Car on ne le fait pas exprès quand on souffre de délabrement mental ; on ne le fait pas exprès quand il était impossible de faire autrement.

• Il faut qu'ayant donc la volonté, on ait décidé **de faire ce qui est défendu**.

Ainsi, donner volontairement la mort à autrui constitue un meurtre (art. 221-1 CP). L'intention de meurtre existe dès lors que disposant de sa volonté, on a voulu tuer. Autrement dit, on a fait « exprès » de supprimer autrui. Cet exemple aide à comprendre la répartition de la preuve en matière d'infractions intentionnelles. La volonté, prise en son sens général, se présume. Mais l'accusation doit prouver que le défendeur a fait « exprès » d'obtenir ce qu'interdit la loi pénale.

§ 2. Distinction entre l'intention coupable et les mobiles

183. Principe : les mobiles sont étrangers à la définition du crime ou du délit. — On remarquera que l'intention coupable, ou délictueuse, définie comme ci-dessus, a un caractère général. Elle est toujours identique pour une incrimination donnée. Ainsi, tous les meurtriers ont eu, par définition, le dessein de tuer autrui : pour autant de meurtres, une seule intention. Il en va tout différemment des mobiles, lesquels sont aussi nombreux que divers, même pour une incrimination donnée. Tel aura commis son meurtre par cupidité, tel par pitié, tel par vengeance...

En principe, au regard du Droit, seule compte l'intention. Les mobiles qui la sous-tendent n'ont pas à être pris en considération. Un mobile non crapuleux, voire estimable, ne fait pas disparaître l'infraction, et même ne modifie pas la peine légalement encourue.

184. Assouplissements du principe. — La rigueur d'un tel principe connaît plusieurs assouplissements. Ils sont permis soit par la spécificité de certaines incriminations ; soit, par la souveraineté de certaines décisions des juges du fait ; soit, de façon beaucoup plus générale, par l'individualisation de la peine.

185. Assouplissement par la spécificité de certaines incriminations. — Dans quelques hypothèses particulières, le texte applicable exige non pas seulement l'intention délictueuse (que l'on appelle aussi dol général), mais de plus un mobile précis que l'on nomme, par contraste, dol spécial. Ainsi, l'article 314-7 du CP incrimine l'organisation, par un débiteur, de son insolvabilité. Dans cette hypothèse, il ne suffit pas d'avoir l'intention de se rendre insolvable. Il faut, de surcroît, être mû par un désir particulier : se soustraire à l'exécution d'un jugement.

On peut illustrer cela par l'exemple d'un ex-mari, cadre supérieur. Suite à son divorce, pour lui dramatique, il choisit de démissionner, de devenir pauvre. Il organise donc son insolvabilité. Il n'y a point là, pour autant, d'infraction commise : un pauvre n'est pas un délinquant. Mais il se trouve que l'ex-mari — dont la franchise excède la prudence — a clamé le mobile de son existence spartiate : exécrant son ex épouse, il entend la priver de sa pension alimentaire. L'infraction se trouve constituée, mais à raison seulement d'un mobile précis, d'un dol spécial, dont l'exigence, on le voit, vient restreindre le champ de la répression.

186. Assouplissement par la souveraineté de certaines décisions des juges du fond. — Les juges du fond (première instance, appel), dans leur désir parfois de ne pas prononcer de peine contre un délinquant dont la conduite leur paraît honorable, déclarent parfois qu'il n'a pas eu d'intention coupable. C'est faire un amalgame, juridiquement incorrect, entre intention et mobiles. Cependant, l'incorrection juridique peut n'être pas censurée.

• Ou bien pour une raison de fait. C'est le cas de décisions rendues par des juridictions correctionnelles ou de police. Ces décisions doivent être motivées, ce qui permet leur censure par une juridiction supérieure, Cour d'appel et Cour de cassation. Mais si personne ne forme de recours, la censure ne pourra pas s'exercer. Et la décision, devenue définitive bien que juridiquement critiquable, n'en produira pas moins ses effets.

• Ou bien pour une raison de droit. Tel est le cas lorsqu'il s'agit, à propos d'un crime passionnel, du verdict d'acquittement rendu par une Cour d'assises d'appel (*infra*, n° 834). Un tel verdict n'est pas motivé. Dès lors, on ignore ce qui a déterminé l'acquittement, et la censure de cassation se conçoit mal.

187. Assouplissement par l'individualisation de la peine. — Utilisant ses pouvoirs très larges d'individualisation (*infra,* n° 388 s.), le juge répressif peut prendre en compte, de façon discrétionnaire, les mobiles de l'infracteur. Il arrivera donc que, le plus légalement du monde, soit prononcée une condamnation « symbolique », autrement dit réduite à presque rien.

§ 3. Discordance entre l'intention coupable et le résultat de l'action commise

188. Ampleur de la discordance. Les trois hypothèses. — La discordance peut être plus ou moins forte. D'où s'ensuivent trois situations qu'il faut examiner successivement : le dol indéterminé (A) ; l'infraction praeter-intentionnelle (B) ; le dol éventuel (C).

A Le dol indéterminé

189. Notion et solution. — Dans cette situation, le résultat effectivement atteint avait été visé **imprécisément** par l'intention. Soit, par exemple, l'infraction de coups et blessures volontaires. Le résultat visé par l'assaillant est flou : frapper, oui, mais avec quelles conséquences ? Les coups et blessures volontaires entraîneront-ils quelques contusions, ou des mois d'hôpital ? On parle de dol indéterminé.

La loi, pour déterminer la pénalité applicable, tient alors compte du résultat effectif (comparer les art. 222-11 et R. 624-1 du CP).

B L'infraction praeter-intentionnelle

190. Notion et solution. — Dans cette situation, le résultat effectivement atteint avait été visé **partiellement** par l'intention. Ainsi, des coups et blessures volontaires, ayant entraîné la mort, sans intention de la donner. On parle d'infraction praeter-intentionnelle (c'est-à-dire qui a été au-delà de l'intention).

La loi, alors, ne tient compte que partiellement du résultat effectif. Le maximum de la peine est de 15 ans de réclusion criminelle (art. 222-7 CP), tandis qu'il est, pour le meurtre, de trente ans de réclusion criminelle (art. 221-1 CP).

C Le dol éventuel

191. Notion. — Alors, le résultat produit n'a été visé **aucunement** par l'intention. Par exemple, des coups sont portés à une femme que l'on ne savait pas enceinte ; ils provoquent son avortement. Quel était le résultat visé ? Une « correction », des « bleus ». Quel est le résultat atteint ? D'une part, celui que l'on avait visé, c'est-à-dire faire mal ; l'infraction de violences volontaires est donc indiscutable. Mais d'autre part, le résultat comporte l'avortement, but qui, par hypothèse, n'était pas recherché. On parle, en ce qui concerne l'infraction d'avortement (art. 223-10 CP), de dol éventuel. La solution relative au dol éventuel s'exprime en un principe et des exceptions.

192. Principe applicable au cas de dol éventuel. — Le principe est que, dans la mesure où le résultat atteint n'était pas inclus dans le champ de l'intention, la loi n'en tient pas compte, si du moins l'infraction commise sans le faire exprès, « par mégarde », est une infraction intentionnelle au regard de la loi. Dans notre exemple, l'intention d'avortement, par hypothèse, a fait défaut. Or, l'avortement est un délit intentionnel. En l'absence d'intention, l'infraction d'avortement n'est pas constituée.

193. Exceptions légales au principe. — Les exceptions au principe sont de nature légale. Par exemple, suivant l'article 322-10 CP, l'incendie intentionnel d'une maison, s'il entraîne la mort d'autrui, encourt la réclusion criminelle à perpétuité, tout comme un assassinat. Pourtant, les débats le révéleront, l'incendiaire croyait la maison non habitée. Il n'avait donc pas l'intention de tuer. Mais la loi prend en considération, dans ce cas, la mise en danger que l'incendie comporte, et la probabilité qu'une mort s'ensuive. On retrouve d'ailleurs cette notion de mise en danger délibérée de la personne d'autrui, mais à propos cette fois d'infractions non-intentionnelles.

Sous-section 2
L'élément psychologique dans les infractions non-intentionnelles

194. Division. — Même dans les infractions non-intentionnelles, l'élément psychologique existe. Il faut en donner la définition (§ 1). Puis établir la liste des infractions non-intentionnelles (§ 2).

§ 1. Définition de l'élément psychologique dans les infractions non-intentionnelles

195. L'élément psychologique est la volonté, prise en elle-même. — Pour les infractions non-intentionnelles, l'intention n'est évidemment pas requise. Dans ces conditions, quel sera cet élément moral ? C'est la volonté, mais la volonté prise en elle-même, indépendamment d'un quelconque but visé. Elle se caractérise alors (*supra*, n° 181), par le seul fait qu'on ne peut invoquer ni délabrement mental, ni force majeure.

196. La volonté prise en elle-même est toujours requise. — Dans les infractions non-intentionnelles, comme on pouvait le pressentir, l'élément moral est donc fort réduit. Il consiste dans le fait d'avoir agi sans volonté.

Un tel élément moral, quoique réduit, est toujours nécessaire : « Toute infraction suppose que son auteur ait agi avec volonté » (Crim. 13 décembre 1956, *D.* 1957.349).

197. Mais cette volonté, toujours requise, est présumée. — La volonté de tout être est présumée, puisque dans la plupart des cas, on agit de son plein gré. C'est donc, statistiquement, l'hypothèse la plus vraisemblable. Cela détermine la répartition de la preuve entre l'accusation et la défense.

198. Preuve à la charge de l'accusation. — S'agissant d'une infraction non-intentionnelle, l'accusation (Ministère public, partie civile) peut s'en tenir à rapporter la preuve du fait matériellement commis. Peu importe que le prévenu ne l'ait pas « fait exprès », autrement dit qu'il n'ait pas eu l'intention coupable : on se trouve précisément en matière non-intentionnelle.

199. Preuve à la charge de la défense. — De quels moyens alors la défense dispose-t-elle pour obtenir la relaxe ? Il lui faut démontrer ou bien le délabrement mental du défendeur, ou bien la force majeure.

Mais il s'agit là de situations extrêmes, et peu fréquentes. Dans l'immense majorité des cas, la condamnation devient pratiquement inévitable, et sans autre considération psychologique, dès que la matérialité des faits se trouve établie.

200. Et la présomption d'innocence, alors ? — Par les solutions qui viennent d'être décrites, la répression se trouve empreinte d'une certaine automaticité.

Cela ne choque pas trop, lorsque les infractions non-intentionnelles sont punies de peines légères, ressortissant à ce que les Italiens appellent « le Droit pénal de bagatelle ».

Mais il arrive que nombre d'infractions non-intentionnelles encourent des peines beaucoup plus lourdes : très grosse amende, emprisonnement, incapacités professionnelles...

Dans cette mesure, l'automaticité de la répression ne méconnaît-elle pas la présomption d'innocence, dont la valeur est supra-législative (*supra*, n° 177) ?

Il faut alors scruter la liste des infractions non-intentionnelles.

§ 2. Liste des infractions non-intentionnelles

200. Division. — Quelles sont les infractions intentionnelles ? On doit distinguer entre les trois catégories d'infractions.

201. Les crimes sont tous intentionnels. — Ce qui, d'instinct, paraît une évidence, est confirmé par l'article 121-3 al. 1 du CP : « Il n'y a point de crime... sans intention de le commettre ».

L'enjeu est en effet trop grave, l'opprobre trop fort pour qu'on devienne criminel à la légère et par mégarde.

202. Les contraventions sont non-intentionnelles, sauf exceptions précises. — Les contraventions, à l'inverse des crimes, sont des infractions dites « matérielles ». Sauf cas particuliers prévus par un texte (par exemple, art. R. 625-1 CP), la preuve du seul fait, dans sa matérialité, rend coupable son auteur, sauf délabrement mental ou la force majeure.

203. Les délits correctionnels sont intentionnels, en principe. — « Il n'y a point de délit sans intention de le commettre » (art. 121-3 CP, al. 1). Tel est le principe. Mais le deuxième alinéa commence par « Toutefois... », mot annonciateur d'exceptions. Quelles sont-elles ? Il faut alors considérer les délits d'imprudence, au sens large, et les délits appelés matériels.

204. Les délits « d'imprudence ». — On désigne ainsi, génériquement, les délits dus à l'imprudence, à la négligence, autrement dit à l'insouciance, l'imprévoyance. On ne l'a donc pas « fait exprès ». Il n'empêche qu'un tel comportement doit être puni, lorsqu'il vient léser une valeur essentielle : l'intégrité physique d'êtres humains. Cependant, au cas de catastrophes collectives (tel stade bondé qui s'écroule...), il est arrivé que la recherche de boucs émissaires semble l'emporter sur le légitime souci de bonne justice.

Ainsi s'explique, du moins partiellement, la loi du 10 juillet 2000, venue modifier l'article 121-3 CP (*supra,* n° 177). Par une telle révision législative, les parlementaires ont voulu faire barrage à des condamnations « opportunes » d'élus. Mais on n'a pas osé le faire trop ouvertement. D'où la rédaction, fort alambiquée, de ce texte. Pourtant, l'intention législative est ici très honorable : si légitime que soit l'indignation devant des drames et leur deuil, elle ne justifie pas qu'on sacrifie la présomption d'innocence, qui se trouve au cœur des droits de l'homme. Et la même remarque vaut pour les délits matériels.

205. Le statut des « délits matériels ». — Que sont ces délits ? On en trouve fréquemment en matière de chasse, de douane, d'urbanisme, d'environnement, de droit du travail, de droit économique... Ils sont très nombreux. Comme leur nom l'indique, ces délits matériels se réalisent par la seule matérialité de leur résultat, indépendamment de toute intention chez l'auteur. Leur répression est donc empreinte d'automaticité, comme celle des contraventions. Mais ici, les peines encourues sont autrement redoutables, d'autant plus qu'on tient le chef d'entreprise pour responsable — correctionnellement — du fait d'autrui (*supra,* n° 172 s.).

Cette pratique heurte la présomption d'innocence, telle que l'impose, avec une force supra-législative, la Cour européenne des droits de l'homme (*supra,* n° 177). « L'article 6 (de la Convention européenne des droits de l'homme, article relatif au procès équitable) ne se désintéresse pas des présomptions de fait ou de droit qui se rencontrent dans les lois répressives. Il commande aux États de les enserrer dans des limites raisonnables prenant en compte la gravité de l'enjeu et préservant les droits de la défense ». La règle est sage. Il faut veiller à son application concrète.

Chapitre 2
Les causes d'irresponsabilité pénale des personnes physiques

206. Les prévisions du Code pénal. — Le Code pénal consacre tout un chapitre (art. 122-1 à 122-8) aux « causes d'irresponsabilité ou d'atténuation de la responsabilité ».

207. Les deux causes d'atténuation de responsabilité. — En parlant d'atténuation, le Code vise une irresponsabilité simplement partielle. Cela correspond à deux hypothèses, suivant que l'atténuation tient au trouble mental, ou qu'elle tient à la minorité pénale.

208. L'atténuation de responsabilité tenant au trouble mental. — Dans son article 122-1, alinéa 2, le Code pénal vise le trouble psychique ou neuro-psychique qui, dans une personne, n'abolit pas de façon complète le discernement ou le contrôle de ses actes, mais simplement altère ce discernement ou entrave ce contrôle. Le libre arbitre de la personne est donc diminué, sans être pourtant supprimé. Par exemple, dans le cas de ceux qu'on nomme, en langage courant, les demi-fous, les anormaux mentaux.

Dans un tel cas, le Code prévoit que « la personne... demeure punissable ; toutefois, la juridiction tient compte de cette circonstance lorsqu'elle détermine la peine et en fixe le régime ».

Une telle indication légale est sans grande utilité, puisque le Code reconnaît au juge, de la façon la plus générale, d'immenses pouvoirs dans « l'individualisation de la peine », dont l'étude détaillée sera faite ultérieurement (*infra*, n° 388 s.).

209. L'atténuation de responsabilité tenant à la minorité pénale. — L'autre hypothèse d'atténuation concerne les mineurs reconnus coupables d'infractions pénales. L'article 122-8 du Code pénal prévoit que s'ils ont plus de treize ans, des peines peuvent être prononcées contre eux, mais avec un substantiel abaissement du maximum normalement encouru.

Il s'agit bien là d'une cause d'irresponsabilité partielle. Mais le statut de l'enfance délinquante, par ses nombreuses dérogations au

Droit commun, appelle une étude à part, qui sera menée dans la dernière partie de ce manuel (*infra,* n° 929 s.).

210. Les causes d'irresponsabilité. — Il reste alors à considérer les causes d'irresponsabilité totale, que le Code appelle, brièvement, d'irresponsabilité.

Toutes ces causes ont entre elles un trait commun. Il a été commis des faits qui, matérielle-ment, constituent une infraction, qu'elle soit crime, délit ou contravention. Pourtant, l'auteur de ces faits ne tombe pas sous le coup de la loi répressive.

Cela se produit dans un certain nombre de situations, que la doctrine sépare en deux catégories distinctes : les **causes de non-imputabilité** ; les **faits justificatifs**.

211. Distinction des causes de non-imputabilité et des faits justificatifs. — Les causes de non-imputabilité sont au nombre de quatre, à savoir : le délabrement mental ; la contrainte ; l'erreur ; le bas âge, enfin, qui rend pénalement irresponsables les mineurs de moins de treize ans à l'époque des faits. Les faits justificatifs sont de même au nombre de quatre, à savoir : le couvert de la loi ou de l'autorité légitime ; la légitime défense ; l'état de nécessité ; enfin, mais seulement sous réserve de précision, le consentement de la victime.

En quoi les causes de non-imputabilité se distinguent-elles des faits justificatifs ? C'est que, lit-on souvent, les causes de non-imputabilité sont « subjectives ». Elles agiraient « *in personam* », c'est-à-dire pour le seul individu auquel elles s'appliquent. Tandis que les faits justificatifs sont « objectifs ». Ils agiraient « *in rem* », c'est-à-dire pour tous les individus pris dans la même situation.

212. Critiques encourues par la distinction. Plan. — Ces critiques sont au nombre de trois.

• Critique tirée de la loi. Qu'il s'agisse de causes de non-imputabilité ou de faits justificatifs, le Code pénal ne les sépare pas et leur applique une seule et même formule : « n'est pas pénalement responsable la personne qui... ».

• Critique tirée de la jurisprudence. La Cour de cassation ne tient aucun compte de la distinction doctrinale. Elle a par exemple relevé : (Crim. 11 mars 1958, *B. crim.*, p. 408) « l'aliénation mentale étant un fait justificatif... ». Or, l'aliénation mentale – aujourd'hui dénommée délabrement mental (*infra,* n° 214 s.) – a toujours été classée par la doctrine parmi les causes de non-imputabilité.

• Critique tirée des situations concrètes. Par exemple, deux individus ont tiré sur leur agresseur qui les menaçait d'une arme. Or, l'un des deux, indubitablement, savait que l'arme de l'agression était factice. Celui-là ne bénéficiera pas, bien sûr, de la légitime défense qui est un fait justificatif et qui pourtant, en la circonstance, agira donc « *in personam* ». Exemple en sens inverse : deux convoyeurs, sous la menace de mitraillettes, sont forcés de remettre aux agresseurs les fonds transportés. Chacun des convoyeurs, bien sûr, pourra se prévaloir de la contrainte, qui est une cause de non-imputabilité et qui pourtant, en la circonstance, agira « *in rem* ».

La distinction n'a donc qu'une valeur approximative. Mais elle est souvent faite. De plus, elle facilite la mémorisation, en divisant par deux la longue liste des causes d'irresponsabilité pénale. C'est pourquoi, suivant l'usage, on examinera séparément les causes de non-imputabilité (Section 1), et les faits justificatifs (Section 2).

Section 1
Les causes de non-imputabilité

213. Énumération. Division. — On l'a dit, la liste des causes de non-imputabilité inclut l'irresponsabilité pénale des mineurs de moins de treize ans. Mais l'étude d'une telle irresponsabilité doit se faire à propos de la minorité pénale, c'est-à-dire dans la troisième partie de cet ouvrage (*infra,* n° 929 s.).

Ici, sont à considérer les trois autres causes de non-imputabilité : le délabrement mental (§ 1) ; la contrainte irrésistible (§ 2) ; l'erreur inévitable sur le droit (§ 3).

§ 1. Le délabrement mental (art. 122-1, al. 1 CP)

214. L'ancien et le nouveau Code. — Le célèbre article 64 de l'ancien Code pénal affirmait : « il n'y a ni crime ni délit, lorsque le prévenu était en état de démence au temps de l'action ».

Le Code pénal de 1992, reflétant le vocabulaire moderne et l'évolution de la psychiatrie, consacre pour l'essentiel la même solution. Son article 122-1, alinéa 1, dispose : « N'est pas pénalement responsable la personne qui était atteinte, au moment des faits, d'un trouble psychique ou neuro-psychique ayant aboli son discernement ou le contrôle de ses actes ».

215. Les deux conditions de l'irresponsabilité. — D'après ce texte, deux conditions doivent être réunies : l'une, subjective et qui concerne la personne, est l'ampleur du délabrement mental (A) ; l'autre, objective et qui concerne les faits commis, est la concomitance de ces faits avec le délabrement mental (B).

A L'ampleur du délabrement mental

216. Peu importe la cause du délabrement mental. — L'article 122-1, alinéa 1 du Code pénal vise : « un trouble psychique ou neuro-psychique ». La circulaire du garde des Sceaux (14 mai 1993), qui commenta le Code, précise à ce propos : « Les dispositions nouvelles, en supprimant la notion de démence, mettent en évidence que l'irresponsabilité pénale découle de la perte du libre arbitre, quelle que soit la nature du trouble mental qui en est à l'origine ». La cause du délabrement mental importe peu, mais son résultat doit être extrême : une perte du libre arbitre.

217. Le délabrement mental doit avoir causé la perte du libre arbitre. — Qu'est-ce, d'abord, que le libre arbitre visé par la circulaire ? Cette vieille expression, très imagée, parle d'elle-même. Arbitre de soi-même, celui qui choisit, qui décide : cela suppose du discernement. Libre, cet arbitre : les actes qu'il commet ne lui « échappent pas », comme on dit : il en a été le maître.

Or, précisément, selon l'article 122-1, alinéa 1 : « n'est pas pénalement responsable... la personne atteinte... d'un trouble psychique ou neuro-psychique ayant aboli son discernement ou le contrôle de ses actes ».

Abolition soit du discernement, soit du contrôle de ses actes : le délabrement mental, cause d'irresponsabilité, se définit bien par la perte du libre arbitre. Qui en fera le constat, à la suite de quels examens ? La loi 2008-174 du 25 février 2008 fournit une réponse minutieuse, insérant dans le Code de procédure pénale un nouveau titre (art. 706-119 s. CPP : « de la procédure et des décisions d'irresponsabilité pénale pour cause trouble mental »).

B La concomitance des faits commis et du délabrement mental

218. « Au moment des faits ». — L'article 122-1, que l'on suit mot à mot, précise : « la personne atteinte, au moment des faits... ». Quels faits ? Ceux qui sont prévus par le texte incriminateur et qui ont été accomplis, matériellement, par la personne en cause. La date des faits étant établie, il faut que le délabrement mental leur ait été concomitant, qu'autrement dit il y ait eu coïncidence chronologique. Cette coïncidence est parfois difficile à prouver, car la perte du libre arbitre requise par le Code est souvent d'une datation floue. Il s'agit là d'une question de fait, que les psychiatres auront pour tâche d'élucider. Mais la difficulté de preuve ne diminue pas la fermeté de l'exigence juridique : le délabrement mental doit se placer au moment des faits.

219. Délabrement mental antérieur aux faits. — Si le délabrement mental est antérieur aux faits, c'est-à-dire s'il avait pris fin lorsque les faits ont été commis, la responsabilité pénale existe sans aucun doute. Néanmoins, en pratique, on estimera souvent que le passé de la personne révèle sa fragilité psychique. Le juge peut en tirer une raison d'indulgence, de par son pouvoir très large dans l'individualisation de la peine (*infra,* n° 388 s.).

220. Délabrement mental postérieur aux faits. — Lorsque ce délabrement surgit postérieurement aux faits, la responsabilité pénale ne disparaît pas. Mais il faut alors distinguer deux hypothèses, selon que le délabrement survient avant, ou après, la condamnation définitive de la personne en cause.

- Avant condamnation définitive, les poursuites pénales seront suspendues, puisqu'on ne peut plus interroger utilement la personne, ni la faire comparaître. Cependant, l'individu pourra faire l'objet d'un internement psychiatrique qui se placera, suivant qu'il y avait ou non détention provisoire, soit dans des locaux pénitentiaires appropriés, soit dans un établissement psychiatrique non pénitentiaire.
- Après condamnation définitive, les peines pécuniaires ou privatives de droits (amende, interdiction professionnelle par exemple) seront exécutées. Mais les peines privatives de liberté seront subies dans un établissement pénitentiaire à finalité psychiatrique. Quitte à ce qu'intervienne une grâce « médicale », suivie d'un placement d'office dans un établissement psychiatrique non pénitentiaire.

§ 2. La contrainte irrésistible (art. 122-2 CP)

221. Définition légale. — « N'est pas pénalement responsable la personne qui a agi sous l'empire d'une force ou d'une contrainte à laquelle elle n'a pu résister » (art. 122-2 CP). Cette force ou contrainte supprime, en effet, la liberté de l'agissant qui, n'ayant pas agi de son propre gré, ne peut être tenu pour coupable.

222. Division. — Il faut décrire les variétés possibles de contrainte (A), puis les conditions auxquelles la contrainte est une cause d'irresponsabilité pénale (B).

A Variétés possibles de contrainte

223. La double distinction. — Les diverses variétés de contrainte se déterminent d'après sa forme (physique, morale) ou d'après son origine (externe, interne). En combinant la forme et l'origine, on trouve quatre variétés de contrainte, d'effet très inégal sur la liberté de l'agissant.

224. La contrainte physique externe. — Si l'on n'a pas pu se conduire autrement, c'est qu'on en était empêché par une circonstance extérieure, mais impérieuse.

Soit par la violence d'une tierce personne ; par exemple, un militaire en permission, ligoté chez lui par des voleurs, ne peut rejoindre à temps sa caserne, et devient déserteur malgré lui.

Soit par la force qui provient d'un événement naturel ; par exemple, le même militaire (décidément malchanceux) dont le non-retour à la caserne est imposé, cette fois, par une tempête de neige qui paralyse tous les transports.

225. La contrainte physique interne. — Ici, la circonstance impérieuse n'est plus extérieure, mais intérieure. On peut citer le cas du voyageur qui, sous l'effet d'une crise cardiaque, dépasse la station où, d'après son billet, il devait descendre. Ce qui constitue, normalement, l'infraction de voyage sans titre de transport.

226. La contrainte morale externe. — C'est sous la menace déterminante d'un tiers que l'on a commis l'acte. Ainsi pour l'encaisseur qui, lors d'une agression, se dessaisit de sa sacoche, et dispose ainsi de sommes d'argent qui ne lui appartenaient pas.

227. La contrainte morale interne. — C'est un état maladif ou passionnel qui a dicté la conduite de l'agent (exemple de la femme hyper-émotive et d'une impulsivité morbide, qui adresse des lettres d'injures à un magistrat).

D'après la jurisprudence, cette dernière forme de contrainte ne peut pas être retenue comme cause de non-culpabilité, sauf dans le cas limite où l'état maladif aboutit à la perte du libre arbitre. Hormis cette hypothèse extrême, une prédisposition pathologique à l'irascibilité ne sera qu'une raison possible d'indulgence dans la détermination de la peine.

B Conditions auxquelles la contrainte est source d'irresponsabilité pénale

228. La double condition. — À part donc la contrainte morale interne, toutes les autres formes de la contrainte (physique externe, physique interne, morale externe) sont de nature à faire disparaître la responsabilité pénale. Encore n'est-ce que moyennant deux conditions liées l'une à l'autre et toutes deux fort strictes. À savoir l'irrésistibilité de la contrainte (a) et l'absence d'une faute génératrice de la contrainte (b).

a) L'irrésistibilité de la contrainte

229. Les difficultés de preuve. — Il faut que la contrainte soit telle qu'elle ait annulé, chez l'agent, la liberté de décision sans laquelle il ne peut y avoir de volonté coupable. Or, c'est là un point dont la preuve peut être difficile à établir. On n'est pas toujours certain que la contrainte invoquée ait été si pressante qu'elle ait supprimé tout moyen d'agir autrement. Ainsi s'explique, pour des raisons de preuve, la sévérité de la jurisprudence quant à l'irrésistibilité de la contrainte.

b) L'absence d'une faute génératrice

230. L'antinomie de la contrainte et d'une faute génératrice. — L'effet disculpateur de la contrainte ne peut jouer lorsque la force irrésistible, qui provoque le comportement délictueux, découle d'une faute antérieure et précisément génératrice de la contrainte. On en trouve un exemple dans le cas du marin qui n'avait pu rejoindre son bord, et se trouvait poursuivi pour désertion, parce qu'en état d'ivresse publique, il avait été arrêté par la police. La Cour de cassation a approuvé sa condamnation comme déserteur (Crim., 29 janvier 1921, *S.*, 1922.I.185). Pratiquement, les conditions auxquelles la contrainte est retenue comme cause de non-culpabilité reviennent à en faire une notion jumelle de la force majeure en Droit civil.

§ 3. L'erreur inévitable sur le droit (art. 122-3 CP)

231. Rappel. L'erreur sur le fait. — L'erreur consiste à se tromper. Lorsqu'on se trompe à propos d'un fait, on parle d'erreur sur le fait, ou d'erreur de fait. Le Code pénal ne mentionne pas, parmi les causes d'irresponsabilité pénale, cette erreur de fait. Sans doute peut-elle, dans tel ou tel cas particulier, disculper la personne en cause, mais pour une autre raison juridique.

Ainsi, lors d'une battue de chasse, cette personne a tiré – croyait-elle – sur un sanglier. Or, la cible était un chasseur, qui décède. Le crime de meurtre ne sera pas retenu (si du moins la thèse de l'erreur est acceptée), mais c'est que le meurtre suppose l'intention homicide, qui manque en l'espèce. En revanche, l'erreur n'empêchera pas que la personne en cause soit condamnée pour homicide par imprudence, infraction qui ne requiert aucune intention. L'erreur de fait ne déroge donc pas aux règles de la responsabilité pénale. Mais il en va différemment pour l'erreur de droit, ou sur le droit.

232. L'erreur sur le droit ? Mais « nul n'est censé ignorer la loi ». — L'erreur, ici, consiste à se tromper à propos de ce que le droit commande. Faut-il en tenir compte ? En principe, non, car « nul n'est censé ignorer la loi ». Cette règle découle d'une évidence pratique. Il serait trop facile d'échapper à sa responsabilité pénale en invoquant son ignorance juridique.

233. Une exception fort ancienne. Le « décret » de 1870. — À ce principe, il existe depuis longtemps une dérogation. Elle n'est toutefois que d'une portée fort restreinte. Cette dérogation résulte d'un décret du 5 novembre 1870 qui d'ailleurs a force de loi proprement dite, ayant été pris lors d'une période de confusion des pouvoirs (*supra,* n° 94 s.). Le décret dispose : « les tribunaux pourront, selon les circonstances, accueillir l'exception d'ignorance alléguée par les contrevenants si la contravention a eu lieu dans le délai de trois jours francs à partir de la promulgation ».

234. L'hypothèse de l'erreur invincible sur le droit. Suggestions de la doctrine. — Mise à part cette hypothèse, négligeable en pratique, une partie de la doctrine professait qu'il fallait accepter l'erreur de droit comme cause d'irresponsabilité pénale, dans le cas extrême où cette erreur était invincible. Qu'est-ce à dire ? Par exemple, une personne procède à une exportation de capitaux, qui viole prétendument la réglementation financière. Mais l'administration compétente avait fait savoir que, suivant sa propre interprétation des textes en vigueur, elle jugeait l'opération licite. Ou bien, autre exemple, on emprunte une rue dans le sens interdit. Mais, la nuit précédente, de mauvais plaisants avaient enlevé tous les panneaux de signalisation. Dans de telles hypothèses, la meilleure volonté du monde a pu, légitimement, ignorer la teneur, et même l'existence, de l'interdit pénal. Comment dès lors le respecter ? Il y a, pour ainsi dire, contrainte.

235. Le Code pénal consacre l'effet exonérateur de l'erreur invincible sur le droit. — Le Code pénal d'à présent dispose, en son article 122-3 : « N'est pas pénalement responsable la personne qui justifie avoir cru, par une erreur sur le droit qu'elle n'était pas en mesure d'éviter, pouvoir légitimement accomplir l'acte ». La loi reprend ainsi la solution que la doctrine préconisait, en s'appuyant sur une alternative de bon sens : ou bien la personne en cause s'est conformée à l'interprétation du texte pénal par l'administration compétente. Ou bien le texte pénal n'a pas reçu la publicité de fait sans laquelle, raisonnablement, on n'était pas en mesure d'y obéir. Dans l'un et l'autre cas, la condamnation serait inique.

Section 2
Les faits justificatifs

236. Énumération. — Ces faits justificatifs sont au nombre de quatre : 1) « couvert » de la loi ou de l'autorité légitime ; 2) légitime défense ; 3) état de nécessité ; 4) enfin, mais sous réserve de précision, le consentement de la victime, qui d'ailleurs, à la différence des autres faits justificatifs, n'est pas expressément prévu par le Code. Ces quatre cas seront examinés en autant de paragraphes.

§ 1. Le « couvert » de la loi ou de l'autorité légitime (art. 122-4 CP)

237. Division. — Dans ses deux alinéas, l'article 122-4 du Code pénal traite successivement du couvert de la loi (A), et du couvert de l'autorité légitime (B).

A Le « couvert » de la loi

238. L'alinéa 1er de l'article 122-4 du Code pénal. — Ce texte est ainsi rédigé : « N'est pas pénalement responsable la personne qui accomplit un acte prescrit ou autorisé par des dispositions législatives ou réglementaires ». À la lumière de ce texte, il faut en détailler la double composante : la prescription ou l'autorisation (a) ; résultant de dispositions législatives ou réglementaires (b).

a) **La prescription ou l'autorisation...**

239. Les deux notions. — Un exemple tout simple montrera la différence entre la prescription de la loi et l'autorisation de la loi.

240. Un exemple de prescription de la loi. — La loi fait obligation à la police judiciaire d'arrêter l'auteur d'un crime flagrant. Cet ordre entraîne la conséquence que l'officier de police judiciaire, auteur matériel de l'arrestation, n'est pas l'auteur de ce qui constituerait, en d'autres circonstances, l'infraction d'enlèvement et séquestration d'une personne (art. 224-1 CP).

241. Un exemple d'autorisation de la loi. — D'après l'article 73 du CPP, dans le cas de crime ou de délit flagrant, toute personne a qualité pour en appréhender l'auteur et le conduire devant l'officier de police judiciaire le plus proche. Dans cette hypothèse, la loi ne prescrit pas au particulier d'opérer l'arrestation. Mais elle le lui permet. Cette autorisation fait que le particulier, auteur matériel de l'arrestation, ne commet pas l'infraction précitée d'enlèvement.

b) **... résultant de dispositions législatives ou réglementaires**

242. La loi s'entend ici dans le sens matériel. — Le mot « loi » pourrait être pris dans son sens formel, étroit. Loi devrait alors s'entendre des seuls textes votés par le Parlement ou de valeur équivalente (*supra,* n° 93). Mais il est admis que l'article 122-4 parle de la loi dans son sens matériel, lequel vise tout texte de portée générale et impersonnelle. Il s'agit donc tant des dispositions législatives (au sens formel) que des dispositions réglementaires.

243. L'incidence de la hiérarchie des normes. — Cependant, il faut ici tenir compte de la hiérarchie des normes (*supra,* n° 97 s.). Un texte n'a pas la force de modifier, par voie de prescription ou d'autorisation, un texte supérieur, à moins que ce dernier le prévoit, au moins de manière implicite. Par exemple, un règlement – impuissant à créer un délit correctionnel – ne peut le justifier au mépris de la loi. De même, en transposant, doit-on dire qu'un texte législatif ne pourrait justifier des délits ou des crimes, au mépris d'une norme supra-législative (*infra,* n° 257).

B Le « couvert » de l'autorité légitime

244. L'alinéa second de l'article 122-4 du Code pénal. — Ce texte est ainsi rédigé : « N'est pas pénalement responsable la personne qui accomplit un acte commandé par l'autorité légitime, sauf si cet acte est manifestement illégal ».

245. L'hypothèse en cause. — L'hypothèse est alors qu'entre la loi ou le règlement, d'une part, et l'agissement commis, il s'est intercalé le commandement de l'autorité légitime. Par exemple, un agent de la force publique, sur ordre d'un supérieur, maintient une personne dans les locaux de police au delà des délais légaux. Cet agent n'est pas pénalement responsable de séquestration arbitraire (art. 224-1 CP).

246. Cas dérogatoire de l'ordre manifestement illégal. — Mais l'irresponsabilité cesse au moment où l'illégalité devient manifeste. Ainsi, le même policier ne pourrait se prévaloir de l'ordre reçu si la détention du suspect se prolongeait au delà de toute vraisemblance juridique.

§ 2. La légitime défense (art. 122-5 et 122-6 CP)

247. Justification de la légitime défense. — Toutes les législations admettent, au moins dans le principe, l'effet disculpateur de la légitime défense. Une telle irresponsabilité repose en effet sur **trois raisons de valeur universelle et permanente**.

• Celui qui commet une infraction, parce qu'il n'a pas d'autre moyen de se défendre ou de défendre autrui, ne fait pas preuve d'incivisme. L'application d'une peine serait donc injuste.

• Personne n'est admis, en règle générale, à se faire justice soi-même. C'est la société qui est chargée de défendre les individus. Mais lorsqu'on se trouve illégalement attaqué, la preuve est faite de la défaillance sociale. Les particuliers doivent alors recouvrer le droit de se défendre individuellement.

• Lorsqu'une personne est attaquée, il y a deux intérêts en présence ; celui de l'agresseur et celui de la victime. Il est conforme à l'intérêt de tous que la victime soit préférée à l'agresseur.

248. Risques découlant de la légitime défense. Division. — Si la légitime défense, universellement admise, peut se justifier aisément, il faut en percevoir le risque d'abus. Trop facilement admise, elle génère la violence au lieu de la combattre. Il est donc nécessaire de bien préciser les conditions auxquelles la défense reste légitime et comporte, pour son auteur, une irresponsabilité pénale. Mais il faut aussi tenir compte de certains cas où les circonstances de l'agression rendent vraisemblable la nécessité d'une défense. Ce qui conduit à prévoir des présomptions de légitime défense. On considérera donc les conditions de la légitime défense (A), puis les présomptions de légitime défense (B).

A Les conditions de la légitime défense

249. La distinction du Code pénal. — L'article 122-5 du Code pénal fait varier les conditions de la légitime défense suivant qu'elle concerne la défense des personnes (a) ou celle des biens (b).

a) Légitime défense des personnes

250. L'article 122-5, 1er alinéa du Code pénal. — Ces conditions sont ainsi précisées : « N'est pas pénalement responsable la personne qui, devant une attaque injustifiée envers elle-même ou autrui, accomplit, dans le même temps, un acte commandé par la légitime défense d'elle-même ou d'autrui, sauf s'il y a disproportion entre les moyens de défense employés et la gravité de l'atteinte ».

De ce texte découlent les **trois conditions** auxquelles la défense de soi-même ou d'autrui s'accompagne de l'irresponsabilité pénale. Les deux premières conditions sont positives, et leur preuve incombe à qui se réclame de la légitime défense. Ces conditions requièrent : 1) une atteinte injustifiée ; 2) une défense nécessaire ; 3) « sauf s'il y a disproportion... ». Cette troisième condition joue de façon subsidiaire et négative par rapport aux deux précédentes. C'est pourquoi sa preuve incombe au Ministère public.

251. Première condition : une atteinte injustifiée. — En d'autres termes, l'agression doit être dépourvue de base juridique. Par conséquent, celui qui agresserait un policier procédant à son arrestation régulière ne serait pas justifié. Ce qu'exprimait déjà, de belle manière, la Déclaration des Droits de l'Homme et du Citoyen de 1789 : « Ceux qui sollicitent, expédient ou font exécuter des ordres arbitraires, doivent être punis ; mais tout citoyen appelé ou saisi en vertu de la loi, doit obéir à l'instant ; il se rend coupable par la résistance ».

On admettait même, assez facilement, que la légitime défense ne puisse pas être invoquée contre un agent de l'autorité agissant de manière illégale (cas, notamment, des violences policières). On avançait la raison que si chaque individu pouvait résister aux agents du pouvoir, en prétendant leur action illégale, l'exercice de l'autorité serait entravé.

Mais cette raison cesse d'être bonne lorsque, comme dans le cas cité, l'action de l'autorité est entachée d'une illégalité manifeste. Encore que, dans les endroits où prédominent la violence et l'hostilité systématique envers la police, on doive reconnaître à celle-ci la marge d'action nécessaire à ce que, tout de même, force reste à la loi : c'est le fondement d'un état de droit.

252. Deuxième condition : une défense nécessaire. — L'exigence de nécessité se traduit doublement.

• L'acte de défense doit se situer **dans le même temps que l'agression** ». C'est qu'une défense à retardement deviendrait vengeance à froid, qu'on ne peut admettre. À l'inverse, quand l'attaque est simplement éventuelle, future, la défense est prématurée. D'ailleurs, la menace (soit réitérée, soit matérialisée) qui serait faite d'une agression contre les personnes constitue un délit (art. 222-17 CP). La personne qui subit la menace doit saisir les autorités judiciaires, et non pas devenir son propre justicier.

• **L'acte réactif** doit être **commandé par la nécessité de la défense**. Cela suppose une agression telle que l'on puisse craindre pour sa personne, sans pouvoir s'enfuir ou bénéficier d'une d'un secours immédiat

253. Troisième condition : « sauf s'il y a disproportion... ». — Dès lors que les deux précédentes conditions sont réunies, la défense paraît légitime. « Sauf si... ». Le texte, en effet, prévoit une troisième condition, mais qui joue comme une exception : « sauf si »... à moins que l'on établisse la disproportion entre les moyens de défense employés et la gravité de l'atteinte.

S'agissant d'une exception, la preuve de la disproportion doit être fournie par le Ministère public. À lui de montrer qu'en dépit des apparences, la personne attaquée pouvait se défendre à moindre violence. Par exemple, elle a tiré et tué, tandis qu'un coup de semonce suffisait à faire fuir un agresseur qu'elle savait sans armes.

b) **Légitime défense des biens**

254. L'article 122-5, second alinéa du Code pénal. — Suivant ce texte, « n'est pas pénalement responsable la personne qui, pour interrompre l'exécution d'un crime ou d'un délit contre un bien, accomplit un acte de défense, autre qu'un homicide volontaire, lorsque cet acte est strictement nécessaire au but poursuivi dès lors que les moyens employés sont proportionnés à la gravité de l'infraction ».

255. Acceptation plus restrictive de la légitime défense des biens. — Ce texte semble énoncer les mêmes exigences qu'en matière de légitime défense des personnes. Cependant, la légitime défense des biens est plus étroitement admise. Cela se marque par plusieurs différences.

256. Preuve de la proportion entre les moyens de défense et la gravité de l'attaque. — Pour la légitime défense des personnes, la loi fait peser la charge de la preuve sur le Ministère public. Pour la légitime défense des biens, la formule s'inverse ; ce n'est plus « sauf si », mais « dès lors que ». La preuve de la proportionnalité revient donc à celui qui invoque le fait justificatif.

257. L'homicide volontaire n'est jamais justifié par la défense d'un bien. — Cette précision, résultant du texte légal, découle de la Convention européenne des droits de l'homme. L'article 2 de cette Convention, en proclamant le droit à la vie, prévoit limitativement les cas où l'infliction de la mort peut être admise. Or, pour ce qui concerne la légitime défense, la Convention vise « la défense de toute *personne* contre la violence illégale ». Il paraît s'en déduire, *a contrario,* que l'on ne peut faire profiter de la légitime défense celui qui tue, pour la seule défense des biens.

B Les présomptions de légitime défense

258. L'article 122-6 du Code pénal. — Aux termes de cet article, qui reprend les solutions de l'ancien Code pénal, « est présumé avoir agi en état de légitime défense celui qui accomplit l'acte :

1° pour repousser, de nuit, l'entrée par effraction, violence ou ruse dans un lieu habité ;

2° pour se défendre contre les auteurs de vols ou de pillages exécutés avec violence ». Ce texte pose donc deux présomptions de légitime défense. Il faut en déterminer le domaine (a) puis la force (b).

a) Domaine des présomptions

259. Un double domaine. — Le premier domaine inclut l'**intrusion nocturne** lorsque cette intrusion se place dans un lieu habité. Le législateur a voulu, en présumant la légitime défense, faciliter la défense individuelle contre des présences indues dont on ignore le but et qui sont particulièrement menaçantes, se plaçant à domicile et durant la nuit. Le second domaine inclut les **vols exécutés avec violence**. Ce texte vient d'une époque où le pouvoir défendait mal la société contre les bandes d'agresseurs. On voulait dès lors favoriser la défense individuelle. Mais la recrudescence des attaques à main armée redonne à la disposition législative une pleine actualité (sur les engins automatiques de défense, *infra*, n° 262).

b) **Force des présomptions**

260. Leur caractère réfragable. — L'article 122-6 CP dit : « est présumé... ». Il y a donc présomption. Et, de l'avis unanime, présomption réfragable.

261. Conséquence pratique du caractère réfragable. — Ces présomptions perdent toute valeur devant la preuve contraire. Ainsi, celui qui tue la nuit un homme escaladant les murs de son domaine, en sachant que l'intrus voulait simplement rejoindre, à des fins câlines, une employée de maison, ne peut pas bénéficier de la légitime défense.

La solution s'impose. Mais si la présomption est réfragable, elle ne doit s'effacer que devant cette preuve contraire dûment rapportée. Il faut donc accorder le bénéfice de la légitime défense à celui qui tire sur l'intrus ayant pénétré chez lui par escalade ou effraction, ne sachant pas si cet intrus n'était qu'un mauvais plaisant, un amoureux clandestin, ou bien un voleur prêt à toute violence... C'est ce que disent, précisément, l'article 122-6 CP et le bon sens : le doute doit profiter au défenseur, non pas à l'intrus. Car comment savoir, sur le moment ? Faut-il donc, à son propre domicile et la nuit, attendre d'être blessé gravement pour échapper à la condamnation pénale ?

262. Les engins automatiques de défense. — Qu'en est-il dans le cas où l'on a posé des engins automatiques de défense, appelés aussi « pièges à feu », qui réagissent à l'aveugle contre toute irruption extérieure ?

La réponse est souvent plus passionnelle que juridique. Cependant, il paraît raisonnable d'admettre que celui qui recourt à un tel piège doit en subir l'aléa. Ce qui conduit à se prononcer suivant la manière dont, concrètement, le piège a fonctionné à l'encontre d'un intrus.

Si les conditions légales de la légitime défense des biens ne se trouvent pas réunies (défaut de proportion, ainsi mort de l'agresseur), la responsabilité pénale du piégeur est engagée. Mais si ces conditions se trouvent réunies, compte éventuellement tenu d'une présomption de légitime défense (ainsi l'intrusion nocturne dans un lieu habité), on voit mal ce qui, dans la loi, ferait obstacle à ce que le piégeur obtienne le bénéfice du fait justificatif.

§ 3. L'état de nécessité (art. 122-7 CP)

263. Texte applicable et fondement. — L'article 122-7 CP est rédigé comme suit : « N'est pas pénalement responsable la personne qui, face à un danger actuel ou imminent qui menace elle-même, autrui ou un bien, accomplit un acte nécessaire à la sauvegarde de la personne ou du bien, sauf s'il y a disproportion entre les moyens employés et la gravité de la menace ».

Le fondement d'un tel fait justificatif est une considération de simple bon sens. L'auteur d'un acte commis sous l'empire de la nécessité, loin de subvertir l'ordre, agit en supplétif de l'intérêt général.

264. Exemples d'un état de nécessité. — Les freins d'un camion lâchent. Le conducteur, plutôt que d'écraser des passants, endommage un mur. Ou bien les sapeurs-pompiers, pour mieux placer leurs lances autour d'un immeuble en flammes, en saccagent le jardin.

265. Conditions de l'état de nécessité. — On voit que l'état de nécessité procède d'une idée simple : entre deux maux, il faut choisir le moindre. Il s'ensuit trois conditions pour que l'état de nécessité puisse produire son effet justificatif.

• La première condition consiste dans l'**existence d'un danger**, danger **actuel ou imminent**. Peu importe que le danger menace une personne (soi-même ou autrui) ou menace un bien.

• La deuxième condition consiste dans la **nécessité de l'acte de parade**. Il faut en déduire, comme pour la contrainte (*supra,* n° 230), que si la personne a commis une faute génératrice du péril, le fait justificatif ne peut lui bénéficier.

• La troisième condition (« **sauf s'il y a disproportion**... ») joue de façon subsidiaire et négative par rapport aux deux précédentes. Comme en matière de légitime défense (*supra,* n° 253), la formule légale fait jouer cette troisième condition à la manière d'une exception : l'état de nécessité doit être admis, sauf s'il y disproportion entre la riposte et la menace. La preuve de la disproportion doit être fournie par le Ministère public. À lui de montrer qu'en dépit des apparences, la personne attaquée pouvait se prémunir, à moindre dommage, des conséquences du danger.

266. Conclusion sur l'état de nécessité. — Ce fait justificatif fut d'abord établi, sous l'empire de l'ancien Code pénal, par la jurisprudence (Crim. 25 juin 1958, *D.* 1958.693). Le présent Code pénal a consacré cette jurisprudence, dans des termes tels que l'état de nécessité emprunte certains de ses caractères à la contrainte, et d'autres à la légitime défense.

§ 4. Le consentement de la victime

267. Absence d'un texte légal. Les deux hypothèses. — Lorsqu'une infraction a été commise, mais que la victime y était consentante, l'auteur de l'infraction est-il justifié ? La réponse dépend de l'hypothèse : le consentement porte sur une valeur disponible (A) ; ou sur une valeur indisponible (B).

A Le consentement porte sur une valeur disponible

268. L'infraction ne disparaît pas : elle n'a jamais existé. — Il arrive qu'une infraction consiste dans l'atteinte à un bien ou à un droit dont la victime a la possibilité de disposer. Cela se produit très souvent pour des infractions contre les biens. Par exemple, une bague est donnée par son propriétaire : il n'y a pas soustraction frauduleuse de la chose d'autrui.

Cela se produit, quoique rarement, pour des infractions contre les personnes. Par exemple, la personne consent à sa claustration : il ne peut y avoir séquestration arbitraire. Ou la personne consent à des jeux érotiques : il ne peut y avoir délit d'atteinte sexuelle ni viol.

Encore faut-il, bien sûr, qu'il y ait preuve du consentement et qu'il émane d'une personne juridiquement capable. Mais si ces conditions sont jugées réunies, il n'y a pas d'infraction.

Il n'y a pas d'infraction, parce que le texte incriminateur supposait l'absence de consentement. En sa présence, les faits commis échappent aux prévisions du texte incriminateur. On ne doit donc pas parler d'un fait justificatif, qui dissout une infraction par ailleurs commise. Ici, faute de texte applicable, il n'y a pas du tout d'infraction.

B Le consentement porte sur une valeur indisponible

269. Principe : l'infraction existe et ne disparaît pas. — Si l'infraction consiste dans une atteinte à un droit dont la victime ne peut pas disposer, non seulement l'infraction existe, mais son consentement ne peut pas être un fait justificatif.

Ainsi, l'on ne peut pas disposer librement de sa santé, ni de sa vie. Ces valeurs sont normalement indisponibles. Sans doute notre Droit ne réprime-t-il pas le suicide. Mais c'est parce que la peine serait absurde contre un mort, inconvenante contre un rescapé. Il faut noter d'ailleurs que la provocation au suicide d'autrui constitue un délit (art. 223-13 s. CP).

Il résulte de là que le consentement de la victime en matière d'infractions contre la santé ou la vie d'une personne n'est pas un fait justificatif. La solution s'applique notamment au cas de duel et d'euthanasie, c'est-à-dire d'homicide à la prière de la victime.

Dans ces hypothèses, l'infraction se trouve constituée. On retiendra les coups et blessures, le meurtre ou même l'assassinat. Et si la peine s'ensuivant est parfois légère, c'est seulement à raison des pouvoirs extrêmes du juge dans la détermination de la peine (*infra,* n° 380 s.).

270. Exception : il y a fait justificatif, mais par autorisation de la loi. — Il existe bien, par exception, des cas où les atteintes à l'intégrité physique d'une personne consentante échappent à la loi pénale. Mais alors, le fait justificatif tient à l'autorisation résultant de dispositions législatives et réglementaires (art. 122-4, al. 1 CP — *supra,* n° 238 s.). On les rencontre principalement à propos de la médecine et des sports.

• La **médecine** autorise, pour le bien du patient, des violences légères (piqûres) ou même de graves blessures (amputation). Mais l'irresponsabilité pénale ne tient pas à la seule acceptation de ce patient. Elle suppose, de plus, que le praticien se conforme aux règles de sa profession. Il devient punissable si la médecine officielle n'admet pas le but qu'il poursuit (par exemple, création de monstres humains) ou les techniques qu'il emploie (par exemple, mode d'opération non encore reçu chez les hommes de l'art).

• Les **sports** autorisent, pour l'agrément des spectateurs, des coups et blessures très intentionnels (ainsi dans la boxe ou l'escrime). Les sportifs, pourtant, échappent à la répression, mais à la condition que le sport soit admis par notre Droit, et que le sportif se conforme aux règles du jeu. Ce qui prouve que l'irresponsabilité tient non pas au consentement du joueur, mais à l'agrément préalable des pouvoirs publics.

Sous-titre 2

La responsabilité pénale des personnes morales

271. Présentation. — L'attribution de la responsabilité pénale ne s'est longtemps conçue qu'à propos des êtres humains, les personnes de chair et de sang. Sans doute, dans certains cas, très rares, des lois spéciales avaient-elles permis de mettre en jeu la responsabilité pénale d'une personne morale. Mais il ne s'agissait là que d'exceptions fort limitées, laissant intact le principe longtemps indiscuté : le Droit pénal ne peut concerner que des personnes physiques.

Toute autre est la solution retenue par l'actuel Code pénal. Tenant compte de l'évolution économique (*supra,* n° 135), il a consacré largement, dans une construction d'ensemble, la responsabilité pénale des personnes morales, que la loi Perben 2 (*supra*, n° 54-3°) a d'ailleurs généralisée. Cependant, on se doute qu'une telle responsabilité doit être soumise à des règles spécifiques. Elles régissent d'une part ses éléments, d'autre part sa mise en jeu.

272. Plan. — Le présent sous-titre sera donc divisé comme suit :

Chapitre 1 – **Les éléments de la responsabilité pénale des personnes morales.**

Chapitre 2 – **La mise en jeu de la responsabilité pénale des personnes morales.**

Chapitre 1
Les éléments de la responsabilité pénale des personnes morales

273. L'article 121-2 du Code pénal. — Ces éléments sont définis par l'article 121-2 CP, en son alinéa 1er : « Les personnes morales, à l'exclusion de l'État, sont responsables pénalement... des infractions commises, pour leur compte, par leurs organes ou représentants ». Il s'agit, on le voit, d'une responsabilité générale, mais dont il faut préciser les éléments constitutifs.

274. Division. — Quels éléments ? Il faut ici distinguer : l'élément relatif à la personne morale (Section 1) ; l'élément relatif au lien de la personne morale avec l'infraction reprochée (Section 2).

Section 1
L'élément relatif à la personne morale

275. Les personnes morales, françaises ou non. — L'article 121-2 ne distinguant pas, on ne doit pas exclure la responsabilité pénale des personnes morales de nationalité étrangère. Encore existe t-il deux limites, évidentes, à cette responsabilité.

• La première **limite** est **de fait** : si la société étrangère se tient hors de France, il sera parfois difficile de faire exécuter la condamnation prononcée. Du moins dans l'hypothèse où le pays d'établissement n'est pas tenu, vis-à-vis de la France, par une convention d'entraide répressive.

• La seconde **limite** est de **Droit** : il faut que les agissements de la personne morale étrangère tombent sous le coup de la loi pénale française.

276. Toutes les personnes morales, à l'exclusion de l'État. — Suivant l'article 121-2 alinéa 1 : « les personnes morales, à l'exclusion de l'État, sont responsables pénalement... ». Il s'ensuit que, l'État mis à part, toutes les personnes morales, de Droit privé comme de Droit public, encourent une responsabilité pénale.

277. Toutes les personnes morales de Droit privé. — La responsabilité pénale peut peser sur toutes les personnes morales de droit privé, quel que soit leur but : non lucratif ou lucratif.

• Quant aux personnes morales de Droit privé poursuivant un **but non lucratif**, on citera les associations, dotées ou non de la reconnaissance d'utilité publique ; les fondations ; les partis politiques ; les syndicats ; les institutions représentatives du personnel. Cette liste n'est pas exhaustive, et tout centre d'activités auquel le Droit confère une personnalité morale peut encourir une responsabilité pénale.

• Quant aux personnes morales de droit privé poursuivant un **but lucratif**, la liste est pareillement ouverte. On y trouve les diverses sociétés civiles ou commerciales ; les groupements d'intérêt économique ; les sociétés d'économie mixte, proches mais distinctes des personnes morales de Droit public.

278. Toutes les personnes morales de Droit public, sauf bien sûr l'État, et sauf... — À la seule exception de l'État lui-même, sujet de Droit international, et suzerain de la Justice nationale, toutes les autres personnes de Droit public sont passibles d'une responsabilité pénale : d'une part, les établissements publics ; d'autre part, les collectivités territoriales et leurs groupements (syndicats de communes, communautés urbaines).

Cependant (art. 121-2, al. 2, CP), ces collectivités et leurs groupements ne sont responsables que dans un cadre restreint d'activités : « celles qui peuvent faire l'objet d'une « convention de délégation de service public ». Qu'est-ce à dire ?

279. Les activités pouvant faire l'objet d'une délégation de service public. — Une commune, collectivité territoriale, possède par son maire certains pouvoirs de police qui, relevant de l'*imperium*, ne sont pas délégables : ainsi les pouvoirs de police. Tandis que d'autres prérogatives, relevant du *negotium*, sont délégables.

280. Les services publics relevant du *negotium*. — Tel est le cas quand la commune n'agit plus plus en tant que « gendarme », mais comme gérant d'intérêts collectifs. Ainsi, lorsqu'elle organise la distribution de l'eau, le ramassage des ordures ménagères, le transport en commun des habitants.

Pour ces services publics relevant du *negotium,* la commune peut déléguer ses pouvoirs de gestion à une société privée concessionnaire.

Dans ce cas, bien entendu, la responsabilité pénale qui découlerait d'infractions commises dans l'exercice de la concession pèsera sur le seul concessionnaire.

Mais il est concevable que la commune, ne voulant pas recourir à la délégation, assure par elle-même le service d'intérêt général, et l'on dit alors que ce service se trouve exploité en régie.

Cela précisé, la distinction faite par la loi devient claire. La responsabilité pénale de la commune ne peut être engagée qu'à l'occasion des activités qu'elle assure en régie. Si du moins se trouvent réunis les autres éléments de sa responsabilité pénale, ainsi l'élément relatif à l'infraction projetée.

Section 2
L'élément relatif au lien de la personne morale avec l'infraction reprochée

281. Rappel de principe. — En Droit pénal « nul n'est responsable que de son propre fait ». Ce principe est énoncé dans l'article 121-1 CP, juste avant l'article 121-2 qui consacre la responsabilité pénale des personnes morales. On doit en conclure qu'une personne morale n'est responsable que de son fait. Quel fait ? La réponse varie suivant que l'infraction reprochée présente un caractère intentionnel (§ 1) ou qu'elle présente un caractère non-intentionnel (§ 2).

§ 1. L'infraction reprochée présente un caractère intentionnel

282. Le mécanisme est celui de l'emprunt de criminalité. — Une personne morale, étant dépourvue d'intention, n'est pas capable de commettre une infraction intentionnelle. Cette infraction, nécessairement, est commise par une personne physique, auteur principal. La responsabilité de la personne morale ne peut donc s'expliquer que par un emprunt de criminalité fait à la personne physique par la personne morale.

283. Adaptation du mécanisme. — Ce mécanisme d'emprunt n'est pas nouveau (*supra,* n° 157). Mais il ne jouait qu'entre personnes physiques, qu'il s'agisse de l'auteur principal ou du complice emprunteur. Désormais, « l'emprunteur » de criminalité peut être une personne morale. Il faut ajuster le mécanisme en conséquence. C'est pourquoi le Code pénal formule ici des exigences spécifiques.

284. Deux exigences spécifiques à l'emprunt de criminalité par une personne morale. — Selon la lettre de l'article 121-2, les personnes morales ne sont responsables que « des infractions commises pour leur compte, par leurs organes ou représentants ». Telles sont donc les deux exigences auxquelles la loi subordonne l'emprunt de criminalité : une infraction commise pour le compte de la personne morale (A) ; une infraction commise par les organes ou représentants de la personne morale (B).

A Une infraction commise pour le compte de la personne morale

285. Portée de cette exigence. — Quand une infraction est-elle commise pour le compte de la personne morale ? Lorsque cette dernière bénéficie de l'infraction. En d'autres termes, la personne morale se trouve alors dans une situation comparable à celle où une personne physique est le commanditaire d'un crime (*supra*, n° 161).

286. Illustration de cette exigence. — Ainsi, pour faire tuer son oncle, lequel est fort riche, son héritier neveu rémunère un tueur à gages. Celui-ci trouve, bien sûr, profit dans le « contrat ». Mais le plus gros bénéficiaire en sera le neveu. Le crime est donc bien commis pour le compte principal de ce neveu. Il suffit alors de transposer. Le président-directeur général d'une société qui, par écoutes illicites, capte le secret de fabrication d'un concurrent, en tirera sans doute des avantages pécuniaires. Mais l'essentiel du profit tombera dans les caisses de la société. L'espionnage industriel est donc commis pour le compte de celle-ci.

287. Identité de fondement. — Dans les deux cas, l'emprunt de criminalité se fonde sur une même idée, qu'exprime l'adage *« fecit cui prodest »*. Cela veut dire que le profiteur du crime en est l'auteur. Cet adage se fonde sur une probabilité : le principal bénéficiaire d'une opération en est souvent le protagoniste. Mais l'adage exprime de plus une règle juridique : afin de prévenir l'infraction, il est bon de punir celui qui l'a suscité comme s'il l'avait lui-même commise.

B Une infraction commise par les organes ou par les représentants de la personne morale

288. La conscience et le cerveau. — La constatation précédente n'explique pas tout le mécanisme. À la différence de l'instigateur personne physique, la personne morale, être de fiction, n'a jamais pu vouloir le crime. Comment dès lors lui reprocher une infraction intentionnelle ? Cela justifie la seconde exigence. La personne morale ne peut être engagée pénalement que par les êtres physiques qui l'incarnent selon la loi : organes ou représentants de la personne morale. Sans eux, seuls aptes à prendre des décisions, fixer une politique, établir un budget, la personne morale n'aurait pas de réalité concrète. Et cette symbiose légitime l'emprunt de criminalité.

Qui sont alors ces organes ou représentants de la personne morale ? Le mot d'organe désigne une assemblée collégiale : ainsi le conseil d'administration d'une société, le conseil municipal d'une commune. Le mot de représentant désigne une personne physique : ainsi le gérant d'une société ; le maire d'une commune... Il faut alors souligner, *a contrario*, que les actes de simples préposés n'engagent jamais la responsabilité pénale de la personne morale, mais seulement sa responsabilité civile au titre de commettant (art. 1384, al. 5 C. civ.).

289. Récapitulatif. Ce que l'accusation doit prouver. — À raison du mécanisme d'emprunt de criminalité, le Ministère public doit établir, afin de fonder la responsabilité pénale d'une personne morale, la preuve des quatre données 1) infraction intentionnelle 2) commise par une personne physique 3) laquelle se trouve agir pour le compte de la personne morale 4) c'est-à-dire à son profit, du moins espéré.

290. La responsabilité pénale de la personne morale n'exclut pas la responsabilité pénale des personnes physiques. — Quand se trouve acquise la responsabilité pénale de la personne morale, les personnes physiques auteurs de l'infraction ne s'en trouvent pas pour autant disculpées. En d'autres termes, la loi fonde une responsabilité pénale non pas alternative, mais éventuellement cumulative.

La solution est explicitée par le Code (art. 121-2, al. 3) : « La responsabilité pénale des personnes morales n'exclut pas celle des personnes physiques, auteurs ou complices des mêmes faits ». Cette formule a tout son sens lorsqu'il s'agit d'une infraction intentionnelle, la seule hypothèse jusqu'alors examinée. Mais elle perd beaucoup de sa force, on va le voir maintenant, lorsqu'il s'agit d'une infraction non intentionnelle. Car le mécanisme d'imputation à la personne morale est alors très différent.

§ 2. L'infraction reprochée présente un caractère non-intentionnel

291. Rappel quant à l'infraction non-intentionnelle. — On a déjà défini cette sorte d'infraction, et déterminé la liste des infractions non-intentionnelles (*supra,* n° 200 s.). On y trouve les contraventions et les délits « matériels ». Or, comme on l'a vu, de telles infractions se réalisent par le seul fait qu'une obligation légale ou réglementaire n'est pas respectée. Par exemple, défaut de consultation du comité d'entreprise ; ou défaut d'organisation de visites médicales pour les salariés de l'entreprise...

292. L'imputation directe de responsabilité pénale à la personne morale. — Dans de tels cas, de par le texte, l'obligation s'impose à la personne morale elle-même, et sans qu'il soit besoin d'intention coupable. Dès lors, on peut concevoir une imputation directe de responsabilité pénale à cette personne morale.

293. Portée pratique de l'imputation directe. — Quelle est la portée pratique de cette imputation directe de responsabilité pénale à la personne morale ? La tâche du Ministère public est beaucoup plus simple. Il n'a pas besoin d'établir d'abord la responsabilité pénale d'une personne physique. La seule preuve du manquement à l'obligation légale suffit à faire condamner la personne morale (sous réserve toutefois des limites tenant à la présomption d'innocence, *supra,* n° 205).

Bien sûr, et de surcroît, il pourra se faire qu'à raison des particularités de l'infraction, une personne physique soit elle aussi tenue pour responsable pénalement. Ainsi, le chef d'entreprise peut être condamné à raison de sa propre négligence (*supra*, n° 172 s.). Mais la responsabilité pénale des personnes physiques cesse alors d'être un préalable nécessaire. Elle n'en est que le complément éventuel. Éventuel, parce que – les travaux préparatoires du Code pénal le montrent – la responsabilité pénale de la personne morale a été proclamée précisément pour faire disparaître « la présomption de responsabilité pénale qui pèse en fait sur les dirigeants d'entreprise, à propos d'infractions dont ils ignorent parfois l'existence » (exposé des motifs, projet du Code pénal de 1992). Dès lors, la responsabilité pénale du dirigeant d'entreprise, personne physique, devrait se circonscrire au seul cas de sa faute personnelle et prouvée.

Chapitre 2

La mise en jeu de la responsabilité pénale des personnes morales

294. Double conséquence de la spécificité. Division. — On vient de voir, à propos de ses éléments, que la responsabilité des personnes morales, êtres non charnels, offrait une spécificité inévitable.

Cette spécificité se retrouve ici, dans la mise en jeu de la responsabilité, d'une double manière.

D'une part, en ce qui concerne la procédure pénale (Section 1).

D'autre part, en ce qui concerne les causes d'irresponsabilité pénale au profit de cette personne morale (Section 2).

Section 1

La procédure pénale à l'encontre d'une personne morale

295. Adaptation de la procédure pénale. — La procédure pénale mène des premiers soupçons jusqu'au jugement définitif sur l'action publique. Or, est-il concevable qu'un juge d'instruction fasse venir une personne morale dans son cabinet ? Qu'il la place en détention provisoire ?

Ces simples exemples montrent qu'il faut bien adapter la procédure pénale concernant les personnes physiques au cas particulier de la personne morale.

Aussi l'article 706-41 du Code de procédure pénale dispose-t-il : « Les dispositions du présent Code sont applicables à la poursuite, à l'instruction et au jugement des infractions commises par les personnes morales, sous réserve des dispositions du présent titre ».

Ces dispositions dérogatoires ont principalement pour objet la représentation en justice de la personne morale (§ 1), et la coercition applicable durant les investigations de la justice pénale (§ 2).

§ 1. La représentation en justice de la personne morale

296. Intervention du représentant légal, et précautions contre le conflit d'intérêts. — La représentation en justice de la personne morale est normalement assurée par le représentant légal de la personne morale à l'époque des poursuites. Mais il arrivera que ce représentant soit lui-même poursuivi pénalement pour les mêmes faits (*supra*, n° 290 et 293). Dans cette hypothèse, on peut craindre le conflit d'intérêts, et le président du Tribunal de grande instance doit en conséquence désigner un mandataire de justice qui représente la personne morale. À moins que celle-ci ne choisisse une autre personne bénéficiant, conformément à la loi ou aux statuts de la personne morale, d'une délégation de pouvoirs à cet effet (art. 706-43 CPP).

La signification des actes de procédure est réputée faite à personne lorsqu'on délivre l'acte, suivant les cas, au représentant légal, au mandataire de justice ou bien au fondé de pouvoirs de la personne morale. De plus, l'huissier doit informer la personne morale, par lettre simple, de la signification faite et de l'identité de la personne à laquelle copie de l'acte a été remise.

§ 2. La coercition applicable durant les investigations de la justice pénale

297. Division. — Il faut ici séparer la situation de la personne physique, représentant légal de la personne morale, et de la personne morale elle-même.

298. La situation de la personne physique, représentant légal de la personne morale. — En ce qui concerne ce représentant légal, personne physique, deux situations sont possible.

- Ou bien il est poursuivi à titre personnel, et l'on a vu que dans ce cas, il n'avait plus le droit de représenter la personne morale dans la procédure répressive. Dès lors, il n'est pas à craindre que la coercition exercée à son encontre nuise, par ricochet, à la défense de la personne morale. Le représentant légal, poursuivi à titre personnel, pourra donc être mis en examen, placé sous contrôle judiciaire ou même en détention provisoire.
- Ou bien, à l'inverse, le représentant légal n'est pas poursuivi à titre personnel. S'il représente la personne morale, il doit être soustrait

à toute pression qui risquerait d'affaiblir la défense de la personne morale.

C'est pourquoi la loi décide qu'il ne doit subir « aucune mesure de contrainte autre que celle applicable au témoin » (art. 706-44 CPP). C'est-à-dire qu'au cas de refus de comparaître comme témoin, le juge d'instruction ou la juridiction de jugement peut seulement l'y contraindre par la force publique. Mais sont exclus tant la mise en examen que le placement sous contrôle judiciaire ou en détention provisoire.

299. La situation de la personne morale elle-même. — En ce qui concerne la personne morale elle-même, la détention provisoire est inconcevable. Mais le juge d'instruction peut placer la personne morale, une fois mise en examen, sous contrôle judiciaire (art. 706-45 CPP).

Bien entendu, ce contrôle judiciaire ne saurait être le même que celui visant une personne physique à laquelle, par exemple, on interdira de s'absenter de son domicile, de se rendre en certains lieux (art. 138, 2° et 3° CPP).

Il s'agira donc d'un contrôle judiciaire s'adaptant à la situation d'une personne morale. Ainsi : dépôt d'un cautionnement ou constitution de sûretés au profit de la victime ; interdiction d'émettre des chèques ou d'exercer certaines activités.

De même, s'il y a violation, par la personne morale, des obligations découlant du contrôle judiciaire, sa mise en détention provisoire n'est pas concevable. Le Code a donc érigé la violation en délit autonome (art. 706-45 CPP).

Ainsi, la spécificité des personnes morales se retrouve dans tous les aspects de leur responsabilité pénale. Non seulement quant aux peines qui peuvent les frapper (*infra,* n° 370 s.). Mais aussi quant aux causes d'irresponsabilité pénale.

Section 2

Les causes d'irresponsabilité pénale au profit d'une personne morale

300. Les deux types de responsabilité pénale. Division. — En énonçant les causes d'irresponsabilité pénale (art. 122-1 s. CP – *supra,* n° 206 s.), le Code pénal ne distingue pas selon qu'elles concernent une personne physique ou une personne morale.

Cependant, on est bien obligé de tenir compte, ici encore, de ce que la responsabilité pénale des personnes morales peut avoir de particulier, notamment par sa double nature (*supra,* n° 284 s.). Ou bien, dans le cas d'infraction intentionnelle, une responsabilité par emprunt de criminalité. Ou bien, dans le cas d'infraction non-intentionnelle, une responsabilité par imputation directe.

Cela rejaillit, comme on va le voir, sur les causes d'irresponsabilité pénale, qui vont varier suivant que l'on se trouve en présence d'une responsabilité par emprunt de criminalité (§ 1) ou par imputation directe (§ 2).

§ 1. L'hypothèse d'une responsabilité pénale par emprunt de criminalité

301. L'irresponsabilité de la personne physique profite à la personne morale. — Au cas d'emprunt de criminalité, la personne morale n'est responsable pénalement que parce qu'une ou plusieurs personnes physiques le sont.

Il s'ensuit que toute cause bénéficiant à cette ou ces personnes physiques bénéficie nécessairement à la personne morale. Si, par exemple, le président qui représente la société souffrait d'un délabrement mental tel que l'infraction qu'il a commise échappe à la justice pénale, la société ne peut pas être chargée, par endossement, d'une responsabilité pénale inexistante.

302. Mais existe-t-il, de plus, une irresponsabilité pénale propre à la personne morale ? — La réponse paraît devoir être négative. Dès lors que les conditions d'emprunt de criminalité sont réunies, on voit mal quel cas d'irresponsabilité viendrait exonérer la personne morale, puisque ni l'intention ni les actions que la loi lui fait endosser ne sont vraiment les siennes.

§ 2. L'hypothèse d'une responsabilité pénale par imputation directe

303. Une infraction non-intentionnelle. — Comme on le sait (*supra,* n° 292), l'imputation directe suppose une infraction de caractère non-intentionnel (*supra,* n° 200 s.). Par exemple, défaut de consultation du comité d'entreprise ; défaut d'organisation de visites médicales pour les salariés...

304. La réponse proposée. — Dans une telle hypothèse, aucune raison de principe ne s'oppose à ce que la personne morale, responsable par elle-même, puisse bénéficier des causes d'irresponsabilité pénale prévues par le Code. Elles sont d'ailleurs énoncées par le Code pénal en termes qui ne distinguent aucunement entre personnes physiques et personnes morales. Sans doute, en fait, certaines causes d'irresponsabilité sont inconcevables au profit de personnes morales. Le délabrement mental, par exemple.

Mais d'autres causes d'irresponsabilité pénale pourraient lui profiter. Ainsi, notamment, la contrainte. Par exemple, supposons qu'une personne morale soit poursuivie pour manquement à son obligation de veiller à la visite médicale de son personnel. Or, si tous les médecins de la région se trouvaient indisponibles, par suite d'une épidémie grave, ou d'une grève prolongée, serait-il exclu d'invoquer la contrainte ? Et si l'inspection du travail avait dispensé l'employeur de son obligation, pensant – à tort – qu'elle ne concerne pas la catégorie de salariés en cause, n'y aurait-il pas erreur de droit invincible ? La réalité, suivie de la pratique judiciaire, feront certainement preuve d'imagination.

Titre 3
Les peines

305. Plan. — Trois questions se posent ici.

• Quelles sont les peines prévues par notre Droit contre les auteurs d'infractions ? Il faut recenser l'**arsenal répressif** (Sous-titre 1).

• Ensuite, pour telle infraction commise, comment choisir la peine qui viendra frapper son auteur ? Il faut décrire le processus, assez complexe, par lequel s'opère **la détermination de la peine** (Sous-titre 2).

• Enfin, la peine étant prononcée, qu'en adviendra-t-il effectivement pour le condamné ? Il faut considérer **le sort de la peine** (Sous-titre 3). Tels seront les trois sous titres du présent titre.

Sous-titre 1

L'arsenal répressif

306. Division. — Le présent sous-titre comporte deux chapitres : Chapitre 1 — La peine et les notions voisines – Chapitre 2 — Les peines édictées par nos lois pénales

Chapitre 1
La peine et les notions voisines

307. La peine relève d'un critère formel. — C'est par un critère formel que l'on reconnaît la peine, au sens étroit et juridique de ce mot. Il y a peine, lorsqu'elle figure au catalogue des peines édictées par le Code pénal, et qu'elle est en conséquence décidée par un juge pénal en rétribution d'un comportement que la loi prohibe.

Cela paraît fort précis, et l'est en effet la plupart du temps. Quand la loi dit : « Tout acte de pénétration sexuelle, de quelque nature qu'il soit, commis sur la personne d'autrui par violence, contrainte, menace ou surprise, est un viol. Le viol est puni de quinze ans de réclusion criminelle » (art. 222-23 CP), on ne peut avoir de doute. La réclusion criminelle est prévue par le Code pénal, lequel de surcroît définit le comportement prohibé. Nous sommes bien en matière pénale.

308. Mais le critère formel de la peine est insuffisant. — Si le critère formel de la peine est précis, il n'est pas toujours suffisant. C'est que notre arsenal répressif comporte des mesures qui, sans constituer des peines, au sens étroit et juridique du mot, sont tout de même ressenties par leur destinataire de façon fort pénible. Quelles sont ces mesures ? On en trouve de deux sortes : les mesures punitives ; et les mesures de sûreté.

309. L'hypothèse des mesures punitives. — Il arrive qu'en application de certaines lois, une sanction soit prononcée par une autorité autre qu'une juridiction répressive. Par exemple, l'Autorité des Marchés Financiers peut infliger à un opérateur boursier une amende de plusieurs millions d'euros, visant à punir un comportement préjudiciable, et dont on veut dissuader. Par ses conséquences pratiques, par son but, cette amende est donc fort proche d'une peine. Mais pour la distinguer de la peine au sens étroit et formel, que seul un tribunal répressif peut infliger, on parle ici de mesure punitive.

310. L'hypothèse des mesures de sûreté. — Il arrive à l'inverse qu'à raison de certaines lois, une mesure – même prononcée par une juridiction répressive – vise une finalité non punitive. Certaines hypothèses ont été déjà traitées. Ainsi celles de la réparation civile, ou de la sanction disciplinaire (*supra,* n° 58 s.). Elles ont été soigneusement distinguées de la peine, par leur but et leur régime. Il n'est plus besoin d'en reparler ici.

En revanche, d'autres hypothèses méritent un examen particulier. Par exemple, la mesure de désintoxication que l'on impose à un drogué. Ou les mesures d'assistance et d'éducation que l'on impose à un mineur délinquant. On parle alors de mesures de sûreté. À la différence des peines, ces mesures de sûreté n'ont pas pour but d'être... « peinibles ». Elles ne visent pas à châtier, faire souffrir. Mais il n'empêche que, dans leurs résultats pratiques, elles diminuent, autoritairement, la liberté de ceux qu'elles concernent.

311. Division. — Mesures punitives, mesures de sûreté, on n'est pas si loin de la peine, au sens étroit et formel de ce terme. L'infliction de telles mesures doit donc être entourée de certaines garanties protégeant le citoyen qui les encourt.

Cela conduit à considérer successivement : peine et mesure punitive (Section 1), peine et mesure de sûreté (Section 2).

Section 1
Peine et mesure punitive

312. Les hypothèses de mesure punitive. — Ces hypothèses sont nombreuses : on peut citer, notamment, les amendes prononcées par le Conseil Supérieur de l'Audiovisuel (CSA) contre des exploitants de chaînes télévisées ; ou les amendes prononcées par l'Autorité des Marchés financiers (AMF) contre des industriels ou des commerçants s'étant rendus coupables d'ententes ou de pesées illicites sur les prix... Sans oublier, bien sûr, les pénalités fiscales...

313. Les buts de la mesure punitive. — Deux buts caractérisent cette mesure. Un but rétributif, qui concerne le coupable : on lui fait « payer » sa faute. Un but dissuasif, qui concerne les autres citoyens : en leur montrant ce qu'il en coûte au coupable, on espère les détourner d'agir comme lui.

Or, ce sont là les finalités évidentes de toute peine. Pourquoi dès lors refuse-t-on de conférer à ces mesures le caractère d'une peine au sens juridique ? Parce que la loi instituant ces mesures en a confié l'application non pas à une juridiction judiciaire, mais à un organisme administratif spécialisé.

On justifie cette solution par des raisons de technicité moderne : des juges, magistrats professionnels, connaissent moins la spécificité du milieu financier, industriel, commercial, audiovisuel. Mais, parfois, les raisons sont moins avouables. Elles peuvent tenir à ce que l'État veut conserver les mains libres pour frapper à sa guise : ainsi quant aux pénalités fiscales.

314. Le risque d'arbitraire. Les deux protections. — Quelles qu'en soient les raisons, ces mesures punitives comportent un risque d'arbitraire.

Aussi voit-on intervenir la protection de normes qui, supérieures à la loi (*supra,* n° 89 s.), assurent précisément la protection des droits individuels contre l'arbitraire : protection constitutionnelle, protection internationale.

§ 1. La protection constitutionnelle au cas de mesure punitive

315. La décision du Conseil constitutionnel en date du 30 décembre 1982. — Par sa décision n° 82-155 DC du 30 décembre 1982, à propos d'amendes fiscales, le Conseil constitutionnel avait décidé que le principe de non-rétroactivité des lois « ne concerne pas seulement les peines appliquées par les juridictions répressives, mais s'étend nécessairement à toute sanction ayant le caractère d'une punition, même si le législateur a cru bon de devoir laisser le soin de la prononcer à une autorité de nature non judiciaire ».

316. Une jurisprudence aujourd'hui très affirmée. — Ultérieurement – ainsi décision n° 2000-433 du 27 Juillet 2000 – le Conseil constitutionnel a développé les applications de ce concept : « (aucune sanction ne peut être infligée qu'à la condition que soient) respectés les principes de la nécessité et de la légalité des peines, ainsi que les droits de la défense ».

317. La portée pratique de cette jurisprudence constitutionnelle. — Cette jurisprudence affirmée contraint le législateur, lorsqu'il édicte une mesure punitive, à l'entourer de garanties équivalentes à celles qui doivent entourer l'infliction d'une peine.

Sans doute, il peut se faire que telle ou telle mesure punitive n'offre pas ces garanties, mais que la loi l'édictant n'ait pas été soumise à l'examen du Conseil constitutionnel. Dans ce cas, le juge – administratif ou judiciaire – ne peut critiquer la constitutionnalité d'une loi promulguée (*supra*, n° 91).

Cependant, le juge pourra exercer un autre contrôle, puisque l'article 55 de notre Constitution l'autorise à vérifier la conformité d'une loi nationale aux traités internationaux. Et parmi ces traités, la Convention européenne des droits de l'homme. Il faut alors examiner la protection qu'elle offre au cas de mesure punitive.

§ 2. La protection internationale au cas de mesure punitive

318. Des garanties équivalentes. — La Convention européenne des droits de l'homme, qui ouvre un recours individuel supranational (n° 92) à toute personne victime d'une violation des droits qu'elle énonce, comporte deux garanties contre l'arbitraire en matière « pénale », quelle que soit la dénomination formelle de la mesure punitive.

D'une part, l'article 6 de la Convention consacre le droit de toute personne à un procès équitable lorsqu'elle est l'objet d'une « accusation en matière pénale ». Or, le procès équitable exige, entre autres, le respect des droits de la défense et l'égalité des armes avec la partie poursuivante.

D'autre part, l'article 7 de la Convention consacre le principe de légalité des délits et des peines, ainsi que son corollaire le principe de non-rétroactivité. À quoi s'ajoute le principe de proportionnalité de toute mesure punitive : d'après la jurisprudence de la Cour européennes des droits de l'homme, cette mesure doit être proportionnée tant à la gravité du fait dommageable qu'aux circonstances de sa commission.

Entendons par là qu'un rapport raisonnable est requis entre la mesure punitive et le but visé par son infliction. Mais de telles garanties supposent que l'on se trouve en « matière pénale ». Qu'est-ce à dire ?

319. Définition de la « matière pénale ». — La jurisprudence de Strasbourg voient dans le concept de « matière pénale » une notion autonome. C'est-à-dire qu'en présence d'une mesure punitive, peu importe la qualification que lui donne la législation interne, dont le critère formel n'entre pas en ligne de compte. Le critère, matériel, scrute les caractéristiques foncières du système national.

320. L'arrêt Bendenoun contre la France. — Par exemple, à propos des majorations ou pénalités fiscales instaurées par le Droit français, la Cour européenne des droits de l'homme relève (arrêt Bendenoun en date du 24 février 1994) un faisceau de traits concordants.

• La mesure, qui s'adresse à l'ensemble des citoyens et non pas à un seul groupe déterminé doté d'un statut particulier (référence au délit seulement disciplinaire), leur prescrit un certain comportement, à défaut duquel il prévoit la sanction.

• La mesure ne tend pas à la réparation pécuniaire d'un préjudice (référence au délit seulement civil), mais vise essentiellement à punir pour empêcher la réitération d'agissements semblables.

• La mesure est assortie d'une sanction qui n'est pas d'un montant négligeable. Et le non-paiement de la somme expose la personne en cause à l'exercice de la contrainte par corps, qui entraîne l'emprisonnement. La Cour, « ayant évalué le poids respectif des divers aspects de l'affaire », note la prédominance de ceux qui présentent une finalité répressive. La mesure considérée relève donc de la matière pénale, et doit bénéficier d'une protection corrélative.

321. Récapitulation sur les mesures punitives. — Au total, que la protection résulte de la Constitution française ou de la Convention européenne des droits de l'homme, on parvient à des résultats convergents : toute mesure punitive, à finalité dissuasive, relève d'un régime qui protège les droits individuels. Mais l'autorité qui prononce une telle mesure à l'encontre d'une personne peut n'être pas une juridiction répressive, dont la compétence reste le signe irrécusable d'une peine, au sens précis de ce terme.

Qu'en est-il alors pour une mesure non punitive dans sa finalité légale, mais qui n'en comporte pas moins pour son destinataire, en pratique, des conséquences... pénibles ? En d'autres termes, comment situer, par rapport à la peine, la mesure de sûreté ?

Section 2
Peine et mesure de sûreté

322. Division. — Les rapports entre peine et mesure de sûreté s'éclairent moins par la raison que par l'histoire. Il faut donc, d'abord, présenter l'histoire de la mesure de sûreté (§ 1).

Ce faisant, on verra que de nos jours, telle ou telle mesure de sûreté se trouve si proche d'une peine, au sens propre du terme, que le

Droit français la fait alors fonctionner, tout simplement, comme peine. Ce qui se vérifie par la nomenclature des diverses mesures de sûreté (§ 2).

§ 1. L'histoire de la mesure de sûreté

323. Notion première : l'invention positiviste. — Cette notion, forgée par les auteurs positivistes (*supra,* n° 44), paraissait alors circonscrite de façon très précise. Elle était distincte de la peine au point d'en paraître – sous trois angles – l'antithèse.

• Par son **origine :** à l'opposé de la peine, la mesure de sûreté ne suppose pas nécessairement une infraction, une faute pénale commise par un auteur responsable. Elle est déclenchée par l'état socialement dangereux d'un individu, même irresponsable, même non délinquant.

• Par son **but :** à l'opposé de la peine, la mesure de sûreté ne vise pas à infliger une souffrance, un blâme. Elle n'est pas rétribution d'un forfait passé. Elle tend à la protection de la société, ne considère que l'avenir ; vide de toute réprobation, elle ne comporte aucun contenu d'ordre moral.

• Par son **régime :** à l'opposé de la peine, dont la durée est fixée par une décision judiciaire passée en force de chose jugée, la mesure de sûreté doit être révisable ; justifiée par l'état dangereux de l'individu, fondée sur la protection de la société, elle sera modifiée et elle durera, indéfiniment au besoin, suivant ce qu'exigeront l'état dangereux et la défense sociale.

324. Les périls de la notion première. — Cette notion parfaitement claire n'est jamais entrée dans les faits avec toutes ses conséquences et toute sa rigueur. Et l'on doit ajouter : heureusement.

• S'agit-il en effet de son **origine ?** Qu'est donc un état dangereux ? Si sa définition n'est pas à l'avance fixée, objectivement, le risque d'arbitraire est considérable. Déplaire au pouvoir, n'est-ce pas être dangereux ? Et dès lors, un internement psychiatrique ne s'impose-t-il pas ? Pour minimiser ce risque d'arbitraire, il faut bien un texte qui précise minutieusement les conditions de l'état dangereux. À moins de se payer de mots, force est de reconnaître qu'on n'est plus si loin, dans les conséquences pratiques pour l'individu dont il s'agit, de l'idée d'infraction, préalablement définie par une incrimination.

• S'agit-il alors du **but** de la mesure de sûreté ? Certes, elle ne vise pas à faire souffrir. Mais pour l'individu destinataire, ce sont les conséquences concrètement subies qui comptent, et non pas la qualification juridique. Par exemple, la désintoxication d'un toxicomane peut lui infliger de grandes souffrances ; peu lui importe qu'on la qualifie de mesure de sûreté.

• S'agit-il enfin du **régime** de la mesure de sûreté ? Elle n'a pas de durée déterminée, ni de forme invariable. Seule importe la cessation de l'état dangereux. Mais qui en décidera, et suivant quels critères, quelles formes ? On retombe dans le dilemme : ou l'arbitraire, ou des textes appliqués par des autorités impartiales. N'est-on pas alors obligé de revenir aux lois, de recourir aux juges ?

325. Rapprochement de la peine et de la mesure de sûreté. — Les objections formulées sont trop fortes pour qu'on n'en ait pas tenu compte. L'École de la défense sociale nouvelle (*supra,* n° 46), tout en retenant du positivisme la notion de mesure de sûreté, a voulu la purger du risque d'arbitraire.

On sait que cette école réclame le respect de la légalité (y compris pour la définition de l'état dangereux), et qu'elle proclame la nécessité de l'intervention judiciaire. Cela, parce que la mesure de sûreté peut faire souffrir, bien qu'elle n'y soit pas destinée.

Or, dans le temps même où l'on infléchissait la notion de mesure de sûreté, la peine elle-même se transformait. Sous des influences humanitaires multiples, s'associant à celle de la défense sociale nouvelle, la peine perdait largement de son caractère rigoureux et rétributif. On lui demanda non moins d'assurer l'amendement du condamné, préparer sa réadaptation sociale. Il en résulte tant lors du choix de la peine ainsi que de sa mise en œuvre, une individualisation toujours accrue (*infra,* n° 388 s.). Cela comporte, à l'évidence, un grand risque d'arbitraire. Entre deux condamnés à la même durée d'emprisonnement, par exemple, l'un pourra la subir en entier, l'autre n'en accomplir que la moitié...

Quoiqu'il en soit, présentement, il suffit de constater que les notions de peine et de mesure de sûreté se rapprochent au point de rendre la démarcation incertaine. Il s'ensuit la conséquence que telle ou telle sanction pénale peut être étiquetée peine ou mesure de sûreté, suivant les cas, pour des raisons parfois étrangères à la logique. Il faut en tenir compte, quand on établit la nomenclature des mesures de sûreté.

§ 2. Nomenclature des mesures de sûreté

326. Division. — L'histoire ayant, en la matière, plus d'importance que la raison, il faut se résigner à une présentation simplement descriptive.

On constate alors que, suivant les circonstances de leur apparition, certaines mesures de sûreté sont prononcées soit par une autorité administrative, soit par une autorité judiciaire.

On distinguera donc les mesures de sûreté prises par l'autorité administrative, et celles prises par l'autorité judiciaire.

327. Les mesures de sûreté administratives. — On trouve ici la fermeture d'établissement, la suspension provisoire du permis de conduire ou son retrait par la perte totale des points alloués au conducteur, l'assignation des étrangers à résidence ; mesures diverses, ordonnées, suivant les cas, et selon des procédures diverses, soit par le préfet, soit par le ministre de l'Intérieur.

Ces mesures de sûreté administratives, qui relèvent du Droit administratif, ne seront pas étudiées ici. Mais on remarquera que certaines de ces mesures, en dépit de leur étiquette, poursuivent une finalité telle qu'on doit les qualifier de mesures punitives. Auquel cas ces mesures relèvent du statut précédemment décrit (*supra,* n° 315 s.).

328. Les mesures de sûreté judiciaires. — La liste de ces mesures appelle une distinction.

Dans certains cas, les mesures de sûreté sont officiellement reconnues et appliquées comme telles : les hypothèses principales sont celles des mesures concernant les alcooliques dangereux, ou les toxicomanes, et des mesures de rééducation prises à l'égard des mineurs délinquants. De ces trois types de mesures, seules les dernières donneront lieu à étude spéciale (*infra,* n° 929 s.), à raison de leur importance pratique et de leurs singularités juridiques.

Restent les autres cas, nombreux, où les mesures considérées paraissent répondre plutôt à la vocation de peines. Au point d'ailleurs que parfois, d'après la loi même qui les prévoit, elles sont classées comme peines, et prononcées par des juridictions répressives : ainsi, certaines fermetures d'établissements, certaines suspensions et l'annulation du permis de conduire, certaines incapacités ou déchéances professionnelles, certaines confiscations, l'interdiction de séjour, l'interdiction du territoire français à des étrangers... Et la rétention de sûreté, innovation récente (*infra*, n° 337).

On examinera ces mesures de sûreté, puisqu'elles fonctionnent, sous le statut de peine, en même temps que les autres peines édictées par nos lois pénales.

Chapitre 2
Les peines édictées par nos lois pénales

329. La diversification dans l'arsenal des peines. — La législation pénale, à notre époque, est marquée par une tendance à la diversification des peines. Cette tendance a plusieurs causes : le primat de la réinsertion ; l'inflation législative ; la responsabilité pénale des personnes morales.

330. Le primat de la réinsertion — « La nature, le quantum et le régime des peines prononcées sont fixés de manière à concilier la protection effective de la société, la sanction du condamné et les intérêts de la victime avec la nécessité de favoriser l'insertion ou la réinsertion du condamné et de prévenir la commission de nouvelles infractions » (art. 132-24 CP).

Cette excellente définition conduira-t-elle au recul de l'insécurité ? En tout cas, depuis maintes décennies, l'exigence de la réinsertion, sa mystique même, l'ont emporté (*supra,* n°s 47 et 54-2°). Elles ont conduit à supprimer la relégation...

Elle ont créé de nouvelles peines, afin de réduire – si ce n'est la criminalité – du moins l'emprisonnement : ainsi le travail d'intérêt général (*infra,* n° 341), la peine de jours-amende (*infra,* n° 351), et le placement du condamné sous surveillance électronique (*infra,* n° 584).

Pour la même raison, la liste des peines privatives ou restrictives de droits s'est allongée. Mais cela résulte aussi de l'inflation législative.

331. L'inflation législative. — La loi, c'est la « monnaie civique » (formule de Barnave). Et tout comme la monnaie, la loi ne gagne rien à l'inflation.

Pourtant, on ne cesse de légiférer. De plus en plus vite, et de moins en moins bien, puisqu'on travaille hâtivement, sous l'urgence de besoins réels ou de pressions médiatiques. Et plus la loi devient impuissante à se faire respecter, plus le législateur l'assortit de Droit pénal : souvent foudre mouillée, glaive de carton...

332. La responsabilité pénale des personnes morales. — En instituant cette responsabilité (*supra,* n°s 271 s.), le Code pénal de 1992 a dû prévoir de nouvelles peines : la dissolution de la personne morale et de nouveaux types d'interdiction professionnelle...

333. Division. — Le nombre des peines édictées par nos lois pénales contraint à en présenter, d'abord, une vue d'ensemble, en examinant leurs classifications (Section 1). Après quoi, comme le fait le Code pénal, il faut considérer les peines applicables aux personnes physiques (Section 2), puis les peines applicables aux personnes morales (Section 3).

Section 1
Les classifications des peines

334. Deux sortes de classifications. Plan. — Une première classification est d'ordre descriptif. On recense alors les peines d'après leur **objet**. Ce qui revient à se demander : en quoi consistent-elles, matériellement ? Une autre classification possible est d'ordre normatif. On recense alors les peines d'après leur **statut**. Ce qui revient à se demander : comment se définissent-elles, légalement ? On examinera tour à tour les classifications des peines suivant leur objet (§ 1), suivant leur statut (§ 2).

§ 1. La classification des peines suivant leur objet

335. Idée directrice. Division. — On partira d'une évidence que le mot lui-même contient : peine, « peinible », pénible, comme les dictionnaires le rappellent. Toute peine comporte donc pour le condamné des inconvénients, d'intensité d'ailleurs très variable : qu'ils soient extrêmes ou bénins, irréversibles ou temporaires. C'est ainsi que la peine peut s'attaquer à la vie du condamné, à son intégrité physique, à sa liberté, à sa famille, à ses biens, à ses droits, à son honneur, à sa mémoire... Au fil des temps et des peuples, les peines pratiquées furent innombrables, parfois atroces (*supra*, n° 33). Et l'arsenal des peines que pratique une société dessine d'elle, assez souvent, une image révélatrice.

La France ayant supprimé la peine de mort (loi constitutionnelle 2007-239 du 23 février 2007 relative à l'interdiction de la peine de mort, article 66-1 de la Constitution), son arsenal présent comporte : des peines privatives de liberté (A) ; des peines restrictives de liberté (B) ; des peines privatives ou restrictives de droits (C) ; des peines pécuniaires (D) ; la publicité de la condamnation (E).

A Les peines privatives de liberté

336. Importance pratique de ces peines. — Les peines privatives de liberté représentent, contre la criminalité, une arme très fréquemment utilisée, que ce soit la réclusion ou la détention criminelles (*infra,* n° 360), que ce soit l'emprisonnement correctionnel (*infra,* n° 363).

Mais ces peines ne vont pas sans contre-effets, surtout lorsqu'il existe un surpeuplement pénitentiaire ; mélangeant alors les détenus novices et les détenus « endurcis », elles organisent la « contamination par le bas ». La tendance des réformes récentes, imbues de réinsertion sociale à tout prix (*supra,* n° 47), est donc de n'y recourir qu'en ultime remède.

Il n'empêche que les peines privatives de liberté, surtout face à l'essor de la criminalité, restent fort pratiquées dans notre Droit pénal (*infra*, n° 553).

337. L'incarcération perpétuelle... la rétention de sûreté... — Notre Droit prévoit des peines d'enfermement « à vie », par exemple au cas de meurtre avec préméditation (assassinat).

Mais la perpétuité n'est que de principe. En fait, par le jeu de la grâce (*infra,* n° 611 s.), des réductions de peine (*infra,* n° 614) et de la libération conditionnelle (*infra,* n° 583), il n'existe pas d'enfermement définitif. De sorte qu'en France, depuis les années 1960, plusieurs criminels, condamnés soit à mort, soit à perpétuité, mais ultérieurement libérés, ont commis de nouveaux meurtres...

Devant cette situation, l'on se préoccupe de réintroduire des mesures protégeant le public contre certains types de criminels dont le passé fait craindre la récidive (*infra,* n° 342 s.). Il en est notamment sorti la loi 2008-174 du 25 février 2008, instituant la rétention de sûreté (art. 706-53-13 s. CPP). La personne qui présente, à la fin de l'exécution de sa peine, une particulière dangerosité caractérisée par une probabilité très élevée de récidive, peut être placée dans un centre socio-médico-juridique de sûreté dans lequel on assure une prise en charge médicale, sociale et psychologique destinée à permettre la fin de cette mesure. La décision de rétention est valable un an, mais elle est renouvelable pour une même durée, tant que les conditions légales se trouvent remplies.

B Les peines restrictives de liberté

338. Énumération. — Ces peines, à la différence de celles qui précèdent, n'entraînent pas privation complète de liberté pour le condamné. Il subit seulement une restriction de sa liberté.

Quelle restriction ? L'ampleur en est très variable. Tantôt, l'on interdit au condamné toute présence sur le sol français (a). Tantôt, on lui refuse seulement le droit de séjour dans certains lieux : c'est le cas de l'interdiction de séjour (b) ; une autre peine restrictive de liberté est le travail d'intérêt général, et son cousin le stage de citoyenneté (c) ; enfin, une création récente prévoit le « suivi socio-judiciaire » (d).

a) L'interdiction de présence sur le territoire français

339. Cette peine n'existe plus qu'à l'encontre des étrangers. — Notre Droit pénal a jadis connu le bannissement, qui consistait en l'interdiction – faite à certains criminels politiques – de résider en France.

Le bannissement n'était plus pratiqué de longue date et de surplus contredisait, pour les condamnés français, un texte additif à la Convention européenne des droits de l'homme (protocole n° 4, art. 3) selon lequel « nul ne peut être expulsé du territoire de l'État dont il est le ressortissant ». Le Code pénal de 1992 a donc supprimé la peine du bannissement.

Cependant, à l'encontre des étrangers coupables d'un crime ou d'un délit, le Code pénal a maintenu (art. 131-30) la peine d'interdiction du territoire français. Et le Code de l'entrée et du séjour des étrangers (art. L. 511-1 s.) prévoit leur expulsion mais il s'agit là d'une mesure administrative, applicable même hors le cas d'infraction commise.

b) L'interdiction de séjour

340. Le double aspect de l'interdiction de séjour. — La peine d'interdiction de séjour, prévue par l'article 131-31 CP, présente un double aspect. D'une part, elle entraîne pour le condamné défense de paraître dans certains lieux, déterminés par la juridiction qui prononce la condamnation.

D'autre part, la peine de l'interdiction de séjour comporte des mesures de surveillance, mais aussi d'assistance offerte au condamné (*infra*, n° 599). La réinsertion, du moins par pieux hommage des textes, n'est donc pas oubliée. C'est un même désir qui fit instaurer, en 1983, le travail d'intérêt général.

c) Le travail d'intérêt général et le stage de citoyenneté

341. Définition du travail d'intérêt général. — Inspirée par les exemples étrangers (Grande-Bretagne, États-Unis), instaurée chez nous par la loi du 10 juin 1983, cette peine restrictive de liberté se trouve à présent prévue par l'article 131-8 CP. Elle consiste dans l'accomplissement d'un travail d'intérêt général et non rémunéré ; travail fait au profit d'une personne morale de droit public ou d'une association habilitée. La durée de ce travail se place entre quarante et deux cent dix heures. Une variante d'utilisation de cette peine consiste dans le prononcé d'une peine d'emprisonnement mais avec sursis du type « mise à l'épreuve » (*infra*, n° 525 s.). L'épreuve est alors un travail d'intérêt général (art. 132-54 CP).

La peine d'intérêt général ne peut être prononcée contre le prévenu qui ne l'a pas acceptée. La raison s'en trouve dans ce que l'article 4 de la Convention européenne des droits de l'homme (*supra,* n° 92) prohibe le travail forcé de caractère punitif lorsqu'il n'est pas accompli dans le cadre d'une détention. Du travail d'intérêt général, on peut rapprocher le stage de citoyenneté (art. 131-5-1 CP), qui a pour objet de rappeler au condamné les valeurs républicaines de tolérance et respect de la dignité humaine.

d) Le suivi socio-judiciaire et la surveillance judiciaire

342. Description. — Ces deux peines sont de type semblable, mais d'application distincte.

• Le **suivi socio-judiciaire** (art. 131-36-1 s. CP) est décidé par la juridiction qui a condamné l'auteur de certains crimes ou délits de caractère sadique ou sexuel. Ce suivi soumet le condamné à des mesures d'assistance et de surveillance destinées à prévenir la récidive (ainsi s'abstenir de fréquenter certains lieux de « tentation », fréquentés par des mineurs). Elles peuvent comporter un placement sous surveillance électronique mobile (art. 763-10 s. CPP). Au cas d'inobservation de ces mesures, une peine d'emprisonnement est encourue. Le suivi s'étale sur une durée qui va de 10 ans jusqu'à la mort du condamné, suivant les distinctions et limitations prévues par l'article 131-36-1 CP. Le juge de l'application des peines (*infra,* n° 596) contrôle l'exécution du « suivi ».

• La **surveillance judiciaire** (art. 723-29 s. CPP) intervient pour le même type d'infractions, mais elle se place après libération du condamné. Elle est ordonnée – à titre de mesure de sûreté – par le juge de l'application des peines, sur réquisitions du Procureur de la République. Le condamné subit alors des mesures d'assistance ou de contrôle visant à faciliter ou vérifier sa résinsertion.

C Les peines privatives ou restrictives de droits

343. Énumération. — Ces peines frappent le condamné dans l'un des nombreux droits dont la vie sociale suppose l'exercice, et dont la privation vient aussi restreinte, concrètement, la liberté du condamné. Une liste s'en trouve dans l'article 131-6 CP. Cette liste prévoit 14 types de peines, variables suivant le droit qu'elles affectent. Il peut s'agir d'un droit subordonné à permis administratif (a).

Il peut s'agir aussi d'un droit fondamental, et par suite indépendant de toute autorisation. À savoir : le droit de participation à la vie publique ou familiale (b) ; le droit d'exercer une activité professionnelle ou sociale (c).

a) Peine affectant un droit subordonné à permis administratif

344. Les hypothèses. — Dans la vie moderne, des permissions administratives sont souvent requises. Notre Droit répressif en a retenu plusieurs, dont le refus ou le retrait constituent des peines. Ainsi pour le permis de chasser, de détenir des armes. Ainsi, pour le permis de conduire des véhicules, qui peut être suspendu pour un certain temps, voire annulé. Dans ce dernier cas, le condamné doit ultérieurement satisfaire aux épreuves du permis pour en obtenir un nouveau.

b) Peine affectant un droit de participation à la vie publique ou familiale

345. Les hypothèses. — Une telle peine est désignée comme l'interdiction de droits civils, civiques ou de famille. Elle peut s'étendre à tout ou partie des droits suivants : droit de voter, droit d'être élu, droit d'exercer une fonction juridictionnelle, droit d'être expert devant une juridiction, droit de représenter ou d'assister une partie devant la justice, droit de témoigner en justice, droit d'être curateur ou tuteur.

c) Peine affectant le droit d'exercer une activité professionnelle ou sociale

346. Les hypothèses. — L'interdiction peut porter soit sur l'activité – qu'il s'agisse de l'activité professionnelle ou sociale dans l'exercice de laquelle ou à l'occasion de laquelle l'infraction a été commise, soit sur tout autre activité professionnelle ou sociale définie par la loi qui réprime l'infraction.

Il faut en rapprocher la fermeture d'établissement, l'exclusion des marchés publics, et la peine, touchant un plus grand nombre de personnes, qui consiste dans l'interdiction, pour un temps variable, d'émettre des chèques (autres que ceux qui permettent le retrait de fonds par le tireur auprès de la banque, ou ceux qui sont certifiés) et d'utiliser des cartes de paiement.

D Les peines pécuniaires

347. Les hypothèses. — Ces peines sont, juridiquement, des peines privatives d'un droit d'ordre patrimonial, le droit de propriété. Cela recouvre plusieurs hypothèses : la confiscation (a) et l'amende (b), dont il faut rapprocher une variante, la peine dite de jours-amende (c).

a) La confiscation

348. Modalités. — La confiscation générale des biens n'existe plus. La confiscation porte donc sur un bien déterminé. Mais elle peut être temporaire ou définitive. Temporaire, la confiscation se limite à la seule faculté d'usage : par exemple, la peine d'immobilisation d'un véhicule, qui réalise, en quelque sorte, une confiscation temporaire. Définitive, la confiscation ôte définitivement à la personne en cause la propriété du bien. C'est cette dernière hypothèse que vise, usuellement, le vocabulaire juridique.

349. Rapport du bien confisqué avec l'infraction commise. — La confiscation porte sur un objet qui présente un rapport avec l'infraction commise.

- L'objet confisqué peut être soit le **corps du délit,** c'est-à-dire l'objet qui constitue le délit et permet de le constater, par exemple en cas de port d'arme prohibée.
- L'objet confisqué peut être aussi le **produit du délit,** c'est-à-dire le gain provenant de l'infraction, par exemple l'argent touché par le faux témoin.
- L'objet confisqué peut être enfin le **moyen du délit,** c'est-à-dire l'objet qui a servi à le commettre, par exemple les filets avec lesquels a été commis un délit de pêche.

Dans la catégorie des confiscations, il entre bien sûr l'amende, qui n'est autre que la confiscation d'une somme d'argent. Mais l'amende, et sa variante du jour-amende ont une utilisation beaucoup plus fréquente, de sorte qu'il faut les considérer séparément.

b) L'amende

350. Les diverses sortes d'amende. — L'amende est une peine qui consiste dans l'obligation, pour le condamné, de payer une somme d'argent. Peine la plus fréquente en matière contraventionnelle, l'amende intervient assez souvent en matière correctionnelle, et peut accompagner certaines condamnations en matière criminelle.

Le juge détermine le montant de l'amende en tenant compte des ressources et des charges de l'auteur de l'infraction (art. 132-24 CP). Mais il faut noter que les amendes les plus nombreuses, celles dues au titre du stationnement illicite, se calculent suivant le procédé de l'amende forfaitaire, avec application d'un tarif préfixé (*infra,* n° 878). Lorsque le débiteur de l'amende ne l'a pas payée, on peut utiliser contre lui la contrainte, longtemps appelée par corps, et désormais rebaptisée judiciaire (*infra,* n° 351).

c) La peine de jours-amende

351. Le mécanisme. — Inspirée par des expériences étrangères (Allemagne, Autriche), cette peine a été créée par la loi du 10 juin 1983. Elle n'est pas applicable aux mineurs.

En la décidant, le juge détermine le montant de chaque jour-amende d'après les ressources et les charges du prévenu. Ce montant ne peut pas excéder 1 000 euros. Puis, le juge fixe le nombre de jours-amende (qui ne peut pas excéder 360) en tenant compte des circonstances de l'infraction (art. 131-5 CP).

Le défaut total ou partiel de paiement entraîne l'incarcération du condamné pour une durée correspondant à la moitié du nombre de jours-amende impayés. Il est alors procédé comme pour la contrainte judiciaire, nouvelle dénomination de ce qui fut appelés, longtemps, la contrainte par corps (art. 131-25 CP).

Cette contrainte judiciaire (art. 749 s. CPP) consiste dans l'incarcération du délinquant, au cas où il n'a pas acquitté son amende, et ne peut justifier de son insolvabilité. La durée de la contrainte judiciaire est fixée suivant l'importance de la somme encore due.

Il faut d'ailleurs noter que, s'agissant d'amendes ou de jours-amende, la menace d'incarcération pour non-paiement n'empêche pas que leur taux de recouvrement effectif reste assez faible.

E La publicité de la condamnation

352. Un vestige des peines humiliantes. — L'Ancien Droit pratiquait abondamment les peines « humiliantes », ainsi, le carcan, la mise au pilori, le port du bonnet vert, la procession expiatoire... Aujourd'hui, cette sorte de peine a presque disparu. Il n'en reste plus qu'une, la publicité du jugement de condamnation. Encore est-elle rarement utilisée : puisque la peine vise surtout la réinsertion sociale du condamné, la publicité de sa condamnation paraît inopportune. Elle n'intervient donc que dans des cas particuliers, prévus par la loi (art. 131-10 CP).

La publicité s'opère soit par reproduction intégrale de la condamnation, soit par extraits, soit sous la forme d'un communiqué. La juridiction en décide, ainsi que du mode de publicité : affichage, ou diffusion dans une ou plusieurs publications de presse, ou par un ou plusieurs services de communication audiovisuelle (art. 131-35 CP).

§ 2. La classification des peines suivant leur statut

353. Idée directrice. Division. — Il s'agit là d'une classification non plus descriptive, mais normative. Cela signifie qu'à chacune des distinctions énoncées ci-dessous, il s'attache des conséquences juridiques, ou si l'on préfère, un statut. Ces distinctions sont au nombre de trois : peine politique ou de droit commun (A) ; peine principale, accessoire ou complémentaire (B) ; peine criminelle, correctionnelle ou de police (C).

A Peine de droit commun, peine politique

354. Rappel. — On a déjà rencontré cette distinction. Elle découle de ce qu'il existe (sauf en matière contraventionnelle) des infractions politiques et des infractions de droit commun (*supra,* n° 65 s.). En matière criminelle, il existe une peine politique par nature : la détention. En matière correctionnelle, la nature de la peine ne varie pas suivant que le délit est politique ou de droit commun. Mais l'emprisonnement pour une infraction jugée politique conduit à un régime pénitentiaire particulier et plus libéral (*infra,* n° 551).

B Peine principale, peine accessoire, peine complémentaire, peine alternative

355. Peine principale... et peine accessoire ? — La peine principale est celle qui constitue l'essentiel de la condamnation prononcée : ainsi la réclusion criminelle frappant l'auteur d'un viol.

À la peine principale, peut-il s'attacher une **peine accessoire**, qui l'accompagne nécessairement et sans que le juge l'ait prononcée ? Le Code pénal de 1992 semble avoir supprimé ce genre de peine. D'après son article 132-17, « aucune peine ne peut être appliquée si la juridiction ne l'a expressément prononcée ». Mais cette règle ne vaut pas pour les lois extérieures au Code pénal, comme le prévoit son article 132-21 : « toute personne frappée d'une interdiction, déchéance ou incapacité quelconque qui résulte de plein droit, en application de dispositions particulières, d'une condamnation pénale, peut, par le jugement de condamnation ou par le jugement ultérieur, être relevée en tout ou partie, y compris en ce qui concerne la durée, de cette interdiction, déchéance ou incapacité... ».

356. Peine complémentaire. — La peine complémentaire s'ajoute aussi à la peine principale, mais il faut que le juge la prononce expressément.

• Tantôt le juge est obligé de la prononcer, la peine est alors complémentaire **obligatoire.** Le présent Code pénal, sans supprimer cette catégorie, l'a réduite à presque rien. Son article 131-21 dispose : « la peine de confiscation est obligatoire pour les objets qualifiés, par la loi ou le règlement, dangereux ou nuisibles ».

• Tantôt, et désormais presque toujours, le juge a la faculté de prononcer ou non la peine, qui est donc peine complémentaire **facultative**.

357. Peine alternative. — Lorsque le délit est puni d'une peine d'emprisonnement, la juridiction peut prescrire, **à la place de l'emprisonnement**, soit une peine de jours-amende (art. 131-5 CP), soit un stage citoyenneté (art. 131-5-1 CP), soit une ou plusieurs des quatorze peines privatives ou restrictives de liberté qu'énumère l'article 131-6 CP.

C Peine criminelle, correctionnelle, ou de police

358. Une distinction capitale. — Cette distinction comporte des intérêts fort nombreux et de première importance. C'est pour cette raison, d'ailleurs, qu'elle a été présentée dès le début de ce livre (*supra*, n°s 15 s.). On la retrouve tant à propos des peines concernant les personnes physiques qu'à propos des peines concernant les personnes morales.

Section 2
Les peines applicables aux personnes physiques

359. Division. — Avec le Code pénal, il faut distinguer ici les peines criminelles (§ 1), les peines correctionnelles (§ 2), les peines contraventionnelles (§ 3).

§ 1. Les peines criminelles

360. Peines criminelles principales. — Elles sont de deux types : **réclusion** criminelle (en matière de droit commun) ou **détention** criminelle (en matière politique). Leur maximum est le suivant (art. 131-1 CP).

• Dans le cas des crimes les plus graves, et puisque la peine de mort ne figure plus présentement dans l'arsenal répressif, la peine encourue est à perpétuité. Mais on sait que la peine perpétuelle reste à présent théorique (*supra,* n° 337).

• Pour les autres crimes, la peine encourue de réclusion ou de détention criminelles est, suivant les cas, de 30 ans au plus, ou de vingt ans au plus, ou de quinze ans au plus.

Compte tenu du pouvoir d'individualisation des juges, la peine effectivement prononcée peut être inférieure à ces maxima, mais lorsqu'elle est inférieure à dix ans, il ne s'agit plus de réclusion ou de détention (art. 131-1 CP, dernier alinéa) ; il s'agit d'emprisonnement, comme en matière correctionnelle.

361. Peines criminelles autres que principales. — D'après l'article 131-2 CP, en sus de la réclusion ou de la détention criminelles, le texte répressif peut prévoir une **amende** ; par exemple, pour certains actes de terrorisme, l'article 421-4 CP commine, outre une réclusion criminelle, une amende pouvant aller jusqu'à 750 000 euros.

Le texte peut aussi prévoir une ou plusieurs peines complémentaires prévues par l'article 131-10, et qui sont pour la plupart des peines privatives ou restrictives de droits (*supra,* n°s 343 s.) : par exemple, pour les atteintes aux intérêts fondamentaux de la nation (ainsi la trahison, l'espionnage), l'interdiction d'exercer une fonction publique (art. 414-5 CP).

362. Les pouvoirs d'individualisation du juge. — On verra que le juge dispose de pouvoirs très larges d'individualisation de la peine. Quant à la peine principale, le juge peut descendre au-dessous du minimum prévu par le texte incriminateur. Quant aux peines complémentaires, elles ne sont que facultatives, sauf une rare exception (*supra,* n° 356).

On précisera les pouvoirs du juge à propos de la détermination de la peine en matière criminelle (*infra,* n°s 389 s.).

§ 2. Les peines correctionnelles

363. Liste des peines. — L'article 131-3 CP prévoit, en matière correctionnelle, les peines suivantes :

• emprisonnement, dont le maximum encouru varie, suivant le texte applicable, de 10 ans à deux mois (art. 131-4 CP) ;

• amende et jour-amende ; pour être correctionnelle, l'amende prévue par le texte doit être égale ou supérieure à 3 750 euros (art. 381 CPP) ;

• stage de citoyenneté (art. 131-5-1 CP) ;

• travail d'intérêt général pour une durée de 40 à 210 heures (art. 131-8 CP). À quoi viennent encore s'ajouter ;

• peines privatives et restrictives de droits, ainsi que peines complémentaires (art. 131-6 et 131-10 CP) ;

• enfin, la sanction réparation *(infra,* n° 414).

364. Les pouvoirs d'individualisation du juge. — Dans le choix concret de la peine qu'il prononcera contre tel délinquant, le juge dispose de pouvoirs extrêmes. On précisera ce point à propos de la détermination de la peine en matière correctionnelle (*infra,* n°s 393 s.).

§ 3. Les peines contraventionnelles

365. Liste des peines encourues. — L'emprisonnement ne figure plus parmi les peines contraventionnelles, dont la liste est fournie par l'article 131-12 CP. On y trouve trois sortes de peines : l'amende ; la peine de sanction réparation ; des peines privatives ou restrictives de droits ; des peines complémentaires.

366. L'amende. — Son montant maximal est déterminé par l'article 131-13 CP. À savoir un maximum de :

• 38 euros (contraventions de la 1re classe),

- 150 euros (2e classe),
- 450 euros (3e classe),
- 750 euros (4e classe),
- 1 500 euros pour celles de la 5e classe. Montant qui peut être porté à 3 000 euros au cas de récidive. Mais la juridiction peut prononcer une amende d'un montant inférieur. Elle peut, même pour les contraventions de 5e classe, descendre jusqu'au minimum d'un euro.

367. Peine de sanction-réparation. — Elle est prévue (*infra*, n° 400) par l'article 131-15-1 CP, pour toutes les contraventions de la cinquième classe, soit à la place de la peine d'amende, soit en même temps qu'elle.

368. Des peines privatives et restrictives de droits. — Il faut ici distinguer suivant la catégorie de contraventions. Pour les contraventions de la cinquième classe, certaines peines sont applicables, sans qu'il soit besoin de leur mention dans le règlement violé. L'article 131-14 CP, a en donne la liste. Pour les contraventions des quatre premières classes, ces peines, énumérées par l'article 131-16 CP, ne sont applicables qu'à la condition d'être prévues par le règlement violé.

369. Peines complémentaires. — Ces peines, qui doivent être prévues par le règlement incriminateur, sont énumérées par l'article 131-16 CP, qui prévoit onze peines, liste valant pour toutes classes de contraventions ; et par l'article 131-17 CP, pour les contraventions de 5e classe : soit interdiction, pour trois ans au plus, d'émettre des chèques autres que certifiées ou de retrait de fonds par le tireur ; soit travail d'intérêt général pour une durée de vingt à cent vingt heures.

Section 3

Les peines applicables aux personnes morales

370. Division. — Le Code pénal, à ce propos, distingue entre les peines criminelles et correctionnelles, d'une part, et les peines contraventionnelles, d'autre part.

§ 1. Peines criminelles et correctionnelles applicables aux personnes morales

371. Adaptation des peines à la nature particulière des personnes morales. Division. — Parmi les peines qui s'appliquent aux personne physiques de chair et de sang, certaines sont inconcevables à l'encontre des personnes morales : ainsi l'incarcération.

Au contraire, il existe des peines, pratiquées à l'encontre des personnes physiques, et dont on imagine facilement qu'elles punissent des personnes morales. Ainsi pourrait être le cas du travail d'intérêt général, mais le législateur n'a pas adopté cette solution. Cependant, il a retenu (art. 131-37 CP) l'amende ; et des peines privatives ou restrictives de droits.

372. L'amende. Principe du maximum quintuplé. — D'après l'article 131-38 CP, le taux maximum de l'amende applicable aux personnes morales est au quintuple du maximum applicable, selon le texte incriminateur, aux personnes physiques (*supra,* n° 366).

373. Les peines privatives ou restrictives de droits. — À condition d'être prévues par le texte qui réprime l'infraction considérée, des peines privatives ou restrictives de droit peuvent être appliquées. Leur liste du Code pénal en comporte onze (art. 131-39 CP). Pour la plupart d'entre elles, on retrouve des peines applicables aux personnes physiques (*supra,* n°s 361 et 363). Ainsi, l'interdiction d'une ou plusieurs activités professionnelles ou sociales, l'interdiction d'émettre des chèques ou d'utiliser des cartes de paiement...

Les autres peines sont adaptées au particularisme des personnes morales. Ainsi l'interdiction de faire appel public à l'épargne. Ainsi, deux mesures que leur gravité fait exclure à l'encontre de certaines personnes morales : le placement sous surveillance judiciaire ; et la dissolution, qu'il faut considérer successivement.

374. Le placement de la personne morale sous surveillance judiciaire (art. 131-39, 3° CP). — Le placement sous surveillance judiciaire de la personne morale peut être ordonné pour une durée de cinq ans au plus. Mais il faut noter que, pour des raisons évidentes, le placement sous surveillance judiciaire est inapplicable aux personnes morales de droit public, aux partis et groupements politiques, aux syndicats professionnels (art. 131-39, dernier alinéa, CP).

375. La dissolution de la personne morale. — Cette peine, équivalente à la peine de mort pour les personnes physiques, est évidemment la peine la plus lourde qui puisse être prononcée contre une personne morale. Il s'ensuit que son domaine d'application se trouve doublement circonscrit.

• La dissolution suppose que la personne morale ait été : soit créée en vue même de commettre les faits incriminés, soit détournée de son objet, qui ne visait pas à les commettre. Mais, dans cette dernière hypothèse, il faut que l'infraction commise soit un crime ou un délit puni (pour ce qui concerne les personnes physiques) d'une peine d'emprisonnement supérieure à cinq ans (art. 131-39, 1° CP).

• Tout comme le placement sous surveillance judiciaire (*supra,* n° 374), la dissolution n'est pas permise à l'encontre des personnes morales de droit public, des partis et groupements politiques, des syndicats professionnels (art. 131-39, dernier alinéa CP) et des institutions représentatives du personnel, par exemple d'un comité d'entreprise.

§ 2. Peines contraventionnelles applicables aux personnes morales

376. Idée directrice. — Par leur nature, ces peines contraventionnelles ne se distinguent pas de celles applicables aux personnes morales en matière de crime ou de délit (*supra,* n° 371 s.). Il s'agit, soit de l'amende, soit de peines autres (art. 131-40 CP).

377. L'amende contraventionnelle. — S'agissant de l'amende, on applique le même principe, celui du multiplicateur (*supra,* n° 372). C'est-à-dire que le maximum de l'amende encourue, pour la même contravention, par une personne morale, est cinq fois le maximum encouru par une personne physique (art. 131-41 CP).

378. Les peines autres que l'amende. — Ces peines sont ou bien complémentaires, alors prévues par le règlement (art. 131-43 CP) ou bien substitutives : pour toutes les contraventions de la cinquième classe, de par une disposition générale, la peine d'amende peut être remplacée par une ou plusieurs des peines prvues par l'article 131-42 CP : ainsi, interdiction, pour une durée d'un an au plus, d'utiliser des cartes de paiement...

379. Observation d'ensemble. — Pour toutes les peines applicables aux personnes morales, les pouvoirs d'individualisation du juge sont aussi vastes que pour les peines applicables aux personnes physiques. On va voir de plus près le jeu concret de ces pouvoirs, en étudiant la détermination de la peine.

Sous-titre 2

La détermination de la peine

380. Division. — Le sous-titre précédent a décrit l'arsenal des peines. Reste à savoir, quand il s'agit de tel délinquant pris en particulier, comment se fait la détermination de la peine qu'il devra subir. Le mécanisme de cette détermination est assez labyrinthique. Pour le décrire, on partira de l'hypothèse la plus simple, où l'on ne reproche au délinquant en cause qu'une seule infraction. Puis on considérera l'hypothèse complexe, où l'on reproche au délinquant en cause plusieurs infractions. D'où les deux chapitres qui suivent.

Chapitre 1 — **La détermination de la peine au cas d'unité d'infraction.**

Chapitre 2 — **La détermination de la peine au cas de pluralité d'infractions.**

Chapitre 1
La détermination de la peine au cas d'unité d'infraction

381. Division. — La démarche à suivre est double. Il faut en premier lieu préciser la détermination de la **peine encourue** par le délinquant (Section 1). En second lieu la peine que ce délinquant devra subir : la **peine prononcée** (Section 2).

Section 1
La détermination de la peine encourue

382. Les deux éléments successifs de détermination. Plan. — « Pas d'infraction, pas de peine sans texte ». Il faut donc, avant tout, préciser le texte qui réprime les faits accomplis, et fixe la peine afférente. Cela résulte de l'acte de poursuite, qui défère devant le juge l'auteur prétendu de l'infraction.

Lors du procès devant le juge, la défense va combattre la thèse de l'accusation. Au vu des preuves fournies, et compte tenu des arguments présentés par la défense, il interviendra la décision sur la poursuite. La détermination de la peine encourue résulte donc de deux éléments, que l'on doit examiner dans leur ordre d'apparition procédurale : l'acte de poursuite (§ 1), la décision prise à l'issue de la poursuite (§ 2).

§ 1. L'acte de poursuite

383. Nécessité de l'acte de poursuite. Ses formes diverses. — En matière pénale, il existe toujours un acte de poursuite qui, mentionnant la commission de faits prévus et réprimés par la loi pénale, saisit le juge de ces faits, en vue de statuer sur la culpabilité de leur auteur probable, et de décider sur la peine que cet auteur devra subir.

Un tel acte de poursuite prend diverses formes : en matière criminelle, ordonnance ou arrêt de mise en accusation (*infra,* n° 843) ; en matière non criminelle, soit le renvoi par une juridiction d'instruction, soit l'invitation à comparaître devant la juridiction de jugement, invitation faite par le demandeur, qu'il soit le Ministère public ou la partie civile (*infra,* n° 867).

384. « Visa » du texte incriminateur. — Mais, quelle que soit sa forme, l'acte de poursuite vise nécessairement, de façon précise, le texte sur lequel se fonde la poursuite, et qui fixe la peine encourue. C'est ce qu'on appelle la qualification.

Le cas échéant, l'acte de poursuite se fonde sur un texte supplémentaire, qui vient majorer la peine normalement prévue pour ce type d'infraction. Il s'agit alors d'une circonstance aggravante. Par exemple, le fait d'agir en bande organisée pour une prise d'otage (art. 224-3 CP). À l'inverse, il arrive que l'acte de poursuite, par exemple afin de procéder à la correctionnalisation (*infra,* n° 818 s.), s'abstienne de viser une circonstance aggravante pourtant manifeste.

§ 2. La décision prise à l'issue de la poursuite

385. La juridiction de jugement n'est pas liée par l'acte de poursuite. — Quelle que soit la demande incluse dans l'acte de poursuite, la juridiction de jugement n'est pas liée. Bien sûr, elle ne peut se prononcer que sur les seuls faits dont elle est saisie par l'acte de poursuite. Mais sur ces faits, elle se prononce en toute indépendance.

386. La requalification par la juridiction de jugement. — Ainsi, la juridiction de jugement est en droit d'appliquer aux faits qui lui sont soumis un autre texte incriminateur, plus ou moins sévère. C'est ce qu'on appelle la requalification.

Il arrive que la requalification conduise la juridiction de jugement à constater son incompétence. Par exemple, au cas de correctionnalisation (*infra,* n° 818 s.), le Tribunal correctionnel décide que la qualification correcte des faits est criminelle. En conséquence, il ne peut juger ce crime, puisque sa compétence n'est que correctionnelle. Il renverra donc le Ministère public à « se pourvoir comme il appartiendra », c'est-à-dire diriger sa poursuite vers la juridiction criminelle.

Mais il arrive, le plus souvent, que la juridiction de jugement ne conteste pas sa compétence. Elle statue donc sur le sort pénal de la personne en cause, sous réserve bien entendu des voies de recours possibles contre la décision prise.

387. Le sens de la décision sur la poursuite. — Cette décision peut être l'une des trois suivantes.

• Constat de non-culpabilité, si la personne poursuivie soit n'est pas jugée coupable de l'infraction qu'on lui reproche, soit bénéficie d'une cause d'irresponsabilité pénale (*supra,* n° 210 s.). Dans ce cas, la juridiction de jugement devra prononcer l'**acquittement** ou la **relaxe**, suivant qu'on se trouve ou ne se trouve pas en matière criminelle.

• Constat de culpabilité, mais – parce que la loi assure l'impunité du coupable pour des raisons d'efficacité répressive – **exemption de peine**. C'est le cas en matière de terrorisme (art. 422-1 CP), de fausse monnaie (art. 442-9 CP), d'association de malfaiteurs (art. 450-2 CP), si le participant qui dénonce l'entreprise en cours permet l'identification des autres coupables.

• Constat de culpabilité mais **atténuation légale de la responsabilité**. Il faut alors distinguer. Parfois, la cause d'atténuation est particulière à une infraction déterminée, ainsi le fait de relâcher un otage, spontanément, dans un certain délai (art. 224-4 CP).

Parfois, la cause d'atténuation vaut pour toutes les infractions commises, en considération de l'âge du condamné ; ainsi pour tout mineur de treize à seize ans (*infra,* n° 935 s.).

Parfois, la cause d'atténuation prend en compte une circonstance, sans doute extérieure au condamné, mais qui mérite indulgence. Ainsi, dans l'hypothèse où l'acte constituant l'infraction était ordonnée par l'autorité légitime, « la juridiction tient compte de cette circonstance lorsqu'elle détermine la peine » (art. 213-4 CP). On passe alors, de la peine légalement encourue, à la peine prononcée par le juge.

Section 2
La détermination de la peine prononcée

388. Plan. — Cette détermination obéit à des règles différentes, suivant que l'on se trouve dans un cadre criminel (§ 1), correctionnel (§ 2), contraventionnel (§ 3).

§ 1. Détermination de la peine dans le cadre criminel

389. Rappel. — S'agissant d'un crime, poursuivi comme tel et donc jugé par la Cour d'assises, les peines encourues par les personnes physiques sont la réclusion criminelle ou la détention criminelle, soit à perpétuité, soit à temps (art. 131-1 CP). Ces peines de réclusion criminelle ou de détention criminelle ne sont pas exclusives d'une peine d'amende et d'une ou de plusieurs des peines complémentaires... » (art. 131-2 CP). Cela dit, la Cour d'assises dispose, pour déterminer la peine qu'elle inflige à tel ou tel accusé, des pouvoirs les plus larges d'individualisation. Pour les préciser, il faut partir du texte de loi retenu par la déclaration de culpabilité.

390. Le texte en cause prévoit une peine de réclusion ou détention criminelle. — Dans cette hypothèse, le condamné ne peut être, évidemment, qu'une personne physique. Et l'on doit distinguer alors suivant la durée, perpétuelle ou temporaire, de la peine prévue par le texte incriminateur.

• Lorsque le crime encourt une peine de réclusion criminelle ou détention criminelle à perpétuité, la juridiction peut prononcer (art. 132-18, al. 1 CP) une peine de réclusion criminelle ou de détention criminelle à temps, ou peine d'emprisonnement qui ne peut être inférieure à deux ans : on parle alors de « peine plancher ».

• Lorsqu'une infraction est punie de la réclusion criminelle ou de la détention criminelle à temps, la juridiction peut prononcer (art. 132-18, al. 2 CP) une peine de réclusion criminelle ou de détention criminelle pour une durée inférieure à celle qui est encourue, ou une peine d'emprisonnement qui ne peut être inférieure à un an : **peine plancher**. Au cas de récidive (art. 132-18-1 CP), le plancher se rehausse.

391. Le texte en cause prévoit une peine d'amende. — L'amende peut punir une personne physique aussi bien qu'une personne morale, mais celle-ci encourt une amende quintuple de celle encourue par une personne physique (art. 131-38 CP). S'agisant d'amende, les pouvoirs d'individualisation reconnus à la Cour d'assises sont encore plus larges.

• Parfois, en tant qu'il vise une personne physique, le texte incriminateur prévoit l'amende en plus de la réclusion criminelle. La Cour d'assises peut alors ne prononcer que l'une des peines encourues pour l'infraction dont elle est saisie (art. 132-17, al. 2 CP). Ainsi l'organisateur d'un groupement qui se livre au trafic de stupéfiants encourt la réclusion criminelle à perpétuité et 7 millions 500 000 euros d'amende (art. 222-34 CP). Mais la Cour d'assises est en droit de ne prononcer que la seule peine d'amende.

• Quant au montant de l'amende, « la juridiction peut prononcer une amende d'un montant inférieur à celle qui est encourue » (art. 132-20 CP). Aucun plancher n'étant prévu, on peut donc imaginer, pour ce même crime, une condamnation à 1 euro d'amende, alors que l'amende encourue se montait à 7 millions 500 000 euros... ou même à 37 millions 500 000 euros, si l'auteur en était une personne morale (*supra,* n° 372).

• Certes, la juridiction doit déterminer le montant de la peine en fonction des circonstances de l'infraction et de la personnalité de son auteur. Et le montant de l'amende doit être fixé en tenant compte des ressources et des charges de l'auteur de l'infraction (art. 132-24 CP). Il n'empêche que le juge peut – discrétionnairement – fixer l'amende qu'il inflige entre 1 euro et 37 millions 500 000 euros. Est-ce bien raisonnable ? Et n'est-on pas revenu, se croyant moderne, à la justice de l'Ancien Régime (*supra*, n° 33) : « toutes peines sont arbitraires en ce royaume » ?

392. Le texte en cause prévoit une ou plusieurs peines privatives ou restrictives de droits. — Lorsque la loi le prévoit, un crime ou un délit peuvent être sanctionnés d'une ou de plusieurs peines dont l'article 131-10 CP donne la liste pour les personnes physiques, et l'article 131-39 CP pour les personnes morales. Il s'agit là de peines privatives ou restrictives de droits (*supra,* n° 343 s.). Encore faut-il distinguer.

S'agissant des personnes morales, ces peines privatives ou restrictives de droits ne sont pas classées comme complémentaires. Dès lors, en application de l'article 132-17 CP (*supra*, n° 391), le juge est en droit de ne pas infliger l'amende que le texte incriminateur prévoyait aussi. Mais, s'agissant des personnes physiques, il peut en aller différemment. Car de telles peines sont classées, la plupart du temps, comme « complémentaires », ce qui ne se conçoit qu'à titre de complément d'une autre peine. Dès lors, le juge ne peut les prononcer qu'en plus soit d'une peine privative de liberté, soit d'une peine d'amende.

§ 2. Détermination de la peine dans le cadre correctionnel

393. Définition du cadre correctionnel. — On se trouve dans le cadre correctionnel, évidemment, lorsque l'infraction jugée consiste en un délit correctionnel. La juridiction saisie sera donc, normalement, un Tribunal correctionnel. Mais il faut noter qu'exceptionnellement, une Cour d'assises peut se prononcer sur un délit correctionnel (*infra,* n° 817). Par exemple, à la lumière des débats, elle a considéré que l'homicide volontaire visé par l'arrêt de renvoi ne constituait qu'un homicide involontaire.

394. L'individualisation triomphante. Les pouvoirs immenses du juge. Division. — Depuis les années 1950 (*supra,* n° 47), le primat de la réinsertion n'a cessé d'accroître l'individualisation de la peine, et principalement dans le cadre correctionnel. Pour la détermination de la peine, les pouvoirs de la juridiction de jugement sont portés jusqu'à la démesure. Il s'agira, le plus souvent, d'indulgence ; mais parfois, et selon la sensibilité du juge, d'une impitoyable sévérité.

Ainsi, quand bien même la juridiction constate la culpabilité de la personne en cause, elle peut décider la dispense ou l'ajournement de la peine (A). Lorsque la juridiction prononce une peine, elle dispose de la plus vaste latitude quant au choix de cette peine et de son quantum (B). À l'inverse, le tribunal peut infliger, pour un même délit, une pluralité de peines (C).

A Dispense ou ajournement de la peine

395. Définition. — En matière correctionnelle, après avoir déclaré le prévenu coupable, la juridiction peut prononcer : la dispense de peine ; l'ajournement de la peine ; la sanction-réparation.

396. La dispense de peine. Conditions, effets. — La dispense de peine (art. 132-59 s. CP) est soumise à trois conditions. 1) que le reclassement du coupable soit acquis 2) que le dommage causé par l'infraction soit réparé 3) que le trouble résultant de l'infraction ait pris fin. Cependant, même lorsque ces conditions se trouvent réunies, la dispense n'est que facultative. Quant à ses effets, la dispense de la peine se rapproche d'une sorte d'amnistie judiciaire, puisque la juridiction peut décider que la décision ne sera pas mentionnée au casier judiciaire.

397. L'ajournement de la peine. Ses diverses formes. — Ne considérant que les hypothèses d'application générale, on trouve les formes suivantes d'ajournement : simple ou non.

398. L'ajournement simple. — L'ajournement simple (art. 132-60 s. CP) est soumis à trois conditions. Ce sont celles qui sont exigées pour la dispense de peine (*supra,* n° 396), mais sur le mode éventuel, selon ce qui semble probable au tribunal. Il doit vérifier : d'abord, si le reclassement du coupable est en voie d'être acquis ; ensuite, que la réparation du dommage causé par l'infraction est en voie d'être assurée ; enfin, que le trouble causé par l'infraction est en voie de cessation. Cependant, même lorsque ces conditions se trouvent réunies, l'ajournement n'est que facultatif.

Si l'ajournement est prononcé, la juridiction fixe la date à laquelle il sera statué sur la peine. À l'audience fixée, la juridiction peut soit dispenser le prévenu de la peine, soit prononcer la peine prévue par la loi, soit ajourner une nouvelle fois le prononcé de la peine. Toutefois, la décision sur la peine doit intervenir au plus tard un an après la première décision d'ajournement.

399. Autres formes d'ajournement : avec mise à l'épreuve ; avec injonction. — L'ajournement avec mise à l'épreuve (art. 132-63 s. CPP) obéit aux mêmes conditions que l'ajournement simple, mais, comme son nom l'indique, il met sous épreuve l'intéressé durant un an au plus. Cette mise à l'épreuve est largement semblable à celle qui résulte d'un sursis-probation (*infra,* n° 531 s.). À l'expiration du délai prévu, tenant compte de la conduite du condamé durant l'épreuve, la juridiction dispose du même choix que pour l'ajournement simple (*supra,* n° 398). Quant à l'ajournement avec injonction, il ne peut intervenir qu'une fois. À l'audience de renvoi, si l'injonction a été satisfaite dans le délai prescrit, la juridiction peut soit dispenser le coupable de peine, soit prononcer les peines prévues par le texte incriminateur. Si l'injonction n'a pas été satisfaite dans le délai imparti pour l'ajournement, la juridiction prononcera la peine.

400. La sanction réparation. — Elle consiste dans l'obligation pour le condamné de procéder, dans le délai et selon les modalités fixés par la juridiction, à l'indemnisation du préjudice de la victime. Et la juridiction fixe la durée de l'emprisonnement (six mois au plus) ou de l'amende (15 000 euros au plus) que le condamné devra subir au cas d'inexécution (art. 131-8-1 CP).

B Latitude dans le choix de la peine

401. Les deux hypothèses. Division. — Le Code pénal distingue suivant que, pour l'infraction constatée par la juridiction de jugement, la peine d'emprisonnement n'est pas encourue (a), ou bien l'est (b).

a) La peine d'emprisonnement n'est pas encourue

402. Une distinction nécessaire. — Il faut ici considérer séparément la situation des personnes morales et celle des personnes physiques.

403. La situation des personnes morales. — En ce qui les concerne, l'emprisonnement est bien sûr inconcevable. Et les peines applicables sont alors définies par les articles 131-37 s. CP Elles sont, comme en matière criminelle (*supra,* n° 371 s.), l'amende, d'une part, et d'autre part des peines privatives et restrictives de droits dont la liste est établie par les articles 139 et 139-1 CP.

Ces deux sortes de peine étant l'une et l'autre encourues, la juridiction peut n'en prononcer que d'une seule sorte (art. 132-17 CP) : ou bien l'amende, ou bien une ou plusieurs des peines privatives ou restrictives de droits. Par exemple, la fermeture d'un établissement, soit définitive, soit pour une durée de cinq ans au plus. Cinq ans *au plus :* lorsque le juge prononce une telle peine, de nature temporaire, il peut la prononcer pour une durée moindre. Et par conséquent la réduire jusqu'au minimum le plus bas. Soit, du moins en théorie, un seul jour de fermeture. On voit l'ampleur redoutable des pouvoirs conférés au juge.

404. La situation des personnes physiques. — En ce qui les concerne, il est rare qu'un délit ne soit pas puni d'emprisonnement, mais seulement d'une amende. Un tel cas se rencontre pourtant (art. 131-7 CP). Alors, la juridiction peut prononcer, au lieu de l'amende, une ou plusieurs des peines privatives ou restrictives de droits, au nombre de quatorze, qui sont énumérées par l'article 131-6 CP.

b) **La peine d'emprisonnement est encourue**

405. Domaine de l'hypothèse. — Puisque la peine d'emprisonnement n'est pas concevable à propos des personnes morales, l'hypothèse ne peut concerner que les personnes physiques. Mais les cas sont fréquents où le texte incriminateur prévoit, en matière correctionnelle, cette peine d'emprisonnement. Alors, comme on va le voir, les pouvoirs de la juridiction de jugement sont encore plus larges.

406. Division. — Il faut distinguer, selon que la juridiction de jugement inflige une peine d'emprisonnement (1°) une peine autre que l'emprisonnement (2°).

1°) Peine d'emprisonnement

407. La méfiance envers l'incarcération. — Bien que l'emprisonnement soit souvent prévu dans les textes répressifs, le législateur s'efforce d'en limiter l'infliction, car il estime l'incarcération peu propice à la réinsertion. C'est pourquoi la juridiction de jugement ne peut prononcer une peine d'emprisonnement sans sursis qu'après avoir spécialement motivé le choix de cette peine. De plus, quand la juridiction prononce une peine d'emprisonnement, cette peine peut être d'une durée moindre que celle énoncée par la loi (art. 132-19 CP). Moindre, de combien ? Le Code ne le dit pas, et dans son silence, le juge peut donc descendre jusqu'au minimum. Par exemple, un vol accompagné de violences encourt dix ans d'emprisonnement (art. 311-6 CP). Mais la juridiction de jugement est en droit de ne condamner l'auteur qu'à un seul jour d'emprisonnement...

2°) Peine autre que d'emprisonnement

408. Une palette de peines prononçables. — Ces peines sont (art. 131-3 CP) : amende et le jour-amende ; stage de citoyenneté, travail d'intérêt général ; peines privatives ou restrictive de droits ; des peines complémentaires ; des peines alternatives à l'emprisonnement ; la sanction réparation.

409. L'amende, le jour-amende. — Quant à l'amende, elle peut remplacer l'emprisonnement, chaque fois qu'elle est prévue par la loi réprimant le délit, ce qui est très fréquent. Cela résulte de la règle, déjà citée (*supra,* n° 391), selon laquelle « la juridiction peut ne prononcer que l'une des peines encourues pour l'infraction dont elle est saisie » (art. 132-17, al. 2 CP). Quant au montant de l'amende, « la juridiction peut prononcer une amende d'un montant inférieur à celle qui est encourue » (art. 132-20 CP). Ce texte ne prévoyant pas de « plancher » à l'amende, celle-ci peut n'être que d'un euro. Ainsi dans l'exemple précité (*supra,* n° 407), un vol commis avec violences encourt dix années d'emprisonnement et 150 000 euros d'amende. Mais la juridiction de jugement est en droit de n'infliger qu'une peine d'amende d'un euro...

Quant à la peine de jours-amende, elle peut être prononcée dès lors que l'emprisonnement est encouru (art. 131-5 CP). Et par suite, à raison de l'article précité 132-17, al. 2 CP, la juridiction de jugement est en droit de ne prononcer que cette seule peine de jours-amende. Le nombre de jours-amende ne peut excéder trois cent soixante. Mais il sera, le cas échéant, très inférieur à ce chiffre (un seul jour, à la limite). Le montant de chaque jour-amende ne doit pas dépasser 1 000 euros. Mais il sera, le cas échéant, très inférieur à ce montant, que le juge fixe en fonction des ressources et des charges du prévenu. La juridiction de jugement, là encore, dispose d'une énorme latitude.

410. Le stage de citoyenneté, le travail d'intérêt général. — Il s'agit là de peines « éducatives » : le stage de citoyenneté, visant à vivifier les valeurs républicaines de tolérance et de respect de la dignité humaine (art. 131-5-1 CP) ; le travail d'intérêt général (art. 131-8 CP), visant à réinstiller le sens de l'effort et le respect des valeurs collectives.

411. Des peines privatives ou restrictives de droit. — Leur liste est détaillée par l'article 131-6 CP, qui en prévoit 14 « à la place de l'emprisonnement ». Par exemple, l'interdiction de paraître en certains lieux, d'entrer en relation avec certaines personnes, notamment la victime de l'infraction.

412. Des peines complémentaires. — Leur liste est détaillée dans l'article 131-10 CP : notamment, confiscation d'un animal, fermeture d'un établissement, injonction de soins. Bien qu'elles soient classées comme complémentaires, ces peines peuvent être prononcées seules, à titre alors de peine principale (art. 131-11 CPP).

413. Des peines alternatives à l'emprisonnement. — Ces peines sont alternatives en ce que, si le juge en prononce une, elle écarte l'emprisonnement. La liste de ces peines, au nombre de quatorze, figure dans l'article 131-6 CP.

414. La sanction réparation. — Elle consiste dans l'obligation pour le condamné, d'accomplir, dans le délai et les modalités prévues par le jugement, l'indemnisation de la victime (art. 131-3-8°, 131-8-1 CP).

C Pluralité de peines pour un même délit

415. Le double sens de l'individualisation. — L'individualisation de la peine joue, le plus souvent, dans le sens de l'allégement. Mais la juridiction de jugement conserve des pouvoirs d'une implacable sévérité. Ainsi, lorsque cette juridiction fixe le quantum de la peine, il lui est permis d'aller jusqu'au maximum légal, souvent très élevé. De plus, cette juridiction peut appliquer, pour un même délit, une pluralité de peines.

En effet, le Code pénal prévoit que « la juridiction peut ne prononcer que l'une des peines encourues pour l'infraction dont elle est saisie » (art. 132-17 CP). Il s'ensuit, *a contrario*, que la juridiction peut infliger toutes les peines prévues par le texte incriminateur. Un tel cumul de peines, pour un seul délit, offre un caractère redoutable. C'est pourquoi le Code pénal opère un certain « encadrement » des cumuls.

416. L'encadrement des cumuls. — L'article 131-9 CP édicte diverses limitations, qui prohibent certains cumuls de peines pouvant frapper l'auteur du délit. Mais il n'empêche que si le juge décide de « matraquer », il empilera le plus légalement du monde des peines dont l'ensemble accablera le délinquant. Ainsi, par un cynisme de l'histoire, en est-on revenu, dans les conséquences pratiques, à de tels pouvoirs confiés au juge qu'il n'est pas entièrement faux de dire, comme sous l'Ancien Régime : « toutes peines sont arbitraires en ce royaume ». Ce qui est fort surprenant, lorsque ce royaume se flatte d'être à présent démocratie soumise à la prééminence du Droit. Cette prééminence peut-elle se confondre avec l'idiosyncrasie de ceux qui l'appliquent ?

§ 3. Détermination de la peine dans le cadre contraventionnel

417. Définition du cadre contraventionnel. — On se trouve dans le cadre contraventionnel lorsque l'infraction jugée consiste en une contravention. La juridiction saisie sera donc, normalement, le Tribunal de police ou la juridiction de proximité (*supra*, n° 25, schéma des organes de procédure pénale). Mais il faut noter qu'exceptionnellement, une juridiction correctionnelle peut se trouver saisie d'une contravention (art. 466 CPP).

418. Les pouvoirs du juge. Division. — Le juge peut accorder dispense ou ajournement de la peine, tout comme en matière correctionnelle, sauf l'ajournement avec mise à l'épreuve (art. 132-58 CP). Mais la peine d'emprisonnement, on le sait, n'existe plus en matière de contraventions. Pour les peines applicables, il convient de distinguer suivant leurs destinataires : ou bien personnes physiques (A) ou bien personnes morales (B).

A Les peines contraventionnelles applicables aux personnes physiques

419. Liste. — Outre l'amende (*supra*, n° 366), leur liste comporte des peines privatives ou restrictives de droits (a) ; la peine de sanction-réparation (b) ; une ou plusieurs peines complémentaires (c).

a) Peines privatives ou restrictives de droits

420. Domaine, caractères de ces peines privatives ou restrictives de droits. — Ne concernant que les contraventions de 5e classe, elles sont énumérées par l'article 131-14 CP, qui en prévoit six : notamment, suspension du permis de conduire, pour un an au plus. De telles peines sont alternatives à l'amende, en ce sens qu'elles ne peuvent être prononcées cumulativement à l'amende (art. 131-15, al. 1 CP) ; mais elles sont cumulatives entre elles, car le Tribunal de police peut prononcer une ou plusieurs de ces peines, c'est-à-dire toutes s'il le désire (art. 131-15, al. 2 CP). À l'inverse, il peut faire montre d'une extrême indulgence et ne prononcer qu'une seule des peines, et d'ailleurs, lorsqu'elle est temporaire, descendre jusqu'au minimum : la suspension du permis de conduire, que le juge peut infliger pour un an, peut aussi ne l'être que pour un seul jour...

b) **Peine de sanction réparation**

421. Cette peine (*supra*, n° 414), consiste dans l'obligation pour le condamné de procéder à l'indemnisation du préjudice de la victime dans le délai et selon les modalités fixées par la juridiction. Elle est ici prévue, s'agissant de contraventions de 5e classe, par l'article 131-15-1 CP.

c) **Peines complémentaires**

422. Les deux sortes de peines complémentaires. — On y trouve, d'une part, les peines complémentaires énumérées par l'article 131-16 CP qui valent pour toutes les contraventions, mais seulement si le règlement incriminateur le prévoit. On y trouve, d'autre part, les peines complémentaires énumérées par l'article 131-17 CP qui doivent être aussi prévues par le règlement incriminateur mais ne valent que pour les contraventions de la 5e classe. Ces peines sont au nombre de deux : ou bien l'interdiction d'émettre des chèques (autres que ceux permettant le retrait de fonds ou qui sont certifiés) pour une durée de trois ans au plus. Ou bien une peine de travail d'intérêt général pour une durée de vingt à cent vingt heures.

423. Traits communs aux diverses peines complémentaires. — De quelque sorte qu'elles soient, ces peines complémentaires présentent des traits communs. Elles sont cumulables entre elles ; de plus, étant complémentaires, elles peuvent être prononcées en sus de la peine principale. Ce qui permet une condamnation très lourde au total, si le tribunal le désire. Mais à l'inverse, s'il veut se montrer indulgent, le Tribunal de police est en droit de ne prononcer que quelques-unes, ou même aucune, des peines complémentaires ; ou de les réduire de plus, lorsqu'elles sont temporaires, à leur minimum de durée. Il lui est même loisible de prononcer une seule de ces peines à titre principal, ce qui exclut alors toute autre peine (art. 113-18 CP).

B Les peines contraventionnelles concernant les personnes morales

424. Idée maîtresse. — En matière contraventionnelle, il n'y a plus de peine privative de liberté (*supra*, n° 365). Dès lors, les peines applicables aux personnes morales sont identiques, dans leur nature, à celles qui peuvent être prononcées contre les personnes physiques. À savoir : l'amende (a), des peines privatives ou restrictives de droits de caractère alternatif (b), des peines complémentaires (c).

a) L'amende

425. Le maximum quintuplé. — Suivant l'article 131-38 CP, le taux maximum de l'amende applicable aux personnes morales est le quintuple du maximum applicable aux personnes physiques (*supra*, n° 366). Mais la juridiction peut prononcer une amende d'un montant très inférieur à celle qui est encourue. Elle peut descendre jusqu'à un euro, même pour les contraventions de 5e classe.

b) Peines privatives ou restrictives de droits, alternatives à l'amende

426. Domaine, caractères de ces peines privatives ou restrictives de droits. — Il s'agit de peines concernant les contraventions de 5e classe : interdiction d'émettre des chèques, confiscation de la chose instrument ou produit de l'infraction (art. 131-42 CP). Leur régime est le même que pour les peines privatives ou restrictives de droits s'appliquant aux personnes physiques (*supra,* n° 420).

c) Peines complémentaires

427. Les deux peines complémentaires. — Elles doivent être prévues par le règlement qui réprime la contravention (art. 131-43 CP).

• L'une de ces peines vaut pour toutes les contraventions, quelle qu'en soit la classe. Elle consiste dans la confiscation de la chose qui a servi ou était destinée à commettre l'infraction, ou de la chose qui en est le produit. Cette peine, qu'on a déjà rencontrée comme peine alternative pour les contraventions de la 5e classe (*supra,* n° 426), devient ici complémentaire.

• L'autre de ces peines n'est applicable qu'aux contraventions de la cinquième classe (art. 131-17 CP). Soit interdiction, pour trois ans au plus, d'émettre des chèques autres que ceux qui permettent le retrait de fonds ou qui sont certifiés. Soit peine de travail d'intérêt général pour une durée de vingt ou cent vingt heures.

428. Traits communs aux diverses peines complémentaires. — Ces peines complémentaires présentent des traits communs avec les peines complémentaires applicables aux personnes physiques (*supra,* n° 422 s.). Par conséquent, elles peuvent être cumulées entre elles ; et puisqu'elles sont complémentaires, elles peuvent être prononcées en plus de la peine principale. Ce qui permet une condamnation très lourde au total, si le tribunal le désire.

Mais à l'inverse, s'il veut se montrer indulgent, le tribunal est en droit de ne prononcer que quelques-unes, ou même aucune, des peines complémentaires. S'il en prononce, il peut les réduire, lorsqu'elles sont temporaires, à leur minimum de durée. Il lui est même loisible de prononcer une seule de ces peines (art. 131-44 CP).

Chapitre 2
La détermination de la peine au cas de pluralité d'infractions

429. Les trois situations. — Il convient de distinguer trois situations : la récidive, le cumul réel d'infractions, la réitération d'infractions.

430. La récidive. — Quelqu'un commet une infraction, mais il a déjà fait l'objet d'une condamnation définitive pour une infraction précédente. On parle alors de récidive. Dans cette situation de récidive, l'avertissement donné par la condamnation définitive se montre inefficace. Cela conduit à penser que cet avertissement n'était pas assez sévère. En conséquence, le Code pénal fait de la récidive une cause d'aggravation de la pénalité, qui majore la peine légalement encourue (*infra,* n° 434 s.).

431. Le cumul réel d'infractions. — Quelqu'un commet une infraction, puis en commet une nouvelle. Mais il n'y a pas récidive, parce qu'entre les deux infractions, il ne s'est pas intercalé de condamnation définitive. On parle alors de concours d'infractions, ou plus souvent de cumul réel d'infractions (à ne pas confondre avec le cumul idéal d'infractions, *supra,* n° 124). Dans cette situation de cumul réel, faute de récidive à proprement parler, notre Code pénal ne majore pas la peine légalement encourue. Il fait à l'infracteur multiple, comme une firme à ses gros clients, un rabais qui varie suivant la diversité des situations (*infra,* n° 466 s.).

432. La réitération d'infractions. — Quelqu'un commet une infraction, qui lui vaut une condamnation définitive, puis il commet une nouvelle infraction.

Puisqu'il y a condamnation définitive, il ne s'agit plus d'un cumul d'infractions, au sens qui vient d'être défini. Mais il se trouve que cette condamnation définitive ne peut pas, en l'espèce, déclencher l'aggravation de peine qui s'attache légalement à la récidive. Par exemple, cette condamnation remonte à plus de cinq ans, dans un cas où la récidive est dite temporaire (*infra,* n° 443 s.).

Dans cette situation, il y a pluralité d'infractions, sans qu'il y ait juridiquement cumul d'infractions ou récidive. On parle alors d'une réitération d'infractions. Les peines prononcées pour l'infraction commise en réitération se cumulent sans limitation de quantum et sans possibilité de confusion avec les peines définitivement prononcées lors de la condamnation précédente (art. 132-16-7 CP).

433. Plan. — C'est pourquoi l'on examinera seulement la récidive et le concours d'infractions. Tout ce qui vient d'être dit montre d'ailleurs qu'avant de déterminer la peine qu'ils infligeront, les tribunaux doivent connaître le passé pénal de la personne en cause. D'où l'utilité du casier judiciaire. En conséquence, on étudiera successivement la récidive (Section 1), le concours d'infractions (Section 2), le casier judiciaire (Section 3).

Section 1
La récidive

434. Les deux termes de toute récidive. — Pour qu'une personne soit en état de récidive légale, deux éléments sont nécessaires. D'une part, une condamnation réunissant certains caractères : c'est le premier terme. D'autre part, une infraction commise ultérieurement : c'est le second terme.

435. Le premier terme : une condamnation présentant certains caractères. — Il faut d'abord une condamnation : si donc la condamnation a été amnistiée, réhabilitée ou non avenue à la suite d'un sursis non révoqué, il n'y a pas récidive. Il faut ensuite une condamnation présentant certains caractères.

• La condamnation doit être **pénale**, c'est-à-dire infliger une peine, au sens formel de ce mot dans le Droit français (*supra*, n° 307). Par exemple, une mesure d'éducation et de réforme prise contre un mineur n'est pas une peine. Dès lors, elle ne peut pas constituer un premier terme de récidive.

• La condamnation doit être **définitive**, c'est-à-dire qu'elle n'est plus susceptible des voies de recours usuelles, et qu'elle a donc acquis l'autorité de la chose jugée (*infra*, n° 882).

• La condamnation doit être **prononcée par une juridiction d'un état membre de l'Union européenne** (art. 132-16-6 CP) : solution comandée par l'abaissement des frontières au sein de l'Union.

436. Le second terme : une nouvelle infraction. — L'exigence de ce second terme paraît aller de soi. Mais elle mérite une précision : la nouvelle infraction doit être sans rapport de conséquence avec la première. Ainsi le condamné qui s'évade n'est pas considéré comme récidiviste du seul fait de son évasion.

437. La répression de la récidive. Division. — Il convient de distinguer la récidive des personnes physiques (§ 1) et celle des personnes morales (§ 2).

§ 1. La répression de la récidive à l'encontre des personnes physiques

438. Idée directrice. — Le Code pénal en vigueur a conservé, dans ses caractéristiques principales, le système ancien. Mais il a modifié diverses solutions de détail, en les simplifiant d'ailleurs. Aujourd'hui, l'on doit envisager trois hypothèses, selon le premier terme de la récidive : crime ou délit tenu pour très grave (A) ; délit tenu pour moins grave (B) ; contravention (C).

A Premier terme de la récidive : crime ou délit tenu pour très grave

439. Définition du premier terme. Division. — On suppose ici qu'une personne physique a été condamnée définitivement pour un crime ou pour un délit tenu pour très grave, puisqu'au moins puni de dix ans d'emprisonnement par la loi. À partir de quoi, la loi distingue plusieurs cas, que détermine la gravité du deuxième terme. Ou bien il consiste en un crime (a), ou bien il consiste en un délit puni par la loi d'emprisonnement (b).

a) Le deuxième terme consiste en un crime

440. L'ampleur de l'aggravation. — Dans ce cas, la peine normalement encourue se trouve majorée de la manière suivante (art. 132-8 CP). Si le crime du deuxième terme était puni par la loi d'une réclusion (ou détention) criminelle de vingt ans ou plus, la récidive hausse la peine encourue par le récidiviste jusqu'à la réclusion (ou détention) criminelle à perpétuité. Si le crime du deuxième terme était puni par la loi d'une réclusion (ou détention) criminelle de quinze ans, la récidive hausse la peine encourue par le récidiviste jusqu'à trente ans de réclusion (ou détention) criminelle.

441. Les caractères de cette récidive. — Il faut remarquer que l'aggravation de peine est encourue quel que soit, en premier terme, le crime ou le délit tenu pour très grave. Ce qu'on exprime en disant qu'ici, la récidive est **générale.**

De plus, l'aggravation de peine est encourue quel que soit le délai dans lequel survient la seconde infraction. Ce qu'on exprime en disant qu'ici, la récidive est **perpétuelle.**

Générale, perpétuelle, le sens de ces mots se comprend mieux par contraste avec les situations ci-dessous décrites, où la récidive peut n'être plus perpétuelle, ou même n'être plus générale.

b) **Le deuxième terme consiste en un délit puni d'un emprisonnement d'un an au moins**

442. L'ampleur de l'aggravation. — Comme dans la précédente situation, l'aggravation de la peine consiste dans le doublement du maximum des peines encourues, qu'il s'agisse de l'emprisonnement ou de l'amende qui s'y ajouterait (art. 132-9 CP).

Il est cependant nécessaire de distinguer selon la durée de la peine d'emprisonnement qui se trouve encourue pour ce délit du deuxième terme : soit dix ans, soit moins de dix ans et plus d'un an. Car le délai de récidive n'est pas le même dans l'un et l'autre cas.

443. L'emprisonnement encouru de par le deuxième terme est de dix ans. — Dans cette hypothèse, prévue par l'article 132-9, al. 1 CP, l'aggravation de peine est applicable quel que soit le délit constituant le deuxième terme. Quel que soit le délit : cette récidive est **générale.**

Mais cette récidive, par contraste avec la précédente hypothèse, n'est plus perpétuelle. On dit qu'elle est **temporaire**. Car l'aggravation de peine encourue n'intervient que si le délit constituant le deuxième terme se place dans un délai de **dix ans** à compter de l'expiration ou de la prescription de la peine afférente au premier terme.

444. L'emprisonnement encouru de par le deuxième terme est de moins de dix ans. — De moins de dix ans, mais, rappelons-le, de plus d'un an. Dans cette hypothèse, prévue par l'article 132-9, al. 2 CP, les peines d'emprisonnement et d'amende normalement encourues sont doublées, et la récidive reste **générale**. Peu importe la nature du délit constituant le second terme.

Et l'on se doute que la récidive est aussi **temporaire.** Cependant, le temporaire est d'une durée moindre. Il faut que le délit constituant le deuxième terme se place dans un délai, non plus de dix ans, mais de **cinq ans,** à compter de l'expiration ou de la prescription de la peine afférente au premier terme.

B Premier terme de la récidive : délit autre que tenu pour très grave

445. Le texte applicable. — D'après l'article 132-10 CP : « Lorsqu'une personne physique, déjà condamnée définitivement pour un délit, commet, dans le délai de cinq ans à compter de l'expiration ou de la prescription de la précédente peine, soit le même délit, soit un délit qui lui est assimilé au regard des règles de la récidive, le maximum des peines d'emprisonnement et d'amende encourues est doublé ».

446. Précision sur le premier terme. — L'article 132-10 CP prévoit qu'en premier terme, une personne physique a été condamnée définitivement pour un délit. Le texte ne dit pas quel délit. Ce peut être n'importe lequel, mais autre qu'un délit tenu pour très grave, qui relevait de la situation précédente (*supra,* n° 439).

447. Précision sur le deuxième terme. — Il faut, en ce qui concerne le délit qui constitue le deuxième terme, qu'il s'agisse du même délit que celui précédemment commis, ou d'un délit qui lui soit assimilé par une disposition expresse de la loi. En ce sens, l'article 132-16 CP prévoit que le vol, l'escroquerie, le chantage, l'extorsion et l'abus de confiance sont considérés, au regard de la récidive, comme une même infraction.

448. Caractères de cette récidive. — Il faut que le deuxième terme se place dans un délai de **cinq ans** à compter de l'expiration ou de la prescription de la précédente peine. La récidive est donc **temporaire**. Mais il faut encore identité (ou assimilation légale) entre les deux termes de l'infraction. On l'exprime en disant que cette récidive est **spéciale**.

C Le premier terme de la récidive est une contravention

449. Le texte applicable. — Suivant l'article 132-11 CP : « dans les cas où le règlement le prévoit, lorsqu'une personne physique, déjà condamnée définitivement pour une contravention de la 5e classe, commet, dans le délai d'un an à compter de l'expiration ou de la prescription de la précédente peine, la même contravention, le maximum de la peine d'amende encourue est porté à 3 000 euros ».

450. Le doublement du maximum normalement encouru. — On sait qu'en matière de contravention, le maximum le plus cher (qui concerne donc les contraventions de 5e classe) est de 1 500 euros (*supra,* n° 366). En portant ce maximum à 3 000 euros, on applique donc un doublement.

451. Les caractères de cette récidive. — Le premier terme consiste en une contravention de 5e classe, et pour laquelle le règlement incriminateur prévoit la récidive. Quant au deuxième terme, il doit s'agir de la même contravention. La récidive est donc **spéciale**. De plus, elle est **temporaire**, puisque le deuxième terme doit se situer dans le délai **d'un an**.

§ 2. La répression de la récidive à l'encontre des personnes morales

452. Idée directrice. — On retrouve ici des solutions, bien sûr adaptées au cas particulier des personnes morales, mais de même type que les solutions retenues pour les personnes physiques. On retrouve donc les trois situations distinguées selon le 1er terme de la récidive : crime ou délit tenu pour très grave (A) ; délit non tenu pour très grave (B) ; contravention (C).

A Premier terme de la récidive : crime ou délit tenu pour très grave

453. Définition du premier terme. Division. — L'on suppose ici qu'une personne morale a été condamnée définitivement pour un crime ou pour un délit, tenu pour très grave, puisque puni par la loi, en ce qui concerne les personnes physiques, de 100 000 euros d'amende au moins. À partir de quoi, la loi distingue deux situations suivant la gravité du deuxième terme. Ou bien il consiste en un crime (a), ou bien il consiste en un délit (b).

a) Le deuxième terme consiste en un crime

454. L'ampleur de l'aggravation. — Dans ce cas, la peine peut être décuplée. En effet, l'amende normalement encourue pour les personnes morales, normalement cinq fois celle applicable aux personnes physiques, passe – du fait de la récidive – à dix fois ce montant.

Et la personne morale encourt, en outre, les peines privatives ou restrictives de droits applicables aux personnes morales (*supra,* n° 373).

455. Les caractères de cette récidive. — Il faut remarquer que l'aggravation de peine est encourue quel que soit, en premier terme, le crime ou le délit tenu pour très grave. Ce qu'on exprime en disant qu'ici, la récidive est **générale**.

De plus, l'aggravation de peine est encourue quel que soit le délai dans lequel survient la seconde infraction. Ce qu'on exprime en disant qu'ici, la récidive est **perpétuelle**.

b) **Le deuxième terme consiste en un délit puni par la loi d'au moins 15 000 euros d'amende**

456. L'ampleur de l'aggravation. — Comme dans la précédente situation, l'aggravation de la peine consiste toujours dans le doublement du maximum normalement encouru, c'est-à-dire dix fois au lieu de cinq fois le montant de l'amende qu'encourrait, pour le même délit, une personne physique.

Il est cependant nécessaire, car il s'y attache des intérêts juridiques (*infra,* n° 457 et 458), de distinguer selon le montant de la peine d'amende dont la loi punit ce délit en ce qui concerne les personnes physiques : soit une amende de 100 000 euros au moins, soit une amende inférieure à 100 000 euros, mais supérieure à 15 000 euros.

457. L'amende encourue de par le deuxième terme est de 100 000 euros au moins. — Dans cette hypothèse, prévue par l'article 132-13, alinéa 1 CP, l'aggravation de peine est applicable quel que soit le délit constituant le deuxième terme. Quel que soit le délit : cette récidive est **générale**.

Mais cette récidive, par contraste avec la précédente hypothèse, n'est plus perpétuelle. On dit qu'elle est **temporaire**. Car l'aggravation de peine encourue n'intervient que si le délit constituant le deuxième terme se place dans un délai de **dix ans** à compter de l'expiration ou de la prescription de la peine afférente au premier terme.

458. L'amende encourue de par le deuxième terme est inférieure à 100 000 euros, mais supérieure à 15 000 euros. — Dans cette hypothèse, prévue par l'article 132-13, alinéa 2 CP, les peines d'amende normalement encourues sont doublées, et la récidive reste

générale. Peu importe la nature du délit constituant le second terme. Et l'on se doute que la récidive est aussi **temporaire**. Mais le temporaire est alors plus restreint. Il faut que le délit constituant le deuxième terme se place dans un délai, non plus de dix ans, mais de **cinq ans**, à compter de l'expiration ou de la prescription de la peine afférente au premier terme.

B Second terme de la récidive crime ou délit non tenu pour très grave

459. Le texte applicable. — D'après l'article 132-14 CP : « Lorsqu'une personne morale, déjà condamnée définitivement pour un délit, engage sa responsabilité pénale, dans un délai de cinq ans à compter de l'expiration ou de la prescription de la peine afférente au premier terme, soit par le même délit, soit par un délit qui lui est assimilé au regard des règles de la récidive, le taux maximum de l'amende applicable est égal à dix fois celui qui est prévu par la loi qui réprime ce délit en ce qui concerne les personnes physiques ».

460. Précision sur le premier terme. — L'article 132-14 CP prévoit qu'en premier terme, une personne morale a été condamnée définitivement pour un délit. Le texte ne précise pas quel délit. Ce peut être n'importe lequel, mais autre qu'un délit tenu pour très grave, qui relevait de la situation précédente (*supra*, n° 453 s.).

461. Précision sur le deuxième terme. — Encore faut-il, en ce qui concerne le délit constituant le deuxième terme, qu'il s'agisse d'un délit identique à celui précédemment commis, ou du moins d'un délit qui lui soit assimilé, par une disposition expresse de la loi. En ce sens, l'article 132-16 CP, qui vise tout autant les personnes morales que les personnes physiques, prévoit que le vol, l'extorsion, le chantage, l'escroquerie et l'abus de confiance sont considérés, au regard de la récidive, comme une même infraction.

462. Caractères de cette récidive. — Il faut que le deuxième terme se place dans un délai de cinq ans à compter de l'expiration ou de la prescription de la précédente peine. La récidive est donc **temporaire**.

Mais il faut encore identité (ou assimilation légale) entre les deux termes de l'infraction. On l'exprime en disant que cette récidive est **spéciale**.

C Le premier terme de la récidive est une contravention

463. Le texte applicable. — Suivant l'article 132-15 CP : « dans les cas où le règlement le prévoit, lorsqu'une personne morale, déjà condamnée définitivement pour une contravention de la 5e classe, commet, dans le délai d'un an à compter de l'expiration ou de la prescription de la précédente peine, la même contravention, le taux maximum de l'amende applicable est égal à dix fois celui qui est prévu par le règlement qui concerne cette contravention en ce qui concerne les personnes physiques ».

464. Le doublement du maximum normalement encouru. — On sait (*supra*, nº 372) que le maximum encouru par les personnes morales est – hors le cas de récidive – cinq fois celui encouru par les personnes physiques. Soit, en ce qui concerne les contraventions de 5e classe, une amende de 5 fois 1 500 euros, soit 7 500 euros.

Au cas de récidive, le maximum est de dix fois celui encouru par les personnes physiques. Soit, en ce qui concerne les contraventions de 5e classe, une amende de 10 × 1 500 euros = 15 000 euros.

465. Les caractères de cette récidive. — Le premier terme, comme on l'a vu (*supra*, nº 463), consiste donc en une contravention de 5e classe, et pour laquelle le règlement incriminateur prévoit la récidive.

Quant au deuxième terme, il doit s'agir de la même contravention. La récidive est donc **spéciale.** De plus, elle est **temporaire,** puisque le deuxième terme doit se situer dans le délai d'**un an.**

Section 2
Le concours d'infractions

466. Définition du concours d'infractions. — Le concours d'infractions, aussi nommé cumul réel d'infractions (*supra,* nº 431), est défini par l'article 132-2 CP : « Il y a concours d'infractions lorsqu'une infraction est commise par une personne avant que celle-ci ait été définitivement condamnée pour une autre infraction ».

Comment réprimer ce concours ? Notre Droit fournit une réponse assez complexe. Pour la préciser, il faut mettre à part le cas particulier des contraventions.

467. Le cas particulier des contraventions. — À leur propos, l'article 132-7 CP énonce, dans une même phrase, deux solutions. D'une part, les peines d'amende se cumulent entre elles. Si par exemple 25 contraventions pour stationnement illicite d'une automobile ont été commises, 25 amendes s'additionneront.

D'autre part, les peines d'amende ainsi prononcées peuvent se cumuler avec d'autres peines afférentes à des délits ou crimes par ailleurs commis. Si par exemple, l'automobile dont il s'agit a été volée, après meurtre du conducteur, les 25 amendes pourront s'additionner aux peines frappant le délit de vol et le crime de meurtre.

468. Le cas des crimes et délits. Division. — Qu'il s'agisse alors de crimes ou de délits, le Code doit tenir compte de la situation procédurale.

Parfois, les divers délits et crimes commis par un même individu sont poursuivis et jugés en même temps, à l'occasion d'une même procédure. Cela semble préférable, mais cela n'est pas toujours possible. Par exemple, on condamne un individu pour viol, et l'on découvre ensuite qu'il fabriquait de la fausse monnaie. Il y a dès lors nécessité de poursuites et de condamnations distinctes.

En conséquence, notre Code traite différemment le concours de crimes ou de délits, suivant que ces infractions ont été jugées à l'occasion d'une procédure unique (§ 1), ou de procédures séparées (§ 2).

§ 1. Le concours d'infractions dans l'hypothèse d'une procédure unique

469. Les deux principes applicables. — L'article 132-3 CP énonce les deux principes s'appliquant dans l'hypothèse d'une procédure unique.

A Premier principe

470. Cumul possible des peines de nature différente. — Une fois la personne reconnue coupable de plusieurs infractions en concours (qu'elles constituent des crimes ou des délits), chacune des peines encourues peut être prononcée (art. 132-3 CP al. 1, première phrase), sous la seule condition d'être de nature différente. En examinant le cas d'une seule infraction poursuivie, nous avons vu que le cumul de plusieurs peines était admis dans une certaine mesure (*supra,* n° 415 s.). Ici, s'agissant de plusieurs infractions, le cumul autorisé devient beaucoup plus large.

Par exemple, en condamnant un vol unique, le juge ne peut pas infliger à la fois une peine d'emprisonnement et une peine de travail d'intérêt général (art. 131-9, al. 1 CP). Au contraire, s'il constate plusieurs vols, le juge est en droit d'infliger pour le premier vol une peine d'emprisonnement, pour le deuxième une peine de travail d'intérêt général, pour le troisième une peine d'amende...

B Second principe

471. Cumul plafonné des peines de nature identique. — Lorsque plusieurs peines de même nature sont encourues, il ne peut être prononcé qu'une seule peine de cette nature dans la limite du maximum légal le plus élevé (art. 132-3 CP al. 1, seconde phrase).

Par exemple, le juge constate plusieurs vols, qui sont respectivement punis par la loi de trois ans d'emprisonnement (vol simple, art. 311-3 CP), de cinq ans (vol avec une des circonstances aggravantes prévues à l'art. 311-4 CP), de sept ans (vol avec deux de ces circonstances), de dix ans (vol avec trois de ces circonstances). Si le cumul en avait été admis, la peine globale pouvant frapper les quatre vols aurait atteint 25 ans d'emprisonnement (3 + 5 + 7 + 10). Mais le second principe limite la peine à 10 ans, parce qu'il s'agit dans l'exemple retenu du maximum légal le plus élevé.

472. Application du principe. L'indivisibilité de la peine unique prononcée. — Quant au principe qui plafonne le cumul des peines de même nature, diverses précisions sont données par le Code.

D'abord, toutes les peines privatives de liberté sont tenues pour être de même nature. Et toute peine temporaire privative de liberté se trouve confondue avec une peine perpétuelle (art. 132-5, al. 1 CP).

Ensuite, la peine unique prononcée par le juge est réputée commune aux infractions en concours dans la limite du maximum légal applicable à chacune d'elles (art. 132-3, al. 2 CP). On parle, en d'autres termes, de l'indivisibilité de la peine unique prononcée.

473. Conséquences parfois irrationnelles de l'indivisibilité. — Quelquefois, l'indivisibilité de la peine unique prononcée produit des conséquences irrationnelles.

Par exemple, une peine ne peut plus recevoir exécution lorsque le fait qui l'avait justifiée perd ultérieurement le caractère d'une infraction pénale, à raison d'une loi plus douce et dès lors de portée rétroactive (art. 112-4 CP).

Mais une peine de quel montant ? La peine prononcée par le jugement global s'applique, de manière indivisible, aux infractions jugées. Il n'a donc pas précisé le montant de la peine afférente à l'infraction dépénalisée.

Il faut alors considérer que la peine afférente équivaut au maximum encouru légalement pour l'ex-infraction. Pourtant, il est probable qu'elle a compté pour beaucoup moins que ce maximum dans l'esprit du juge lorsqu'il a fixé le montant de la peine unique.

Il s'ensuit donc, au hasard des situations, un résultat qui ne paraît guère découler de la logique répressive. Et cette fâcheuse constatation se retrouve lorsqu'on considère le jeu du concours d'infractions, cette fois dans l'hypothèse de procédures séparées.

§ 2. Le concours d'infractions dans l'hypothèse de procédures séparées

474. Une hypothèse de large application pratique. — Il arrive fréquemment que l'on ne connaisse pas encore, lors du procès d'une personne, toutes les infractions qu'elle a commises. Dans cette hypothèse, il existe nécessairement des poursuites diverses, et par suite une pluralité de condamnations et de peines distinctement prononcées. Dès lors, il doit ou il peut se produire une **confusion des peines,** tantôt obligatoire, tantôt facultative.

475. La confusion obligatoire des peines. — Si les peines distinctement prononcées sont de nature différente, elles peuvent évidemment se cumuler, puisque un tel cumul est admis même au cas de poursuite unique. Quant aux peines de même nature (*supra,* n° 471), le cumul est admis dans la limite du maximum légal le plus élevé (art. 132-4 CP). Autrement dit, la confusion obligatoire des peines suppose des **peines de nature identique,** et ne joue que dans la mesure où leur total excède le maximum légal le plus élevé.

On doit alors rappeler que toutes les peines privatives de liberté sont réputées de même nature, et que toute peine privative de liberté, mais temporaire, doit se confondre avec une peine perpétuelle (art. 132-5, al. 1 CP). Lorsque l'on se trouve dans un cas de confusion obligatoire, elle s'opère évidemment de plein droit.

476. La confusion facultative des peines. — En l'absence de confusion obligatoire, la confusion des peines de même nature peut être ordonnée (art. 132-4 CP). Par une juridiction, bien entendu, mais laquelle ? S'il s'agit d'une juridiction correctionnelle, la juridiction ayant statué sur l'ultime condamnation. S'il s'agit d'une juridiction criminelle, ce sera non pas la Cour d'assises, qui n'est pas permanente, mais la Chambre de l'instruction de même ressort ; sont également compétentes ces mêmes juridictions, lorsqu'elles sont celles du lieu de détention de l'intéressé (art. 710 CPP).

Quels sont les effets de cette confusion facultative ? De faire disparaître, dans la mesure décidée par le juge, la peine qu'il prononce et qui viendra se confondre (d'où le mot de confusion) avec une peine antérieure de nature identique. La juridiction choisit dans quelle mesure la confusion s'opère. Ou bien totalement, ou bien partiellement. Cela marque, une fois de plus, l'ampleur extrême des pouvoirs d'individualisation conférés au juge.

Section 3
Le casier judiciaire

477. La mémoire du crime... et l'ordinateur. — Pour remplir leur mission, police et justice pénale doivent être bien renseignées sur l'activité, comme sur le passé pénal, des uns et des autres... d'où l'existence immémoriale de « fichiers ». Mais il faut prendre garde, dans un état de droit, à ce que ni le simple soupçon, ni le stigmate d'une condamnation antérieure ne viennent contrarier la présomption d'innocence et la liberté individuelle.

Or nos jours, l'informatique offre à la surveillance sociale des moyens immenses de mémoire illimitée, de recoupements instantanés. Par là même, le « grand frère » menace d'autant plus les libertés individuelles. En conséquence, les fichiers informatiques relatifs soit aux infractions, soit à leurs auteurs, font l'objet d'une réglementation précise.

478. L'utilisation contrôlée de l'informatique. — La loi 95-73 du 21 janvier 1995 est venu réglementer minutieusement le STIC ou « Système de Traitement des Infractions Constatées », tenu par le ministère de l'Intérieur. S'y ajoutent, notamment, le bureau d'ordre national automatisé des procédures judiciaires (art. 48-1 CPP) ; le fichier national automatisé des empreintes génétiques concernant certains types d'infractions (art. 706-54 s. CPP) ; « Minos », fichier informatique gérant les contraventions (arrêt ministériel du 22 février 2008 *JO* du 26 mars 2008) ; et le casier judiciaire national automatisé (art. 768 s.), dont il faut parler plus longuement.

479. La preuve des antécédents judiciaires. — Après identification d'un suspect ou d'un délinquant, encore faut-il connaître leur passé pénal. La connaissance d'un « pedigree criminel » est donc nécessaire. À quoi répondent plusieurs institutions : sommiers judiciaires et casier judiciaire.

480. Le sommiers judiciaires. — Il s'agissait à l'origine de registres, centralisés à Paris, sur lesquels on reportait un extrait de toutes les condamnations prononcées par les juridictions répressives françaises. À présent informatisé, ce sommier de police technique est tenu par le ministère de l'intérieur (art. 773-1 CPP).

481. Le casier judiciaire. — L'institution du casier judiciaire remonte à 1850. Depuis lors plusieurs fois réaménagée, elle est présentement régie par les articles 768 s. CPP. Le casier judiciaire général, aujourd'hui dénommé casier judiciaire national, dont les services siègent à Nantes, sera seul décrit ci-dessous. Mais on notera qu'il existe des fichiers spécialisés. Ainsi le fichier concernant les auteurs d'infractions sexuelles ou violentes (art. 706-53-1 CPP). Ainsi le fichier concernant les infractions routières. Ce fichier rassemble toutes les décisions concernant la délivrance, la suspension ou l'annulation du permis de conduire, y compris du permis de conduire dit « à points » (Code de la route, art. L. 223-1 s.).

482. Organisation matérielle du casier judiciaire. — Le principe du casier judiciaire a toujours reposé sur la tenue de fiches, centralisant les diverses décisions qui concernent le passé pénal de telle ou telle personne. Aujourd'hui, ces fiches sont établies et triées par l'informatique, mais la nature du procédé reste identique. Il s'agit toujours de tenir un fichier. En le consultan, on peut retrouver toutes les indications concernant telle ou telle personne, puis en faire le relevé. Ce relevé, selon les autorités ou les personnes auxquelles on le communique, est plus ou moins complet. D'où trois sortes de bulletins.

483. Division. — Pour décrire plus en détail le casier judiciaire, on doit considérer tout d'abord le fichier (§ 1) puis les bulletins (§ 2).

§ 1. Le fichier

484. Plan. — Il faut faire une description d'ensemble du fichier (A), avant de préciser le contenu des fiches (B).

A Description d'ensemble du fichier

485. L'alimentation du fichier. — Chaque fois qu'un individu fait l'objet d'une décision sujette à inscription au casier judiciaire, le greffier de la juridiction qui a prononcé cette condamnation adresse une fiche mobile aux services du casier judiciaire national informatisé. Cette fiche mobile comporte un extrait de la décision pénale, avec des précisions sur l'état civil du condamné. Lorsqu'un individu fait l'objet de plusieurs décisions, il s'ensuit autant de fiches à son nom.

486. La double extension du fichier. — Le casier judiciaire ne justifie plus totalement sa dénomination. Cela tient à la double extension de son fichier.

487. Extension quant à la nature des décisions rassemblées. — Le casier ne se limite plus, il s'en faut de beaucoup, à la collecte des condamnations pénales. Ainsi, par le jeu de mentions portées ultérieurement sur les fiches, il renseigne de façon beaucoup plus large sur diverses péripéties dans l'exécution des peines prononcées. Plus largement encore, le casier judiciaire contient à présent nombre de décisions non pénales, et parfois même d'origine non judiciaire. Il devient aussi, dans cette mesure, une sorte de casier civique, éclairant le statut juridique d'une personne et sa personnalité sociale.

488. Extension quant à la nature des personnes concernées. — Longtemps, le casier judiciaire n'a contenu d'informations que sur les seules personnes physiques. Mais le nouveau Code pénal a consacré la responsabilité pénale des personnes morales, il a prévu leur récidive. Dès lors, il fallait que le fichier renseigne sur leur passé pénal.

489. Les lacunes du fichier. Leur double origine. — Tandis qu'il s'étendait hors du champ pénal, le casier judiciaire cessait d'être exhaustif dans son recensement des condamnations répressives. Cela peut sembler une contradiction surprenante. Elle s'explique – sans se justifier pour autant – par deux facteurs fort éloignés mais de résultats concordants.

• Le premier facteur tient à la **dérive de l'amnistie** (*infra,* n° 615). Longtemps tenue pour un moyen exceptionnel de réconciliation nationale, après des événements graves (ainsi la Commune, la guerre d'Algérie), l'amnistie vient plus souvent servir, depuis quelques dizaines d'années, des fonctions moins avouables : blanchir des corruptions politiques, dégonfler des effectifs pénitentiaires, réaliser un don de joyeux avènement, consécutif à l'élection d'un nouveau

Président de la République. Or, quelle qu'ait été la raison de l'amnistie, le résultat reste le même : on retire du fichier les fiches relatives à des condamnations amnistiées.

• Le second facteur tient à la **mystique de la réinsertion** (*supra*, n° 47). Pour ne pas l'entraver, on retire du fichier la trace même de certaines infractions : ainsi pour certaines décisions constatant la délinquance de mineurs (à l'époque des faits), il peut y avoir **retrait des fiches** correspondantes. Le passé pénal s'évanouit alors.

B Contenu des fiches

490. Division. — Les considérations qui précèdent conduisent à considérer successivement : les décisions donnant lieu à fiches (a), les mentions ultérieures sur les fiches (b), les retraits de fiches (c).

a) **Les décisions donnant lieu à fiches**

491. Les deux listes de décisions. — Depuis la création du casier judiciaire, la liste des décisions donnant lieu à fiches ne concernait que des personnes physiques. En créant la responsabilité pénale des personnes morales, le Code pénal de 1992 a contraint de prévoir pour elles une seconde liste.

492. Liste concernant les personnes physiques. — Concernant les personnes physiques, la liste des décisions qui doivent être « fichées » comporte dix cas. Ils sont détaillés dans l'article 768 CPP.

• Pour les **personnes majeures** (plus de 18 ans), il s'agit principalement des condamnations contradictoires ou par contumace, ou par défaut si non frappées d'opposition, lorsqu'elles ont été prononcées par des juridictions françaises pour crimes, délits, ou contraventions de 5ᵉ classe.

• Pour les **personnes mineures**, il s'agit principalement : soit de condamnations pénales comme ci-dessus (mais elles interviennent rarement), soit de mesures d'éducation (*infra*, n° 933 s.).

493. Liste concernant les personnes morales. — Concernant les personnes morales, la liste des décisions qui doivent être « fichées » comporte quatre cas (article 768-1 CPP).

b) **Les mentions ultérieures sur les fiches**

494. Liste des mentions concernant les personnes physiques. — L'article 769 CPP établit cette liste. Pour ce qui se rapporte aux condamnations pénales (*supra,* n° 492), les mentions ultérieures sont relatives aux mesures de suspension, de grâce, ou de réduction des peines, ainsi qu'aux décisions de libération conditionnelle ou de sa révocation.

495. Liste des mentions concernant les personnes morales. — L'article 769-1, alinéa 1 CPP dispose qu'il est fait mention, sur les fiches du casier judiciaire des personnes morales, des décisions modificatives prévues à propos des personnes physiques. Bien entendu, cela ne vaut que pour des décisions susceptibles de concerner une personne morale. Ce qui exclut, par exemple, la mention d'une libération conditionnelle à propos d'une personne morale, dont l'incarcération est inconcevable.

c) **Les retraits de fiches**

496. Les listes des retraits. — Il faut ici parler de listes, au pluriel, car il en existe de deux sortes. L'une est générale, valant pour toutes personnes sauf les mineurs (1°) ; l'autre est spéciale aux mineurs (2°).

1°) Liste générale

497. Généralité de la liste. — Cette liste est établie tant pour les personnes physiques (art. 769 CPP) que pour les personnes morales (art. 769-1 CPP).

498. Contenu de la liste générale. — Elle résulte de l'article 769, alinéa 2 et 3 CPP. L'hypothèse principale est celle des condamnations non avenues par suite d'un sursis non révoqué, ou des condamnations effacées par une amnistie ou par la réhabilitation, que celle-ci soit de plein droit ou judiciaire.

Compte tenu de la fréquence des lois d'amnistie, on peut craindre que, souvent expurgé, le casier judiciaire ne fournisse, du passé pénal d'un individu, qu'une image bien incomplète. L'individualisation des peines, tant exaltée par ailleurs, peut-elle y gagner ? Oui, dans l'impressionnisme et l'arbitraire.

2°) Liste particulière aux mineurs

499. Distinction. — S'agissant de mineurs (à l'époque des faits en cause), cette liste se dédouble. Il y a des retraits obligatoires et des retraits facultatifs.

500. Les retraits obligatoires de fiches. — Les retraits obligatoires sont listés par l'article 769-7° CPP. Outre les retraits des condamnations pénales dans les conditions décrites pour les majeurs (ainsi lorsqu'il a été satisfait aux obligations du sursis), il faut signaler le retrait, à l'expiration d'un délai de trois ans, de toutes les fiches afférentes aux mesures éducatives dont le mineur a fait l'objet, sauf prononcé d'une nouvelle mesure ou d'une condamnation pénale.

Là encore, on peut craindre que cette évaporation du passé pénal ne serve guère l'individualisation de la peine, tant exaltée par ailleurs.

501. Les retraits facultatifs de fiches. — Suivant l'article 770 CPP, lorsqu'à la suite d'une décision prise à l'égard d'un mineur, la rééducation de ce mineur apparaît comme acquise, le Tribunal pour enfants peut, après l'expiration d'un délai de trois ans à compter de ladite décision et même si le mineur a atteint sa majorité, décider la suppression du casier judiciaire de la fiche concernant la décision dont il s'agit. Il faut à nouveau poser la question : est-ce là favoriser l'individualisation sérieuse de la peine ? On répondra que la publicité d'une condamnation ayant autrefois frappé la personne en cause pourrait être fort préjudiciable à sa réinsertion. Mais tel n'est pas le cas, car la loi prévient efficacement ce risque, par la délivrance – très sélective – des bulletins issus du casier judiciaire.

§ 2. Les bulletins

502. Les trois sortes de bulletins. — Les bulletins sont des relevés des diverses fiches qui figurent dans le casier judiciaire. Mais ces relevés sont plus ou moins complets, suivant leur destinataire. D'où trois sortes de bulletins, n°s 1, 2, 3.

503. Le bulletin n° 1. — Il consiste dans le relevé intégral des fiches du casier judiciaire applicables à la même personne, physique ou morale. Il n'est délivré qu'aux autorités judiciaires. Lorsqu'il n'existe aucune fiche au casier, le bulletin numéro 1 porte la mention « néant » (art. 774 et 774-1 CPP).

504. Le bulletin n° 2. — Il consiste dans le relevé des fiches du casier judiciaire, mais un relevé partiel, car en sont exclues certaines condamnations.

Lesquelles ? L'article 775 CPP les énumère pour ce qui concerne les personnes physiques, et l'article 775-1-A pour les personnes morales. Par exemple, sont exclues du bulletin n° 2 les condamnations avec sursis, une fois qu'elles doivent être considérées comme non avenues, et les déclarations de culpabilité assorties d'une dispense ou d'un ajournement de peine.

Plus généralement encore, toute condamnation peut être exclue du bulletin n° 2, si l'exclusion est ordonnée par la juridiction soit lorsqu'elle prononce la condamnation, soit ultérieurement. Et l'exclusion vaut relèvement de toutes les interdictions, déchéances ou incapacités de quelque nature qu'elles soient, résultant de la condamnation (art. 775-1 CPP).

De toute façon, le bulletin n° 2 n'est délivré qu'à certaines administrations, autorités ou organismes visés par l'article 776 CPP. Leur liste est assez restrictive. Lorsqu'il n'existe pas au casier judiciaire de fiches qui seraient à relever sur le bulletin n° 2, celui-ci porte la mention « néant ».

505. Le bulletin n° 3. — Il ne peut être délivré qu'à la personne qu'il concerne. Mais cette personne se le fait délivrer en vue de le communiquer à des tiers qui l'exigent, par exemple avant embauchage. Aussi le bulletin n° 3 n'est-il qu'un relevé très expurgé des fiches, qu'on appelle, pour cette raison, un « extrait » de casier judiciaire. D'abord il ne comporte, évidemment, aucune des condamnations exclues, de plein droit ou sur décision judiciaire, par le bulletin n° 2. Ensuite, pour ne pas entraver le reclassement social d'un condamné, ne figurent au bulletin n° 3 que les seules condamnations pour crimes ou délits visées par l'article 777 CPP. Leur liste, à laquelle on se reportera, se montre assez restrictive.

Sous-titre 3

Le sort de la peine

506. Division. — Étudier le sort de la peine conduit à considérer, dans un ordre logique et chronologique, la suspension (Chapitre 1), l'exécution (Chapitre 2) et l'extinction (Chapitre 3) de la peine.

Il s'ensuivra trois chapitres :

Chapitre 1 — **La suspension de la peine.**
Chapitre 2 — **L'exécution de la peine.**
Chapitre 3 — **L'extinction de la peine.**

Chapitre 1
La suspension de la peine

507. Ce qu'il faut entendre par là. — Ayant constaté la culpabilité du prévenu, la juridiction correctionnelle ou de police peut parfois ne pas se prononcer immédiatement sur la peine. La juridiction procède alors à ce que l'on appelle l'ajournement de la peine (*supra,* n° 397 s.). Dans ce cas, aucune peine n'est encore infligée. Tout autre est la situation que l'on considérera désormais. On suppose que la juridiction de jugement, après le constat de culpabilité du prévenu, a déterminé la peine qu'il devra subir. Mais, cette peine étant prononcée, il peut être de bonne politique criminelle soit de surseoir à son exécution, ou soit – plus tard –, de suspendre cette exécution déjà commencée. Ainsi le délinquant trouve-t-il un intérêt à bien se conduire.

La première hypothèse (suspension de la peine avant son exécution) correspond au **sursis**. La seconde hypothèse (suspension de la peine durant son exécution) correspond à la **libération conditionnelle**. Dans les deux cas, la peine reste alors suspendue sur le condamné, mais comme une menace qui s'appliquera s'il récidive.

On voit que les deux institutions ont une étroite parenté. Toutes deux favorisent, apparemment, la réinsertion du délinquant. Cependant, la libération conditionnelle, qui se place en cours d'exécution, sera plus utilement considérée dans le chapitre relatif à l'exécution de la peine (*infra,* n° 549 s.). Bref, le présent chapitre a pour objet le sursis, ou plus exactement les sursis. Il faut alors commencer par un peu d'histoire.

508. Le sursis de la loi Bérenger. — C'est cette loi (du nom du sénateur l'ayant inspirée) qui institua le sursis. En date du 26 mars 1891, elle a été depuis lors profondément élargie, modifiée, dans ses conditions d'octroi, par diverses réformes (1958, 1970, 1975), et tout récemment encore par le Code pénal de 1992. Mais le mécanisme est resté le même. Il consiste, pour la juridiction de jugement, à décider la **suspension** de la peine, sous la condition que le délinquant, durant un certain délai, n'encourra pas de nouvelle condamnation. Si, au contraire, durant ce délai d'épreuve, le délinquant encourt une nouvelle condamnation, la première peine prononcée sera exécutée, tandis que s'y ajoutera la seconde peine, éventuellement aggravée du fait de la récidive.

Les avantages de l'institution sont évidents. Mais elle a l'inconvénient de laisser à lui-même le condamné, sans surveillance ni assistance légalement organisées, tandis qu'on le replace dans son milieu d'origine, où l'influence qu'il subit n'est peut-être pas heureuse, puisqu'il a déjà commis une infraction.

509. Le sursis du Code de procédure pénale. — L'idée vint alors, après la Libération, d'imiter l'exemple de pays étrangers et de prévoir un régime dit de **probation** (mot d'origine anglaise, qui signifie mise à l'épreuve). L'individu y est soumis à un **contrôle tutélaire**, c'est-à-dire qu'il est aidé dans son effort de reclassement social, au lieu de devoir, tout seul, le mener à bien. Après quelques expériences officieuses, le Code de procédure pénale, en 1958, vint institutionnaliser la probation. Tout en conservant l'ancien sursis de la loi Bérenger, appelé sursis simple, il a prévu un régime d'épreuve surveillée, sous le nom de sursis avec mise à l'épreuve dont le régime a été, lui aussi, retouché plusieurs fois.

510. Le sursis avec obligation d'accomplir un travail d'intérêt général. — Une loi du 10 juin 1983, toujours à l'imitation de pays étrangers, vint créer la peine qui consiste dans l'assujettissement à un travail d'intérêt général (*supra,* n° 341). Cette même loi institua une nouvelle forme de sursis avec mise à l'épreuve, où le travail d'intérêt général constitue précisément l'épreuve.

511. Les trois formes du sursis. Plan. — Il existe donc, dans notre Droit actuel, les trois formes de sursis successivement apparues. On les examinera dans cet ordre : sursis simple (Section 1), sursis avec mise à l'épreuve (Section 2), sursis avec obligation d'accomplir un travail d'intérêt général (Section 3).

Section 1
Le sursis simple

512. Les pouvoirs de la juridiction. L'avertissement au sursitaire. — Les textes qui régissent le sursis simple sont aujourd'hui les articles 132-29 à 132-39 du Code pénal. Le premier de ces articles, en quelque sorte introductif, est ainsi rédigé : « La juridiction qui prononce une peine peut, dans les cas et selon les conditions prévus ci-après, ordonner qu'il sera sursis à son exécution. Le président de la juridiction, après le prononcé de la peine assortie du sursis simple, avertit le condamné, lorsqu'il est présent, des conséquences qu'entraînerait une condamnation pour une nouvelle infraction commise dans les délais (légaux) ». Comme on le voit, ce texte annonce les conditions (§ 1) et les effets (§ 2) du sursis simple.

§ 1. Les conditions du sursis simple

513. Les deux sortes de conditions. — Certaines conditions sont relatives au passé pénal de la personne en cause (A), d'autres à la peine comportant le sursis (B).

A Conditions relatives au passé pénal du délinquant

514. Cas du délinquant personne physique. — Que ce soit en matière criminelle, correctionnelle ou contraventionnelle, le sursis simple ne peut être ordonné que lorsque le prévenu n'a pas été condamné, au cours des cinq ans précédant les faits, pour crime ou délit de droit commun, à une peine de réclusion ou d'emprisonnement (art. 132-30, al. 1 et 132-33 al. 1 CP). « Pour crime ou délit de droit commun... ». C'est dire par là même qu'une condamnation antérieure, pour infraction politique ou militaire, ne fait pas obstacle à l'octroi du sursis simple.

515. Cas du délinquant personne morale. — En matière criminelle ou correctionnelle, le sursis simple ne peut être ordonné à l'égard d'une personne morale que lorsque celle-ci n'a pas été condamnée, dans le même délai de cinq ans, à une amende d'un montant supérieur à 60 000 euros (art. 132-30, al. 2 CP). En matière contraventionnelle, la somme au-delà de laquelle le sursis est exclu se trouve réduite à 15 000 euros (art. 132-33, al. 2 CP).

B Conditions relatives à la peine comportant le sursis

516. Cas du délinquant personne physique. — Il faut distinguer suivant la nature de la peine.

• S'il s'agit d'une peine privative de liberté, le sursis est applicable au seul emprisonnement (il ne l'est ni à la réclusion ni à la détention). Encore faut-il que la peine d'emprisonnement prononcée le soit pour cinq ans au plus (art. 132-31, al. 1 CP).

• S'il s'agit d'une peine autre que privative de liberté, le sursis est applicable à une peine d'amende (sauf pour les contraventions des quatre premières classes), de jours-amende, ainsi qu'aux peines privatives ou restrictives de droits (sauf exceptions visées par les articles 132-31 et 132-34 CP).

517. Cas du délinquant personne morale. — La question ne se pose pas quant aux peines privatives de liberté, inapplicables à une personne morale. Cela rappelé, le sursis est applicable tant à la peine d'amende (sauf pour les contraventions des quatre premières classes), de jours-amende qu'aux peines privatives ou restrictives de droits visées par les articles 132-32 et 132-34 CP.

§ 2. Les effets du sursis simple

518. Sursis total ou partiel. — La juridiction peut ordonner le sursis pour le tout ou pour partie seulement, qu'il s'agisse d'une peine d'emprisonnement (132-31, al. 3 CP) ou d'une peine d'amende (132-39 CP). Total ou partiel, le sursis a pour effet de rendre conditionnelle la condamnation qu'il affecte.

519. La condamnation assortie de sursis devient conditionnelle. — La condition, suspensive, est que le bénéficiaire du sursis n'encourra pas une nouvelle condamnation durant le délai d'épreuve. Ce délai, qui se compte à partir de la condamnation, dure cinq ans dans le cas de crime ou délit (art. 132-35 CP) ; deux ans dans le cas de contravention (art. 132-37 CP)... À partir de quoi, trois situations sont concevables. Ou bien la condition est encore en suspens (A). Ou bien elle ne se réalise pas (B). Ou bien elle se réalise (C).

A Effets du sursis lorsque la condition est encore en suspens

520. Il y a suspension de la peine. — Dans cette situation, il est supposé que le délai d'épreuve se trouve en cours, et que le « sursitaire » n'a pas commis d'infraction nouvelle. Alors, la peine affectée du sursis fait l'objet d'une suspension. C'est dire qu'elle ne sera pas exécutée. Ainsi s'explique que si le condamné était en état de détention provisoire lors du jugement qui le condamne à l'emprisonnement, mais avec sursis, il doit être immédiatement mis en liberté, nonobstant appel (art. 471 CPP).

B Effets du sursis lorsque la condition ne se réalise pas

521. L'hypothèse. — Cela suppose que, tandis que court son délai d'épreuve, le condamné sursitaire pour crime ou délit commet un crime ou un délit de droit commun, suivi d'une nouvelle condamnation sans sursis (art. 132-35 CP) ; ou bien que le condamné sursitaire pour contravention de 5e classe commet soit une nouvelle contravention de 5e classe, soit, à plus forte raison, un crime ou délit de droit commun suivis d'une nouvelle condamnation sans sursis (art. 132-37 CP).

522. Nécessité d'une condamnation « ferme ». Conséquence. — Pour révoquer le sursis en cours, il faut donc que la nouvelle condamnation soit ferme. C'est dire par là même, a contrario, que si la nouvelle condamnation comporte le bénéfice du sursis, elle n'entraîne pas la révocation du sursis (voire des sursis) précédemment obtenus. Il peut se produire ainsi ce qu'on appelle **l'empilement des sursis.** Lors de débats parlementaires, on a pu citer le palmarès d'un individu qui totalisait cinquante-deux années d'emprisonnement... mais avec sursis. La réinsertion y gagne-t-elle ? En tous cas, la menace pénale y perd beaucoup de sa force dissuasive.

523. Au cas de condamnation « ferme », révocation du sursis. Portée de la révocation. — Lorsque la condamnation nouvelle est ferme, la révocation du sursis survient de plein droit. Il s'ensuit que le condamné devra exécuter, sans qu'elles se confondent (art. 132-38, al. 1 CP) : et la première peine, jusqu'ici couverte par le sursis, et la deuxième peine, qui pourra d'ailleurs être aggravée du fait de la récidive.

Mais **la portée de cette révocation peut être restreinte** de deux façons par la juridiction qui prononce la nouvelle condamnation. D'une part, si cette juridiction prononce une peine – ferme bien sûr – mais qui n'est pas privative de liberté, cela n'entraîne révocation du sursis précédent qu'en ce qui concerne les peines autres que l'emprisonnement ou la réclusion (art. 132-36, al. 2 CP). D'autre part, la juridiction peut, par décision spéciale et motivée, dire que la condamnation qu'elle prononce n'entraîne pas la révocation du sursis antérieurement accordé ou n'entraîne qu'une révocation partielle, pour une durée qu'elle détermine, du sursis antérieurement révoqué. La juridiction peut également limiter les effets de la dispense de révocation à l'un ou plusieurs des sursis antérieurement accordés (art. 132-38 al. 2 CP).

C Effets du sursis lorsque la condition se réalise

524. Effacement de la condamnation assortie de sursis. Cas du sursis partiel. — Le délai d'épreuve s'est écoulé sans qu'il y ait eu rechute. La condamnation bénéficiant du sursis est alors réputée non avenue (art. 132-35 CPP). Non seulement les peines prononcées par la condamnation ne seront pas subies, mais la condamnation, censée n'avoir pas été prononcée, ne compte plus pour la récidive. Et par là même, elle ne s'oppose plus à l'octroi du sursis pour une infraction qui serait commise à l'avenir. Si le sursis a été partiel, la condamnation est considérée comme non avenue dans tous ses éléments. Toutefois, si le sursis ne concernait que l'emprisonnement, l'amende ou les jours-amende qui auraient été prononcés de surcroît restent dus. Si le sursis ne concernait que l'amende, la partie de l'amende non assortie du sursis reste due (art. 132-39 CP).

Section 2
Le sursis avec mise à l'épreuve

525. Division. — Cette forme de sursis (qu'on appelle aussi le sursis-probation, ou la probation) fut instaurée par le Code de procédure pénale en 1958. Plusieurs fois remodelé depuis lors, le sursis avec mise à l'épreuve est présentement régi par le Code pénal, dans ses articles 132-40 à 132-53.

526. Les pouvoirs de la juridiction. L'avertissement au sursitaire. — L'article 132-40, en quelque sorte introductif, est ainsi rédigé : « La juridiction qui prononce un emprisonnement peut, dans les cas et selon les conditions prévus ci-après, ordonner qu'il sera sursis à son exécution, la personne physique condamnée étant placée sous le régime de la mise à l'épreuve. Après le prononcé de l'emprisonnement assorti du sursis avec mise à l'épreuve, le président de la juridiction avertit le condamné, lorsqu'il est présent, des conséquences qu'entraînerait une condamnation pour une nouvelle infraction commise au cours du délai d'épreuve ou un manquement aux mesures de contrôle et aux obligations particulières qui lui sont imposées. Il l'informe de la possibilité qu'il aura de voir déclarer sa condamnation non avenue s'il observe une conduite satisfaisante ».

527. Le sursis avec mise à l'épreuve ne peut bénéficier aux personnes morales. Plan. — Cet article 132-40 fait apparaître, dès ses premiers mots, la spécificité d'un tel sursis. Il suppose le prononcé d'un emprisonnement : il ne peut donc, à la différence du sursis simple, concerner les personnes morales. Cela dit, on examinera le sursis avec mise à l'épreuve quant à ses conditions (§ 1) puis quant à ses effets (§ 2).

§ 1. Les conditions du sursis avec mise à l'épreuve

528. Les deux sortes de conditions. Division. — Il y a les conditions relatives à l'octroi du sursis (A) puis celles relatives à l'épreuve imposée (B).

A Conditions relatives à l'octroi du sursis avec mise à l'épreuve

529. Condition relative au passé pénal du délinquant. — Le passé pénal du délinquant peut faire obstacle à l'octroi d'un sursis-probation. Encore faut-il que ce passé soit lourdement chargé (suivant les précisions énoncées par l'art. 132-41, al. 3 CP).

530. Condition relative à la condamnation assortie du sursis-probation. — Il doit s'agir d'une condamnation à l'emprisonnement pour une durée de cinq ans au plus, à raison d'un crime ou délit de droit commun ; ou de dix ans au plus lorsque la personne est en état de récidive légale (art. 132-41, al. 1 CP)... « crime ou délit de droit commun », cette formule exclut le sursis-probation pour des infractions politiques ou militaires, à propos desquelles l'aide positive à la réinsertion du délinquant semble inopportune.

B Conditions relatives à l'épreuve imposée

531. Durée de l'épreuve. — La juridiction pénale peut décider que le sursis ne s'appliquera que pour une partie dont elle détermine la durée. Cette partie ne peut excéder cinq ans d'emprisonnement. Et la juridiction pénale fixe le délai d'épreuve qui ne peut être inférieur à douze mois ni supérieur à trois ans. Lorsque la personne est en état de récidive légale, ce délai passe à cinq ans, ou sept ans lorsque la personne se trouve à nouveau en état de récidive légale (art. 132-42 CPP).

532. Contenu de l'épreuve. Division. — C'est de ce contenu que le sursis-probation tire son originalité. Sans doute, le sursis simple comporte-t-il une épreuve, mais en quelque sorte négative. C'est seulement la menace de voir révoquer le sursis qui peut inciter le sursitaire à un effort de reclassement social. Au contraire, dans le sursis avec mise à l'épreuve, cet effort est impulsé, puis soutenu par la société. Le condamné doit satisfaire, durant l'épreuve, à des mesures de **contrôle** et des **obligations** qui lui sont spécialement imposées. En outre, le condamné peut bénéficier de mesures d'**aide** destinées à favoriser son reclassement social. Il faut alors, comme le fait le Code pénal, préciser ce que sont : les mesures de contrôle (a), les obligations spécialement imposées (b), les mesures d'aide (c).

a) Les mesures de contrôle

533. Énumération. — Suivant l'article 132-44 CP, les mesures de contrôle auxquelles le condamné doit se soumettre sont, notamment : répondre aux convocations du juge de l'application des peines ou du travailleur social délégué du SPIP (*infra*, n° 597 s.) ; prévenir le travailleur social de ses changements de résidence ou de tout déplacement dont la durée excéderait quinze jours...

b) Les obligations spécialement imposées

534. Une liste légale, limitative et... fort longue. — Suivant l'article 132-45 CP, le condamné peut se voir imposer une ou plusieurs des obligations figurant sur une liste légale et fort longue (19 possibilités). Par exemple : suivre un enseignement ou une formation professionnelle, ne pas fréquenter les débits de boissons...

c) Les mesures d'aide

535. Aide à caractère social ou matériel. — Suivant l'article 132-46 CP, « les mesures d'aide ont pour objet de seconder les efforts du condamné en vue de son reclassement social ». Ces mesures sont mises en œuvre par les Services Pénitentiaires d'Insertion et de Probation (ou SPIP, *infra,* n° 597 s.).

§ 2. Les effets du sursis avec mise à l'épreuve

536. Le résultat de l'épreuve. Division. — Les effets du sursis avec mise à l'épreuve dépendent évidemment du résultat de l'épreuve. D'où les deux hypothèses : échec (A) ou réussite (B).

A Effets du sursis dans l'hypothèse d'échec à l'épreuve

537. La double cause d'échec. — L'échec à l'épreuve peut avoir deux causes.

538. Première cause : l'irrespect des mesures de contrôle ou des obligations spécialement imposées. — Le manquement commis par le probationnaire *peut* justifier la révocation du sursis (art. 132-47 CP). La révocation est donc facultative.

539. Seconde cause : la rechute dans la délinquance. — Le plus souvent, l'échec à l'épreuve se manifeste par une rechute du « sursitaire » dans la délinquance. L'article 132-48 du Code pénal dispose alors : « si le condamné commet, au cours du délai d'épreuve, un crime ou un délit de droit commun suivi d'une condamnation à une peine privative de liberté sans sursis, la juridiction de jugement *peut*, après avis du juge de l'application des peines, ordonner la révocation en tout ou en partie du ou des sursis antérieurement accordés ».

540. La révocation reste toujours facultative et peut n'être que partielle. — La juridiction peut ordonner la révocation, qui n'est donc que facultative. Cela permet l'**empilement des sursis** (*supra,* n° 522). De plus, cette révocation peut intervenir « en tout ou partie ».

B Effets du sursis dans l'hypothèse de réussite à l'épreuve

541. La condamnation comportant le sursis est réputée non avenue. — Il s'ensuit que cette condamnation est censée n'avoir pas été prononcée. De sorte qu'elle ne comptera pas pour la récidive, ne fera pas obstacle à l'obtention d'un nouveau sursis. Il semble n'y avoir là que le jeu normal d'un sursis. Cependant, ce jeu se trouve faussé, car la notion de réussite à l'épreuve, on va le voir, est extensive.

542. Notion extensive de réussite à l'épreuve. — Il semblerait que la réussite dût s'entendre du seul cas où, durant le délai d'épreuve, aucun « accroc » sérieux n'est intervenu. Mais le Code pénal donne une définition beaucoup plus indulgente. Suivant son article 132-52, alinéa 1 : « la condamnation assortie du sursis avec mise à l'épreuve est réputée non avenue lorsque le condamné n'a pas fait l'objet d'une décision ordonnant l'exécution de la totalité de l'emprisonnement ». « La totalité »... autrement dit, en l'absence de révocation totale du sursis, la condamnation disparaîtra complètement à l'issue du délai d'épreuve.

Section 3

Le sursis assorti de l'obligation d'accomplir un travail d'intérêt général

543. Présentation. — Cette institution combine le sursis avec mise à l'épreuve et le travail d'intérêt général (en abrégé, TIG), ici traité comme une obligation particulière de ce sursis, ou si l'on préfère, une partie de l'épreuve exigée. Ce sursis, parfois dénommé sursis-TIG, peut être accordé soit lors de la condamnation (§ 1) soit après la condamnation (§ 2).

§ 1. Le sursis-TIG concomitant à la condamnation

544. Conditions d'octroi. — Puisque le TIG devient ici modalité d'épreuve au sein d'un sursis avec mise à l'épreuve, le sursis-TIG ne peut être prononcé (art. 132-54 CP) que dans les conditions et formes nécessaires pour l'obtention d'un sursis avec mise à l'épreuve (*supra,* n° 528 s.). De plus, et s'agissant d'un TIG (*supra,* n° 341), ce sursis ne peut être ordonné lorsque le prévenu le refuse ou n'est pas présent à l'audience.

545. Obligations du condamné à un sursis-TIG. — Ces obligations sont celles d'un condamné assujetti au TIG (art. 131-22 s. CP). De plus, au cours du délai fixé par la juridiction, dans la limite de dix-huit mois, pour accomplir ce travail, le condamné doit satisfaire à diverses mesures de contrôle (art. 132-55 CP), très comparables à celles découlant d'un sursis-probation (*supra,* n° 533).

546. Sort de la condamnation assortie du sursis-TIG. — On retrouve, à quelques détails près, les mêmes solutions que pour le sursis-probation (*supra,* n° 536 s.). On peut les résumer ainsi par deux propositions : dès l'accomplissement de la totalité du TIG, la condamnation est considérée comme non avenue (art. 132-54 CP) ; à l'inverse, lorsque l'épreuve (incluant le TIG) n'est pas satisfaite, une révocation du sursis *peut* s'ensuivre, complètement ou partiellement (art. 132-56 CP).

§ 2. Le sursis-TIG postérieur à la condamnation

547. L'hypothèse. — L'hypothèse est qu'une juridiction a prononcé, pour délit de droit commun, une condamnation à un emprisonnement ferme, mais n'excédant pas six mois. Une fois cette condamnation devenue définitive, le juge de l'application des peines peut quand même ordonner le sursis-TIG, s'il lui paraît favorable à la réinsertion du délinquant (art. 132-57 CP).

548. Le régime juridique. — On se retrouve dès lors dans le cas d'un sursis-TIG concomitant à la condamnation. Le régime juridique est le même.

Chapitre 2
L'exécution de la peine

549. L'exécution des peines non privatives de liberté. — À notre étage de généralité, l'exécution de la sanction pénale n'appelle pas, dans tous les cas, des précisions et des développements. Quand il s'agit d'une peine non privative de liberté, par exemple d'une interdiction professionnelle, d'une amende, peut-être les modalités d'exécution comportent-elles un grand intérêt humain ou matériel. Si cependant on les ignore, on n'en sait pas moins ce qu'est un médecin radié, une saisie du Trésor... Alors, nommer la peine, c'est en savoir déjà beaucoup sur son exécution.

On n'en parlera donc plus ici, se bornant à noter que « l'exécution d'une peine correctionnelle ou de police non privative de liberté peut être suspendue ou fractionnée pour motifs graves d'ordre médical, familial, professionnel ou social » (art. 708 CPP). Dans le même sens, la suspension de la peine peut être ordonnée pour état de santé durablement incompatible avec la détention (art. 720-1-1 CPP).

550. L'exécution des peines privatives de liberté. — Tout différemment, l'exécution des peines privatives de liberté suscite d'immenses difficultés, non pas seulement humaines et matérielles, mais aussi juridiques. C'est que l'importance de ces peines est majeure. Depuis l'abolition, en 1789, des châtiments corporels, et de la peine de mort, en 1981, les peines privatives de liberté constituent les peines les plus redoutées. Elles symbolisent même, aux yeux du public, l'appareil justicier. Elles sont un élément maître dans la définition d'une politique contre le crime.

C'est pourquoi nombre de mutations ayant affecté notre système répressif depuis quelques décennies ont concerné l'exécution de ces peines. Dans les trois principes qui dominent notre Droit pénal et notre Procédure pénale, on trouve l'aptitude à la réinsertion sociale (*supra*, n° 4, 47, 52 s.). Or, ce principe trouve ses applications les plus notables à propos des peines privatives de liberté.

551. Peines politiques privatives de liberté. — Suivant les articles D. 490 à 495 CPP, ces peines sont subies suivant un régime de faveur, et dit « **régime spécial** ». Les détenus bénéficiaires d'un tel régime sont séparés des autres détenus dans toute la mesure du possible. Ils sont admis à recevoir des visites tous les jours (art. D. 493 CPP). Ce régime plus libéral n'est pas réservé aux seuls **détenus politiques**. Il s'applique aussi aux personnes condamnées (ou poursuivies, c'est-à-dire en état de détention provisoire) pour **infractions de presse** (art. D. 490, al. 2 CPP). C'est d'ailleurs pourquoi ce régime, applicable à d'autres que les détenus politiques, est qualifié de spécial et non pas de politique.

Cependant, ses bénéficiaires principaux sont des détenus pour infraction politique. Quel critère alors retenir de l'infraction politique (*supra,* n° 66 s.) ? La réponse est, ici, parfaitement précise : sont réputées détenues pour infraction politique toutes les personnes, et seulement les personnes, qui sont poursuivies ou condamnées pour atteintes aux intérêts fondamentaux de la nation (art. D. 490 CPP, al. 3). Les peines politiques privatives de liberté ne se distinguent des peines de droit commun que par un adoucissement du régime pénitentiaire. Par le fait aussi que l'effort de réinsertion sociale n'a guère de sens pour les condamnés politiques, à moins de vouloir modifier leurs opinions. Mais la pensée libérale y répugne.

552. Peines de droit commun privatives de liberté. Leur but prédominant. Division. — Suivant l'article 707 CPP, « l'exécution des peines favorise, dans le respect des intérêts de la société et des droits des victimes, **l'insertion ou la réinsertion des condamnés ainsi que la prévention de la récidive** ». Tel étant le but de ces peines, leur aménagement s'impose donc en vue d'assurer, surtout, leur resocialisation.

Avec une grande part des criminologues d'outre-Atlantique, il est permis de craindre qu'il y ait là mirage philantropique. La plupart du temps, l'incarcération n'assure – au mieux – que la neutralisation des condamnés. Toutefois, en France, la mystique de la réinsertion sociale imprègne toute l'exécution des peines privatives de liberté.

Il faut examiner, à leur propos, les établissements pénitentiaires (section 1), les régimes pénitentiaires (section 2), le contrôle juridictionnel sur l'exécution des peines privatives de liberté (section 3).

Section 1
Les établissements pénitentiaires

553. La surpopulation pénitentiaire. — Au 1er juin 2008, les personnes incarcérées dans les divers établissements pénitentiaires étaient au nombre de 63 838 (pour un nombre sensiblement moindre de places).

554. Les divers types établissements pénitentiaires. — Ils sont de deux types : maisons d'arrêt ; établissements affectés à l'exécution des peines.

• **Les maisons d'arrêt** reçoivent à titre principal les personnes soumises à la détention provisoire : personnes mises en examen, prévenus, accusés (art. 714 CPP), ainsi que les personnes détenues (art. D. 570 CPP) à la suite d'une décision de contrainte judiciaire (*supra*, n° 351).

Mais ces maisons d'arrêt peuvent aussi recevoir les condamnés à l'emprisonnement d'une durée d'un an au plus ; ou même – à titre exceptionnel – les condamnés à plus d'un an, mais auxquels il ne reste à subir qu'une peine de moins d'un an (art. 717 CPP).

• **Les établissements affectés à l'exécution d'une peine** reçoivent des condamnés définitifs. En plus des établissements spécialisés pour mineurs *(infra*, n° 982), il en existe quatre catégories (art. D. 70 s. CPP) :

— **maisons centrales**, tout en préservant les possibilités de réinsertion sociale, ont un régime de sécurité renforcée ;

— **centres de détention** ont un régime qui se trouve plus spécialement orienté vers la réinsertion des personnes incarcérées ;

— les **centres de semi liberté** ont un régime préparant les condamnés à la sortie ;

— il existe aussi, pour les condamnés dont le reliquat de peines est inférieur à un an, des **centres pour peines aménagés**. Il existe de plus des centres pénitentiaires qui regroupent en leur sein des « quartiers » distincts, correspondant aux catégories ci-dessus.

555. Le personnel des établissements pénitentiaires. — Ce personnel pénitentiaire comporte plusieurs catégories : personnel de direction et personnel administratif ; personnel de surveillance ; enfin personnel socio-éducatif, à présent dénommé personnel d'insertion et de probation qui exerce d'ailleurs soit en milieu fermé, soit en milieu ouvert (*infra,* n° 597 s.). Tous ces personnels sont composés de fonctionnaires, agents proprement dits du service public pénitentiaire. Mais ce personnel est complété par des intervenants extérieurs : ministres des cultes, bénévoles du monde associatif... De plus, certains aspects d'intendance sont parfois confiés à des entreprises commerciales (construction, entretien et nettoiement des locaux ; nourriture des détenus ; prise en charge sanitaire).

Les établissements pénitentiaires sont essaimés sur l'ensemble du territoire français. Ils relèvent de l'Administration pénitentiaire, direction du Ministère de la Justice, et sont sous la surveillance d'un **contrôleur général des lieux de privation de liberté** (loi 2007-1545 du 30 octobre 2007 et décret 2008-246 du 12 mars 2008).

556. Répartition des condamnés entre les divers établissements pénitentiaires. — L'ensemble du service public pénitentiaire est organisé de manière à assurer l'individualisation de la peine, toujours en vue de favoriser la réinsertion des condamnés. La loi dispose à ce sujet que la répartition des condamnés entre les établissements pénitentiaires se fait « compte tenu de leur catégorie pénale, de leur âge, de leur état de santé et de leur personnalité » (art. 717-1. CPP).

557. Répartition des condamnés d'après leur catégorie pénale. — Cette répartition par catégorie pénale se fonde sur la durée de la peine qui reste à « purger » lorsque la condamnation devient définitive. Ce qui compte, en d'autres termes, est le temps durant lequel l'établissement pénitentiaire sera mis en mesure d'exercer sur le détenu son œuvre de réinsertion sociale, suivant la vocation propre des divers établissements.

558. Répartition des condamnés d'après leur âge. — Les détenus âgés de moins de vingt et un ans sont soumis à un régime particulier et individualisé qui fait une large place à l'éducation et à la formation professionnelle. Leur incarcération doit se placer dans un établissement qui parait le plus approprié à cette fin.

559. Répartition des condamnés d'après leur état de santé. — Le nombre élevé de détenus toxicomanes ou qui souffrent de troubles psychiatriques, le taux d'épidémie VIH (beaucoup plus élevé dans la population carcérale que dans la population générale), la recrudescence des hépatites et de la tuberculose... tous ces facteurs ont conduit les pouvoirs publics à modifier profondément la prise en charge sanitaire des détenus.

Prévention, diagnostic et soins leur sont assurés par des personnels de l'établissement hospitalier de secteur, au sein d'une unité de consultations et de soins ambulatoires (UCSA) implantée dans chaque établissement pénitentiaire.

De plus, s'agissant aussi de la santé mentale, des services médico-psychologiques régionaux (SMPR) existent dans les principaux établissements pénitentiaires. Ces établissements accueillent aussi les personnes condamnées à un suivi socio-judiciaire comprenant une injonction de soins (*supra,* n° 342).

L'hospitalisation pénitentiaire se trouve complétée par la généralisation en cours des UHSI (Unités Hospitalières Sécurisées Interrégionales).

560. Répartition des condamnés d'après leur personnalité. — Pour évaluer les chances et les moyens d'une réinsertion, on prend en compte, outre les éléments ci-dessus, les multiples particularités qui composent la personnalité du détenu : son passé, son évolution psychologique, son environnement familial, ses ancrages affectifs, ses aptitudes professionnelles, et bien sûr sa « dangerosité ».

Parfois, un texte confère une importance déterminante à telle ou telle particularité. Ainsi les auteurs d'infractions pour lesquelles le suivi socio-judiciaire (*supra*, n° 342) est encouru exécutent leur peine dans des établissements pénitentiaires permettant d'assurer « un suivi médical et psychologique adapté » (art. 717-1 CPP).

Mais en dehors de ces hypothèses réglées par un texte, la répartition des condamnés d'après leur personnalité se fait au terme d'une double démarche : une procédure d'orientation, une décision d'affectation.

561. La procédure d'orientation des condamnés. — L'orientation est bien plus délicate, en même temps que souhaitable, pour les condamnés sur lesquels peut être entrepris un effort prolongé de réinsertion (art. D. 75 s. CPP).

La procédure d'orientation consiste à totaliser les éléments relatifs à la personnalité du condamné : outre bien sûr ses antécédents, sa catégorie pénale, entrent en équation tous les renseignements susceptibles d'éclairer l'autorité qui décidera de l'affectation (*infra,* n° 562).

Cette procédure d'orientation est obligatoirement mise en œuvre pour les condamnés dont le temps d'incarcération restant à subir dépasse un an, ou trois mois pour les condamnés mineurs. L'orientation s'opère à l'aide des pièces établies tant par les organes de justice que par l'Administration pénitentiaire, éventuellement grâce aux examens du Centre National d'Observation de Fresnes.

562. Le Centre National d'Observation. — Centre de synthèse et de bilan, le CNO (situé à Fresnes, en région parisienne) tente d'élaborer pour chaque condamné qui lui est soumis un projet d'exécution de peine. Le passage à Fresnes est systématique pour les condamnés masculins dont le reliquat de peine, après condamnation devenue définitive, excède dix ans.

De plus, ce passage peut être ordonné, à titre exceptionnel, pour tout autre condamné paraissant appeler une observation approfondie.

Le condamné que l'on observe est incarcéré durant six semaines dans une cellule individuelle. Il fait l'objet d'un examen bio-psychologique et social approfondi. Son comportement est scruté par une personne spécialisée dans la « surveillance ». À l'issue du séjour, on établit, outre un dossier de personnalité, un programme prévisionnel de réinsertion pour le détenu en passage. Sous la présidence d'un magistrat, on détermine l'affection ultérieure du « stagiaire ».

Il existe aussi la possibilité d'un « second passage », où le condamné revient au Centre, qui peut actualiser son diagnostic à la veille d'une importante bifurcation de la peine en cours (commutation résultant d'une grâce, transfert d'une maison centale à un centre de détention, libération conditionnelle).

563. La décision d'affectation. — Cette décision relève, suivant la nature ou la durée de la peine, soit du Ministère de la justice, soit des directeurs régionaux de l'Administration pénitentiaire, soit des chefs d'établissement pénitentiaires.

Section 2
Les régimes pénitentiaires

564. But du régime pénitentiaire. Division. — Le régime pénitentiaire ne se résume plus, à notre époque, au seul enfermement. La sanction pénale vise principalement à la réinsertion du coupable.

On doit alors examiner : le régime pénitentiaire en milieu fermé (§ 1), qui comporte l'incarcération continue ; puis le régime pénitentiaire en milieu ouvert (§ 2), dans lequel l'incarcération devient intermittente ou même n'a plus lieu.

§ 1. Le régime pénitentiaire en milieu fermé

565. Le primat, toujours, de la réinsertion. — Régime pénitentiaire en milieu fermé, régime fermé, ces expressions désignent l'incarcération, l'enfermement. D'après l'article D. 189 CPP, le régime pénitentiaire, même en milieu fermé, doit faciliter la réinsertion sociale des prisonniers. Peut-être cette noble exigence s'inscrit-elle plus facilement dans un texte que dans la réalité. Pour y tendre, en tout cas, il faut bien diversifier à l'extrême le régime pénitentiaire. Il convient donc de décrire ses diverses sortes (A), avant de voir comment s'opère, en faveur d'un détenu déterminé, l'individualisation de ce régime (B).

A Les diverses sortes de régime pénitentiaire en milieu fermé

566. Énumération. — Emprisonnement collectif ? Ou bien isolement complet du condamné ? Le choix entre ces formules, ou leur combinaison, détermine les sortes concevables de régime pénitentiaire en milieu fermé. Elles sont au nombre de quatre.

567. Le régime de l'emprisonnement en commun. — C'est le régime le plus simple et le plus ancien. Sauf à séparer les hommes des femmes, les détenus vivent ensemble dans l'établissement pénitentiaire ; ils couchent dans des dortoirs collectifs. Ce régime, économique pour l'État, permet d'ailleurs une meilleure organisation du travail proposé aux détenus. Mais il a l'inconvénient de risquer d'être une école de corruption, les moins mauvais, peut-on craindre, étant influencés par les plus pervertis.

568. Le régime de l'emprisonnement cellulaire de jour et de nuit. — On l'appelle aussi le système pennsylvanien, du nom de l'État d'Amérique du Nord où il fut d'abord pratiqué. Ce système, à l'opposé du précédent, a l'avantage d'éviter la corruption des détenus. Mais il est onéreux et s'il dure très longtemps, il peut causer être la cause de graves troubles psychiques.

569. Le régime mixte. — On l'appelle aussi le régime auburnien, du nom d'Auburn, la prison de l'État de New York qui l'expérimenta. Il combine les deux systèmes précédents, par un régime d'emprisonnement et de travail en commun durant le jour, et d'emprisonnement cellulaire durant la nuit.

570. Le régime progressif. — On l'appelle aussi, du nom du pays d'Europe où il fut d'abord pratiqué, le régime irlandais. Il se caractérise par un retour graduel du condamné à la vie libre. Une série de transitions est ménagée entre l'incarcération la plus stricte et la suppression de toute contrainte.

Le régime progressif commence en milieu fermé, pour finir en milieu ouvert. Il se décompose en plusieurs phases. L'isolement pennsylvanien, pour accueil et observation du détenu. Puis l'emprisonnement auburnien. Puis la confiance avec l'octroi de certains avantages, comme la semi-liberté, la libération conditionnelle, qui placent le détenu en milieu ouvert.

Ce régime progressif a été pratiqué par la France, dans certains de ses établissements pour peines, à partir de 1945. Mais il fut abandonné par une réforme pénitentiaire de 1975. Elle est venue diversifier les régimes de détention en créant deux types distincts d'établissements pour peines : les maisons centrales, à prédominance sécuritaire, et les centres de détention, à prédominance réinsertive.

B L'individualisation du régime pénitentiaire en milieu fermé

571. Division. — Maintenant que sont connus les divers régimes pénitentiaires, il s'agit de savoir comment l'individualisation en est faite à tel ou tel détenu. À l'évidence, l'effort de réinsertion a d'autant plus de sens qu'il s'exerce durablement. D'où une individualisation inégale, selon que l'on envisage les condamnés à une longue peine (a), ou bien les condamnés à une courte peine (b).

a) L'individualisation pour les condamnés à une longue peine

572. Les deux degrés de l'individualisation. — Au cas de longue peine (celle qui justifie la procédure d'orientation (*supra,* n° 561), l'individualisation de la peine se fait à deux degrés. D'abord, elle s'opère précisément par l'orientation du condamné, entraînant son affectation à tel ou tel type d'établissement pénitentiaire. Ensuite, au sein de l'établissement pénitentiaire affecté, l'individualisation se prolonge par la mise en œuvre, pour chaque détenu, d'un PEP, ou projet d'exécution de peine (*infra,* n° 574).

573. L'individualisation par l'orientation. — Les condamnés se trouvant en régime fermé sont détenus dans deux types d'établissements : maisons centrales, centres de détention. Dans les maisons centrales, il est mis en place une organisation et un régime visant surtout à la sécurité, bien que ses modalités doivent néanmoins préserver et développer les possibilités de réinsertion sociale des détenus (art. D. 71 CPP). Dans les autres établissements (centres de détention, centres de semi-liberté, centres pour peines aménagées), (art. D. 72 et 72-1 CPP), la discipline est moins stricte.

574. L'individualisation sur mesure : le « PEP ». — L'individualisation jusqu'ici décrite s'opère par catégories prédéterminées, qui reflètent sommairement la personnalité du détenu. Il s'agit, si l'on ose dire, de « prêt-à-porter ». Avec le PEP (Projet d'Exécution de Peine), on passe à l'individualisation sur mesure. Le détenu devient « l'associé de sa réinsertion ».

Partant de sa situation concrète (nature de la condamnation, reliquat de peine, tendance à la récidive, compétence professionnelle, degré d'instruction...), de ses aspirations (souhait d'affectation géographique, de rapprochement familial, de type de travail à la sortie), l'Administration fait participer le détenu à l'établissement du projet d'exécution de sa peine.

Ainsi précise-t-on, autour d'un calendrier d'espoirs, des objectifs précis : passer – au sein du même établissement – dans une unité de vie carcérale moins rigide, accéder à une formation professionnelle... établir un planning d'efforts tendus vers le milieu ouvert (*infra,* n° 576 s.).

En ce sens, le détenu doit assumer des obligations précises : assiduité aux séances de formation, comportement correct, maintien des liens familiaux. L'avenir dira si ce scoutisme pénitentiaire influence la courbe de la criminalité, qui jusqu'à présent, n'est pas en déflation soutenue.

b) **L'individualisation pour les condamnés à une courte peine**

575. Individualisation nécessairement réduite... — L'individualisation se conçoit ici difficilement, car l'effort de réinsertion sociale qu'elle est censée permettre n'a guère de sens s'il s'exerce durant une période trop brève. Mais à cette raison, fort avouable, s'en ajoute une autre qui l'est beaucoup moins : le surencombrement des maisons d'arrêt.

Quoique ces maisons aient pour vocation principale l'accueil des détenus provisoires, il est fréquent qu'on y place aussi, bien regrettablement, des condamnés définitifs (*supra,* n° 554).

576. Individualisation quand même ? — Cependant, les condamnés à une courte peine peuvent bénéficier d'une certaine individualisation. Elle résulte parfois du jugement de condamnation lui-même. Lorsque le Tribunal prononce une peine égale ou inférieure à un an d'emprisonnement, il peut décider que la peine sera subie sous le régime de la semi-liberté ou du placement à l'extérieur (art. 132-25 CP). À défaut, le juge de l'application des peines, saisi par le ministère public, peut aménager la peine (art. 723-15 CPP) : placement à l'extérieur, semi-liberté, fractionnement ou suspension de la peine, placement sous surveillance électronique, libération conditionnelle. Et le directeur du SPIP (*infra*, n° 597 s.) dispose d'une compétence analogue, pour aménager ce que la pratique appelle : « un sas de sortie » Tant d'initiatives, généreuses en leur finalité, feront-elles décroître la criminalité ? Le sceptique pense à l'adage : « à force de coiffeurs, la fiancée devient chauve ».

§ 2. Le régime pénitentiaire en milieu ouvert

577. Importance et notion du milieu ouvert. — On a vu que les prisons fermées hébergeaient quelque 63 800 détenus (*supra,* n° 553). Le milieu ouvert, quant à lui, prend en charge plus du double de personnes (149 000 personnes à fin 2007). « Milieu ouvert », ces expressions recouvrent les diverses mesures qui suspendent l'incarcération du condamné, dans l'espoir que les contacts rétablis épisodiquement avec le monde extérieur favoriseront un retour graduel à la vie normale. L'accès au milieu ouvert se fait par des mesures variées : il faut en décrire la panoplie.

Mais en rendant à la vie libre (serait-ce de façon brève) des personnes qui ne devraient pas l'être encore, ces mesures créent un risque pour la sécurité publique. C'est pourquoi l'on a prévu, comme préalable au milieu ouvert, une période de sûreté. On examinera la panoplie du milieu ouvert (A) puis la période de sûreté (B).

A La panoplie du milieu ouvert

578. Inventaire. — On doit mentionner – en ce qu'elles écourtent le séjour carcéral – les réductions de peine. Leur octroi (art. 721 s. CPP) récompense soit la bonne conduite des détenus à l'intérieur de la prison, soit leur effort de réadaptation sociale (succès à un examen de formation, indemnisation des victimes).

D'autres mesures placent le condamné dans le monde libre, de façon plus ou moins prolongé. Il s'agit de : la suspension ou le fractionnement de l'incarcération ; les permissions de sortir ; le placement à l'extérieur ; la semi-liberté ; la libération conditionnelle ; le placement sous surveillance électronique.

579. La suspension ou le fractionnement de l'incarcération. — On espère parfois, en « hachant » la peine, atténuer son effet corrupteur ou déracinant. « En matière correctionnelle, lorsqu'il reste à subir par la personne condamnée une peine d'emprisonnement inférieure ou égale à un an, cette peine peut, pour motif grave d'ordre médical, familial, professionnel ou social et pendant une période n'excédant pas trois ans, être suspendue ou exécutée par fractions, aucune de ces fractions ne pouvant être inférieure à deux jours » (art. 720-1 CPP).

580. Les permissions de sortir. — Elles autorisent le condamné à s'absenter d'un établissement pénitentiaire pendant une période de temps déterminée et s'impute sur la durée de la peine en cours d'exécution. Elles ont pour objet de préparer la réinsertion professionnelle ou sociale du condamné, de maintenir ses liens familiaux ou de lui permettre d'accomplir une obligation exigeant sa présence (art. 723-3 CPP). Par exemple, décès d'un proche parent du condamné.

581. Le placement à l'extérieur. — Ce placement à l'extérieur (art. 723 CPP) peut s'opérer selon deux modalités. Soit sous la surveillance continue du personnel pénitentiaire ; soit même hors cette surveillance : suivre un enseignement, faire un stage, subir des soins.

582. La semi-liberté. — Le condamné admis au bénéfice de la semi-liberté est, comme l'expression le suggère, en liberté aux jours et heures « ouvrables », en vue notamment de satisfaire à sa vie professionnelle ou familiale, mais doit rejoindre l'établissement pénitentiaire pour y passer le reste du temps (art. 132-26 CP).

583. La libération conditionnelle. — La libération conditionnelle (art. 729 à 733 CPP) est la suspension de la peine privative de liberté lorsque le condamné présente des gages sérieux de réadaptation sociale, ce qui suppose qu'il ait déjà subi une certaine partie de sa peine, partie variable selon la gravité de la condamnation.

Afin d'aider au reclassement du condamné, la décision de libération conditionnelle peut être assortie, pour un délai d'épreuve variable, d'obligations particulières (ainsi ne pas fréquenter certaines personnes), de mesures de contrôle (ainsi résider en un endroit déterminé), d'assistance (ainsi subir une sorte de tutelle morale ou matérielle).

584. Le placement sous surveillance électronique. Et la Surveillance judiciaire. — S'il n'a pas à subir plus d'une année d'emprisonnement, et s'il l'accepte, le condamné peut purger sa peine en liberté, mais sous surveillance électronique (art. 723-7 s. CPP —, pour cette même surveillance au cas de contrôle judiciaire, *infra* n° 766).

Le bracelet que porte alors le condamné permettant de surveiller ses allées et venues, il lui est interdit de quitter l'endroit assigné en dehors des déplacements, bien précisés, que requiert son réinsertion sociale (tenue d'un emploi, vie de famille, nécessité médicale...). Si le condamné ne satisfait pas à cette interdiction, la décision de placement peut être rapportée, avec pour conséquence l'incarcération.

On voit que ce placement sous surveillance électronique permet un contrôle strict bien que s'opérant à distance. C'est pourquoi cette mesure ne relève pas des limitations que crée, pour toutes les autres mesures du régime ouvert, la période de sûreté.

B La période de sûreté

585. Raison d'être. — La panoplie qui vient d'être décrite éveille quelques craintes. La mystique de la réinsertion risque de faire oublier l'une des raisons d'être de l'enfermement : protéger les victimes potentielles contre des personnalités prédatrices. À ce souci répond la période de sûreté. Cette période de sûreté correspond au temps durant lequel le condamné à une peine privative de liberté ne peut pas bénéficier, précisément, des mesures du régime ouvert (*supra,* n° 578 s.).

Dans quelles hypothèses la période de sûreté s'applique-t-elle ? Elle est exclue concernant les mineurs (art. 20-2 ord. 45-174 du 2 février 1945). Concernant les majeurs, le Code pénal distingue deux hypothèses d'application. Pour certaines infractions, particulièrement graves et limitativement désignées, la période de sûreté est de plein droit (a). Dans les autres cas, elle est facultative (b). Mais, obligatoire ou facultative, la période de sûreté peut toujours faire, ultérieurement, l'objet d'une réduction (c).

a) La période de sûreté de plein droit

586. Domaine. — Cette période de plein droit (art. 132-23 CP) n'existe que si, mais à chaque fois que le texte incriminateur en décide ainsi pour l'infraction considérée. Ainsi, s'agissant du meurtre aggravé (art. 221-2 s. CP), du trafic de stupéfiants (art. 222-34 s. CP), du terrorisme (art. 421-3 s. CP). Mais encore faut-il que la condamnation prononcée soit égale ou supérieure à dix ans de privation de liberté.

587. Durée. — La durée de la période de sûreté résulte d'un principe, et d'exceptions.

• Le **principe**. Si la peine prononcée est perpétuelle, la période de sûreté dure dix-huit ans (condamnés primaires) et quinze à vingt-deux ans (récidivistes). Si la peine prononcée est temporaire, la période de sûreté sera de la moitié de la peine. Mais la juridiction qui prononce la peine peut, par décision spéciale, modifier cette durée légale. On entre alors dans le champ des exceptions.

• Les **exceptions**. Ces exceptions résultent d'une décision spéciale de la juridiction qui condamne. La juridiction peut réduire la période de sûreté comme elle l'entend, jusqu'à la supprimer. À l'inverse, la juridiction peut porter la période de sûreté jusqu'aux deux tiers de la peine prononcée, si cette peine est temporaire ; ou jusqu'à vingt-deux ans, si la peine prononcée est perpétuelle.

De plus, dans le cas de meurtre particulièrement odieux (meurtre accompagné de viol, tortures, actes de barbarie contre un mineur de quinze ans), la Cour d'assises peut – par décision spéciale – porter la période de sûreté jusqu'à la totalité de la peine prononcée, serait-elle une réclusion de trente ans, serait-elle même une peine de réclusion à perpétuité (art. 221-3, 221-4 CP).

588. La peine réellement incompressible, donc inexorable ? Non. — On dit parfois que, dans l'hypothèse où la mesure de sûreté peut être déclarée perpétuelle, il y a peine perpétuelle incompressible, ou inexorable.

Cela n'est pas exact. D'abord, la grâce est toujours possible. Et si la grâce n'intervient pas, la peine de sûreté prononcée par la juridiction de jugement peut faire, ultérieurement, l'objet d'une réduction (*infra,* n° 591).

b) **La période de sûreté facultative**

589. Domaine. — Dans tous les cas où la période de sûreté n'est pas de plein droit, une période de sûreté *peut* être ordonnée par la juridiction qui prononce la condamnation, dès lors que cette condamnation consiste en une peine privative de liberté, sans sursis, de plus de cinq ans.

590. Durée. — S'agissant d'une période facultative ordonnée par la juridiction de jugement, cette juridiction reçoit les mêmes pouvoirs de rigueur qu'au cas de période obligatoire (*supra,* n° 587). Autrement dit, la durée de la période de sûreté peut être portée jusqu'aux deux tiers de la peine lorsqu'elle est temporaire ou, dans le cas d'une condamnation à perpétuité, jusqu'à vingt-deux ans.

c) **Réduction ultérieure de la période de sûreté**

591. Mécanisme. — Cependant, qu'elle soit de plein droit ou facultative, toute période de sûreté peut être ultérieurement allégée.

Lorsque le condamné présente des gages sérieux de réadaptation sociale, le tribunal de l'application des peines (*infra*, n° 600) peut saisir la juridiction compétente à raison du lieu de détention. Cette juridiction décidera soit de mettre fin à la période de sûreté, soit d'en réduire la duréee. Au gré de cette juridiction, la cessation ou la réduction concerneront telle ou telle (art. 720-4, al. 1 CPP) des mesures du régime ouvert (*supra,* n° 579 s.).

Section 3
Le contrôle juridictionnel sur l'exécution de la peine

592. Au nom des droits de l'homme... — « Vous qui entrez ici, laissez toute espérance ». La prison, comme l'enfer de Dante, put longtemps avoir cette devise. Une fois condamné, le détenu devait expier... Mais la prééminence des droits de l'homme a profondément changé la situation. « Ils ne s'arrêtent pas à la porte des prisons... ». Lancée par la Cour européenne (*supra,* n° 92) la formule a fait son chemin. On a donc introduit progressivement, dans l'univers des prisons, des garanties juridictionnelles.

Ce fut, d'abord, le juge de l'application des peines. Juge du siège, donc indépendant du pouvoir exécutif, le « JAP » offrait des garanties. Cependant, il prenait des décisions de type administratif, en dehors des garanties de procédure, ainsi le respect du contradictoire et l'existence de voies de recours. Ces garanties juridictionnellles ont été prévues par des lois ultérieures. Il faut donc, suivant l'histoire, considérer le juge de l'application des peines (§ 1) puis l'institution de garanties juridictionnelles (§ 2).

§ 1. Le Juge de l'application des peines

593. Raison d'être du JAP. — En 1945, on a réorganisé, en marge d'ailleurs des textes légaux, l'exécution des peines privatives de liberté. L'administration pénitentiaire associa des magistrats du siège à l'individualisation de la peine ; notamment pour le régime progressif (*supra,* n° 570), pratiqué jusqu'en 1975 dans quelques maisons centrales.

Le recours à ces magistrats visait deux buts, dont la permanence s'est affirmée : d'une part, coordonner l'individualisation de la peine depuis son prononcé jusqu'à son expiration ; d'autre part, minimiser le risque d'arbitraire qu'une telle individualisation peut comporter en fait.

594. Le statut du JAP. — De cette pratique allait sortir le juge de l'application des peines – en sigle JAP), créé par le Code de procédure pénale en 1958.

Ce juge est un magistrat du siège (art. 712-2 CPP). Ses attributions, dessinées dans une perspective d'extrême individualisation, concernent l'exécution des peines, qu'elles soient ou non privatives de liberté (art. D. 576 CPP).

595. Attributions du JAP quant à l'exécution des peines privatives de liberté. — Auprès de tout établissement pénitentiaire, il existe au moins un juge de l'application des peines. Il détermine, pour chaque condamné, les principales modalités d'exécution des peines privatives de liberté ou de certaines peines restrictives de liberté. Ainsi pour les réductions de peine, les permissions de sortir, le placement à l'extérieur, la semi-liberté. Le JAP accorde aussi la plupart des libérations conditionnelles (*supra*, n° 583).

596. Attributions du JAP quant à l'exécution de peines autres que privatives de liberté. — Le juge de l'application des peines organise ou contrôle toutes les mesures (privatives ou non de liberté) que le condamné doit subir pour faciliter son reclassement. À l'issue d'une procédure de type juridictionnel, incluant un débat contradictoire entre le Procureur de la République et le condamné, le JAP se prononce par un jugement motivé, susceptible de recours.

597. Auxiliaires du JAP. — Le JAP est assisté dans sa tâche (art. D. 49-27 CPP) tant par la Commission de l'application des peines que par les « **S**ervice **P**énitentiaire d'**I**nsertion et de **P**robation », ou « SPIP ».

598. Raison d'être des SPIP. — Les SPIP, placés sous l'autorité d'ensemble du directeur régional des services pénitentiaires, existent à l'échelon du département. Leur création vise à rationaliser la politique de réinsertion sociale. Notamment, parce que le département renferme la plus forte densité des organismes associés à l'intervention publique, et cela même en dehors de toute délinquance (aide sociale, attribution de logements à loyer réduit). Ce qui relève de l'assistance post-pénale, laquelle entre dans la mission des SPIP.

599. Mission très large des SPIP. — Comme on dit dans les milieux éducato-réinsertifs, leur mission s'étend du « pré-sentenciel » au « post-sentenciel » (art. D. 572 s. CPP).

• **Pré-sentenciel** — Avant toute décision sur la culpabilité, les SPIP assurent, par mandat de l'autorité judiciaire, les enquêtes et mesures préalables, et notamment le contrôle des personnes placées sous contrôle judiciaire, lors de l'instruction préparatoire (*infra*, n°s 765 s.).

• **Post-sentenciel** — Le SPIP contrôle aussi les personnes condamnées, dans le cas soit d'une mesure d'ajournement de peine avec mise à l'épreuve ; soit d'un sursis comportant mise à l'épreuve ; soit d'un travail d'intérêt général ; soit d'une interdiction de séjour ; soit d'une libération conditionnelle. Il s'efforce enfin d'aider les condamnés ayant subi leur peine (hébergement, recherche d'un emploi).

§ 2. L'institution de garanties juridictionnelles

600. JAP, TAP, CAP. — La loi Perben 2 (*supra*, n° 55) a parachevé la protection des condamnés en systématisant les garanties juridictionnelles qui président à l'exécution des peines. Ce qu'on appelle aussi leur « juridictionnalisation ».

• À côté du JAP (Juge de l'Application des Peines), se place désormais le TAP (Tribunal de l'Application des Peines), composé d'un JAP, qui préside, et de deux assesseurs, eux aussi JAP (art. 712-3 CPP). Il existe au moins un TAP dans le ressort de chaque Cour d'appel. Pour les mesures ne relevant pas du JAP, le relèvement de la période de sûreté, la libération conditionnelle ou la suspension de peines sont accordées, ajournées, refusées, retirées ou révoquées par jugement motivé du TAP (art. 712-7 CPP).

• Au-dessus du JAP et du TAP, se place la CAP, ou Chambre de l'Application des Peines, dans chaque Cour d'appel (art. 712-13 CPP).

Les décisions tant du JAP que du TAP sont donc, sur appel, soumises à nouvel échelon juridictionnel. Qui n'est pas le dernier puisque le pourvoi en cassation est encore possible (art. 712-15 CPP).

601. Questions impertinentes. — Ces réformes brouillonnes, cette frénésie normative, sont-elles accordées aux besoins immenses, et souvent insatisfaits, de notre société ? De plus, parmi les droits de l'homme, figure au premier rang la sécurité des personnes et des biens. Or, présentement, pour les citoyens respectueux des lois, ce droit de l'homme est-il toujours « effectif et concret » ?

Chapitre 3
L'extinction de la peine

602. Notions générales. Division. — En principe, la peine ne s'éteint que par son exécution, ou par la mort de la personne condamnée : décès quand il s'agit d'une personne physique, dissolution quand il s'agit d'une personne morale (art. 133-1 CP). Toutefois, certaines situations peuvent justifier l'extinction de la peine, que l'extinction se produise d'elle-même ou qu'elle ait pour cause l'effacement de la condamnation qui prononce la peine.

Ces situations sont au nombre de quatre, et le Code pénal en traite dans un chapitre précisément intitulé « de l'extinction des peines et de l'effacement des condamnations » (art. 133-1 à 133-17 CP). Il s'agit de : la prescription (Section 1), la grâce (Section 2), l'amnistie (Section 3), la réhabilitation (Section 4).

Section 1
La prescription de la peine

603. Prescription de l'action publique et prescription de la peine. Rappel. — On connaît la différence entre la prescription de l'action publique, qui se place avant condamnation, et la prescription de la peine, qui se place après condamnation (*supra,* n°19). Il existe cependant un lien entre les deux sortes de prescriptions. Il s'agit toujours de prendre en compte l'œuvre du temps, et sa force d'oubli. Sans doute, quelques crimes de type monstrueux paraissent devoir se graver dans la mémoire collective. C'est ainsi que les crimes contre l'humanité sont tenus pour imprescriptibles (art. 213-5 CP), tant au regard de l'action publique que de la peine.

Mais mise à part cette exception, toutes les infractions peuvent se prescrire, toutes les peines aussi. Il faut alors noter que la prescription de l'action publique, faisant obstacle aux poursuites judiciaires, ressortit à la Procédure pénale (art. 7, 8, 9 CPP), tandis que la prescription de la peine ressortit au Droit pénal. Le Code pénal en traite dans une section qui va des articles 133-2 à 133-6. Présentement, on ne considérera que la prescription de la peine.

604. Raison d'être de cette prescription. — Il arrive qu'une peine prononcée ne puisse pas être exécutée (par exemple, le condamné s'est enfui). Lorsque de nombreuses années se sont écoulées, on considère que le trouble causé par l'infraction et le bruit de la condamnation se sont s'apaisés. À quoi s'ajoute qu'en général le condamné qui prescrit sa peine s'efforce de ne pas attirer l'attention, et se conduit donc bien. À partir de cette raison d'être, il paraît logique de fixer un délai de prescription qui varie suivant la gravité du fait commis.

605. Durée, point de départ des délais de prescription. — Sauf règles particulières concernant des infractions « odieuses » (*supra,* n° 19), les peines prononcées se prescrivent – suivant que l'on est en présence d'un **crime,** d'un **délit** ou d'une **contravention** – par **vingt, cinq, trois années** révolues (art. 133-2 à 133-4 CP). Quelle que soit la durée de la prescription, elle ne court qu'à compter de la date à laquelle la condamnation est devenue définitive.

606. Interruption, suspension de la prescription. — L'interruption de la prescription se produit par l'effet de tout acte d'exécution que commande la nature de la peine. Par exemple, une saisie dans le cas de l'amende, une arrestation dans le cas de l'emprisonnement. Après interruption, le compteur chronologique est remis à zéro. La prescription de la peine ne peut donc plus être acquise que par l'écoulement d'un nouveau délai plein.

La suspension de la prescription ne remet pas à zéro le compteur chronologique. Elle ne fait que l'arrêter pour le temps que dure la suspension. Cette suspension se produit par l'effet d'une force majeure, formant obstacle infranchissable à l'exécution forcée de la condamnation. Par exemple, la prescription ne court pas contre une condamnation avec sursis tant que le sursis n'est pas révoqué. Mais à l'inverse, n'a pas valeur suspensive une simple difficulté d'exécution, surtout tenant à la carence de l'État. Par exemple, l'évasion du condamné.

607. Domaine de la prescription. — Il suit de ce qui précède que seules sont prescriptibles les peines pour lesquelles une exécution forcée est concevable. Ne se prescrivent donc pas les peines privatives ou restrictives de droit.

608. Effets de la prescription. — La peine prescrite est réputée exécutée. Mais la condamnation subsiste, avec ses conséquences de droit (récidive, casier judiciaire, obstacle au sursis). De plus, le condamné qui a prescrit une peine prononcée pour crime est soumis de plein droit à l'interdiction de séjour dans le département où demeuraient la victime du crime ou ses héritiers directs (art. 763 CPP).

Section 2
La grâce

609. Les textes applicables. — La section que le Code pénal consacre à la grâce est courte. Elle ne comporte que deux articles, l'un et l'autre lapidaires. D'une part, l'article 133-7 : « La grâce emporte seulement dispense d'exécuter la peine ». D'autre part, l'article 133-8 : « La grâce ne fait pas obstacle au droit, pour la victime, d'obtenir réparation du préjudice causé par l'infraction ».

610. Les deux formes de grâce. Division. — La grâce est traditionnellement, un acte de clémence du chef de l'État qui fait au condamné remise totale ou partielle de sa peine. Ce droit de grâce présidentielle (art. 17 de la Constitution) permet de corriger la rigidité des condamnations pénales. De plus, en vue d'individualiser la peine et de favoriser la réinsertion du délinquant, on a donné le pouvoir à la justice d'alléger la peine. Ce qui conduit à considérer successivement la grâce présidentielle (§ 1), la grâce judiciaire (§ 2).

§ 1. La grâce présidentielle

611. Domaine de la grâce présidentielle. — Cette grâce présidentielle ne peut s'appliquer qu'à l'exécution de peines qui sont :

• Des **peines, au sens étroit** et juridique du terme (*supra,* n° 307). Cela exclut les sanctions disciplinaires et fiscales, ainsi que les mesures de sûreté, sauf les mesures de sûreté (*supra,* n° 328) fonctionnant sous la dénomination et le statut de peine.

• **Définitives**, ce qui exclut les cas où la condamnation est encore susceptible d'une voie de recours.

• **Exécutoires**, ce qui exclut les peines déjà subies, ou prescrites, ou bénéficiant du sursis.

La grâce, qui résulte toujours d'un décret pris par le président de la République, est en général une **grâce individuelle,** concernant un bénéficiaire nominativement déterminé ; elle intervient soit d'office, soit à la suite d'un recours en grâce du condamné. Mais il existe aussi des **grâces collectives** accordées à l'occasion de la fête nationale, ou de certains événements politiques.

612. Effets de la grâce présidentielle. — La grâce s'analyse comme une dispense d'exécution de la peine, bien que sans effacement de la condamnation.

• **Dispense d'exécution :** cette dispense peut porter sur la totalité de la peine, ou sur une partie seulement. La peine prononcée peut être remplacée par une peine moins forte (ainsi « commutation » de la peine de réclusion criminelle à perpétuité en peine temporaire de 20 ans).

• **Sans effacement de la condamnation :** c'est la différence essentielle entre la grâce et l'amnistie (*infra,* n° 622). Il existe bien une grâce amnistiante, qui opère l'effacement de la condamnation, mais précisément parce qu'elle est une forme d'amnistie (*infra,* n° 618).

De ce que la grâce autre qu'amnistiante n'efface pas la condamnation, il résulte deux conséquences. D'une part, la condamnation reste inscrite au casier judiciaire, et compte pour la récidive. D'autre part, sauf mention expresse dans le décret, les peines complémentaires ne sont pas couvertes par la grâce. Mais elles peuvent bénéficier de la grâce judiciaire.

§ 2. La grâce judiciaire

613. La grâce judiciaire concernant les peines privatives ou restrictives de droits. — Toute personne frappée d'une interdiction, déchéance ou incapacité ou d'une mesure de publication quelconque résultant de plein droit d'une condamnation pénale ou prononcée dans le jugement de condamnation à titre de peine complémentaire, peut demander à la juridiction qui a prononcé la condamnation... de la relever, en tout ou partie, y compris en ce qui concerne la durée, de cette interdiction, déchéance ou incapacité (art. 702-1 CPP).

614. La grâce judiciaire concernant les peines privatives de liberté. — Chaque condamné bénéficie (art. 721 CPP) d'un crédit de réduction de peine (trois mois pour la première année, deux mois pour les années suivantes, et de sept jours par mois). Ce crédit est moindre lorsque le condamné était en état de récidive légale. Par ailleurs, au cas de mauvaise conduite du condamné en détention, le juge de l'application des peines peut annuler cette remise de peine, en tout ou partie. De plus, si le condamné, après libération, encourt dans un certain délai une nouvelle peine privative de liberté, la juridiction de jugement peut, dans certaines limites, annuler la précédente réduction de peine. S'y refuse-t-elle, la privation de liberté s'abrège. Il s'agit donc là, sous une forme indirecte, de grâce judiciaire. De plus, le tribunal de l'application des peines (*supra*, n° 600) peut accorder une réduction de peine exceptionnelle – allant jusqu'au tiers de la peine à subir – à des condamnés « *repentis* » (art. 721-3 CPP).

Section 3
L'amnistie

615. Définition et raison d'être. — L'amnistie est une mesure d'oubli qui fait disparaître l'infraction. Parfois, durant une période troublée, il a fallu maintenir l'ordre et pour cela prononcer des condamnations sévères. Cependant, le calme étant de retour, il est utile qu'une amnistie vienne conforter l'apaisement des esprits. Ce fut le cas, par exemple, après la guerre de 1939-1945, après les événements d'Algérie, après ceux de mai 1968. Mais le législateur moderne manifeste une certaine tendance à abuser de l'amnistie et à la prononcer en dehors des circonstances exceptionnelles qui, seules, devraient la justifier. On en a déjà signalé les inconvénients (*supra*, n° 489).

616. Le Code pénal et les lois d'amnistie. Division. — Chaque loi d'amnistie détermine son domaine et son mécanisme. Pour cette raison, la matière n'était pas traitée par l'ancien Code pénal. Celui qui l'a remplacé n'y consacre que trois articles (art. 133-9 à 133-11). Ils ne font d'ailleurs que reprendre quelques-uns des principes progressivement dégagés par les lois d'amnistie et la jurisprudence qu'elles ont suscitée. On doit examiner les conditions de l'amnistie (§ 1) puis ses effets (§ 2).

§ 1. Les conditions de l'amnistie

617. L'amnistie ne peut résulter que de la loi. — Selon l'article 34 de la présente Constitution, l'amnistie ne peut être accordée que par une loi proprement dite, émanée du Parlement (*supra,* n° 93). La loi d'amnistie donne la liste des infractions qu'elle concerne. Les auteurs des infractions figurant sur cette liste se trouvent automatiquement amnistiés. On parle d'**amnistie en raison de la nature de l'infraction,** ou d'amnistie de caractère réel.

618. La grâce amnistiante — Cependant, pour certaines personnes, désignées par catégories (mineurs, blessés de guerre...), la loi d'aministie subordonne son bénéfice à un décret du président de la République. On parle alors d'amnistie par mesure individuelle, ou d'amnistie de caractère personnel, ou, souvent, de **grâce amnistiante**. Grâce par ses formes, puisqu'elle découle d'un décret du Président de la République. Mais grâce amnistiante, en ce qu'elle comporte tous les effets de l'amnistie. Ils sont, on va le voir (*infra,* n° 622 s.), beaucoup plus énergiques que ceux de la grâce.

619. L'amnistie judiciaire. — Parfois, c'est au juge que la loi laisse le soin de désigner ceux qui bénéficieront de l'amnistie. Il en est ainsi lorsque la loi subordonne l'amnistie à la condition que la peine prononcée soit ou bien d'une certaine nature, ou bien d'un certain montant (on dit aussi d'un certain « quantum ») : par exemple, peine n'excédant pas six mois de prison « ferme ». Dans ce cas, on parle d'amnistie **en raison de la nature de la peine ou de son *quantum*.** Bien évidemment, pour savoir si la condition est satisfaite, il faut que l'infraction ait donné lieu, d'abord, à jugement. D'où le nom d'amnistie judiciaire.

620. L'amnistie conditionnelle. — La loi qui accorde l'amnistie peut la subordonner à certaines conditions. Par exemple, au paiement de l'amende due.

§ 2. Les effets de l'amnistie

621. Les deux propositions résumant les effets de l'amnistie. Division. — On peut faire tenir les effets de l'amnistie en deux propositions. D'une part, l'amnistie efface les condamnations qu'elle concerne (A). Mais, d'autre part, la matérialité des faits amnistiés subsiste (B).

A L'amnistie efface les condamnations

622. L'affirmation du principe. — La solution est confirmée par l'article 133-9 du Code pénal : « L'amnistie efface les condamnations prononcées. Elle entraîne, sans qu'elle puisse donner lieu à restitution, la remise de toutes les peines. Elle rétablit l'auteur ou le complice de l'infraction dans le bénéfice du sursis qui avait pu lui être accordé lors d'une condamnation antérieure ». Comme on le voit, l'amnistie produit des effets beaucoup plus radicaux que la grâce. On a vu que la grâce laissait subsister la condamnation et dispensait seulement le condamné de l'exécution de la peine. L'amnistie va jusqu'à supprimer la condamnation, ou, comme on dit parfois, jusqu'à supprimer l'infraction commise.

623. Le jeu concret du principe. — Concrètement, le jeu du principe varie selon le moment auquel la loi d'amnistie entre en vigueur.

• Si elle entre en vigueur avant que les poursuites pénales aient commencé, ces **poursuite**s deviennents **impossibles**.

• Si la loi d'amnistie entre en vigueur après que les poursuites aient commencé, mais avant le prononcé de la condamnation, les poursuites doivent être abandonnées. **L'action publique s'éteint**. Toutefois, ces deux premières conséquences sont nécessairement écartées au cas d'amnistie judiciaire, laquelle exige un jugement (*supra*, n° 619).

• Si la loi d'amnistie entre en vigueur après **condamnation**, celle-ci se trouve **rétroactivement effacée** ; toutes ses conséquences disparaissent donc, sauf dans le cas où la loi d'amnistie subordonnerait l'octroi de son bénéfice au paiement de l'amende prononcée (*supra,* n° 620).

624. Prolongements du principe. — De ce que l'amnistie efface la condamnation, il s'ensuit divers prolongements. La personne amnistiée, bien sûr, n'a plus à subir la peine prononcée. La **fiche** relative à la condamnation amnistiée doit être **retirée du casier judiciair**e. De plus, la condamnation effacée ne compte plus pour la récidive ; en cas de nouvelle condamnation, elle ne formera plus un obstacle au bénéfice du sursis. Et le **rappel de la condamnation est interdit** (art. 133-11 CP).

Cependant, la force extinctive de l'amnistie comporte certaines restrictions. D'une part, à moins que la loi d'amnistie ne le décide expressément, les mesures de sûreté pouvant découler des faits commis sont maintenues, sauf bien sûr les mesures de sûreté qui fonctionnent sous la dénomination et sous le statut de peine (*supra,* n° 328). D'autre part, la matérialité des faits amnistiés subsiste.

B La matérialité des faits amnistiés subsiste

625. L'amnistie ne préjudicie pas aux tiers. — La loi peut effacer les conséquences juridiques d'un fait. Mais elle ne peut pas décider que les faits matériellement commis, et qui constituaient l'infraction, n'ont pas eu lieu. Il en résulte que la victime de l'infraction conserve son droit à indemnité si les faits amnistiés constituent une faute civile lui ayant porté préjudice. À cet égard, les lois d'amnistie prennent toujours soin de préciser que « l'amnistie ne préjudicie pas aux tiers ». Ce que confirme le Code pénal (art. 133-10). Par ailleurs, le fait qui a donné lieu à l'amnistie peut fonder une mesure disciplinaire, à moins que la loi d'amnistie ne décide expressément le contraire.

Section 4
La réhabilitation

626. But de l'institution. Division. — La réhabilitation n'a pas pour objet d'éteindre la peine principale. Elle suppose au contraire que celle-ci a été exécutée ou se trouve éteinte pour une autre cause (grâce, prescription). Le but de la réhabilitation est de faire cesser les interdictions, incapacités, déchéances qui accompagnaient la condamnation et qui peuvent survivre à son exécution. De plus, la réhabilitation vise à supprimer la flétrissure morale de la condamnation. L'importance et l'ancienneté de l'institution sont attestées par le roman de Balzac, *César Birotteau.* La réhabilitation produit donc l'effacement de la condamnation. Il faut en préciser les conditions (§ 1) puis les effets (§ 2).

§ 1. Les conditions de la réhabilitation

627. Les deux variétés de réhabilitation. — Les conditions de la réhabilitation varient selon qu'elle est judiciaire (A) ou légale (B).

A La réhabilitation judiciaire

628. Textes applicables. Division. — Ces textes (art. 782 à 799 CPP) n'ont concerné, longtemps, que les personnes physiques. Mais les personnes morales encourant désormais une responsabilité pénale, il a fallu, par des dispositions nouvelles, régler le cas de ces êtres juridiques.

a) **La réhabilitation judiciaire des personnes physiques**

629. Les conditions de fond. — Elles tiennent en trois propositions.

• La nature de la condamnation – criminelle, correctionnelle ou de police – n'importe pas (art. 782 s. CPP)

• Mais **il faut avoir exécuté sa peine.** L'exécution doit être effective ou réputée telle juridiquement, à raison par exemple d'une mesure de grâce ou de la prescription, qui équivalent à l'exécution.

• **Et l'avoir exécutée depuis un certain temps.** Sauf la même exception de grâce ou de prescription, la réhabilitation n'est possible qu'après un délai d'épreuve de cinq, trois, ou un an selon qu'il s'agit d'une condamnation criminelle, correctionnelle ou contraventionnelle (art. 786 CPP). Ce délai court pour les peines privatives de liberté du jour de la libération (définitive ou conditionnelle non révoquée) et, pour les peines d'amende, du jour de la condamnation définitive. Ce délai est allongé pour les récidivistes (art. 787 CPP).

630. Dispense des conditions de fond : services éminents rendus au pays. — L'article 789 CPP dispose : « Si depuis l'infraction, le condamné a rendu des services éminents au pays, la demande de réhabilitation n'est soumise à aucune condition de temps ni d'exécution de la peine. En ce cas, la cour peut accorder la réhabilitation même si l'amende et les dommages-intérêts n'ont pas été payés ».

631. Les conditions de procédure. — La demande est formée par l'intéressé ou son représentant légal. Après sa mort, elle peut être faite, dans l'année du décès, par son conjoint ou ses parents en ligne directe (art. 785 CPP).

La demande doit être adressée au **Procureur de la République** de la résidence de l'intéressé. Le Procureur fait procéder à des enquêtes dans les lieux où le condamné a résidé pour se renseigner sur ses moyens d'existence et sur sa conduite. Car la réhabilitation suppose que la personne en cause ait fait preuve, depuis l'exécution de sa condamnation, d'une bonne conduite.

Le dossier est ensuite transmis, avec l'avis du Procureur de la République et du juge de l'application des peines, au Procureur général, lequel saisit la **chambre de l'instruction.** Cette juridiction reste libre d'accorder ou de refuser le bénéfice de la réhabilitation. Si la demande est rejetée, aucune nouvelle demande ne peut être formée avant l'expiration du délai de deux ans. Toutefois, si le rejet tient à ce qu'on a formé trop tôt la nouvelle demande, celle-ci peut être peut être renouvelée dès expiration de ce délai.

b) La réhabilitation judiciaire des personnes morales

632. Règles transposées de celles applicables aux personnes physiques. — L'article 798-1 CPP, qui traite de la réhabilitation des personnes morales, renvoie pour l'essentiel aux conditions concernant les personnes physiques. Il suffit dès lors d'indiquer les particularités concernant les personnes morales.

• Quant à la prise en compte de services éminents rendus au pays (*supra*, n° 630). De tels services ne sont pas inconcevables de la part d'une personne morale. Mais il n'est pas prévu qu'elle puisse s'en prévaloir en vue de la réhabilitation.

• Quant aux **délais imposés**. Ils sont en général **plus courts**. Le délai entre l'exécution de la peine et le dépôt de la demande est uniformément de deux années (au lieu de cinq, trois, un pour les personnes physiques) ; si la demande est rejetée, le délai requis avant la présentation d'une nouvelle demande est réduit à une année (au lieu de deux années pour les personnes physiques).

• Quant à la forme de la demande. Elle doit être présentée, ce qui va de soi, par une personne physique, le représentant de la personne morale.

B La réhabilitation légale

633. Définition. — La réhabilitation légale, dite encore de plein droit, se produit par l'effet du temps, lorsque la personne en cause n'a pas subi, durant un délai d'épreuve, de condamnation nouvelle à une peine criminelle ou correctionnelle. Cette réhabilitation légale obéit à des conditions différentes pour les personnes physiques et pour les personnes morales.

634. Réhabilitation légale des personnes physiques. — Le délai d'épreuve varie selon la peine prononcée par la condamnation qu'il s'agit d'effacer. Le délai, pour une peine d'amende ou de jours-amende, est de trois ans ; pour une peine privative de liberté, de cinq ou dix ans suivant les distinctions prévues par l'article 133-13 du Code pénal.

635. Réhabilitation légale des personnes morales. — Le délai est alors uniforme : c'est-à-dire cinq ans, quelle que soit la nature de la peine.

§ 2. Les effets de la réhabilitation

636. Effets indépendants de la forme de réhabilitation comme de la personne du réhabilité. — Les effets de la réhabilitation sont indépendants à la fois de la forme – judiciaire ou légale – de la réhabilitation et de la personne – physique ou morale – qui bénéficie de cette réhabilitation.

637. Effets identiques à ceux de l'amnistie. — L'actuel Code pénal a modifié le Droit longtemps en vigueur. Il accroît les effets de la réhabilitation (art. 133-16 CP).

Non pas en ce qu'elle efface toutes les incapacités et déchéances qui résultent de la condamnation : c'était le but même de l'institution, et sur ce point rien n'est changé.

Mais – à présent – la réhabilitation efface plus complètement les traces de la condamnation, puisqu'elle produit des effets identiques en tous points à ceux de l'amnistie (*supra,* n° 624).

Cela se traduit par une conséquence pratique de première importance. Autrefois, la réhabilitation ne rayait la condamnation que sur le bulletin n° 2 et bien sûr le bulletin n° 3. La justice conservait donc en mémoire la condamnation réhabilitée.

À présent, la réhabilitation comporte le retrait de fiche du bulletin n° 1 (art. 769, al. 2 CPP). La condamnation disparaît matériellement du casier judiciaire.

Deuxième partie
Procédure pénale

Généralités

638. Objet, importance de la Procédure pénale. Les intérêts en conflit. — La Procédure pénale a pour objet la constatation des infractions, le rassemblement de leurs preuves, la recherche de leurs auteurs, et le jugement de ces auteurs par la juridiction compétente.

La Procédure pénale n'a pas moins d'importance que le Droit pénal proprement dit. Les lois répressives resteraient lettre morte, s'il n'existait pas toute une machinerie pour en assurer l'application.

De plus, la Procédure pénale, par les garanties qu'elle comporte, intéresse potentiellement l'ensemble des citoyens. On dit, en ce sens, que la Procédure pénale est faite pour tous, le Droit pénal pour les seuls délinquants.

Mais l'importance d'une bonne procédure pénale fait deviner les difficultés de sa mise en œuvre. Concernant aussi bien les droits de l'homme que les devoirs de l'État, la procédure pénale doit assurer la conciliation d'intérêts souvent contradictoires. D'une part, intérêt de l'individu, qu'il faut protéger contre des investigations abusives et des condamnations arbitraires.

D'autre part, l'intérêt de la société, laquelle ne peut pas s'épanouir dans la criminalité. L'État démocratique, en ce qu'il répugne à l'arbitraire, a pour mission d'assurer la prééminence du Droit. Il faut, par conséquent, protéger l'ensemble des citoyens contre la violence et l'insécurité, formes d'arbitraire non moins redoutables. Suivant l'intérêt qui prédomine, on peut distinguer deux « modèles » de procédure pénale.

639. Les deux types de procédure pénale. — Il existe, s'opposant trait pour trait, le type accusatoire et le type inquisitoire.

• Le **type accusatoire** privilégie l'**intérêt individuel**. La société ne prend pas l'initiative de la poursuite pénale ; l'accusation provient de la victime du délit. L'accusé lui riposte librement, il a les mêmes droits que son accusateur. Il s'agit d'une **procédure orale, publique et contradictoire.** Puisque les parties sont sur un pied d'égalité, le juge ne dirige pas la procédure contre l'accusé. Il n'intervient pas dans la recherche des preuves ; ce sont les plaideurs qui les fournissent. Le juge se borne à diriger les débats, comme un arbitre surveille, dans un match sportif, le respect des règles du jeu.

• Le **type inquisitoire** privilégie l'**intérêt social**. La poursuite pénale est déclenchée par un accusateur, doté de prérogatives énormes : on l'appelle expressivement le ministère « public ». Il s'agit d'une **procédure écrite, secrète et non contradictoire.** L'accusé, loin d'être l'égal de son accusateur, en subit la domination. Le plus souvent, il est privé de sa liberté avant d'être jugé. Et le juge dirige le procès, recherche lui-même les preuves du délit, en apprécie souverainement la force.

640. La coexistence des deux types de procédure pénale. — L'histoire des temps anciens, qui s'applique à des sociétés plus simples, montre que tel ou tel de ces deux modèles a pu s'appliquer exclusivement. Pour s'en tenir à la France, le modèle accusatoire a triomphé durant l'époque féodale. Puis, avec l'apparition d'un pouvoir central, désireux d'imposer à tous sa justice, le modèle inquisitoire s'est imposé progressivement à partir du XVIe siècle. Il a été consacré par l'ordonnance criminelle de 1670.

Mais à notre époque, dans des sociétés complexes de type démocratique, aucune procédure pénale ne recourt à un seul modèle. Elle emprunte à chacun des deux, suivant des proportions variables. Qu'en est-il pour la France ?

641. Originalité du système français. — Depuis le début du XIXe siècle, la Procédure pénale française respecte un schéma que l'histoire éclaire. Le Code d'instruction criminelle de 1808, Code napoléonien, visait à concilier deux modèles opposée : la tradition monarchique, de type inquisitoire, fut conservée pour la phase d'instruction ; mais les idées républicaines, éprises du principe accusatoire (même si la Terreur en avait quelque peu méconnu les garanties) s'appliquait à la phase de jugement. Le Code de procédure pénale qui est venu remplacer, en 1958, le Code d'instruction criminelle (*supra,* n° 21) a même renforcé ce **caractère mixte**, qui vaut tout à la fois pour l'initiative de la poursuite que pour le déroulement de la procédure.

L'**initiative de la poursuite** revient, en principe, au représentant de la société, conformément au système inquisitoire. Toutefois la victime de l'infraction peut également (*infra,* n° 685) déclencher l'action publique, par une plainte accompagnée d'une constitution de partie civile ou par une citation directe. Il y a donc emprunt au système accusatoire.

Le **déroulement de la procédure** est semblablement marqué de ce caractère mixte. Lors de sa phase ultime, celle du jugement, la procédure est résolument de type accusatoire, étant publique, orale et contradictoire. Mais la phase antérieure, celle de la police judiciaire et de l'instruction, se rattache au modèle inquisitoire, quoique largement atténué, comme le montre l'article 11 du Code de procédure pénale. Selon ce texte, « la procédure au cours de l'enquête (de police) et de l'instruction est secrète... ». Cependant, l'affirmation du principe se trouve amoindri par l'annonce d'exceptions : « ...sauf dans les cas où la loi en dispose autrement et sans préjudice des droits de la défense ». De plus, d'après l'alinéa final de ce même article 11 « ...afin d'éviter la propagation d'informations parcellaires ou inexactes, le procureur de la République peut, d'office et à la demande de la juridiction d'instruction ou des parties, rendre publics des éléments objectifs tirés de la procédure ne comportant aucune appréciation sur le bien-fondé des charges retenues contre les personnes en cause ».

642. Mutations présentes du système français. — Les exceptions prévues par l'article 11 tendent à s'élargir de plus en plus, et pour diverses raisons, déjà signalées (*supra,* n° 55). Les scandales mettant en cause des personnalités politiques font souhaiter une justice plus distanciée du pouvoir exécutif... La puissance affermie des médias creuse parfois des brèches profondes dans le secret proclamé de l'enquête et de l'instruction. Les séries de télévision popularisent le modèle anglo-saxon, ce qui nourrit la tendance à renforcer les droits de la défense et par suite le caractère contradictoire tant lors de l'enquête que de l'instruction. De plus, la prégnance des droits de l'homme, le respect des libertés individuelles et l'impératif du procès équitable conjuguent leur attraction. Il s'en est suivi maintes réformes (*supra,* n° 27 et 55). On va les retrouver au fil de la description qui commence.

643. Plan. — On examinera la phase d'avant jugement (police judiciaire, instruction), puis celle du jugement. Mais il faudra, d'abord, considérer les actions qui naissent de l'infraction (action publique, action civile) et qui se placent au début de la procédure pénale. Ce plan chronologique, suivi d'ailleurs par le Code de procédure pénale, comporte les divisions suivantes.

Titre 1 – **Des actions qui naissent de l'infraction.**

Titre 2 – **De la police judiciaire et de l'instruction.**

Titre 3 – **Des juridictions répressives de jugement.**

Titre 1

Des actions qui naissent de l'infraction : action publique et action civile

644. Notion d'action publique et d'action civile. — Il peut arriver qu'une infraction n'ait pas encore causé de dommage ; par exemple, un port d'armes prohibé... Dans ce cas, l'infraction ne donne naissance qu'à une seule action : l'**action publique,** celle qui tend à l'**application d'une peine** au délinquant. Mais dans la plupart des cas, l'infraction cause un dommage à autrui, il existe une victime précise. Par exemple, s'agissant de vol, de coups et blessures...

Dans ce cas, outre l'action publique, naîtra de cette infraction une autre action : l'**action civile,** celle qui tend à la **réparation d'un dommage** subi par la victime.

Cette action civile peut naturellement exister en dehors de tout délit pénal. Par exemple, un promeneur distrait bouscule un piéton, dont le colis tombe et se casse. Le fait n'est pas un délit pénal. Mais en vertu de l'article 1382 du Code civil, « tout fait quelconque de l'homme qui cause à autrui un dommage oblige celui par la faute duquel il est arrivé à le réparer ». Le piéton bousculé peut exercer contre le promeneur distrait une action en réparation. On n'étudiera pas ici cette action civile qui naît indépendamment d'un délit pénal ; son étude relève du Droit civil.

645. Rapports de l'action publique et de l'action civile. — Au contraire, lorsque l'action civile est consécutive à un délit pénal, lorsque par conséquent, elle naît en même temps qu'une autre action (publique), les règles habituelles du Droit civil sont modifiées. Les deux actions étant liées, puisqu'elles découlent d'un même fait matériel, l'action civile subit dans une certaine mesure l'incidence des règles de Droit pénal applicables à l'action publique. C'est cette action civile, ainsi modifiée par sa coloration pénale, qu'il faut étudier en même temps que l'action publique.

Une telle action civile et l'action publique sont certes bien distinctes, et plusieurs traits montrent leur **indépendance**. Mais comme on l'a relevé, elles procèdent d'une même ssource factuelle. Il s'ensuit, de l'une à l'autre, quelques **interférences**.

646. Indépendance de l'action publique et de l'action civile. — L'action publique naît de l'infraction commise, l'action civile du dommage causé à la victime par cette infraction. En conséquence, les deux actions diffèrent par leur **source**. Elles diffèrent aussi par leur **objet**, puisque l'action publique tend à l'application d'une peine, l'action civile à la réparation du préjudice causé. Les deux actions diffèrent encore par leur **caractère**. La première est d'ordre public, la seconde d'intérêt privé. Il en résulte qu'aucune renonciation à l'action publique n'est valable. Au contraire, la partie lésée, du moins quand elle est « majeure et maîtresse de ses droits », peut valablement renoncer à l'action civile, qui lui appartient. Enfin, l'action publique et l'action civile diffèrent par leurs **sujets**, qu'ils soient passifs ou qu'ils soient actifs (*infra,* n° 650 s.).

Quant aux sujets passifs, l'action publique ne peut être exercée que contre l'auteur de l'infraction, tandis que l'action civile peut l'être contre les héritiers du délinquant ; et contre les personnes dites « civilement responsables », parce qu'elles doivent répondre pécuniairement des actes d'autrui (ainsi les actes dommageables de leurs enfants mineurs). Quant aux sujets actifs, l'action civile est exercée par la partie lésée ou ses ayants cause. Tandis que l'action publique est « pilotée » par le seul Ministère public, même si la partie lésée peut la mettre parfois en mouvement, compte tenu des interférences entre les deux actions.

647. Interférences de l'action publique et de l'action civile. — Quoique distinctes l'une de l'autre, l'action publique et l'action civile ont néanmoins ceci de commun qu'elles naissent du même fait délictueux. Il en découle certaines interférences.

- Quant à la **compétence :** l'action civile qui, normalement, ne peut être jugée que par les tribunaux civils, peut l'être par les tribunaux répressifs, accessoirement à l'action publique (*infra,* n° 678 s.).
- Quant à la **mise en mouvement** des deux actions. Lorsque la partie lésée met en mouvement son action civile devant les tribunaux répressifs, elle peut – sous certaines conditions – entraîner par là même la mise en mouvement de l'action publique (*infra,* n° 661).

Mais les interférences des deux actions s'opèrent surtout au bénéfice de l'action publique. Cette action, parce qu'elle met en jeu des intérêts publics, l'emporte sur l'action civile, qui ne vise à protéger que des intérêts privés : il y a prééminence de l'action publique.

648. Prééminence de l'action publique. — Cette prééminence se manifeste par deux règles juridiques importantes.

D'une part, l'**autorité sur le civil de la chose jugée au criminel,** c'est-à-dire au pénal. Cela signifie que si l'action publique et l'action civile sont jugées par des tribunaux différents, la chose jugée sur l'action publique par le tribunal répressif ne peut être contredite, à propos du jugement de l'action civile, par le tribunal civil (*infra*, n°s 911 s.).

D'autre part, « **le criminel tient le civil en état** ». Si le juge civil ne peut contredire la chose jugée au pénal, il faut bien que le juge répressif statue le premier. La loi impose au juge de l'action civile l'obligation de surseoir à statuer jusqu'à ce que le juge répressif ait rendu sa décision sur l'action publique. Mais le juge répressif n'a pas l'obligation d'attendre la chose jugée au civil, sauf les cas, peu nombreux, d'exception préjudicielle au jugement (*infra*, n°s 827 s.).

649. Plan. — Ce titre relatif aux actions, publique et civile, nées de l'infraction, sera traité en trois chapitres :

Chapitre 1. – **Les sujets des actions nées de l'infraction.**
Chapitre 2. – **L'exercice des actions nées de l'infraction.**
Chapitre 3. – **L'extinction des actions nées de l'infraction.**

Chapitre 1
Les sujets des actions nées de l'infraction

650. Les sujets passifs. — Quels sont les sujets passifs des actions publique et civile ? En d'autres termes, contre qui ces actions sont-elles exercées ?

• L'**action publique** ne peut être exercée que **contre le délinquant.** La peine étant strictement personnelle, l'action publique ne se conçoit pas contre les héritiers du délinquant. Il en résulte que si le prévenu vient à décéder au cours des poursuites, l'action publique s'éteint (art. 6, al. 1, CPP).

• L'**action civile** a un champ d'application beaucoup plus étendu. Elle peut d'abord être exercée **contre le délinquant *et* ses héritiers.** En effet, la dette de réparation grève le patrimoine du délinquant, elle fait partie de son passif comme les autres dettes, celle qui ont pu naître d'emprunts par exemple. Les héritiers qui recueillent la succession sont normalement tenus de son passif ; ils doivent donc réparer le dommage causé par leur auteur. De plus, il existe certaines personnes qui sont les **responsables du fait d'autrui** sur le terrain civil (pour la responsabilité pénale du fait d'autrui, voir *supra,* n° 171 s.). Ainsi les **parents** sont civilement responsables des infractions commises par leurs enfants mineurs. De même, les **commettants** (personnes physiques et morales) sont civilement responsables à raison des infractions de leurs préposés. L'action civile peut donc être exercée contre parents et commettants.

• La **notion de délit civil** est normalement **plus large** que celle de délit pénal (*supra,* n° 59). Telle personne reconnue non coupable au répressif peut rester tenue d'une faute civile. Mais l'action publique n'ayant plus d'objet, l'action civile subsistant ne pourra pas – du moins en principe (*infra,* n° 689, in fine) – être jugée par la juridiction répressive.

651. Les sujets actifs. Division. — Quels sont les sujets actifs des actions publique et civile ? En d'autres termes, qui peut exercer ces actions ?

• L'action publique ayant pour but de réprimer un trouble social appartient à la société ; dès lors c'est le Ministère public, représentant cette société, qui exerce l'action publique.

• L'action civile appartient à la personne qui a souffert du dommage causé par l'infraction ; dès lors c'est cette personne, la victime, dite encore partie lésée, qui exerce l'action civile.

Mais ces principes, simples en eux-mêmes, souffrent d'exceptions et comportent des nuances. Il faut donc considérer plus en détail le Ministère public (Section 1) et la victime (Section 2).

Section 1
Le Ministère public

652. Définition. Plan. — L'expression « ministère public » possède un double sens. D'une part, elle désigne l'ensemble des magistrats chargés par la société d'exercer les actions publiques. D'autre part, elle désigne le magistrat qui, à une audience déterminée, représente la société. Le Ministère public est une institution commune à la procédure pénale et à la procédure civile, mais son rôle est beaucoup plus important en matière pénale. C'est lui qui déclenche l'action publique, surveille la marche du procès pénal, exerce les voies de recours, assure l'exécution du jugement répressif. Il convient alors de préciser successivement : la **composition** (§ 1) ; le s**tatut** (§ 2) ; **l'action** (§ 3) du Ministère public.

§ 1. La composition du Ministère public

653. Un étagement commandé par la pyramide judiciaire. — La pyramide judiciaire (*supra,* n° 25) connaît, en partant du haut, quatre degrés : Cour de cassation, Cours d'appel, tribunaux de grande instance, tribunaux d'instance et juridictions de proximité. L'étagement du Ministère public y correspond.

• Auprès de la **Cour de cassation** il y a un procureur général, un premier avocat général et des avocats généraux.

• Auprès d'une **Cour d'appel**, il y a un procureur général, un avocat général (ou plusieurs avocats généraux), et des substituts généraux.

• Auprès d'un **Tribunal de grande instance** (tribunal correctionnel), il y a un procureur de la République ; éventuellement, pour des tribunaux importants, un procureur-adjoint (ou plusieurs) ; un ou plusieurs substitut.

• Auprès d'un **Tribunal d'instance** (tribunal de police et juridiction de proximité), le rôle du Ministère public est en principe tenu par le commissaire de police, sauf pour les affaires où le Procureur de la République, par lui-même ou l'un de ses substituts, jugerait utile de siéger ; sauf encore pour les contraventions de 5e classe, où le Procureur de la République, par lui-même ou l'un de ses substituts, doit siéger (art. 45 CPP).

Il existe donc au moins un magistrat du Ministère public auprès de chaque juridiction pénale. L'ensemble des membres du Ministère public attachés à une même juridiction constitue le **Parquet.** L'ensemble des magistrats de carrière constituant le Ministère public est souvent appelé « **magistrature debout** », par opposition à la « magistrature assise » qui désigne les magistrats dits « du siège », composant les juridictions d'instruction et de jugement. Cette dénomination s'explique par le fait que les magistrats du Parquet se lèvent pour prononcer leur réquisitoire.

§ 2. Le statut du Ministère public

654. Division. — Ce statut comporte quatre éléments. La subordination hiérarchique en est l'élément le plus significatif, mais aussi le plus controversé. Il faut donc en parler d'abord (A), avant de considérer les autres éléments du statut (B).

A L'élément principal du statut : la subordination hiérarchique

655. La subordination au Garde des Sceaux. — Alors que les magistrats du siège (magistrature assise) sont indépendants du pouvoir politique, tous les membres du ministère public (magistrats « debout ») sont subordonnés au Garde des Sceaux, ministre de la justice. Cette subordination est clairement affirmée par l'art. 30 CPP : « Le ministre de la justice conduit la politique d'action publique déterminée par le Gouvernement. Il veille à la cohérence de son application sur le territoire de la République. À cette fin, il adresse aux magistrats du ministère public des instructions générales d'action publique. Il peut dénoncer au procureur général les infractions à la loi pénale dont il a connaissance et lui enjoindre, par instructions écrites et versées au dossier de la procédure, d'engager ou de faire engager des poursuites ou de saisir la juridiction compétente de telles réquisitions écrites que le ministre juge opportunes ».

656. La subordination au chef de Parquet. — Il faut alors considérer les divers étages de la pyramide judiciaire, en partant de son sommet.

• À la **Cour de cassation**, le Parquet se trouve sous l'autorité du Procureur général près la Cour de cassation. Ce « **PG Cass** », comme on dit, est lui-même placé sous l'autorité du garde des Sceaux. Mais il n'exerce aucun pouvoir sur les procureurs généraux de Cour d'appel.

• Dans les **Cours d'appel**, ces procureurs généraux se trouvent donc sous l'autorité directe du garde des Sceaux, qui peut leur enjoindre, par instructions écrites et versées au dossier de la procédure, d'engager ou de faire engager des poursuites ou de prendre telles réquisitions écrites que le ministre juge opportunes (art. 36 CPP). Chaque **Procureur général** près la Cour d'appel est le chef hiérarchique de tous les membres du Ministère public dans le ressort de la Cour ; il a donc sous son autorité : le Parquet de la Cour, avocats généraux et substituts généraux ; le Parquet des tribunaux de grande instance dans le ressort de la Cour d'appel ; enfin les membres du Ministère public près les tribunaux de police (art. 37 CPP).

• Dans les **tribunaux de grande instance**, chaque **Procureur de la République** a sous son autorité ses substituts ; et tous les membres du Ministère public près les tribunaux de police et juridictions de proximité de son ressort (art. 44 CPP).

• Cette double subordination hiérarchique, tant vis-à-vis du garde des Sceaux que des chefs de parquet, a pour sanction **l'amovibilité.** À la différence des juges de la magistrature assise qui sont inamovibles, les magistrats du Ministère public peuvent être déplacés ou révoqués par le garde des Sceaux. Cependant, pour éviter des abus, les mesures disciplinaires ne peuvent intervenir qu'après l'avis, de valeur simplement consultative, du Conseil supérieur de la magistrature. De plus, la subordination du parquet au pouvoir se trouve atténuée par d'importants correctifs.

657. Les correctifs à la subordination hiérarchique. — La subordination hiérarchique comporte deux limitations notables.

• Si le chef de Parquet accomplit des actes qui méconnaissent l'ordre de son supérieur hiérarchique, il pourra faire l'objet de sanctions disciplinaires ; mais l'acte sera néanmoins valablement fait, et ne pourra pas être effacé par le supérieur hiérarchique. C'est ce qu'on appelle le **pouvoir propre des chefs de Parquet**.

• La nécessité pour les magistrats du Ministère public d'agir conformément à l'ordre du supérieur hiérarchique n'existe qu'en ce qui concerne les actes écrits de procédure. À l'audience, ils conservent leur liberté pour développer oralement l'accusation (art. 33 CPP). C'est ce qu'on exprime par l'adage « **la plume est serve mais la parole est libre** ».

B Les autres éléments du statut

658. Une trinité d'éléments. — À savoir :

• **Indivisibilité.** Alors que les magistrats qui composent les juridictions de jugement doivent rester les mêmes, au cours d'un même procès, les membres d'un même Parquet peuvent se remplacer les uns les autres. C'est la règle dite de l'indivisibilité du Ministère public.

• **Irresponsabilité.** Les magistrats du Ministère public sont irresponsables dans l'exercice de leurs fonctions. Il en résulte qu'ils ne peuvent être condamnés à des dommages et intérêts, dans le cas où ils ont engagé à tort une poursuite. La règle de l'irresponsabilité est d'ailleurs commune à tous les magistrats. Le particulier qui se dit victime de leurs agissements, prétendument irréguliers, n'a pour ressource que d'engager la responsabilité de l'État à raison du mauvais fonctionnement des services judiciaires. Quitte à ce que l'État se retourne contre le magistrat fautif ; mais un tel recours reste largement théorique.

• **Indépendance par rapport aux juridictions**. Le Ministère public est indépendant de la juridiction près de laquelle il exerce ses fonctions. Les magistrats du Ministère public peuvent bien recevoir des ordres de leurs supérieurs hiérarchiques, mais non des tribunaux. Un jugement qui contiendrait une injonction à l'égard d'un membre du Ministère public peut être annulé (art. 620 CPP). Cela tient aux fonctions du Ministère public. Mais personnellement, en tant que magistrats, les membres du Ministère public, recrutés de la même manière que les magistrats du siège, ayant reçu la même formation de départ (École nationale de la magistrature), peuvent passer, au cours de leur carrière, de la magistrature debout à la magistrature assise, l'inverse étant tout aussi possible.

§ 3. L'action du Ministère public

659. L'article 1er du Code de procédure pénale. — « L'action publique pour l'application des peines est mise en mouvement et exercée par les magistrats ou par les fonctionnaires auxquels elle est confiée par la loi ». Ce texte appelle une précision. Il dit que l'action publique est simplement **confiée** aux magistrats (il s'agit précisément, ici, de ceux du Ministère public), non pas qu'elle leur appartient. Il en résulte que le Ministère public ne peut plus arrêter l'action publique une fois qu'il l'a mise en mouvement. Sans doute lui est-il loisible d'abandonner l'accusation, mais cela ne paralyse pas l'action : la juridiction répressive saisie de cette action devra se prononcer sur elle. Ce principe ne subit de dérogation que lorsque l'action publique est remise entre les mains de certains fonctionnaires des administrations publiques (*infra,* n° 661).

660. La règle de l'opportunité des poursuites. — Si le Ministère public ne peut arrêter l'action publique mise en mouvement, il lui est loisible de ne pas la déclencher. Car, en présence d'un fait délictueux commis par une personne dont l'identité et le domicile sont connus, le Procureur de la République territorialement compétent « décide s'il est opportun 1° soit d'engager des poursuites 2° soit de mettre en œuvre une procédure alternative aux poursuites... 3° soit de classer sans suite la procédure dès lors que les circonstances particulières liées à la commission des faits le justifient (art. 40-1 CPP).

Ces diverses solutions seront examinée en détail (*infra*, n° 674 s.). Mais il faut d'abord considérer les quatre situations dans lesquelles, dérogatoirement, le Ministère public perd la libre appréciation de l'opportunité des poursuites.

661. 1re exception : la mise en mouvement de l'action publique appartient à d'autres que le Ministère public. — Il en est ainsi dans les trois situations suivantes.

• certaines **administrations publiques :** Douanes, Contributions indirectes, Eaux et Forêts, Ponts et Chaussées, peuvent déclencher l'action publique pour la répression des infractions qui les concernent ; dans ce cas particulier, ces administrations disposent de certains pouvoirs de transaction avec le coupable, ce qui est une dérogation remarquable au principe visé dans l'article 1 CPP.

• au cas d'**infraction commise à l'audience** des cours et tribunaux (art. 675 s. CPP), la juridiction peut se saisir d'office et condamner le coupable lorsque l'infraction entre dans sa compétence. Cependant, la règle est écartée dans deux cas. D'une part, si l'infraction commise à l'audience est un outrage à magistrat, car l'on peut craindre alors une justice de ressentiment. D'autre part, s'il s'agit d'un crime, puisque l'instruction est alors obligatoire (*infra,* n° 675). Dans ces deux hypothèses, la juridiction doit saisir le Ministère public afin qu'il exerce l'action publique.

• Enfin, et c'est de beaucoup l'hypothèse la plus importante (art. 1, al. 2, CPP), la partie lésée peut déclencher l'action publique, soit par **citation directe du prévenu** devant le tribunal (lorsque du moins l'information n'est pas obligatoire, *infra,* n° 675), soit en déposant une **plainte avec constitution de partie civile** entre les mains d'un juge d'instruction. Ce droit de la partie lésée garantit le citoyen contre l'inertie possible du Ministère public.

662. 2e exception : la mise en mouvement de l'action publique exige une plainte ou dénonciation préalables. — Quand l'exercice de l'action publique et son retentissement risquent de causer à la victime de l'infraction plus de tort que « l'inaction », il est préférable de laisser cette victime faire son choix, par hypothèse très personnel. Ainsi, le délit de diffamation ou d'injure par voie de la presse ne peut être poursuivi que sur la plainte de la personne diffamée ou injuriée (L. 29 juillet 1881, art. 48), qui peut préférer le silence à la publicité du procès. De même, au cas d'atteinte à la vie privée par enregistrement illicite, qu'il soit sonore ou visuel (art. 226-6 CP). Il faut d'ailleurs préciser l'entrave à la liberté du Ministère public. Il ne peut pas mettre l'action publique en mouvement tant que la plainte n'a pas été déposée. Mais la plainte reçue ne l'oblige pas à poursuivre. Il reste juge de l'opportunité de l'action publique.

663. 3e exception : la mise en mouvement de l'action publique exige une autorisation préalable. — Il en est ainsi dans le cas de poursuite pénale dirigée contre un membre du Parlement : député, sénateur. D'après la Constitution (art. 26) : « Aucun membre du Parlement ne peut faire l'objet, en matière criminelle ou correctionnelle, d'une arrestation ou de toute autre mesure privative ou restrictive de liberté qu'avec l'autorisation du bureau de l'Assemblée dont il fait partie. Cette autorisation n'est pas requise au cas de crime ou délit flagrant ou de condamnation définitive ».

Une telle protection, que l'on désigne sous le nom d'inviolabilité parlementaire, est inspirée par la séparation des pouvoirs, qui a valeur de principe constitutionnel. Il s'ensuit une autre conséquence : lorsqu'elles se trouvent en cours d'exécution, « la détention, les mesures privatives ou restrictives de liberté, ou la poursuite d'un membre du Parlement sont suspendues pour la durée de la session si l'assemblée dont il fait partie le requiert ».

664. 4e exception : la mise en mouvement de l'action publique exige un jugement préalable. — Il arrive qu'une accusation paraisse assez grave pour qu'il soit imprudent d'entamer des poursuites sans avoir la constatation irréfutable, d'un point de vue judiciaire, de ce que l'accusation n'est pas fantaisiste. Dans une pareille hypothèse, la loi peut subordonner la mise en mouvement de l'action publique à un jugement préalable par une juridiction. On parle alors de **question préjudicielle à l'action publique** (qu'il ne faut pas confondre avec l'exception préjudicielle au jugement, *infra*, n° 825 s.).

Ainsi, d'après l'article 6-1 CPP, « lorsqu'un crime ou un délit prétendument commis à l'occasion d'une poursuite judiciaire impliquerait la violation d'une disposition de procédure pénale, l'action publique ne peut être exercée que si le caractère illégal... de l'acte accompli à cette occasion a été constaté par une décision définitive de la juridiction répressive... ». Par exemple, le suspect d'un vol prétend avoir été frappé par les policiers durant sa garde à vue. Sa plainte ne paralysera pas le procès pour vol. Et si la décision définitive clôturant ce procès a écarté l'exception d'illégalité de la poursuite pénale, exception tirée des agissements allégués de la police, l'action publique contre les policiers devient irrecevable (Cass. crim. 26 novembre 1996).

Section 2
La victime

665. Sollicitude de la loi pour les victimes... l'exercice de leur action civile. Division. — « Quand la criminalité prospère », disait Mr de La Palice, « ses victimes se multiplient. » Le législateur s'efforce au moins de faciliter l'exercice de leur droit à réparation par de nouvelles protections juridiques. Notamment, l'institution d'un **juge délégué aux victimes** (décret 2007-1605 du 13 novembre 2007, art. D. 47-6-1 s. CPP).

Dans l'exercice de l'action civile, le statut des victimes n'appelle ici de commentaires qu'à propos de deux hypothèses : lorsque, pour une raison ou une autre, l'action civile est exercée par d'autres personnes que la partie lésée, mais qui sont les ayants droit de la victime (§ 1) ; lorsque la personne qui veut exercer l'action civile est une personne morale (§ 2).

§ 1. Les ayants droit de la victime

666. Caractère patrimonial de l'action civile. Conséquences. — L'action civile appartient à la partie lésée, c'est-à-dire à celle qui a « personnellement souffert du dommage directement causé par l'infraction » (art. 2, al. 1, CPP). Ce dommage fait naître dans son patrimoine une créance en réparation. Cette créance, ayant une valeur pécuniaire, lui appartient comme tout autre bien. Il en résulte une première différence avec l'action publique. L'action publique (*supra*, n° 659) n'appartient pas au Ministère public, il n'en dispose pas ; elle seulement exercée par lui.

Au contraire, la victime est, en quelque sorte, propriétaire de son action. Elle peut y renoncer, elle peut transiger avec son adversaire, elle peut acquiescer, autrement dit convenir par avance de ne pas exercer les voies de recours, etc. Du caractère patrimonial de l'action civile, il résulte que certains ayants droit de la victime peuvent, dans certaines limites, se voir transférer le bénéfice de son action. Ces ayants droit sont : les héritiers, les créanciers, les cessionnaires et subrogés de la victime.

667. Droit double des héritiers de la victime. — L'action civile peut être exercée par les héritiers de la victime après sa mort. Si, en effet, la victime meurt en cours d'instance, ses héritiers trouvent cette action dans sa succession, ils peuvent donc la continuer. Si la victime meurt sans avoir exercé l'action civile, ses héritiers peuvent l'exercer en son nom, **à titre successoral.** Mais fréquemment, la mort de la victime cause un préjudice direct à la personne des héritiers. Par exemple, la victime était le soutien des héritiers. Sa mort leur cause une perte pécuniaire. Les héritiers pourront agir en réparation de ce préjudice, en leur propre nom, **à titre personnel.**

668. Droit des créanciers de la victime. — Il résulte encore du caractère patrimonial de l'action civile qu'elle ouverte aux créanciers de la victime. Suivant l'article 1166 du Code civil, les créanciers sont en droit d'exercer les droits et actions de leur débiteur, par l'action dite oblique, afin de se faire payer sur l'indemnité que le coupable devra verser. Mais ils ne peuvent porter leur action, décide la jurisprudence, que devant la juridiction civile.

669. Droit des cessionnaires et subrogés. — La victime d'une infraction, parce que son action est purement patrimoniale, et lui appartient (*supra,* n° 666), peut la céder. Le cessionnaire, devenu titulaire de l'action civile, est alors en droit de l'intenter, mais seulement devant le tribunal civil, et non pas, comme la victime elle-même aurait été recevable à le faire (*infra,* n° 683 s.), devant le tribunal répressif. Faut-il donner la même solution pour le subrogé, dont la situation est très voisine ?

La question se pose fréquemment pour tous les **organismes d'assurance ou de solidarité** visant à l'indemnisation de victimes, lorsque leur dommage découle d'une infraction. Ainsi pour les compagnies d'assurance ; pour la Sécurité sociale ; pour le fonds de garantie automobile, qui intervient quand l'auteur de l'accident est insolvable ou inconnu ; et pour l'État lui-même, lorsqu'il indemnise certaines victimes du dommages résultant de certaines infractions (art. 706-3 à 706-15 CPP).

Tous ces organismes, ayant indemnisé la victime, sont subrogés dans ses droits, et cherchent donc à se faire rembourser par l'auteur de l'infraction dommageable. Peuvent-ils alors porter leur action devant la juridiction répressive ? Sous réserve de nuances, il existe deux hypothèses.

• Si la victime n'a pas elle-même saisi la juridiction répressive, ces organismes collectifs n'ont pour ressource que de s'adresser à la juridiction civile. Il n'existe d'exception qu'en faveur de l'État, admis à saisir de son propre chef la juridiction pénale (art. 706-11 CPP).

• Si la victime a porté son action civile devant la juridiction répressive, ces organismes collectifs peuvent-ils alors se joindre à cette action civile, et par cette « intervention », être présents dans le procès pénal ? Oui, pour le fonds de garantie automobile et la Sécurité sociale. Quant aux compagnies d'assurance, leur droit d'intervention n'existe que si l'action publique est exercée pour homicide ou blessures involontaires (cas des accidents de la route).

§ 2. La victime personne morale

670. Droit des personnes morales. — Une personne morale peut-elle exercer l'action civile consécutive à une infraction ? La difficulté provient de ce que l'action civile est réservée à ceux qui ont **personnellement** souffert du dommage directement causé par l'infraction (art. 2, al. 1, CPP). Mais quand une personne morale se trouve-t-elle dans le cas d'invoquer un préjudice personnel et direct ?

• Lorsque l'infraction a lésé l'intérêt **individuel** d'une personne morale, comme elle aurait lésé celui d'une personne physique, l'action civile est recevable. Ainsi, lorsqu'un vol est commis dans la caisse d'une société, il n'est pas douteux que la société subit un dommage qui l'atteint personnellement et directement.

• Lorsque l'infraction a lésé l'intérêt **collectif** d'une personne morale, la réponse est plus délicate ; elle diffère d'ailleurs selon qu'il s'agit d'une personne morale de Droit public, ou d'une association, ou d'un syndicat.

671. L'action civile des personnes morales de Droit public. — Cette action est restreinte par l'exigence d'un préjudice spécifique à cette personne morale en cause. Par exemple, une commune réclame réparation du préjudice causé par des stationnements illicites, qui gênent les habitants de la commune. On considérera que l'intérêt dont la commune invoque la lésion est si général qu'il se confond avec l'intérêt social tout entier. Or, la défense de cet intérêt est assurée déjà par le Ministère public au moyen de l'action publique.

672. L'action civile des associations. — Leur action civile sera rarement admise. Quel peut être, en effet, l'intérêt collectif, lésé par l'infraction, dont une association peut se prévaloir ? L'intérêt en vue duquel ses membres se sont groupés. Mais alors l'action civile risque de se heurter à l'un des obstacles suivants.

• Ou bien cet intérêt de l'association est défini, par ses statuts, très largement. Dans cette hypothèse, on considérera qu'il ne se distingue pas de l'intérêt social, à la défense duquel le Ministère public et l'action publique suffisent. Par exemple, une association protectrice de tous les contribuables français invoque le préjudice infligé par un délit de fraude fiscale. L'action civile, apparaissant superflue, sera repoussée.

• Ou bien l'intérêt collectif qu'incarne l'association est défini très étroitement. Dans cette hypothèse, on considérera qu'il n'est pas lésé de façon directe et personnelle par l'infraction. Ainsi, l'association protectrice des contribuables d'une seule ville s'entendra répondre que la fraude fiscale dont elle se plaint n'a pas eu lieu dans la ville en question (préjudice non direct), ou qu'à l'inverse, elle a eu lieu dans beaucoup d'autres villes (préjudice non personnel). On voit alors pour quelles raisons l'action civile d'une association sera fréquemment déclarée irrecevable. Il faut cependant mettre à part le cas de certaines **associations consacrées à des valeurs d'utilité collective**, et que l'on autorise à exercer l'action civile – dans la mesure et sous les conditions prévues par la loi – pour les infractions lésant ces valeurs. Ces associations sont utilisées, en quelque sorte, comme des auxiliaires du Ministère public. Ainsi, les associations de lutte contre le racisme, contre les violences sexuelles, contre les sévices à enfants, contre la délinquance routière, contre la toxicomanie ou le trafic des stupéfiants (art. 2-1 à 2-21 CPP). La liste de telles associations est longue, et certaines d'entre elles montrent un empressement à poursuivre d'autant plus zélé que leur action leur vaut parfois l'obtention de substantiels dommages-intérêts. On a dénoncé, fort justement, cette « privatisation » de l'action publique.

673. L'action civile des syndicats professionnels. — Leur action civile est accueillie avec beaucoup plus de bienveillance. Car le législateur a considéré (comme pour certaines associations que l'on vient de citer) que ces syndicats en général avaient un rôle d'utilité publique, et qu'ils devaient être admis à seconder le Ministère public pour faire respecter la réglementation professionnelle ; surtout dans un domaine où les victimes individuelles d'une infraction (par exemple, infraction à la loi sur le repos hebdomadaire) hésitent parfois à se constituer partie civile. C'est pourquoi l'article L. 2132-3 du Code du travail dispose que les syndicats professionnels peuvent « devant toutes les juridictions, exercer tous les droits réservés à la partie civile, relativement aux faits portant un préjudice direct ou indirect à l'intérêt collectif de la profession qu'ils représentent ». En vertu de cette loi, l'action civile des syndicats est doublement soustraite au droit commun. Sous la condition que l'infraction porte préjudice à l'ensemble de la profession, on admet : d'une part, que **toute atteinte à l'intérêt collectif de la profession** lèse personnellement le syndicat (ou les syndicats, s'il y en a plusieurs qui représentent une même profession) ; d'autre part, que **le préjudice même indirect** peut être retenu. Il en va de même pour les ordres professionnels (ainsi de médecins, pharmaciens, vétérinaires, experts comptables, etc.), auxquels des lois spéciales accordent les mêmes prérogatives.

Chapitre 2
L'exercice des actions nées de l'infraction

Section 1
L'exercice de l'action publique par le Ministère public

674. Appréciation, par le Ministère public, de l'opportunité des poursuites. — D'après l'article 1er CPP : « l'action publique... est mise en mouvement et exercée par les magistrats... (du Ministère public). Lequel s'entend ici du Parquet près le Tribunal de grande instance, Parquet dirigé par le Procureur de la République. Quel procureur de la République, parmi ceux répartis sur le territoire ? Est compétent le procureur de la République du lieu : ou bien de l'infraction ; ou bien de la résidence d'une des personnes soupçonnées d'avoir participé à l'infraction ; ou bien de l'arrestation ; ou bien de la détention d'une de ces personnes (art. 43 CPP).

Le Ministère public peut être avisé d'une infraction par diverses sources : la rumeur publique, les médias, les procès-verbaux que dressent les officiers de police judiciaire, la dénonciation d'un tiers, une plainte de la partie lésée. Mais il faut alors distinguer ce qu'on appelle la **plainte simple** (adressée soit au Procureur de la République lui-même, soit – le plus souvent – à un officier de police judiciaire qui la lui transmettra), de la **plainte avec constitution de partie civile,** laquelle est déposée entre les mains d'un juge d'instruction. Cette plainte, avec constitution de partie civile, met en mouvement l'action publique (*supra,* n° 661 *in fine*). Tandis que, sur une plainte simple, le Ministère public reste libre d'agir ou de ne pas agir. Car il dispose (*supra,* n° 660), du **pouvoir d'apprécier l'opportunité des poursuites**. S'éclairant, en pratique, des investigations de police judiciaire (enquête sur infraction flagrante, enquête préliminaire, *infra,* n° 730 s.), le Procureur de la République se prononcera.

Dans quel délai ? La loi n'en indique pas. Cependant, la personne placée en garde à vue lors d'investigations de police judiciaire (*infra,* n° 737 et n° 744), mais qui, dans les six mois suivants, n'a pas fait l'objet de poursuites, peut interroger le Procureur de la République du ressort où la garde à vue s'est placée sur la décision prise (art. 77-2 CPP).

Quelle décision ? Le Ministère public dispose d'un choix très large.

• Il peut ne pas déclencher la poursuite, autrement dit opérer un **classement sans suite**. Un tel classement, simple mesure d'opportunité, au besoin prise sous condition, n'éteint pas l'action publique, sauf prescription (art. 7, 8, 9 CPP). Le Ministère public (*infra*, n° 691 s.) pourrait, plus tard, mettre l'action publique en mouvement, tant qu'elle n'est pas prescrite.

• Le Ministère public peut, à l'inverse, déclencher la poursuite par la **mise en mouvement de l'action publique** (*infra*, n° 675).

• Le Ministère public dispose enfin de possibilités intermédiaires, que l'on désigne sous le nom global de **réponses alternatives aux poursuites pénales**. Notamment, assisté de médiateurs ou de délégués (art. R. 15-33-30 s. CPP), le Ministère public peut faire procéder à une **médiation pénale** entre la victime et l'auteur des faits (art. 41-1. CPP). Il peut aussi proposer à ce dernier une **composition pénale** (*infra*, n° 676). Il peut aussi accepter un « **plaider coupable** » de la personne poursuivie (*infra*, n° 677).

675. La mise en mouvement de l'action publique. — Pour mettre en mouvement l'action publique, le Ministère public dispose de deux procédés : soit la **citation directe**, acte par lequel le Ministère public assigne ce prévenu à comparaître devant le tribunal : soit le **réquisitoire à fin d'informer**, acte par lequel le Ministère public requiert le juge d'instruction d'ouvrir une information, ou bien contre une personne désignée, ou bien contre un inconnu que le juge d'instruction aura mission d'identifier.

En d'autres termes, la citation directe a pour but de saisir la juridiction de jugement, le réquisitoire à fin d'informer a pour but de saisir le juge d'instruction. Quand donc ? pour ce qui se rapporte aux **crimes** (art. 79 CPP), l'**instruction** est **obligatoire** ; pour les **autres infractions** (délits, contraventions), le Ministère public a généralement le choix entre les deux procédés, la **citation directe** *ou* l'**instruction préparatoire**. Mais cette dernière s'impose parfois : soit pratiquement, lorsque les faits demandent élucidation ; soit légalement, lorsqu'un texte la rend obligatoire (ainsi poursuites contre un mineur pour délit, *infra* n°s 955 s.).

Mais, de quelque façon qu'elles aient été saisies, la juridiction d'instruction ou la juridiction de jugement ne peuvent plus être dessaisies par le Ministère public. Même si celui-ci abandonne les poursuites, ces juridictions doivent continuer, l'une à instruire, l'autre à juger. C'est la conséquence de la règle que le Ministère public n'a pas la disposition de l'action publique (*supra,* n° 659).

676. La composition pénale. — Elle est prévue par les articles 41-2 et 41-3 CPP. S'agissant d'infractions punies d'une peine d'amende ou d'un emprisonnement qui n'excède pas cinq ans, le Procureur peut proposer au délinquant qui reconnaît avoir commis l'infraction une ou plusieurs des dix-sept peines ou obligations énumérées : ainsi amende, remise du permis de conduire pour six mois, accomplissement d'un travail d'intérêt général, ou d'un stage de citoyenneté (*supra*, n° 341). Lorsque l'auteur des faits donne son accord, le Procureur saisit le président du Tribunal afin de faire valider la composition. Après validation, les mesures décidées sont mises à exécution.

677. Le « plaider coupable ». – Institué par la loi Perben 2 (*supra* n° 55), ce plaider coupable s'appelle ici « comparution sur reconnaissance préalable de culpabilité ». Bien que présenté, par certains, comme liberticide, ce plaider coupable (art. 495-7 à 495-16 CPP) n'est qu'une variante de la composition pénale, laquelle n'avait pas suscité de tempête... Le schéma est le même : accord du Parquet poursuivant et de la personne poursuivie sur la peine à subir (qui ne peut excéder certains plafonds) ; homologation de cet accord par le Président du Tribunal de grande instance ou son délégué. Les **garanties** du justiciable sont les suivantes : l'intéressé dispose, avant de donner son acceptation, d'un **délai de réflexion de 10 jours**, et de l'**assistance d'un avocat**. Enfin, l'homologation sera faite, après vérification que la peine à subir se trouve justifiée – vu les circonstances de l'infraction, la personnalité de son auteur – **par un juge du siège, lors d'une audience publique.**

Section 2
L'exercice de l'action civile par la victime

678. Renforcement des droits de la victime. Son option. — « L'autorité judiciaire veille à l'information et à la garantie des droits des victimes au cours de toute procédure pénale » (article préliminaire, II, CPP). La police judiciaire est tenue de recevoir et transmettre au service territorialement compétent la plainte déposée par la victime (art. 15-3 CPP). Lors de l'enquête de police, la victime peut exprimer une demande de dommages-intérêts. Avec l'accord du Ministère public, cette demande vaudra constitution de partie civile au cas de poursuites ultérieurement engagées (art. 420-1 CPP). De plus, dès le début de son information, le juge d'instruction doit aviser la victime de son droit à se constituer partie civile (art. 80-3 CPP). Car, depuis très longtemps, notre procédure pénale offre une option à la victime d'une infraction : **voie pénale ou voie civile**. Cette victime peut, bien sûr, exercer son action civile en réparation du dommage subi, devant la juridiction civile. Mais elle peut aussi l'exercer « en même temps que l'action publique et devant la même juridiction » (art. 3 CPP). On examinera successivement l'option ouverte à la victime (§ 1), l'exercice de l'action civile par la voie civile (§ 2), l'exercice de l'action civile par la voie répressive (§ 3).

§ 1. L'option ouverte à la victime

679. Justification de cette option. — La possibilité offerte à la partie lésée de porter son action devant le tribunal répressif se justifie triplement :

• C'est un facteur d'économie et de simplification : il sera plus facile à la partie lésée d'intervenir au procès pénal que d'engager un procès distinct pour ses intérêts civils. Et le tribunal répressif – connaissant bien les faits – est à même de statuer sur les dommages-intérêts.

• Il est sans inconvénient que le juge pénal se prononce sur ces intérêts civils, puisque notre Droit (*supra,* n° 25) consacre l'unité de la justice pénale et de la justice civile.

• La partie lésée pourra profiter directement des preuves recueillies par le Ministère public ou par le juge d'instruction.

680. Irrévocabilité de l'option. — Lorsque la partie lésée a choisi la voie civile, elle ne peut plus l'abandonner pour choisir la voie pénale. Son option est irrévocable (art. 5 CPP). Comme cette règle est fort ancienne, on l'exprime par un adage latin « ***electa una via...*** ». L'irrévocabilité de l'option est établie dans l'intérêt de la personne poursuivie pénalement. Aussi ne la fait-on jouer que dans la mesure où le changement de juridiction pourrait nuire à cette personne. En voici la conséquence essentielle : la règle empêche bien la partie lésée d'abandonner la voie civile primitivement choisie pour la voie criminelle, mais l'inverse n'est pas vrai ; elle peut abandonner la voie criminelle pour prendre la voie civile. Cette option, prévue dans le seul intérêt de la personne poursuivie, n'est d'ailleurs pas d'ordre public. Par suite, seule cette personne peut se prévaloir de la violation de la règle « *electa una via* », et elle doit le faire au début du procès. Le tribunal ne pourrait pas soulever d'office la violation de la règle.

§ 2. L'exercice de l'action civile par la voie civile

681. Exercice de l'action civile sans interférence pénale. – C'est la situation la plus simple. Le Ministère public, appréciant l'opportunité des poursuites, a classé sans suite (*supra,* n° 674). La victime, ne voulant pas courir les risques d'une plainte avec constitution de partie civile (*infra,* n° 688), s'adresse à la juridiction civile et se fonde sur le seul délit civil. Il n'existe alors aucune interférence entre l'aspect pénal et l'action civile, qui obéit en tous points aux règles de la procédure civile.

682. Exercice de l'action civile avec interférence pénale. — Dans cette situation, le Ministère public choisit d'exercer l'action publique. Trois hypothèses en découlent :

• L'action publique est déjà jugée. Dans ce cas, le juge civil ne pourra contredire la décision du juge répressif. C'est la règle (infra, n° 911 s.), de l'**autorité sur le civil de la chose jugée au criminel.**

• L'action publique n'est pas encore jugée, mais elle est engagée tandis que la juridiction civile n'a pas encore rendu son jugement. Dans ce cas, la juridiction civile doit surseoir à statuer jusqu'à ce que la juridiction répressive ait rendu son jugement (art. 4, al. 2 CPP). On exprime cette règle en disant que « **le criminel tient le civil en état** ». La raison en est évidente : on a vu que le juge civil doit ne pas contredire la décision du juge répressif. Il faut donc attendre cette décision.

• L'action publique est exercée, mais après que la juridiction civile ait rendu une décision définitive. Dans ce cas, bien évidemment, le criminel ne peut tenir le civil en état. Mais la chose jugée au civil ne dispose d'aucune autorité sur le criminel. Cela confirme la prédominance de l'ordre public sur les intérêts particuliers.

§ 3. L'exercice de l'action civile par la voie répressive

683. Division. — L'action civile s'exerce devant les tribunaux répressifs lorsque la victime de l'infraction se constitue partie civile.

De cette constitution de partie civile, il faut examiner les formes (A) et les conséquences (B).

A Formes de la constitution de partie civile

684. Les deux formes de la constitution. — Tantôt, la constitution de partie civile se produit à titre principal, avant la mise en mouvement de l'action publique. Tantôt, cette constitution de partie civile intervient à titre accessoire, après la mise en mouvement de l'action publique.

685. La constitution de partie civile à titre principal. — Quand le Ministère public, appréciant l'opportunité des poursuites (*supra,* n° 674), refuse d'exercer l'action publique, la victime est admise à vaincre son inertie, et peut déclencher elle-même l'action publique, pour y « accrocher » son action civile. Il s'agit alors d'une constitution de partie civile à titre principal, en ce sens qu'elle lance, à elle seule, les poursuites pénales. On dit aussi, parfois, qu'elle comporte un **effet « moteur »,** pour exprimer qu'elle entraîne la mise en mouvement de l'action publique.

Comment la victime opère-t-elle sa constitution de partie civile à titre principal ? D'une façon symétrique à celle qui s'offre au Ministère public pour « lancer » l'action publique. On sait qu'il peut, selon les cas, soit saisir directement la juridiction de jugement (citation directe) soit saisir le juge d'instruction (réquisitoire à fin d'informer). Pareillement, la partie civile dispose de deux moyens. La **citation directe** devant la juridiction de jugement ; ou bien, devant le juge d'instruction, la **plainte avec constitution de partie civile.** L'effet moteur d'une telle plainte a été consacré par la jurisprudence, à la suite du fameux arrêt Laurent-Atthalin, du nom du conseiller-rapporteur devant la Chambre criminelle (8 décembre 1906, *D.* 1907.I.207). La victime utilisera donc le procédé de la plainte avec constitution de partie civile ou de la citation directe, suivant que le procès pénal doit être ou non précédé d'une instruction préparatoire (*supra,* n° 675).

Toutefois lorsque l'auteur du délit est inconnu, la victime ne peut procéder que par voie de plainte avec constitution de partie civile (alors déposée contre X) et à l'inverse, en matière de contraventions, elle ne dispose que de la citation directe, mais non de la plainte avec constitution de partie civile, la loi ne prévoyant une telle plainte – motrice – qu'au cas de crime ou de délit (art. 85 CPP).

686. La constitution de partie civile à titre accessoire. — La constitution de partie civile est dite accessoire, lorsqu'elle intervient après que le Ministère public a pris l'initiative de mettre en mouvement l'action publique. La partie lésée se fait alors prendre en « remorque » de l'action publique pour y défendre ses intérêts civils. On parle aussi d'une constitution de **partie civile par intervention.** Cette constitution par acte subséquent s'opère au moyen de déclarations verbales, ou plus souvent de conclusions écrites. L'intervention se produit ou bien au cours de l'instruction préparatoire, si le procès n'en est encore qu'à la phase de l'instruction, ou bien devant la juridiction du jugement. Dans ce dernier cas, l'intervention peut se produire jusqu'à ce que soient présentées les réquisitions du Ministère public sur le fond (art. 421 CPP).

Il en résulte qu'elle n'est recevable qu'en première instance. La partie civile ne serait pas admise à intervenir pour la première fois en appel (après donc les réquisitions sur le fond, déjà faites en première instance) ; ce serait d'ailleurs empêcher la personne poursuivie, condamnée à une réparation civile, de pouvoir faire elle-même appel de la décision qui l'a condamnée, et la priver ainsi de la garantie que constitue le double degré de juridiction.

B Conséquences de la constitution de partie civile

687. Les conséquences en jeu. — La constitution de partie civile peut comporter, au bénéfice de son auteur, une première conséquence qui correspond à sa raison d'être initiale : obtenir des dommages et intérêts, tout comme devant une juridiction civile. Mais la constitution de partie civile peut produire d'autres conséquences qui relèvent du domaine pénal. Il s'agit de : la mise en mouvement de l'action publique (1°) l'acquisition de la qualité de partie au procès pénal (2°).

688. 1° La mise en mouvement de l'action publique. – Lorsque la constitution de partie civile est faite à titre principal (*supra,* n° 685), elle met en mouvement l'action publique. Il s'ensuit des risques d'abus. Ils expliquent les mesures protectrices dont bénéficie la personne visée par la plainte. Lorsque la constitution de partie civile saisit un juge d'instruction, la personne visée par la plainte peut n'être pas mise en examen, mais entendue comme témoin « assisté » (*infra,* n° 759). À l'issue des poursuites, si ces poursuites sont jugées mal fondées, celui qui les a provoquées peut être condamné pénalement pour dénonciation calomnieuse ; et civilement à des dommages-intérêts (art. 91 CPP) ; et même à une amende civile pouvant aller jusqu'a 15 000 euros (art. 177-2 et 392-1 CPP).

689. 2° L'acquisition de la qualité de partie au procès pénal. — Même si la constitution de partie civile, faite à titre principal, a comporté l'effet moteur, la partie civile n'a plus aucune influence sur l'action publique. Le Ministère public peut seul « exercer » cette action. C'est lui qui va soutenir la poursuite ou bien, à l'inverse, l'estimant mal fondée, qui va requérir un non-lieu du juge d'instruction ou une relaxe de la juridiction de jugement. La partie civile n'est donc plus en cause que pour la défense de ses intérêts civils. Mais il n'empêche que, dans tous les cas, cette partie civile se trouve reliée au procès pénal : elle y devient partie. D'où son statut particulier, se manifestant par quatre traits.

• À la différence d'un témoin, au sens précis et juridique de ce mot (*infra,* n° 707), **la partie civile n'a pas à prêter serment** avant qu'on recueille sa déposition sur les faits (art. 335-6° et 422 CPP).

• Par symétrie avec les droits de la personne mise en examen, qui est défendeur, la partie civile, en position de demandeur, **ne peut être entendue par le juge d'instruction qu'en présence de son avocat**, convoqué cinq jours au moins à l'avance. L'avocat doit avoir accès au dossier de la procédure (art. 114 CPP).

• La partie civile **se trouve associée au déroulement de la procédure**. Elle peut demander au juge d'instruction l'accomplissement de certaines investigations ou provoquer l'annulation des actes viciés (art. 89-1 CPP). Elle reçoit notification des décisions importantes qui jalonnent la procédure (art. 183 CPP). Elle dispose, dans certains cas et sous certaines conditions, de voies de recours contre ces décisions rendues (art. 186 CPP).

• La partie civile **peut obtenir des dommages-intérêts**. C'est même là le but habituel de sa constitution. Cependant les dommages-intérêts ne lui sont octroyés que dans la mesure de son préjudice, et si la personne poursuivie est déclarée coupable de l'infraction source du dommage pour la victime. Mais cette dernière exigence est assortie de deux exceptions. D'une part, en matière criminelle, quand la Cour d'assises acquitte l'accusé, elle reste compétente pour statuer sur les intérêts civils. Cela tient à sa plénitude de juridiction (*infra,* n° 865). D'autre part, en matière correctionnelle ou de police, le tribunal qui relaxe du chef d'homicide ou de blessures par imprudence peut allouer des dommages et intérêts à la victime de l'accident, sous la condition que le tribunal ait été saisi par le Ministère public ou la juridiction d'instruction (art. 470-1 CPP). Cela tient à ce qu'il existe une responsabilité civile du conducteur d'un véhicule, indépendamment de toute faute commise (art. 1384, al. 1, Code civil).

Chapitre 3
L'extinction des actions nées de l'infraction

690. Les diverses causes d'extinction. Division. — Il faut ici distinguer : les causes d'extinction qui sont particulières à l'une ou l'autre de ces deux actions publique et civile ; et les causes d'extinction qui sont communes aux deux actions.

• En ce qui concerne les **causes particulières d'extinction**, leur effet varie. Certaines causes éteignent seulement l'action publique. Tel est le cas pour le **décès du prévenu,** l'**amnistie,** l'**abrogation de la loi pénale**. Dans ces situations, l'action civile survit, et peut même être exercée contre les héritiers du coupable. D'autres causes éteignent seulement l'action civile. Par exemple, la victime peut renoncer à l'action civile, transiger sur elle. Mais l'action publique subsiste.

• En ce qui concerne les **causes communes d'extinction,** valant à la fois pour l'action publique et pour l'action civile, il en existe de deux sortes. Certaines de ces causes communes concernent des hypothèses particulières. Ainsi, la transaction avec certaine administrations publiques, par exemple les douanes (*supra* n° 661) éteint à la fois l'action civile et l'action publique, pour le délit douanier en cause. Mais, au-delà de ces situations ponctuelles, certaines causes d'extinction valent de façon générale, à la fois pour l'action publique et pour l'action civile. Cela recouvre deux situations très répandues. À savoir l'**autorité de la chose jugée** (*infra,* n° 906 s.) et la **prescription**, présentement traitée. Mais il faut alors considérer séparément la prescription de l'action publique (Section 1), et celle de l'action civile (Section 2).

Section 1
La prescription de l'action publique

691. Notion et fondement de cette prescription. — La prescription de l'action publique suppose que l'auteur de l'infraction n'a pas été poursuivi. Il ne pourra plus l'être lorsque l'inaction de la société se sera prolongée au-delà d'un certain temps. On dit alors que l'action publique est prescrite. Cette prescription repose sur deux raisons principales. L'oubli faisant son œuvre, il existe de plus en plus d'inconvénients à ressusciter le souvenir de l'infraction. De surcroît, les preuves de cette infraction s'effacent avec le temps.

692. Délai de prescription. — Il faut mettre à part certaines hypothèses. Ainsi, les crimes contre l'humanité sont imprescriptibles (art. 213-5 CP) ; en matière de terrorisme (art. 706-25-1 CPP) ou de trafic de stupéfiants (art. 706-31 CPP), la prescription est de trente ans pour les crimes et de vingt ans pour les délits. À l'inverse, la prescription de l'action publique se raccourcit sensiblement, dans des cas où la longue mémoire nuirait à la paix sociale : ainsi les infractions commises par voie de presse, telles l'injure ou la diffamation, se prescrivent par trois mois (art. 65 loi 29 juillet 1881).

Hormis ces hypothèses particulières, découlant d'un texte dérogatoire, l'action publique se prescrit par **10, 3, 1 an**, suivant qu'il s'agit d'un crime, d'un délit ou d'une contravention (art 7, 8, 9 CPP). On se gardera bien de confondre ces délais avec ceux d'une autre prescription, celle de la peine. La prescription de la peine (*supra,* n° 605) s'opère par un délai beaucoup plus long : 20 ans (crime), 5 ans (délit), 3 ans (contravention). Il est très important, de bien distinguer. La **prescription de** l'**action publique** se place **avant condamnation**, ce qui facilite l'oubli de l'atteinte à l'ordre social, l'autre prescription, la prescription **de la peine** se place **après condamnation** (*supra,* n° 603 s.) : C'est pourquoi sa durée, de manière approximative, est double.

693. Point de départ du délai de prescription. — Le délai de prescription de l'action publique part du jour où l'infraction a été commise. Tel est le principe. Mais il comporte quelques exceptions. Ainsi pour diverses agressions commises à l'encontre des mineurs, le délai ne court qu'à partir de leur majorité (art. 7 et 8 CPP). Quel que soit le point de départ du délai, il peut y avoir, chemin faisant, paralysie de la prescription.

694. La paralysie de la prescription. — Cete paralysie se produit avec des conséquences plus ou moins énergiques, selon que l'on considère son interruption, ou sa suspension.

• L'**interruption** de la prescription a pour effet que le temps couru depuis l'infraction jusqu'à l'acte interruptif se trouve effacé. Le compteur chronologique est remis à zéro. Il faudra donc que le délai total de prescription s'accomplisse à nouveau pour que l'action publique s'éteigne. Cette interruption résulte de **tout acte d'instruction ou de poursuite,** et même à l'égard des personnes qui n'ont pas été impliquées dans cet acte (art. 7 CPP). Il y a là une formule très large, d'autant plus que la jurisprudence assimile à l'acte d'instruction les actes de police judiciaire accomplis durant les enquêtes (*infra,* n° 730). Il s'ensuit que, sauf dans le cas d'une infraction demeurant ignorée, l'interruption de prescription se produira souvent ; et qu'ainsi le délai de prescription prévu par la loi se trouve – en fait – considérablement allongé.

• La **suspension** de la prescription n'efface pas le temps de prescription déjà couru. Elle empêche simplement le délai de courir. Mais une fois la cause de suspension terminée, le délai autrefois écoulé sera pris en compte pour le calcul de la prescription. La loi ne définit pas, par une formule d'ensemble, les causes de suspension. Il n'existe que des textes spéciaux : ainsi l'article 6, al. 2 CPP, et les lois ayant suspendu les prescriptions durant la dernière guerre mondiale. Mais la jurisprudence admet, de manière générale, que la suspension résulte de **tout obstacle, de fait ou de droit, à l'exercice de l'action publique**. Exemple d'obstacle de fait : la démence de l'auteur de l'infraction. Exemple d'obstacle de droit : l'existence d'une question préjudicielle à l'action publique. La prescription est alors suspendue pendant tout le temps nécessaire au jugement de cette question préjudicielle (*supra,* n° 664).

695. Effets de la prescription. — La prescription éteint l'action publique, laquelle touche évidemment à l'ordre public. Il en résulte que la prescription de l'action publique est elle-même d'ordre public. Par suite, le délinquant ne peut y renoncer. Il peut inversement l'invoquer en tout état de cause, même à hauteur d'appel et de cassation. S'il néglige de s'en prévaloir, le juge doit la relever d'office.

Section 2

La prescription de l'action civile

696. Les hésitations de l'histoire. — Longtemps, on a pensé que lorsque l'action publique était éteinte, l'action civile devait l'être aussi, pour ne pas raviver le souvenir d'une infraction désormais impunissable. Il y eut donc unité des prescriptions. Mais on la supprima en 1980.

697. La solution présente. — Suivant l'article 10 CPP al. 1, « lorsque l'action civile est exercée devant une juridiction répressive, elle se prescrit selon les règles de l'action publique ». Soit 10, 3, 1 an selon qu'il s'agit d'un crime, d'un délit ou d'une contravention (*supra* n° 692). Suivant l'article 10 CPP al. 2, « lorsque l'action civile est exercée devant une juridiction civile, elle se prescrit selon les règles du Code civil ». Or, l'article 2224 de ce Code dispose que les actions personnelles se prescrivent par 5 ans. L'action civile étant personnelle, elle doit donc être intentée devant la juridiction civile dans les 5 ans qui suivent l'infraction génératrice du dommage.

Titre 2

De la police judiciaire et de l'instruction préparatoire

698. Objet du titre. — Le livre premier du Code de procédure pénale (« de l'exercice de l'action publique et de l'instruction ») traite essentiellement de la police judiciaire et de l'instruction. Entre la police judiciaire et l'instruction préparatoire, il existe une finalité commune : l'une comme l'autre travaillent à la recherche des preuves de l'infraction. Mais la police judiciaire a parmi ses missions celle de rechercher les preuves avant la mise en mouvement de l'action publique. Tandis que l'instruction, par hypothèse, ne commence qu'après la mise en mouvement de l'action publique. Par ailleurs, on verra (*infra,* n° 701) que les procédés d'investigation, pour la recherche des preuves, sont plus énergiques dans la phase de l'instruction que dans la phase de la police judiciaire.

699. Division du titre. — Quoi qu'il en soit, la recherche des preuves est essentielle dans les deux cas, et cela justifie que l'on fasse précéder l'étude de la police judiciaire et de l'instruction d'un exposé général des règles de preuve. Ainsi se dessine le plan qui suit.

Chapitre 1 – **Des preuves.**
Chapitre 2 – **De la police judiciaire.**
Chapitre 3 – **De l'instruction préparatoire.**

Chapitre 1
Des preuves

700. Idée générale sur le rassemblement des preuves. — La manière de se procurer les preuves n'est pas entièrement libre. Elles doivent être obtenues suivant une procédure que la loi réglemente. Cette procédure a pour but, ou bien d'assurer l'efficacité de la preuve, afin qu'elle soit incontestable, ou bien d'éviter les abus qui pourraient résulter d'investigations sans limites.

Une telle procédure devient d'autant plus stricte et minutieuse que le procès pénal avance. Si, au début des investigations, on peut se contenter de vraisemblances et d'approximations, il faut par la suite établir les faits d'une manière aussi précise et peu discutable que possible. Plus on s'approche du jugement, plus les preuves fournies doivent comporter de certitudes, et de garanties pour la personne en cause. D'où la distinction que l'on opère, selon la phase considérée de la chaîne pénale.

701. Distinction selon la phase des investigations. — Il faut ici distinguer phase policière, phase de l'instruction, phase du jugement.

• Dans la **phase policière,** la **recherche des preuves** est **secrète et non contradictoire**. Lors de leurs enquêtes (*infra,* n° 730 s.), les officiers de police judiciaire constituent fréquemment le dossier de police en recueillant des témoignages à l'insu même de la personne soupçonnée (souvent appelée « suspect »). Toutefois, **certains procédés de preuve sont exclus** à raison de leur gravité. C'est le cas, par exemple, des perquisitions et des saisies, en principe interdites, sauf infraction flagrante ou consentement de l'intéressé.

• Dans la **phase de l'instruction préparatoire** (*infra,* n° 746 s.), la recherche des preuves a encore lieu d'une manière secrète et non contradictoire, mais dans une mesure bien moindre. Et le juge d'instruction dispose de **prérogatives plus énergiques** que celles autorisées durant les enquêtes policières : même s'il ne s'agit pas d'une infraction flagrante, et même si l'intéressé refuse son consentement. Il peut ordonner des **perquisitions et des saisies**. Il peut aussi procéder à la **mise en examen** d'une personne, ce qui la désigne comme l'auteur probable de l'infraction (*infra* n° 760), suscitant ainsi – dans les affaires « sensibles » – la curiosité parfois dévastatrice des medias. Il peut éventuellement provoquer la **détention provisoire** de cette personne mise en examen (*infra* n° 768). On comprend que, devant l'ampleur des pouvoirs conférés au juge d'instruction, la loi reconnaisse aux personnes mises en examen (et symétriquement, à la partie civile) un certain contrôle sur la procédure, afin de protéger leurs droits (*infra,* n° 753).

• Dans la phase du **jugement,** on a vu (*supra,* n° 699) qu'il s'agit plutôt d'apprécier la force convaincante des preuves préalablement amassées lors des enquêtes policières ou lors de l'instruction préparatoire. La discussion de ces preuves donne lieu à **débat oral, public et contradictoire,** la procédure étant, comme on l'a dit, accusatoire (*supra,* n° 641).

702. Contenu et division du chapitre. — Pour reconstituer le passé, pour élucider les circonstances de l'infraction, on ne peut se référer qu'aux personnes (en les questionnant), ou aux objets (en les scrutant). De là divers modes de preuve.

Les deux premiers sont issus des personnes. Il s'agit de l'aveu et du témoignage. Les deux suivants sont issus des choses. Il s'agit des constatations matérielles, et des présomptions ou indices. Un dernier mode de preuve, constitué par les écrits, est à mettre à part, en ce que ces écrits participent des deux catégories précédentes, relatant à la fois les déclarations des personnes et les renseignements que l'on tire des objets. Le présent chapitre comportera cinq sections, qui correspondent à ces divers modes de preuve : l'aveu ; le témoignage ; les constatations matérielles ; les présomptions ou indices ; les écrits.

Section 1
L'aveu

703. Valeur probante de l'aveu. Ses formes. — Souvent, on considère l'aveu comme la reine des preuves. Cependant, l'expérience prouve que ce n'est pas une preuve infaillible. D'une part, il y a parfois des aveux mensongers, provenant de déséquilibrés, qui s'accusent de crimes imaginaires. D'autre part, il est manifeste que la force convaincante de l'aveu varie suivant qu'il est spontané ou qu'il est provoqué. Dans notre Ancien Droit où la torture était pratiquée, l'aveu ne faisait jamais preuve complète à lui seul. Aujourd'hui, sa valeur probante est librement appréciée par le juge. L'aveu peut avoir lieu en dehors de toute intervention de police et de justice. C'est assez rare. Usuellement, l'aveu est provoqué par un **interrogatoire.**

704. L'interrogatoire. — Au sens large, le mot d'interrogatoire recouvre des situations juridiques différentes, suivant que l'on se place avant l'ouverture d'une information, lors de l'information, ou devant la juridiction de jugement.

• Avant l'ouverture d'une information, il s'agit d'une **enquête menée par la police judiciaire** (PJ). Qu'il s'agisse d'une enquête sur infraction flagrante (art. 53 s. CPP), ou d'une enquête préliminaire sur infraction non flagrante (art. 75 s. CPP), la *police judiciaire* peut questionner toutes personnes susceptibles de fournir des renseignements sur les faits qui font l'objet de l'enquête. À ce stade, l'interrogatoire se nomme une « *audition* ». La personne entendue n'est officiellement qu'un témoin, quand bien même elle serait tenue pour suspecte, et retenue contre son gré, en garde à vue, durant des dizaines d'heures. Le risque d'abus est manifeste, et le Code de procédure pénale prévoit des garanties diverses, visant à protéger les droits de l'individu (*infra,* n° 738 s. et 744).

• **Lors de l'information**, l'interrogatoire de la personne mis en examen s'accomplit avec des formalités protectrices des droits de la défense (*infra,* n° 760 s.).

• **Devant la juridiction de jugement**, l'interrogatoire est encore pratiqué, mais il s'agit moins alors (*supra,* n° 699) de rechercher les preuves que d'éclairer le débat contradictoire sur la valeur de ces preuves.

Section 2
Le témoignage

705. Informateurs et témoins : précisions... — « La police a besoin de renseignements, la justice de témoins ». La vieille formule rappelle qu'il n'est pas de police efficace sans « indications » fournis anonymement par ceux qu'on nomme, des informateurs, ou populairement des « indicateurs » (*infra*, n° 719). Le témoin, lui aussi, relate – mais ouvertement, par sa déposition bien identifiée – ce qu'il peut savoir des circonstances de l'infraction ou de qui l'aurait commise. Le témoignage peut intervenir à toutes les phases de la procédure :

• **Avant qu'une instruction soit ouverte**, ce sont les officiers de police judiciaire qui recueillent les témoignages ; ils le font de la même manière qu'ils recueillent les dires du suspect. On est toujours en présence d'auditions, qui s'opèrent sans serment, mais avec identification du « relatant ».

• **Lorsqu'une instruction est ouverte**, le témoin proprement dit (*supra*, n° 704) fait l'objet d'une audition par le juge d'instruction sous la foi du serment. De même, lors d'une commission rogatoire (*infra*, n° 775), ce témoin proprement dit, alors entendu par un officier de police judiciaire, dépose sous la foi du serment, puisque l'officier agit au nom du juge.

• **Devant la juridiction de jugement**, les témoins sont entendus de nouveau, si la discussion contradictoire des preuves le rend souhaitable ; leur déposition se fait encore sous serment.

706. Personnes pouvant être témoins. — Le principe est que toute personne peut être témoin, sauf disposition contraire de la loi. Mais il y a dans la loi :

• des **incapacités :** soit à raison de l'âge, tel étant le cas des enfants de moins de 16 ans (art. 108 CPP) ; soit à raison d'une parenté avec la personne poursuivie (art. 335 CPP)

• des **indignités :** tel est le cas des condamnés à l'interdiction des droits civils, civiques et de famille (art. 131-26 CP) ;

• des **incompatibilités :** ainsi les membres du tribunal et les jurés ne peuvent être témoins ; pareillement, la partie civile.

Les solutions sont complexes, car ces interdictions légales varient, soit dans leur domaine, soit dans leur sanction. Quant au domaine : certaines interdictions, par exemple, valent devant la juridiction de jugement, mais pas durant l'instruction ; d'autres durant l'instruction, et non pendant la phase policière, où les témoignages sont recueillis par les enquêteurs en toute liberté. Quant à la sanction : certaines interdictions entraînent l'impossibilité totale de témoigner ; d'autres empêchent simplement que le témoignage soit fait sous la foi du serment.

707. Formes et valeur du témoignage. — Tantôt, et c'est l'hypothèse normale lors de l'instruction ou du jugement, le témoin est entendu après avoir prêté serment (de dire la vérité). Tantôt, le témoin est entendu sans avoir préalablement prêté serment. C'est toujours le cas, on le sait, durant la phase policière (*infra*, n° 730 s.). Aucune des personnes entendues ne prête alors serment. Il peut en aller de même, mais à titre exceptionnel, devant le juge d'instruction ou la juridiction de jugement, si la personne qui dépose n'est pas autorisée à prêter serment à raison d'une interdiction légale. Le témoignage sans prestation de serment a une valeur moindre. Il n'a valeur que de simple renseignement, et apparaît comme un élément de preuve moins convaincant. Toutefois, lors du jugement, le juge se prononce suivant son intime conviction (*infra,* n° 807).

708. Convocation des témoins. — Pendant la phase policière, le témoin est convoqué sans forme, par un simple billet d'avis que remet à l'intéressé un agent de la force publique, ou même par invitation verbale. Le témoin peut aussi comparaître volontairement.

À l'instruction, le principe est que le témoin fait l'objet d'une citation par un huissier ou un agent de la force publique. Mais il peut aussi être convoqué par une lettre simple, ou par billet d'avis ; en pratique, ce n'est qu'au cas de non-comparution du témoin que le juge d'instruction recourt à la citation en forme. Le témoin peut aussi comparaître volontairement (art. 101 CPP).

À l'audience du Tribunal de police et du Tribunal correctionnel, les témoins sont convoqués, en principe, au moyen d'une citation par huissier (art. 435 CPP). En Cour d'assises, outre la citation, les noms des témoins doivent être notifiés aux parties adverses vingt-quatre heures au moins avant l'audience (art. 281 CPP).

709. Obligations des témoins. — Les témoins ont l'obligation de comparaître, de déposer et d'être sincères.

• Les témoins doivent **comparaître,** c'est-à-dire se présenter à la convocation de l'autorité – policière ou judiciaire – qui les invite à être entendus. S'ils ne satisfont pas à cette obligation, les témoins peuvent y être contraints par la force publique, que ce soit devant la police ou les juridictions tant d'instruction que de jugement. De plus, devant les juridictions de jugement, ils encourent une amende de 3 750 euros (art. 326, 438, 536 CPP).

• Les témoins doivent **déposer**, sous réserve des cas où le secret professionnel peut être invoqué. Les journalistes, notamment, sont dispensés de révéler leur source. Le refus illégal de déposer encourt (sauf dans la phase policière) la même amende de 3 750 euros.

• Les témoins doivent **être sincères.** Et la loi s'efforce d'assurer cette sincérité par deux moyens. D'une part, elle oblige le témoin – sous la même sanction d'amende – à prêter serment, à moins qu'il existe un obstacle au serment (*supra,* n° 706) ou qu'on ne se trouve dans la phase policière (*infra,* n° 730 s.). D'autre part, la loi punit le faux témoignage de façon sévère (art. 434-13 CP), mais seulement si la déposition s'est faite « sous la foi du serment ». Ainsi, les personnes entendues à titre de simples renseignements (c'est toujours le cas, lors de la phase policière) n'encourent pas les peines du faux témoignage.

Mais la jurisprudence admet qu'on les condamne pour outrage à magistrat (art. 434-24 CP), si l'inexactitude de la déposition tend à discréditer les investigateurs officiels.

Section 3
Les constatations matérielles

710. Les modes de constatation matérielle. — Les constatations matérielles ont pour but de relever directement les diverses circonstances (traces, emplacements ou objets, ces derniers étant appelés « pièces à conviction ») qui éclaireront sur la commission de l'infraction ou sur l'identité de son auteur. La loi prévoit, en les réglementant, trois modes de constatation matérielle : la descente (dite aussi transport) sur les lieux, les saisies et perquisitions, les expertises.

711. La descente sur les lieux. — Elle permet l'examen des lieux où l'infraction est découverte, et la recherche de traces. Celles-ci étant susceptibles de s'effacer, la descente sur les lieux a d'autant plus d'utilité qu'elle est faite rapidement. Son intérêt apparaît donc surtout en cas d'infraction flagrante, c'est-à-dire ici de crime ou délit pour lequel la loi prévoit une peine d'emprisonnement (art. 67 CPP). Alors, les services de police judiciaire doivent se rendre sur place sans délai, après en avoir avisé immédiatement le Procureur de la République, et procéder à toutes constatations utiles (art. 54 CPP). Il s'agira, par exemple, de l'emplacement ou de l'aspect des cadavres, des empreintes digitales, etc. Postérieurement, la descente sur les lieux, quoique susceptible de fournir moins de renseignements, peut être encore entreprise, au cours de l'instruction préparatoire (art. 93 CPP), ou même lors de la phase de jugement (art. 456 CPP). Dans ces derniers cas, elle revêt un caractère contradictoire : les parties et leurs avocats y sont convoqués.

712. Saisies, perquisitions... — Les saisies consistent à s'emparer des armes, vêtements, etc. constituant des **pièces à conviction**, dont l'examen apparaît nécessaire à la manifestation de la vérité, parce qu'elles ont permis ou entouré la perpétration de l'infraction. Souvent, ces pièces à conviction seront trouvées sur les lieux mêmes, lorsque la descente se fait sans retard, comme au cas d'infraction flagrante. Il n'y a plus qu'à les placer sous main de justice (art. 54 al. 2 CPP). Mais il arrive aussi, souvent, que les pièces à conviction ne puissent être trouvées sans investigations nouvelles, et qu'il faille, pour les découvrir et les saisir, procéder à des **visites domiciliaires** ou perquisitions : celles-ci consistent à visiter et fouiller le domicile des personnes qui semblent détenir des objets relatifs aux faits incriminés. Ces saisies et perquisitions, en tant qu'elles portent atteinte à l'inviolabilité du domicile et de la propriété, sont des mesures graves. C'est pourquoi la police judiciaire n'est autorisée à y procéder d'elle-même, et sans l'autorisation du juge d'instruction, qu'au cas d'infraction flagrante, où l'urgence est grande (art. 56 CPP). Au cas d'infraction non flagrante, les perquisitions ou saisies ne sont en principe possibles qu'avec l'assentiment des intéressés ou sur autorisation du Juge des libertés et de la détention (art. 76 CPP) ; ou, lorsqu'une instruction préparatoire est ouverte, sur l'ordre du juge d'instruction (art. 92 s. CPP). De plus, et dans tous les cas, les perquisitions et saisies sont soumises à des règles spéciales, qui protègent à la fois le secret professionnel et les droits de la défense (art. 56 s. et 96 s. CPP).

Des saisies et perquisitions, il faut rapprocher les **écoutes téléphoniques,** et plus largement toutes les interceptions et captations de correspondances réalisées par la voie des télécommunications (ainsi les télécopies, télex, échanges entre minitels, ordinateurs...). Ces « écoutes » ne sont autorisées, pour les enquêtes de la phase policière (*infra*, n° 730) que sur autorisation du juge des libertés et de la détention (art. 60-2 et 76 CPP) ; durant l'instruction (*infra,* n° 756), elles doivent être prescrites par le juge d'instruction (art. 100 s. CPP).

713. Les expertises. — Certaines constatations matérielles ne peuvent être faites ou exploitées profitablement que par des spécialistes, disposant de connaissances techniques, et qui sont les experts. Leurs investigations, appelées expertises, sont utiles ou nécessaires, dans de nombreuses hypothèses : relevé et interprétation des empreintes, examen des projectiles, vérifications comptables, analyses chimiques, examens médicaux (autopsie de la victime, état mental de la personne poursuivie), etc. L'expertise peut intervenir sur l'invitation de la seule police judiciaire (qui dispose d'ailleurs de services spécialisés : identité judiciaire, laboratoires de police scientifique) au cas d'infraction flagrante (art. 60 et 74 CPP). L'expertise est parfois ordonnée par les juridictions de jugement (art. 434 CPP). Mais elle a lieu le plus fréquemment sur l'ordre des juridictions d'instruction (art. 156 s. CPP).

L'expertise sera donc étudiée plus en détail à propos de l'instruction préparatoire (*infra,* n° 757). Il suffit d'indiquer ici les règles générales qui s'appliquent à toute expertise : 1) l'expert n'est jamais désigné par les parties, mais par l'autorité qui ordonne l'expertise. 2) l'expert est tenu de prêter préalablement serment d'apporter son concours à la justice, en son honneur et en sa conscience 3) le juge n'est pas lié par l'opinion des experts.

714. Enregistrement des constatations matérielles. — Il faut évidemment que les constatations, sous quelque forme qu'elles s'opèrent, soient portées à la connaissance de la juridiction de jugement, puisque c'est à celle-ci qu'il appartiendra finalement de les apprécier et d'en tirer les conséquences. À cette fin, les diverses constatations sont désignées dans des écrits, qui figureront au dossier de l'affaire. Ces écrits seront notamment les rapports d'experts, et surtout les procès-verbaux. On retrouvera ces derniers en étudiant (*infra,* n° 717 s.) les écrits comme modes de preuve.

Section 4
Les présomptions ou indices

715. Les présomptions de faits ou indices. — Ce sont des faits qui établissent plutôt une probabilité qu'une preuve véritable. On les qualifie, pour cette raison, de **preuves conjecturales.** Voici des exemples : l'accusé a été vu sur les lieux du crime et fuyant. Certains effets lui appartenant ont été trouvés sur les lieux du crime. Il a été vu chez un armurier, avant le crime, achetant un revolver correspondant à la balle trouvée dans le corps de la victime, etc. Il faut noter que de tels indices sont obtenus par d'autres moyens de preuve, tels que des témoignages, ou des constatations matérielles opérées directement par les juges ou leurs auxiliaires.

Sans doute, à raison du principe de l'intime conviction, le juge en apprécie librement la force probante, et peut donc les faire prévaloir sur un mode de preuve plus immédiat, comme le témoignage ou l'écrit. Mais la loi considère plutôt ces indices comme des moyens de preuve secondaires. Ainsi, lorsqu'un procès-verbal fait foi jusqu'à preuve du contraire, il peut bien être combattu par des écrits ou des témoignages, mais non par des indices (art. 431 et 537 CPP).

716. Les présomptions légales. — Parfois la loi détermine elle-même la force probante de ces indices. On est alors en présence d'une présomption légale. Il y a deux catégories de présomptions légales :

• Les présomptions légales **absolues,** qui ne peuvent être combattues par la preuve contraire. C'est le cas, par exemple, de la présomption établie par l'article 225-6 du Code pénal, d'après lequel est considéré comme proxénète celui qui, vivant avec une personne qui se livre habituellement à la prostitution, ne peut justifier de ressources correspondant à son train de vie.

• Les présomptions légales **relatives,** contre lesquelles la preuve contraire est admise. C'est le cas de celle de l'article 122-6 du Code pénal, déjà rencontré (*supra,* n° 258). Il présume commis en état de légitime défense l'acte accompli pour repousser, de nuit, l'entrée par effraction, violence ou ruse dans un lieu habité.

Section 5
Les écrits

717. Diverses sortes d'écrits probatoires. — Les écrits qui peuvent servir de preuve en matière pénale sont de trois catégories.

• Certains constituent le **corps du délit**. Ainsi la lettre exprimant des menaces d'agression contre les personnes (art. 222-17 CP).

• D'autres écrits valent **preuve du délit**, sans avoir été rédigés dans ce but. Ainsi la lettre révélant la participation de son auteur à une infraction, ainsi la transcription des communications téléphoniques, dont l'écoute ne peut avoir lieu que sous des conditions strictes (*infra,* n° 756).

• Enfin, certains écrits ont pour raison d'être le **constat du délit**. Par exemple, ces écrits relateront un aveu, un témoignage, des constatations matérielles (*supra,* n° 702). Ce sont les **procès-verbaux**, qui sont établis spécialement pour servir de preuve. Très souvent même, la preuve d'une infraction ne repose que sur le procès-verbal dressé par un officier de police judiciaire.

718. Valeur probante des procès-verbaux. — Les écrits n'ont en général de valeur probante que celle que leur accorde l'intime conviction du juge (*infra,* n° 807). Cependant les procès-verbaux, à raison de leur importance pratique, appellent quelques précisions :

• la valeur probante d'un procès-verbal est subordonnée à plusieurs **conditions**. Il doit être régulier en la forme, daté, signé par le rédacteur, avec mention de sa qualité. Il faut de plus que cet auteur ait agi dans l'exercice de ses fonctions, et qu'il ait rapporté ce qu'il a vu, entendu, ou constaté personnellement (art. 429 CPP).

• la **valeur probante** des procès-verbaux est variable. En règle générale, les procès-verbaux n'ont la valeur que de **simples renseignements,** et sont laissés à l'appréciation du juge (art. 430 CPP). Mais certains procès-verbaux – ainsi ceux qui constatent les contraventions (art. 537 CPP) ou certains délits prévus par des lois spéciales (art. 431 CPP) – font foi **jusqu'à preuve contraire.** Dans ce cas, le juge est tenu de considérer de tels procès-verbaux comme exacts, tant que la preuve contraire n'a pas été rapportée par écrit ou par témoin. De plus, certains procès-verbaux font foi **jusqu'à inscription de faux.** Tel est le cas pour les procès-verbaux établis par le greffier du juge d'instruction. Tel est encore le cas de procès-verbaux constatant certains délits spéciaux (ainsi en matière de douane), et dressés par certains agents administratifs.

Dans ces hypothèses, qui doivent toujours être prévues par la loi, la valeur probante des procès-verbaux est extrême, puisqu'on ne peut la combattre que par la procédure longue et compliquée de l'inscription de faux. On doit alors remarquer que la force probante des procès-verbaux varie. Certains, établis par des fonctionnaires simplement chargés de fonctions de police judiciaire (par exemple douaniers), peuvent faire foi jusqu'à inscription de faux. Tandis que d'autres procès-verbaux, établis par des officiers de police judiciaire, ne valent que comme simples renseignements.

Chapitre 2
De la police judiciaire

719. Importance et mission de la police judiciaire. — La police judiciaire est un auxiliaire capital de la justice répressive. Car cette police joue un rôle premier tout au long de ce qui précède la procédure devant la juridiction de jugement (art. 14 CPP).

• **Avant toute information,** la police judiciaire est chargée de constater les infractions à la loi pénale, que ces infractions lui soient signalées par les victimes ou les témoins de l'infraction, soit par des « informateurs », (lesquels peuvent être éventuellement rémunérés (cf. arrêté inter-ministériel du 20 janvier 2006 *JO* du 2 février 2006). La police judiciaire doit alors rassembler les preuves de ces infractions ainsi qu'en en rechercher les auteurs (art. 14 al. 1 CPP), bref, **éclairer le Ministère public sur l'opportunité des poursuites**, c'est-à-dire lui permettre de se prononcer sur les suites à donner : classement sans suite, ou citation directe devant la juridiction de jugement ; ou réquisitoire à fin d'informer qui saisira le juge d'instruction et déclenchera l'ouverture d'une information.

• **Lors d'une information, seconder le magistrat instructeur**. Sous son contrôle, elle exécute leurs délégations et défère à leurs réquisitions (art. 14, al. 2 CPP). Par exemple, elle procède, sur commission rogatoire (*infra,* n° 775 s.), à l'audition de témoins. Mais alors, les actes accomplis de la sorte par la police judiciaire se rattachent étroitement à l'instruction ; ils sont des actes d'instruction, et pour cette raison, doivent être examinés plus loin, à propos de l'instruction préparatoire.

Seuls donc seront considérés dans ce chapitre, comme étant véritablement des actes de police judiciaire, ceux qui sont antérieurs aux poursuites décidées par le Ministère public. Mais avant de considérer ces actes, il faut savoir d'abord qui les accomplit. D'où le plan de ce chapitre : L'organisation de la police judiciaire (section 1) – Les actes de police judiciaire (section 2).

Section 1
L'organisation de la police judiciaire

720. Police judiciaire et police administrative. — La police judiciaire, d'après ce qui vient d'en être dit, devrait se distinguer nettement de la police administrative. Tandis que la police administrative est placée sous l'autorité administrative, qu'elle est chargée de prévenir l'accomplissement d'infractions, au contraire la police judiciaire, placée sous l'autorité judiciaire, intervient après qu'une infraction ait été commise. Mais en pratique, la police administrative et la police judiciaire sont le plus souvent le fait de mêmes personnes. Ainsi, soit le gendarme, soit l'agent de police qui dirigent la circulation automobile font un acte de police administrative ; mais s'ils relèvent, ce faisant, une infraction au Code de la route, il font un acte de police judiciaire.

Cela s'explique. Il est rationnel que ceux qui doivent prévenir les infractions aient aussi pour tâche, une fois qu'elles sont commises, d'en établir le constat et d'identifier les fautifs. Une telle imbrication des tâches oblige à retracer, du moins de façon sommaire, l'organisation générale de la police (§ 1) avant de considérer l'organisation propre à la police judiciaire (§ 2).

§ 1. L'organisation générale de la police

721. Une organisation complexe. — Il faut renvoyer, pour le détail, aux ouvrages spécialisés. Ainsi « le Droit de la police » (Decocq, Montreuil, Buisson, éd. Litec). S'en tenant aux données générales, on doit d'abord mettre à part la **police municipale,** facultative et supplétive : ainsi, les gardes-champêtres, dans les zones rurales, et la police municipale. Elle dispose éventuellement d'armes, et d'une tenue dont les caractéristiques visent à dissiper toute confusion avec ceux de la police ou de la gendarmerie nationales. De plus, les policiers municipaux, en tant qu'ils remplissent des fonctions de police judiciaire, sont subordonnés à l'officier de police judiciaire (police ou gendarmerie nationales) territorialement compétent (art. 21-2 CPP). Contrastant avec cette police municipale, les services de police sont étatisés. Ils se placent donc à l'échelle du pays. Ils relèvent de deux corps distincts, **gendarmerie nationale** et **police nationale.**

Corps distincts, mais non moins unis par une fonction commune, la lutte contre la criminalité. C'est pourquoi, concernant leurs missions de police, les services de Gendarmerie ont été placés sous l'**autorité opérationnelle du seul ministre de l'Intérieur** et de la sécurité intérieure (décret n° 2002-889 du 15 mai 2002). Ce même désir de regrouper les divers moyens de lutte contre l'insécurité a suscité la création (circulaire inter-ministérielle du 22 Mai 2002) des « **Groupements d'Intervention régionaux** » (ou GIR). Ces groupements conjuguent l'action de la police et de la gendarmerie avec l'action des douanes, des services fiscaux, des services de la concurrence et de la répression des fraudes, pour mieux combattre les trafics liés à la criminalité violente, liée aux trafics illicites de « l'économie souterraine », qui prospère dans les zones dites « sensibles ». Mais il faut décrire, séparément, l'organisation, qui reste distincte, des deux forces principales de lutte contre le crime : la Gendarmerie Nationale (A) la Police Nationale (B).

A La gendarmerie nationale

722. L'organigramme de la gendarmerie nationale. — La gendarmerie nationale est un corps militaire, ayant des attributions proprement militaires même en temps de paix. À ce titre, dédiée à la défense nationale, elle relève toujours, organiquement, du seul Ministre de la Défense.

Elle comporte une Direction générale, qui rassemble des **services centraux,** couvrant l'ensemble du territoire : ainsi centre technique de la gendarmerie (recherches et documentation) ; et des **formations spécialisées** : ainsi gendarmerie maritime, gendarmerie des transports aériens, groupement de sécurité et d'intervention de la gendarmerie nationale.

Puis la gendarmerie nationale comporte des **organes de commandement territoriaux,** ou « déconcentrés », c'est-à-dire disséminés sur le territoire. Ils se répartissent entre : gendarmerie mobile (autrefois garde mobile) consacrée au maintien de l'ordre, par exemple au cas d'émeute ; et gendarmerie départementale, qui exerce principalement des attributions de police, tant administrative que judiciaire. Divisés en groupements (à l'échelle départementale), en compagnies (arrondissements), enfin brigades (cantons)... ces forces sont soumises à l'autorité judiciaire, en tant qu'elles remplissent des fonctions de police judiciaire (*infra,* n° 723).

Et la gendarmerie nationale, conformément à sa nature militaire, comporte la hiérarchie caractérisant les forces armées : généraux, **officiers, sous-officiers, gendarmes**.

B La police nationale

723. L'organigramme de la police nationale. — La police nationale relève, et depuis toujours, du ministre de l'Intérieur (dont le titre exact est devenu : ministre de l'Intérieur, de la Sécurité intérieure et des Libertés locales).

Elle comporte une Direction générale de la police nationale, près de laquelle on trouve des **services centraux**, directement rattachés au directeur général. Ainsi la Mission de Lutte Anti-Drogue (MILAD) ; l'Unité de Coordination de la Lutte Anti-Terroriste (UCLAT) ; l'Unité de Recherche, Assistance, Intervention et Dissuasion (ou RAID), spécialisée dans les opérations « chaudes ». Outre l'IGPN (Inspection Générale de la Police Nationale), cette même Direction Générale anime et coordonne des directions dites centrales : ainsi la Direction Centrale de la Police aux Frontières (DCPAF) ; la Direction Centrale de la Sécurité Publique (DCSP) ; la Direction Centrale de la Police Judiciaire (DCPJ), et celle des Compagnies Républicains de Sécurité (DCCRS) ; la Direction centrale de la Surveillance du Territoire (DST), rebaptisée Direction Centrale du Renseignement intérieur (décret 2008-609 du 27 juin 2008).

La police nationale comporte aussi, bien sûr, des **services territoriaux**, ou « **déconcentrés** », disséminés sur le territoire. Il faut alors mettre à part la Préfecture de Police de Paris, Paris étant « capitale et siège des pouvoirs publics ». Les autres services déconcentrés se placent en général à l'échelle du département ; et parfois à une échelle plus large, ainsi les laboratoires inter-régionaux de police scientifique, les services régionaux de police judiciaire (SRPJ). Ces services et leur personnel relèvent de l'autorité administrative (ministre de l'Intérieur... préfets) en tant qu'ils exercent la police administrative ; mais – tout comme la gendarmerie nationale – ils relèvent de l'autorité judiciaire, en tant qu'ils remplissent des missions ou des fonctions de police judiciaire (*infra,* n° 724 s.).

La Police nationale comporte **trois corps** distincts, hiérarchisés entre eux ainsi que dans leur organisation interne.

• Corps dit **de conception et de direction**. Il se compose de **commissaires de police** (commissaire divisionnaire de police, commissaire de police), ayant autorité sur l'ensemble des personnels affectés dans leur service.

• Le deuxième corps est dit **de commandement et d'encadrement,** dont les membres secondent ou suppléent les commissaires. Il se compose d'officiers de police, et comprend les grades de **commandant, capitaine, lieutenant de police**. Les officiers exercent leurs missions en tenue d'uniforme ou bien en civil, selon la nature des fonctions exercées.

• Le troisième corps est dit **de maîtrise et d'application**. Il se compose à la fois de **gradés** (brigadier-major, brigadier-de police), ainsi que de **gardiens de la paix**. Les membres de ce troisième corps sont dotés d'une tenue d'uniforme, et la portent habituellement. Ils peuvent assurer l'encadrement de policiers auxiliaires, agents contractuels, les adjoints de sécurité.

§ 2. L'organisation propre à la police judiciaire

724. Distinction. — On doit d'abord mettre à part, pour n'en plus reparler, les agents de certaines administrations non policières. Ils n'exercent des missions de police judiciaire que pour les seules infractions relevant de leur compétence cloisonnée. Ainsi le personnel des Eaux et Forêts, les gardes champêtres, pour des infractions rurales ; les agents des administrations financières, pour les infractions fiscales ; les agents des douanes, pour les infractions douanières...

Restent alors les « généralistes » de la police judiciaire. Qu'ils relèvent de la Police ou de la Gendarmerie nationales, ce sont les officiers et les agents de police judiciaire. Leur statut comporte à la fois une mission commune (A) et des règles spécifiques soit aux officiers, soit aux agents de police judiciaire (B).

A Mission commune à tout le personnel de la police judiciaire

725. Unité de mission : conséquences. — Ce personnel, qu'il s'agisse de ses officiers ou de ses agents, accomplit une même mission. Il s'agit toujours (art. 14 CPP) de constater les infractions à la loi pénale, d'en rassembler les preuves, et d'en rechercher les auteurs, tant qu'une information n'est pas ouverte ; puis, lorsqu'une information est ouverte, d'exécuter les délégations des juridictions d'instruction et de déférer à leurs réquisitions.

Dans cette mission commune de police judiciaire, les officiers et ces agents sous soumis à la **même hiérarchie judiciaire**. Ils sont toujours placés sous la direction du Procureur de la République (art. 12 CPP), sous la surveillance du procureur général, et sous le contrôle de la chambre de l'instruction (art. 13 CPP). Et ces officiers, ces agents de police judiciaire bénéficient d'une **même protection fonctionnelle**. Lorsqu'un crime ou un délit prétendument commis par la gendarmerie ou la police à l'occasion d'une poursuite judiciaire implique la violation d'une disposition de procédure pénale, l'action publique ne peut être exercée que si le caractère illégal de la poursuite ou de l'acte accompli à cette occasion a été préalablement constaté par une décision définitive de la juridiction répressive saisie (art. 6-1 CPP). Il y a là, comme on l'a vu (*supra,* n° 664), une question préjudicielle à l'action publique.

Cela dit, il convient de distinguer entre les officiers et les agents de police judiciaire. Le critère est simple : le Code de procédure pénale donne une liste limitative des officiers de police judiciaire ou OPJ (*infra* n° 726) et tous ceux qui ne sont pas officiers sont agents (APJ) (*infra* n° 727 s.).

B Règles spécifiques soit aux officiers, soit aux agents de police judiciaire

726. Règles concernant les officiers de police judiciaire. — Il faut déterminer leur liste et leurs attributions. Négligeant des cas particuliers (ainsi maires et adjoints, dont le rôle en tant qu'OPJ est largement théorique), **leur liste** s'établit ainsi (art. 16 CPP) :

• pour la gendarmerie nationale, gradés ou gendarmes ayant au moins trois ans de service, et nominativement désignés par arrêté interministériel.

• pour la police nationale, tous les commissaires de police ; et les fonctionnaires des autres corps de la police nationale (*supra,* n° 723) qui ont été nominativement désignés par arrêté interministériel. Tous ces OPJ ne peuvent exercer effectivement les attributions attachées à leur qualité qu'à la suite d'une habilitation (sujette à retrait ou suspension) du procureur général.

Quant à **leurs attributions** (art. 17 CPP), seuls les officiers de police judiciaire peuvent recevoir les plaintes et dénonciations, procéder à des enquêtes de flagrance (*infra*, n° 731 s.) ou des enquêtes préliminaires (*infra*, n° 742 s.), requérir directement le concours de la force publique, décider d'un placement en garde à vue. Ce que ne pourrait pas faire des agents de police judiciaire, qu'ils soient agents de police judiciaire proprement dits (*infra*, n° 727) ou qu'ils soient agents de police judiciaire adjoints (*infra*, n° 728).

727. Règles concernant les agents de police judiciaire proprement dits. — Il faut préciser leur liste et leurs attributions.

• Leur liste est la suivante (art. 20 et 20-1 CPP). Quant au personnel en activité : pour la gendarmerie nationale, tous les gendarmes qui ne sont pas OPJ ; pour la police nationale, les officiers de police qui ne sont pas OPJ ; ainsi que, sous certaines conditions, les brigadiers majors de police, les brigadiers de police, et les gardiens de la paix ; quant au personnel à la retraite : les anciens gendarmes ou agents de police judicaire appelés au titre de la réserve.

• Quant à leurs attributions : ces agents de police judiciaire proprement dits peuvent dresser des procès-verbaux pour constater les infractions et pour recueillir les déclarations des personnes entendues. Ils peuvent aussi, sous le contrôle des officiers de police judiciaire, procéder à des enquêtes préliminaires (art. 75 CPP), mais non pas décider d'une garde à vue.

728. Règles concernant les agents de police judiciaire adjoints. — Leur liste et leurs attributions sont définies par l'article 21 CPP. La liste inclut, notamment : les fonctionnaires des services actifs de police qui ne sont pas agents de police judiciaire proprement dits ; les adjoints de sécurité ; les agents de police municipale. Quant à leurs attributions, ces agents de seconde sorte ont une initiative bien moindre ; ils sont le plus souvent cantonnée à l'exécution de tâches matérielles, sans que les pouvoirs nécessités par la conduite d'une enquête puissent leur être délégués. Assistant les officiers de police judiciaire dans l'exercice de leurs fonctions, ils doivent rendre compte sans retard de leurs opérations.

Section 2
Les actes de police judiciaire

729. Raison d'être, objet des actes de police judiciaire. — Les actes de police judiciaire (*supra,* n° 719), sont ceux accomplis avant même le déclenchement des poursuites pénales, puisque précisément ces actes visent à éclairer le Ministère public sur l'opportunité des poursuites. Ces actes de police judiciaire, lesquels consistent toujours à constater les infractions, à en rassembler les preuves, et à en rechercher les auteurs, s'accomplissent au cours de la phase dite policière, lors de ce que le Code de procédure pénale désigne sous le nom global d'enquêtes.

730. Les enquêtes de la phase policière. Division. — Ces enquêtes sont toutes soumises à des impératifs communs : ainsi, favoriser le droit des victimes à réparation (art. 53-1 et 75 CPP). Cependant, le Code distingue l'enquête sur infraction flagrante et l'enquête dite « préliminaire », qui se place hors flagrance. La distinction se fonde sur une idée simple. Au cas d'infraction flagrante, il est indispensable de procéder rapidement, si l'on veut éviter que disparaissent les preuves encore manifestes de l'infraction, et se brouiller les pistes qui conduisent au coupable. En conséquence, les pouvoirs reconnus aux enquêteurs sont plus larges, les mesures protectrices des libertés individuelles moins exigeantes. Comme le Code de procédure pénale, il faut donc considérer séparément l'enquête sur infraction flagrante (§ 1) ; l'enquête préliminaire (§ 2) ; enfin, parce qu'ils sont en rapport fréquent avec les enquêtes, les contrôles d'identité (§ 3).

§ 1. L'enquête sur infraction flagrante (art. 53 à 74-2 CPP)

731. Domaine de l'enquête sur infraction flagrante. – L'enquête sur infraction flagrante ne s'applique qu'aux infractions assez graves pour justifier les pouvoirs élargis des enquêteurs. Soit un crime (art. 53 CPP) soit un délit puni d'emprisonnement (art. 67 CPP). Mais qu'est-ce qu'une infraction flagrante ? Il en existe deux formes :

- le **crime ou délit flagrant à proprement parler.** Il faut entendre par là le crime ou le délit « qui se commet actuellement, ou qui vient de se commettre »
- le **crime ou délit réputé flagrant.** Il en est ainsi « lorsque, dans un temps très voisin de l'action, la personne soupçonnée est poursuivie par la clameur publique, ou est trouvée en possession d'objets, ou présente des traces ou indices, laissant penser qu'elle a participé au crime ou au délit ».

732. Déroulement de l'enquête sur infraction flagrante. — L'enquête sur infraction flagrante, dite enquête de flagrance, peut se poursuivre sans discontinuer pendant une durée de huit jours. Mais lorsque des investigations plus poussées sont nécessaires, s'agissant d'un crime ou d'un délit puni d'une peine égale ou supérieure à cinq ans d'emprisonnement, le Procureur de la République peut décider la prolongation de l'enquête pour huit jours (art. 53 al. 3 CPP). Cette enquête, dont le but est la **découverte du coupable**, vise à rassembler les **preuves de sa culpabilité**. Pour ce faire, l'enquête comporte des investigations matérielles (A), et les collectes de dépositions (B).

A Les investigations matérielles

733. Le transport sur les lieux et la conservation des preuves (art. 54 à 55-1 CPP). — Lorsque la police constate un crime ou un délit flagrant, ou en est avisée, un officier de police judiciaire, après en avoir averti immédiatement le Procureur de la République, doit se transporter sur le lieu de l'infraction (descente sur les lieux), et y procéder à toutes constatations utiles. Lorsque cet officier de police judiciaire opère ces premières constatations, il doit veiller à la conservation de tout ce qui peut servir à la manifestation de la vérité (par exemple, le relevé des empreintes digitales ou génétiques). Il est d'ailleurs interdit aux personnes présentes, sous peine d'amende, de modifier l'état des lieux.

734. Les perquisitions et saisies (art. 56 à 59 CPP). — Souvent les pièces à conviction ne se trouvent pas sur les lieux de l'infraction. L'officier de police judiciaire se transporte alors sans désemparer au domicile des personnes qui paraissent avoir participé à l'infraction, pour y procéder à une perquisition. Mais il doit respecter les règles que voici.

• Sauf dérogation formellement prévue par la loi, les perquisitions **doivent être commencées de jour**, c'est-à-dire après 6 heures et avant 21 heures.

• Les perquisitions doivent se faire **en présence des personnes chez lesquelles elles ont lieu**. À défaut, en présence de leur représentant, ou de témoins requis par l'officier de police judiciaire. Celui-ci doit prendre toutes les mesures utiles pour que soit assuré le **respect tant des droits de la défense que du secret professionnel**. Ainsi, la perquisition chez un avocat, notaire, avoué, médecin, huissier ne peut être effectuée que par un magistrat et en présence d'un représentant de l'organisation professionnelle intéressée (Bâtonnier, ou son représentant, pour un avocat, par exemple). Semblablement, la perquisition dans les locaux d'une entreprise de presse ou de communication audiovisuelle ne peut être opérée que par un magistrat.

• Pour s'assurer que toutes les formalités ci-dessus, requises à peine de nullité, ont été observées, **le procès-verbal de la perquisition et de la saisie** doit être dressé et signé par l'officier de police judiciaire, et signé de plus par les personnes qui assistaient aux opérations. Les **objets saisis** doivent immédiatement être **inventoriés puis placés sous scellés**.

735. La collecte extérieure d'indices et renseignements. – Sur demande de l'officier de police judiciaire, les opérateurs de télécommunication doivent révèlent le contenu des informations consultées par leurs clients, sous peine d'une amende de 3 750 euros (art. 60-2 CPP). De plus, l'officier de police judiciaire peut appeler et entendre toutes les personnes susceptibles de fournir des renseignements sur les faits ou sur les objets et documents saisis. Les personnes convoquées par lui sont tenues de comparaître, et peuvent y être contraintes par la force publique (art. 62 CPP).

B Les collectes de dépositions

736. Les auditions de témoins. — Parmi les moyens de faire progresser l'enquête, l'audition des témoins est d'une importance extrême. Pour permettre l'audition de ces témoins, l'officier de police judiciaire peut, d'une part, défendre à toute personne de s'éloigner du lieu de l'infraction jusqu'à la clôture des opérations (art. 61 CPP) ; d'autre part, il peut appeler et entendre **toute personne susceptible de fournir des renseignements** sur les faits ou sur les objets et documents saisis (art. 62 CPP).

Les personnes ainsi convoquées sont tenues de comparaître, et le Procureur de la République peut les y contraindre par la force publique. Présentes devant l'officier de police judiciaire, les témoins lui font leurs déclarations, et répondent à ses questions. Ils ne prêtent pas serment avant leur déposition, car parmi les « témoins » il peut se trouver le suspect, celui dont on pense qu'il a commis l'infraction, et contre lequel on s'efforce d'amasser les preuves.

Les autres personnes, contre lesquelles il n'existe aucune raison plausible de soupçonner qu'elles ont commis ou tenté de commettre une infraction, ne peuvent être retenues que le temps strictement nécessaire à leur déposition (art. 62 CPP, al. dernier). Pour éviter que ces personnes fassent l'objet d'intimidations ultérieures, il leur est permis, avec l'autorisation du Procureur de la République, de déclarer comme domicile l'adresse du commissariat ou de la brigade de gendarmerie ; leur adresse réelle ne figurera que sur un registre « protégé » (art. 706-57 CPP).

Il doit être dressé, par l'officier de police judiciaire, un **procès-verbal des auditions** ; les personnes entendues le lisent, y font consigner, éventuellement, leurs observations, et le signent avec l'officier de police judiciaire.

737. La garde à vue. — Par la garde à vue, la personne se trouve privée de sa liberté d'aller et venir. Elle reste, au besoin contre son gré, sous « la *garde à* (la) *vue* » de représentants de la force publique, dans des locaux qui sont en général ceux de la police. Ces locaux sont visités, au moins une fois chaque année, par le Procureur de la République (art. 41 CPP), et peuvent l'être à tout moment par les députés ou sénateurs (art. 719 CPP). La garde à vue, minutieusement réglementée, ne concerne que la personne contre laquelle « il existe **une ou plusieurs raisons plausibles de soupçonner qu'elle a commis**

ou tenté de commettre l'infraction » (art. 63 CPP). Seul un officier de police judiciaire peut décider une garde à vue (*supra,* n° 726). Dès qu'elle débute, le Procureur de la République doit être avisé. Toutefois, la garde à vue comporte des risques évidents d'abus. Pour cette raison, elle est soumise à des dispositions visant à protéger les droits de l'individu. Ces dispositions – dont la méconnaissance peut entraîner parfois la nullité de la procédure (*infra,* n° 740) – concernent soit la durée de la garde à vue, soit les garanties entourant cette mesure.

738. La durée de la garde à la vue. — La garde à vue est limitée dans sa durée, qui est normalement de 24 heures. Mais ce délai de vingt-quatre heures peut être prolongé pour un nouveau délai de vingt quatre heures, sur autorisation écrite du Procureur de la République. Ainsi la garde à vue ne peut-elle excéder **48 heures, maximum habituel** (art. 63 CPP). Néanmoins, pour certaines infractions graves (notamment en matière de criminalité et délinquance organisées), la durée de la garde à vue, après prolongations autorisées par un juge du siège, peut atteindre **96 heures, maximum exceptionnel** (art. 706-88 CPP).

739. Les garanties entourant la garde à vue. — Ces garanties, qui sont nombreuses, concernent tant le fond que la forme. Les **garanties de fond** sont les suivantes : 1) *faire prévenir un proche***,** par téléphone, de la mesure dont elle est l'objet (art. 63-2 CPP) 2) *obtenir un examen médical* (art. 63-3 CPP) ; 2) *s'entretenir avec un avocat*, sous des conditions dont certaines varient suivant la durée de la garde à vue (art. 63-4 CPP) 4) *garder le silence*. Ce droit est consacré, notamment, par la Convention européenne des droits de l'homme (*supra,* n° 92 – arrêt Saunders, 17 décembre 1996).

Les **garanties de forme** sont les suivantes :

• toute personne placé en garde à vue doit recevoir, dans une langue qu'elle comprend, *avis concernant les droits de la personne en garde et durée légale de la garde à vue* (art. 63-1 CPP).

• il doit être fait mention sur le procès-verbal d'audition de la *durée des interrogatoires*, *des repos* qui ont séparé ces interrogatoires, les heures auxquelles elle a pu s'alimenter, du jour et de l'heure à partir desquels elle a été gardée à vue, ainsi que de l'heure où elle a été soit libérée, soit amenée devant le magistrat compétent (art. 64 CPP).

• ces mêmes précisions donnent lieu à *mention sur un registre spécial***,** tenu à cet effet dans tout local de police ou de gendarmerie susceptible de recevoir une personne gardée à vue (art. 65 CPP).

• les interrogatoires des personnes gardés à vue font l'objet, en matière criminelle, d'un *enregistrement audio-visuel* (art. 64-1 CPP).

740. Sanctions des irrégularités commises durant l'enquête sur infraction flagrante. — Le Code de Procédure enserre donc les diverses opérations de l'enquête dans des prescriptions minutieuses. Lorsque ces prescriptions ne sont pas respectées, quelle sera la sanction ? La sanction peut frapper l'auteur de l'acte contraire à la loi ; ce peut être alors une sanction disciplinaire, ou même une sanction pénale (sur cette dernière, voir *supra,* n°s 664 et 725). Mais la sanction la plus évidente est de proclamer sa nullité. Or, seule une juridiction pénale est en droit de le faire. Il s'ensuit que les vices affectant l'enquête policière ne pourront être invoqués que devant la juridiction d'instruction, lorsqu'il est ouvert une information, et si ce n'est pas le cas, devant la juridiction de jugement.

741. L'intervention de l'autorité judiciaire durant l'enquête sur infraction flagrante. — On sait que l'officier de police judiciaire qui se transporte sur les lieux doit en aviser immédiatement le Procureur de la République, sous la direction duquel s'exerce la police judiciaire (art. 12 CPP).

Le Procureur de la République peut, s'il l'estime utile, venir lui-même sur les lieux. Son arrivée dessaisit alors l'officier de police judiciaire, et le Procureur de la République accomplit tous les actes de police judiciaire qui ont été indiqués, à moins qu'il ne préfère prescrire à la police judiciaire de poursuivre ses opérations (art. 68 CPP). De plus, le Procureur de la République dispose de prérogatives propres. Dans le cas de flagrance grave (crime ou délit puni d'au moins trois années d'emprisonnement), il peut décerner mandat de recherche contre toute personne soupçonnée d'avoir participé à l'infraction (art. 70 CPP). Dans le cas de certains délits, le Procureur de la République peut traduire le prévenu, sur-le-champ, devant le tribunal. Dans cette hypothèse, on parle de comparution immédiate (*infra,* n° 867).

Lorsque le juge d'instruction qui se trouve de service vient sur les lieux, le procureur de la République peut requérir l'ouverture d'une information, dont le juge d'instruction présent se trouve alors saisi (art. 72 CPP).

§ 2. L'enquête préliminaire (art. 75 à 78 CPP)

742. But et objet de l'enquête préliminaire. — Elle vise, tout comme l'enquête sur l'infraction flagrante, à donner au Ministère public le moyen de se décider sur les poursuites. La police judiciaire y procède d'ailleurs, non pas seulement d'office, mais souvent à la demande du Ministère public quand celui-ci désire, avant de se prononcer, des éclaircissements relatifs aux circonstances de l'infraction. Le Ministère public fixe le délai dans lequel cette enquête doit être effectuée. Il peut aussi faire procéder à des examens techniques ou scientifiques qui s'imposent sans tarder. Mais l'enquête préliminaire – à la différence de l'enquête sur infraction flagrante (*supra,* n° 731 s.) – ne se place pas « à chaud ». Elle ne légitime donc pas des atteintes aussi graves à l'inviolabilité du domicile. Ce qui retentit sur le régime des perquisitions et saisies.

743. Les perquisitions et saisies. — Ces perquisitions et saisies sont bien sûr soumises aux mêmes règles protectrices de la liberté et de la propriété individuelles que les perquisitions et saisies au cas d'enquête sur infraction flagrante (*supra,* n° 734). Cela vaut pour les heures autorisées, le respect du secret professionnel et des droits de la défense, l'établissement du procès-verbal, l'inventaire et la mise sous scellés des objets saisis.

De plus, les perquisitions et saisies ne peuvent être effectuées sans l'assentiment exprès de la personne chez laquelle l'opération a lieu. Cependant, à la requête du Procureur de la République et s'agissant d'un crime ou d'un délit puni d'une peine d'emprisonnement au moins égale à cinq ans, ces opérations peuvent être autorisées par le juge des libertés et de la détention (art. 76 CPP).

744. L'audition des témoins et la garde à vue. — Le Code de procédure pénal prévoit la possibilité, pour l'officier de police judiciaire, de faire garder à vue, pour les nécessités de l'enquête, « toute personne à l'encontre de laquelle il existe une ou plusieurs raisons plausibles de soupçonner qu'elle a commis ou tenté de commettre une infraction » (art. 77 CPP). Durant cette garde à vue, la personne qui en est l'objet sera à la disposition de la police et pourra donc être interrogée, comme dans le cas d'enquête sur infraction flagrante. Il suffit d'y renvoyer, puisque les règles applicables sont identiques, qu'il s'agisse de la durée de la garde à vue, des garanties qui l'entourent, ou des nullités encourues (*supra,* n° 738 à 740).

§ 3. Les contrôles d'identité (art. 78-1 à 78-6 CPP)

745. Mécanisme et domaine. — Toute personne se trouvant sur le territoire national a l'obligation de se prêter aux contrôles d'identité que la police opère à titre préventif, en dehors de toute infraction constatée. De tels contrôles risquent de porter atteinte à la liberté individuelle. Ils sont donc placés sous la surveillance de l'autorité judiciaire, qui en est gardienne. De plus, ils doivent être opérés par un officier de police judiciaire ou bien, sous sa responsabilité, par des agents de police judiciaire. Enfin, les contrôles sont subordonnés à diverses conditions, destinées à prévenir les abus. Ces conditions concernent ou bien le domaine du contrôle, ou bien ses modalités.

• **Le domaine du contrôle** se limite à quatre cas :

— Le **contrôle sur indice.** Il concerne la personne à l'égard de laquelle il existe une ou plusieurs raisons plausibles de soupçonner : soit qu'elle a commis, ou tenté de commettre une infraction ; soit qu'elle se prépare à commettre un crime ou un délit ; soit qu'elle détient des renseignements utiles à l'enquête, en cas de crime ou délit ; soit qu'elle fait l'objet de recherches ordonnées par une autorité judiciaire.

— Le **contrôle sur réquisitions.** Il suppose que le Procureur de la république, par des réquisitions écrites, ait ordonné des contrôles systématiques d'identité, dans certains lieux, pour un temps limité, aux fins de recherche et de poursuite d'infractions bien précisées. Cependant, le fait que le contrôle d'identité révèle des infractions autres que celles visée dans les réquisitions du Procureur de la République ne constitue pas une cause de nullité des procédures incidentes.

— Le **contrôle** à **fin préventive**. Il suppose que l'on cherche à prévenir une atteinte à l'ordre public, notamment à la sécurité des personnes et des biens : par exemple, éviter les incidents dans un stade, avant un match qui promet d'être chaud.

— **Le contrôle dans certaines zones**. Il s'agit de zones perméables à l'immigration clandestine. D'une part, certaines zones frontalières ; d'autre part, zones accessibles au public des ports, aérogares ou gares ferroviaires ou routières ouverts au trafic international. Il s'agit alors de vérifier non seulement l'identité, mais les titres de séjour d'étrangers. Le fait que le contrôle ainsi mené révèle une infraction sans rapport avec la validité du séjour en France ne constitue pas une cause de nullité des procédures incidentes.

• **Les modalités du contrôle** sont prévues par l'article 78-3 CPP Notamment, si l'intéressé ne justifie pas de son identité, il peut faire l'objet d'une rétention sur place ou dans un local de police où il est conduit aux fins de vérification de son identité. Il ne peut être retenu que pendant le temps strictement exigé par l'établissement de son identité. **La rétention ne peut excéder quatre heures** à compter du contrôle.

Toutes ces règles sont prescrites peine de nullité (*supra*, n° 740).

Chapitre 3
L'instruction préparatoire

746. Notion générale et division. — L'instruction préparatoire (dite encore l'information judiciaire, ou l'information) a pour but la recherche des preuves par un organisme juridictionnel en vue d'examiner s'il existe des charges suffisantes contre une personne pour ordonner sa mise en jugement. L'instruction préparatoire, qui ne peut avoir lieu qu'après la mise en mouvement de l'action publique, est normalement facultative en matière de contraventions et de délits, et toujours obligatoire en matière de crimes (*supra,* n° 675). Le Code de procédure pénale, dans ses articles 79 à 190, traite « du juge d'instruction : juridiction d'instruction du premier degré » ; et, dans ses articles 191 à 230, « de la chambre de l'instruction : juridiction d'instruction du second degré ». On suivra ce plan.

Section 1
Le juge d'instruction

747. Caractères de la procédure d'instruction. — Le Code d'Instruction criminelle de 1808 avait conçu la procédure d'instruction comme une procédure de type inquisitoire (*supra,* n° 641). Sous son empire, on pouvait présenter le juge d'instruction comme « le personnage le plus puissant de France ». De tels pouvoirs étaient redoutables. Et depuis la fin du siècle dernier, maintes réformes ont sensiblement atténué le caractère inquisitoire de la procédure d'instruction. Alors qu'elle était écrite, secrète et non contradictoire, ces deux derniers caractères ne subsistent plus qu'affaiblis, dans une **procédure mixte,** intermédiaire entre le type inquisitoire et le type accusatoire. Cependant, la loi 2000-516 du 15 juin 2000 est venue majorer très sensiblement le caractère accusatoire. Notamment, elle a privé le juge d'instruction de son pouvoir le plus spectaculaire et le plus stimulateur d'aveux : placer une personne en détention provisoire (*infra,* n° 768 s.).

748. La séparation de la poursuite et de l'instruction. — Il s'agit là d'un principe très ancré de notre procédure pénale. Le juge d'instruction et le Ministère public sont indépendants vis-à-vis l'un de l'autre, et leurs fonctions respectives ne doivent pas se confondre. Cela comporte plusieurs conséquences.

• Le **juge d'instruction** est un **magistrat du siège**, en tant que tel inamovible (art. 50 CPP), est placé sous le contrôle de la Chambre de l'instruction et de son président (art. 220 CPP), donc sous le contrôle de magistrats du siège. Les affaires sont attribuées au juge d'instruction par le président du Tribunal de grande instance, lequel peut établir, s'il l'estime utile, un tableau de roulement fixant à l'avance la répartition des affaires entre les divers juges d'instruction du tribunal. Il peut être institué, dans certains tribunaux de grande instance, un « **pôle de l'instruction** », regroupant des **juges** d'instruction spécialisés (art. 52-1 CPP). Seul le président du tribunal est en droit, dans l'intérêt d'une bonne administration de la justice, de dessaisir le juge d'instruction (art. 84 CPP). Celui-ci se trouve donc soustrait – juridiquement – à l'autorité du Parquet.

• Le juge d'instruction ne peut pas se saisir lui-même, même au cas d'infraction flagrante (*supra,* n° 741). Car la mise en mouvement de l'action publique est le premier acte de la **poursuite**, laquelle doit rester **distincte de l'instruction**. L'ouverture d'une information exige donc soit un réquisitoire à fin d'informer, émanant du Procureur de la République, soit une plainte avec constitution de partie civile, émanant de la victime de l'instruction (art. 51 CPP). Le juge d'instruction, une fois saisi, poursuit son information en toute liberté juridique vis-à-vis du Ministère public. Il peut refuser de prendre les mesures demandées par le Procureur de la République. Ainsi, lorsque le Procureur de la République requiert le renvoi de la personne mise en examen devant le Tribunal correctionnel, le juge d'instruction reste maître de rendre une ordonnance de non-lieu.

• Cela n'empêche pas que le **Ministère public** dispose d'un droit très important de regard sur l'instruction. Il y est partie principale et partie publique ; il dispose, en conséquence, de **prérogatives importantes**. À toute époque de l'information, il peut requérir du magistrat instructeur tous actes lui paraissant utiles à la manifestation de la vérité et toutes mesures de sûreté nécessaires (art. 82, al. 1 CPP). Il peut, à cette fin, se faire communiquer le dossier de l'instruction à charge simplement d'en faire retour dans les vingt-quatre heures (art. 82, al. 2 CPP). Si le juge d'instruction ne suit pas les réquisitions du Ministère public, il doit rendre – dans les cinq jours de ces réquisitions – une ordonnance motivée (art. 82, al. 4 CPP). Le Procureur de la République, comme le procureur général, peut interjeter **appel contre toute**

ordonnance du juge d'instruction (art. 185 CPP). À défaut d'ordonnance du juge d'instruction, le Procureur de la République est en droit de saisir directement, dans les dix jours, la Chambre de l'instruction (art. 82, al. 5 CPP). Il peut enfin, si tel ou tel acte de recherche lui paraît souffrir d'un vice de procédure, présenter à la Chambre de l'instruction une **requête à fin d'annulation** (*infra,* n° 798).

749. La marche générale de l'instruction. Division. — Pour décrire cette marche, l'ordre chronologique s'impose. Il faut considérer successivement le début de l'instruction, c'est-à-dire la saisine du juge d'instruction ; puis la recherche des preuves ; enfin la clôture de l'instruction. Mais il faut – ce qui complique le schéma – intercaler diverses péripéties fréquentes de l'instruction. Ainsi, lorsque le juge d'instruction émet des mandats ; lorsqu'il place la personne mise en examen sous contrôle judiciaire, ou provoque sa mise en détention provisoire ; lorsqu'il donne commission rogatoire. D'autres péripéties de l'information, non moins fréquentes, sont l'appel contre une ordonnance du juge d'instruction, ou l'invocation de nullités de l'instruction. Mais ces péripéties, qui relèvent de la Chambre de l'instruction, seront examinées à propos de cette Chambre (*infra,* n° 785 s.).

On considérera tour à tour : la saisine du juge d'instruction (§ 1) ; la recherche des preuves (§ 2) ; les mandats (§ 3) ; le contrôle judiciaire (§ 4) ; la détention provisoire (§ 5) ; les commissions rogatoires (§ 6) ; la clôture de l'instruction (§ 7).

§ 1. La saisine du juge d'instruction

750. Modes de saisine. — Il faut d'abord circonscrire la compétence territoriale du juge d'instruction, en ses quatre chefs. Il est compétent à raison du lieu de l'infraction ; de la résidence de la personne soupçonnée ; du lieu de son arrestation ; du lieu de sa détention (art. 52 CPP). Dans le respect de cette compétence territoriale, le juge d'instruction se trouve saisi, le plus souvent, par un réquisitoire à fin d'informer – appelé **réquisitoire introductif** – émanant du Procureur de la République. Ce réquisitoire ne saisit le juge que de l'action publique. Le Parquet, comme on l'a dit (*supra,* n° 729 s.), fait généralement précéder son réquisitoire d'une enquête policière. Plus rarement, le juge d'instruction se trouve saisi par une plainte accompagnée de constitution de partie civile. Il est alors saisi tout à la fois de l'action publique et de l'action civile. C'est le gros avantage (*supra,* n° 685), de la constitution de partie civile : elle permet à la victime de profiter des preuves qui seront recueillies par le juge d'instruction.

Le juge d'instruction peut, dans certains cas, se refuser à ouvrir l'information. Il rend alors une **ordonnance de refus d'informer** (art. 86 CPP). Il en sera ainsi quand il ressort des faits exposés que des investigations seraient sans objet, car ces faits, à les supposer prouvés, ne tomberaient pas sous le coup de la loi pénale (ainsi, l'action publique est prescrite). L'hypothèse est de survenance rare, et **le plus souvent, le juge d'instruction ouvre l'information**.

751. Étendue de la saisine. Saisine « in rem ». — De quelque façon que le juge d'instruction ait été saisi (réquisitoire à fin d'informer, plainte avec constitution de partie civile), il se trouve saisi *« in rem »*. Autrement dit, il ne doit instruire que sur le fait délictueux visé dans le réquisitoire ou la plainte. Il ne peut pas étendre son information à d'autres faits délictueux. S'il en découvre « instruction faisant », il doit les dénoncer au procureur de la République, lequel appréciera l'opportunité des poursuites (*supra,* n° 660 s.). Le cas échéant, ce procureur prendra un **réquisitoire supplétif,** qui permet au juge d'instruction d'élargir le champ de ses investigations. Mais, étant saisi *in rem,* le juge d'instruction n'est pas tenu de circonscrire son information aux seules personnes désignées par le réquisitoire ou la plainte ; il peut étendre la mise en examen à tous les individus qui lui paraissent avoir participé au fait délictueux en cause.

752. Effets de la saisine quant à la mise en examen. — De quelque façon que le juge d'instruction ait été saisi (réquisitoire à fin d'informer ou plainte avec constitution de partie), la mise en examen obéit aux règles suivantes.

• D'après l'article 80-1 CPP, s'il existe, contre la personne en cause, des **indices graves *ou*** concordants qui rendent vraisemblable qu'elle ait pu participer, comme auteur ou comme complice, à la commission des infractions dont le juge d'instruction est saisi, celui-ci **ne peut** procéder à la mise en examen **que si** la procédure de témoin assisté ne lui paraît pas ou ne lui paraît plus accessible (*infra,* n° 759).

• D'après l'article 105 CPP, s'il existe, contre la personne en cause, des **indices graves *et*** concordants d'avoir participé aux faits dont le juge d'instruction est saisi, il **doit** procéder à sa mise en examen.

§ 2. La recherche des preuves

753. Déroulement de la recherche et droits des parties. — Dans la recherche des preuves « le juge d'instruction procède, conformément à la loi, à tous les actes d'information qu'il juge utiles à la manifestation de la vérité. Il « *instruit à charge et à décharge* » (art. 81 CPP 1er al.). Le pouvoir du juge d'instruction est donc fort étendu. Cependant, le **Ministère public**, partie publique et demanderesse au procès pénal, dispose à ce titre (*supra,* n° 748) d'une **large droit de regard sur le déroulement de l'instruction**. Les **parties privées** en cause, personne mise en examen et partie civile, ont reçu des prérogatives de même nature.– mais **dans une mesure sensiblement moindre**. Elles peuvent susciter l'annulation de tel ou tel acte de recherche (*infra,* n° 798). Elles peuvent aussi réveiller une instruction qui semble s'assoupir, lorsque, depuis quatre mois (deux mois s'il y a détention provisoire de la personne mise en examen), aucun acte d'instruction n'a été accompli (art. 221-2 CPP). Elles peuvent enfin provoquer telle ou telle investigation en formulant une « **demande d'acte** ».

Quel acte ? Ce peut être : d'une part, une mesure concernant l'insertion sociale de l'intéressé, un examen médical, un examen psychologique... et toute mesure utile (art. 81 CPP) ; d'autre part, une audition de témoins, un interrogatoire de la personne mise en examen, une confrontation, un transport sur les lieux, une production de pièce utile à l'information (art. 82-1 CPP) ; une expertise, un complément d'expertise, une contre-expertise (art. 156 et 167 CPP).

Si le juge d'instruction n'accède pas à la demande présentée par les parties, il doit rendre dans le délai d'un mois une ordonnance motivée (art. 81, al. 9 CPP) susceptible d'appel devant la Chambre de l'instruction (art. 186-1, al. 1 CPP). Faute par le juge d'instruction d'avoir statué dans le délai d'un mois, ce qui vaut rejet implicite de la demande, les parties peuvent saisir de leur appel le président de la Chambre de l'instruction. Mais cet **appel** est soumis à un « **filtrage** » par le président de la Chambre de l'instruction qui peut, discrétionnairement, refuser de saisir sa Chambre en vue de juger l'appel (*infra,* n° 791). Quoiqu'il en soit, la liste des demandes que le Code de procédure pénale autorise inclut des actes de finalité différente. Les uns ont pour but d'éclairer la personnalité du justiciable mis en examen ; les autres, de rechercher les preuves de l'infraction.

754. L'éclairage de personnalité. — Le juge d'instruction peut faire procéder à une enquête sur la personnalité du justiciable mis en examen. Cette **enquête** est même obligatoire en matière de crime (art. 81, al. 6 CPP). Le juge d'instruction peut aussi commettre soit un service spécialisé soit une personne habilitée (art. 81, al. 7 CPP), à l'effet de vérifier la situation matérielle, familiale et sociale d'une personne mise en examen et d'éclairer sur les mesures propres à favoriser l'insertion sociale de l'intéressée. Le juge d'instruction peut de plus prescrire un **examen médical**, un **examen psychologique** ou ordonner toute mesure utile (art. 81, al. 8 CPP). À défaut de prescription par le juge, les parties sont admises – comme on l'a vu (*supra,* n° 753) – à susciter telle ou telle mesure éclairant la personnalité de la personne mise en examen. Les divers rapports concernant la personne mise en examen sont réunis dans un **dossier** dit **de personnalité,** qui peut guider les juridictions de jugement dans la détermination de la peine (*supra,* n° 388 s.), et se montrer utile aussi lors de l'exécution de la peine (*supra,* n° 571 s.).

755. Les procédés de preuve. Division. — Les procédés de preuve utilisés au stade de l'instruction sont beaucoup plus puissants que lors de la phase policière (*supra,* n° 729 s.). Les perquisitions et saisies sont admises, même si l'infraction n'est pas flagrante, et que l'intéressé refuse son assentiment. Des écoutes téléphoniques peuvent être pratiquées. La personne mise en examen peut être placée longuement sous contrôle judiciaire, voire en détention provisoire. Pour autant, ces procédés de preuve concernent, comme c'est toujours le cas en matière de preuves (*supra,* n° 702), ou bien les choses (que l'on scrute) ou bien les gens (que l'on questionne). Autrement dit, l'instruction tend à la manifestation de la vérité par deux sortes de procédés, que l'on examinera successivement : les investigations matérielles (A) ; les auditions de personnes (B).

A Les investigations matérielles

756. Investigations les plus courantes. — Ces investigations, qui seront sommairement décrites, sont les suivantes :

• Le **transport sur les lieux.** Le juge d'instruction peut se rendre sur la scène de l'infraction pour y effectuer toutes constatations utiles. Ce transport, durant une d'une information officielle, doit être précédé d'un avis donné au Procureur de la République, qui a la faculté d'accompagner le juge d'instruction. Celui-ci, assisté de son greffier, dresse un procès-verbal de ses opérations, à la fin du transport (art. 92 s. CPP).

• Les **perquisitions** sont menées par le juge d'instruction « dans tous les lieux où peuvent se trouver des objets dont la découverte serait utile à la manifestation de la vérité » (art. 94 CPP). Les formalités à observer lors des perquisitions sont les mêmes que celles des perquisitions au cas d'infraction flagrante (*supra,* n° 734). Et de même, le juge d'instruction doit prendre toutes mesures utiles pour que soit assuré le respect du secret professionnel et des droits de la défense (art. 96 CPP).

• Les **saisies** opérées à la suite de perquisitions obéissent de même à des règles protectrices des droits individuels. Les objets placés sous main de justice sont immédiatement inventoriés et scellés ; on ne doit maintenir la saisie que des objets utiles à la manifestation de la vérité ; les scellés ne sont ouverts et les documents dépouillés qu'en présence ou du moins après convocation de la personne mise en examen et de son avocat, et du tiers chez lequel la saisie a été pratiquée (art. 97 s. CPP).

• Les **écoutes téléphoniques** (*supra,* n° 712) sont autorisées moyennant les garanties suivantes : elles ne peuvent être ordonnées par le juge d'instruction qu'en matière criminelle, ou en matière correctionnelle si la peine encourue est égale ou supérieure à deux années d'emprisonnement. La décision d'interception est prise pour une durée maximum de quatre mois (cependant renouvelable). Il doit être dressé procès-verbal de chacune des opérations d'interception et d'enregistrement. Aucune écoute ne peut avoir lieu sur une ligne dépendant du cabinet d'un avocat ou de son domicile, sans que le bâtonnier en soit informé par le juge d'instruction, et cela sous peine de nullité. Encourt aussi la nullité la transcription de correspondances par télécommunication avec un avocat, lorsque ces correspondances relèvent de l'exercice des droits de la défense (art. 100-5 CPP).

757. Les expertises. — Les expertises (art. 156 à 169-1 CPP) peuvent être ordonnées d'office par le juge d'instruction, ou à la demande soit du Ministère public, soit de la personne mise en examen, soit de la partie civile. Dans le cas particulier d'une expertise concernant l'état psychique de la personne mise en examen, si les conclusions de l'expertise vont dans le sens de l'irresponsabilité pénale, la partie civile (qui doit être avisée de ces conclusions) peut demander une contre-expertise, laquelle devient alors obligatoire, et doit être menée par deux experts. Dans les autres cas, et quel que soit l'auteur de la demande, le juge peut rejeter une demande d'expertise ou de contre-expertise ; mais il doit alors rendre une ordonnance motivée, susceptible d'appel devant la Chambre de l'instruction. L'expert (ou les experts) sont en principe choisis par le juge d'instruction sur une liste officielle. Le nombre en varie selon les cas. Normalement, l'expert est unique. Mais, si les circonstances le justifient, le juge d'instruction désigne plusieurs experts. Son ordonnance précise la **mission du ou des experts**, et impartit le **délai** dans lequel elle devra être remplie. Les experts, qui doivent prêter **serment** « d'apporter leurs concours à la justice en leur honneur et en leur conscience », procèdent à leur mission sous le contrôle du juge d'instruction. Les parties peuvent au cours de l'expertise demander au juge d'instruction de prescrire aux experts certaines recherches, ou l'audition de certains témoins.

L'expertise terminée, les experts déposent leur **rapport** contenant la description de leurs opérations et leurs conclusions. Le juge d'instruction doit convoquer les parties, et leur donner connaissance des conclusions de l'expert. Les parties peuvent présenter leurs observations, ou formuler une demande de complément d'expertise ou de contre-expertise. Cette demande ne peut être rejetée que par une décision motivée susceptible d'appel, dans les mêmes conditions que s'il y avait refus d'ordonner une expertise (art. 186-1 CPP). Les parties disposent ainsi d'un **droit assez large de critique sur l'expertise**.

B Les auditions de personnes

758. Le témoin « banal ». — On parle de témoin banal, parce qu'il n'est que témoin : il a vu quelque chose se rapportant à l'infraction, mais il n'y est aucunement mêlé : ni victime, ni suspect. On se rappelle que, durant l'enquête de la phase policière, personne ne prête serment (*supra,* n° 736). Mais lors de l'instruction, le témoin banal doit **comparaître, prêter serment et déposer** sans excuse ni justification (sauf s'il est mineur de moins de seize ans, ou lié par le scret professionnel). Cela, sous la sanction, sauf excuse ou justification, d'une amende pouvant aller jusqu'à 3 750 euros (art. 434-15-1 CP). Le témoin banal dépose oralement devant le juge d'instruction assisté de son greffier. Ce témoin est entendu seul, ordinairement. Mais il il existe, **outre les comparutions**, des **confrontations ultérieures** du témoin avec d'autres témoins, ou avec la personne mise en examen, ou la partie civile.

L'audition donne lieu à **procès-verbal**, dicté par le juge d'instruction au greffier. Le témoin relit sa déposition, et la signe. Cependant, lorsque le témoin risque des « représailles » de la part de ceux qu'il met en cause, son témoignage peut être « anonymé » (art. 706-58 CPP). Ce témoin banal n'a pas droit d'accès au dossier pénal ; il n'a pas droit à l'assistance d'un avocat. C'est la différence avec le témoin que l'on appelle, précisément, « assisté ».

759. Le témoin assisté. — C'est une **catégorie nouvelle,** issue des travaux d'une Commission présidée par l'auteur de ce manuel (ministère de la Justice, direction des affaires criminelles, document n° 78-12 du 21 juin 1978). La loi n° 87-1062 du 30 décembre 1987 a introduit dans notre procédure pénale le statut de témoin assisté. Par la suite, l'institution s'étant bien acclimatée, on en a étendu le champ d'application : « le juge d'instruction ne peut procéder à la mise en examen que s'il estime ne pas pouvoir recourir à la procédure de témoin assisté » (art. 80-1 CPP).

Le témoin assisté **a droit à l'assistance d'un avocat** (d'où son appellation d'assisté), donc accès au dossier de la procédure. Il ne prête pas serment (art. 113-7 CPP). Sous cet angle, sa situation le rapproche du mis en examen. Ce qui l'en distingue est qu'il ne peut pas être placé sous contrôle judiciaire ou en détention provisoire ; il ne peut pas faire l'objet d'une ordonnance de renvoi ou de mise en accusation (art. 113-5 CPP) ; il ne peut pas formuler une demande d'actes (*supra*, n° 753). Mais **il peut** (art 173 CPP) **présenter une requête en annulation** (*infra,* n° 798).

760. Le mis en examen. — Il faut rappeler qu'à peine de nullité, le juge d'instruction ne peut mettre en examen que les personnes à l'encontre desquelles il existe des indices graves ou concordants rendant vraisemblable leur culpabilité (art. 80-1, 1er al. CPP). Deux situations sont alors possibles.

• **Première situation** : la personne en cause était antérieurement témoin assisté. Elle peut à tout moment, demander sa **mise en examen**, qui devient **de droit** (art. 113-6 CPP). De son côté, le juge d'instruction peut mettre en examen cette personne s'il lui apparaît que, désormais, le statut de témoin assisté ne suffit plus au respect des droits de la défense (art. 113-8 CPP).

• **Seconde situation** : la personne en cause n'était pas antérieurement témoin assisté, mais il surgit à son encontre des indices graves et concordants de culpabilité. Sa mise en examen suppose alors un **interrogatoire, dit de première comparution** (article 116 CPP). De quelque façon que soit intervenue la mise en examen, la personne qui en fait l'objet bénéficie dès lors de l'ensemble des **droits de la défense** : dont celui d'être assisté par un avocat, et d'avoir accès au dossier ; mais aussi le droit de formuler des demandes d'actes ainsi que des requêtes en annulation.

761. Les interrogatoires ultérieurs et les confrontations. – Dans la suite de l'instruction, il intervient de nouvelles auditions du mis en examen. Soit seul (on parle alors d'interrogatoires dits subséquents). Soit en présence de parties civiles, de témoins assistés ou non, ou d'autre mis en examen (on parle alors de confrontations). Qu'il s'agisse d'interrogatoires subséquents ou de confrontations, les règles applicables sont les suivantes (art. 114 s. CPP).

• Les témoins n'ont pas droit l'assistance d'un avocat, à moins (*supra,* n° 759) d'être des témoins assistés.

• Les **avocats** sont **convoqués** au plus tard cinq jours ouvrables avant l'interrogatoire ou l'audition de la partie qu'ils assistent, par lettre recommandée avec demande d'avis de réception, ou télécopie avec récépissé ; ou verbalement avec alors émargement au dossier de la procédure.

• La **procédure** est **mise à leur disposition** (éventuellement sous forme numérisée, art. D 15-7 CPP) quatre jours ouvrables au plus tard avant chaque interrogatoire de la personne mise en examen ou chaque audition de la partie civile. De plus, la procédure est également mise à tout moment à la disposition des avocats durant les jours ouvrables, sous réserve des exigences du bon fonctionnement du cabinet d'instruction.

• Partie poursuivante, **le Procureur de la République peut assister aux interrogatoires ou confrontations**. Il peut, comme les autres intéressés ou leurs avocats, poser des questions avec l'autorisation du juge d'instruction. Si cette autorisation est refusée, le texte des questions est reproduit au procès-verbal (art. 120 CPP). De l'interrogatoire ou de la confrontation, un procès-verbal se trouve dressé (art. 121 CPP). Ce procès-verbal est établi comme lors lors des auditions de témoins (*supra,* n° 758).

§ 3. Les mandats

762. Autorité décernant les mandats. — La présence d'une personne devant le juge d'instruction est quelquefois nécessaire : d'où la mise en détention provisoire de la personne mise en examen, lorsqu'on peut craindre qu'elle ne profite de sa liberté pour s'enfuir, suborner des témoins, détruire les preuves... Les mandats sont précisément des ordres écrits délivrés par un juge du siège en vue d'assurer ou la présence ou la mise en détention provisoire de la personne à l'encontre de laquelle ils sont décernés. Quel juge du siège ? Longtemps, ce fut le seul juge d'instruction. Notamment, son pouvoir de mettre en détention provisoire faisait de lui, disait-on, « l'homme le plus puissant de France ». Des abus se produisirent...

Pour y porter remède, la loi 2000-516 du 15 juin 2000, visant à renforcer la présomption d'innocence, a confié le pouvoir de mettre en détention à un juge du siège, mais extérieur à l'instruction : le juge des libertés et de la détention (*infra,* n° 764). Ainsi faut-il distinguer suivant l'autorité qui décerne les mandats : ou **juge d'instruction**, ou **juge des libertés et de la détention**.

763. Les mandats décernés par le juge d'instruction. — Aujourd'hui, le juge d'instruction ne peut plus décerner (art. 122 CPP) que les mandats de recherche, de comparution, d'amener, d'arrêt.

• Le **mandat de recherche** peut être décerné à l'encontre d'une personne lorsqu'il existe contre celle-ci une ou plusieurs raisons plausibles de soupçonner qu'elle a commis ou tenté de commettre une infraction. Il est l'ordre donné à la force publique de rechercher la personne à l'encontre de laquelle il est décerné et de la placer en garde à vue.

• Le **mandat de comparution** a pour objet d'inviter son destinataire à se présenter devant le juge à la date et à l'heure indiquées par ce mandat. C'est tout simplement une convocation, notifiée à l'intéressé par un huissier ou un agent de la force publique. Mais la personne visée ne peut être physiquement contrainte de se rendre à la convocation.

• Le **mandat d'amener** consiste dans l'ordre, donné par le juge à la force publique, de conduire immédiatement devant lui la personne visée par le mandat d'amener. Un tel mandat, à la différence du mandat de comparution, est donc exécutoire par la force

• Le **mandat d'arrêt** est l'ordre donné à la force de rechercher la personne à l'encontre de laquelle il est décerné, puis de la conduire à la maison d'arrêt indiquée sur le mandat, où elle sera détenue. Un tel mandat intervient lorsque la personne se trouve en fuite ou réside à l'étranger. La personne saisie en vertu du mandat d'arrêt est certes incarcérée, mais seulement pour vingt-quatre heures. Car, dans ce bref délai, après avoir interrogé la personne, le juge d'instruction doit statuer. Quand il le croit nécessaire, il met en examen la personne, si ce n'est déjà fait, et prend une ordonnance à fin de placement en détention provisoire de la personne mise en examen. Cela saisit le juge des libertés et de la détention, qui peut seul décerner le mandat de dépôt permettant la mise en détention provisoire (*infra*, n° 768 et s.).

764. Le mandat de dépôt permettant la mise en détention provisoire. Un tel mandat ne peut plus émaner du juge d'instruction. Celui-ci doit saisir le juge des libertés et de la détention (JLD). Ce JLD, juge du siège et d'expérience, puisqu'il doit avoir le rang de vice-président du tribunal compétent, ne prendra sa décision qu'à l'issue d'un débat contradictoire, et après délai permettant à l'intéressé, s'il le souhaite, de préparer sa défense (art. 145 CPP). À l'issue du débat, s'il l'estime nécessaire, le **JLD** prendra une **ordonnance de placement en détention provisoire.** De plus, ordonnant au chef de l'établissement pénitentiaire de recevoir la personne en cause, déjà mise en examen, le JLD délivrera un **mandat de dépôt** (art. 122 CPP). Il peut aussi – solution moins coercitive – mettre la personne concernée sous contrôle judiciaire.

§ 4. Le contrôle judiciaire

765. But et sources du contrôle judiciaire. — » La personne mise en examen, présumée innocente, reste libre. Toutefois, en raison des nécessités de l'instruction ou à titre de mesure de sûreté, elle peut être astreinte à une ou plusieurs obligations du contrôle judiciaire » (art. 137 CPP). Le contrôle judiciaire est ordonné par le juge d'instruction ; plus rarement, on vient de le voir, par le juge des libertés et de la détention : lorsque celui-ci refuse la mise en détention. Quel que soit celui qui l'ordonne, le contrôle judiciaire n'est possible que si la personne encourt une peine d'emprisonnement correctionnel ou une peine plus grave (art. 138 CPP).

766. Contenu du contrôle judiciaire. — Le contrôle judiciaire astreint la personne mise en examen à se soumettre, selon la décision prise, à une ou plusieurs des obligations (17) énumérées par la loi (art. 138 CPP). Leur liste rappelle, en partie, les mesures imposées dans le cadre du sursis avec mise à l'épreuve (*supra,* n° 533 s.). Ainsi, le contrôle judiciaire peut comporter l'interdiction de certaines activités professionnelles ou sociales, la soumission à un traitement médical, notamment aux fins de désintoxication. Tout cela marque le désir d'aider, comme dans la probation, à la réinsertion sociale de la personne considérée.

Mais, s'agissant d'une personne mise en examen, les obligations du contrôle judiciaire visent d'abord à **garantir le maintien de les personne en cause à la disposition de la justice**. Ainsi l'interdiction de sortir de certaines limites territoriales, la remise du passeport, du permis de conduire, les « pointages » périodiques de présence ; le dépôt d'un cautionnement ; ou le placement sous surveillance électronique (*supra*, n° 584). L'ordonnance qui prescrit le contrôle judiciaire (art. 139 CPP) établit la liste – précise et modifiable – des obligations s'imposant à la personne mise en examen. Cette ordonnance est susceptible d'appel (art. 186 CPP).

767. Déroulement du contrôle judiciaire. — Tel qu'il a été défini, le contrôle judiciaire dure, en principe, autant que l'information. Mais il peut y avoir, durant l'information, **adaptation** du contrôle judiciaire par ordonnance modificatrice du juge qui peut accorder dispense de telle ou telle obligation primitive, la supprimer complètement, en ajouter de nouvelles (art. 139 CPP).

La **mainlevée du contrôle judiciaire,** c'est-à-dire sa cessation complète, peut être à tout moment décidée par le juge d'instruction, d'office ou sur demande de l'intéressé. Si le juge repousse la demande, l'ordonnance de refus est elle aussi susceptible d'appel (même article 186 CPP).

S'il y a **manquement volontaire aux obligations du contrôle judiciaire,** quelle que soit la peine d'emprisonnement encourue, le juge d'instruction peut saisir le juge des libertés et de la détention, aux fins de **placement en détention provisoire** (art. 141-2 CPP).

§ 5. La détention provisoire

768. Notion, régime, abus de la détention provisoire. – La détention provisoire consiste dans l'incarcération de la personne mise en examen, pendant une période susceptible de se prolonger longtemps, parfois jusqu'à ce que la juridiction de jugement se soit prononcée. Comme on l'a vu (*supra,* n° 764), elle ne peut résulter que d'un mandat de dépôt décerné par la juge des libertés et de la détention. L'incarcération a lieu dans une maison d'arrêt (art. 714 CPP), en principe dans une cellule individuelle (art. 716 CPP), mais souvent – hélas – la pratique méconnaît ce principe (*supra,* n° 553). Le détenu provisoire peut être « mis au secret » (sauf visites de son avocat) pour une période de dix jours, renouvelable une seule fois. Hors la mise au secret, le détenu provisoire peut recevoir des visites, avec l'autorisation du juge d'instruction. Après un mois d'incarcération, les visites familiales ne peuvent être interdites que par décision écrite et spécialement motivée du juge d'instruction (art. 145-4 CPP).

Même éclaircie par ces « parloirs », la détention provisoire n'en comporte pas moins des contraintes et des frustrations la rapprochant beaucoup d'une peine privative de liberté. Pour cette raison, si la personne provisoirement détenue se trouve ultérieurement condamnée, le temps de sa **détention provisoire** viendra **en déduction de la peine privative de liberté** (art. 716-4 CPP). Enfin, la détention provisoire affecte une personne présumée innocente, et dont la réputation souffrira d'un discrédit parfois injustifié. Il convient donc qu'une mesure aussi grave ne soit jamais décidée à la légère, ou par routine. Afin d'endiguer les **abus**, qui repoussent vite en ce domaine, **maintes réformes** sont intervenues... Il s'ensuit des conditions strictes à la détention provisoire ; conditions soit de fond, soit de procédure.

769. Conditions de fond de la détention provisoire. — Visant toutes à restreindre la détention provisoire, mal nécessaire, ces conditions concernent : la peine encourue, les motifs de la détention provisoire, sa durée.

• **Peine encourue.** Il doit s'agir (sauf manquement aux obligations du contrôle judiciaire, *supra,* n° 767) soit d'une peine criminelle, soit d'une peine correctionnelle d'une durée d'au moins trois années d'emprisonnement (art. 143-1 CPP).

• **Motifs de la détention provisoire.** Elle ne peut être ordonnée ou prolongée que si le contrôle judiciaire ne peut y suffire et qu'elle constitue l'unique moyen de parvenir à l'un des objectifs énumérés par l'article 144 CPP Ainsi, protéger la personne mise en examen, garantir son maintien à la disposition de la justice, mettre fin à l'infraction ou de prévenir son renouvellement.

• **Durée de la détention provisoire.** Cette détention doit cesser dès que les motifs ci-dessus cessent d'exister. De plus, la détention provisoire ne peut excéder une **durée raisonnable,** compte tenu de la gravité des faits en cause et de la complexité des investigations nécessaires à la manifestation de la vérité (art. 144-1 CPP). Enfin, cette durée se heurte à des **plafonds**, qui dépendent à la fois de la peine encourue et du passé pénal de l'intéressé (*infra,* n° 772).

770. Conditions de procédure de la détention provisoire (art. 145 CPP). — Comme on l'a vu (*supra* n° 764), c'est le juge des libertés et de la détention (JLD) qui seul peut prescrire le placement en détention provisoire. Il est normalement saisi par une ordonnance à cette fin du juge d'instruction (art. 137-4 CPP).

Le JLD fait comparaître la personne mise en examen ; il peut la placer sous contrôle judiciaire ; mais s'il envisage de la placer en détention provisoire, il ne peut le faire qu'à l'issue d'un débat contradictoire, après un délai permettant à la défense de se préparer. Le débat peut avoir lieu en audience publique, sous certaines conditions. En attendant ce débat contradictoire, le juge des libertés et de la détention peut prendre une ordonnance d'incarcération temporaire, pour quatre jours ouvrables plus.

771. Ordonnance de placement en détention provisoire, appel et « référé-liberté ». — À l'issue du débat contradictoire, le juge des libertés et de la détention peut prendre une ordonnance de placement en détention provisoire. Contre cette ordonnance, l'appel n'est pas suspensif (*infra,* n° 796), et le mis en examen se trouve donc incarcéré. C'est ici qu'intervient l'institution du « référé-liberté » (art. 187-1 CPP). Il s'agit là d'un mécanisme d'urgence (d'où le mot évocateur de référé) accélérant l'examen du recours. Si l'appel est interjeté au plus tard le jour suivant la décision de placement en détention, l'appelant peut – dans une même démarche – demander au président de la Chambre de l'instruction d'examiner immédiatement son appel. Le président doit alors statuer avant la fin du troisième jour ouvrable suivant la demande. S'il estime que les conditions de fond de la détention provisoire ne sont pas remplies, il peut infirmer l'ordonnance du juge des libertés et de la détention. Il ordonnera la remise en liberté de la personne mise en examen, en assortissant au besoin cette mise en liberté d'un contrôle judiciaire. S'il n'y a pas référé-liberté, la chambre de l'instruction doit statuer dans les dix jours de l'appel (art. 194 CPP).

772. Durée maximale de la détention provisoire. — Cette durée varie suivant que l'on se trouve en matière correctionnelle ou criminelle.

• **En matière correctionnelle** (art. 145-1 CPP), la détention ne peut excéder quatre mois, à moins que la personne mise en examen n'ait été condamné antérieurement à une peine « substantielle », précisée par le texte. Dans les autres cas, « à titre exceptionnel », le juge des libertés et de la détention peut prolonger la détention – après débat contradictoire – par tranches de quatre mois. La durée totale de la détention est plafonnée suivant les cas, à douze, vingt-quatre, ou vingt-huit mois, suivant la gravité des faits en cause.

• **En matière criminelle** (art. 145-2 CPP), la détention ne peut être ordonnée que pour un an. Mais elle peut être prolongée par tranches de six mois, sans pouvoir excéder un total qui est de deux ans si la peine encourue est inférieure à vingt ans, et de trois ans dans le cas contraire. Pour certains types de criminalité organisée, ou de crimes dont l'un des faits constitutifs se place hors du territoire national, le plafond de deux ans passe à trois, et celui de trois ans passe à quatre. Ces durées-butoirs peuvent être prolongées deux fois de quatre mois, à titre exceptionnel, lorsque la mise en liberté semble comporter un risque d'une particulière gravité pour la sécurité des personnes et des biens.

773. Mise en liberté du détenu provisoire, appel du Parquet, « référé-détention ». — La mise en liberté peut toujours être ordonnée par l'autorité judiciaire. Parfois, cette autorité judiciaire se place à hauteur d'appel : chambre de l'instruction, de quelque manière qu'elle ait été saisie du dossier (art. 201 CPP). Mais le plus souvent, l'autorité judiciaire ordonnant la mise en liberté se place au premier degré. Ce peut être le juge d'instruction, soit d'office, soit à la demande du détenu. Lorsque le juge d'instruction rejette cette demande, il doit la transmettre la demande, avec son avis motivé, au juge des libertés et de la détention (art. 148 CPP).

C'est alors que se place l'institution du référé-détention (art. 148-1-1 CPP). Elle suppose une ordonnance de la mise en liberté du détenu provisoire, ordonnance prise contrairement aux réquisitions du Procureur de la République. Celui-ci peut interjeter appel de cette ordonnance devant la chambre d'accusation. Mais de plus, par une démarche symétrique au référé-liberté (*supra*, n° 771), le Procureur de la République peut demander la suspension des effets de l'ordonnance (donc le maintien en détention) tant qu'il n'est pas statué sur l'appel. Ce référé-détention porte le recours du Procureur de la République devant le Premier Président de la Cour d'appel. Celui-ci peut suspendre les effets de l'ordonnance de mise en liberté. La chambre de l'instruction doit se prononcer ensuite sur le bien-fondé de l'appel, dans les dix jours suivant.

774. Indemnisation suite à la détention provisoire. — Le mécanisme d'indemnisation est double : celui prévu par le Code de procédure pénale ; celui résultant de la Convention européenne des droits de l'homme.

• Le **Code de procédure pénale**. La personne détenue provisoirement, mais non condamnée par la suite, peut obtenir une indemnisation dont la loi précise minutieusement les conditions d'octroi (art. 149 CPP). Cette indemnisation est décidée par le premier président de la Cour d'appel (art. 149-1 et 149-2 CPP). Sa décision peut faire l'objet d'un recours devant une commission nationale d'indemnisation, près la Cour de cassation (art. 149-3 CPP).

• La **Convention européenne des droits de l'homme** (*supra*, n° 92) prévoit un mécanisme d'indemnisation tout différent. Il faut, mais il suffit qu'au regard de la Convention, la détention ait été irrégulière ou bien qu'elle excède un délai raisonnable (art. 5.1 et 5-3 de la Convention). Moyennant quoi, la Cour européenne de Strasbourg décide de la « satisfaction équitable » qu'il convient d'allouer au détenu provisoire.

§ 6. Les commissions rogatoires

775. Définition, utilité, régime des commissions rogatoires. — Le juge d'instruction peut déléguer à certaines personnes une partie de ses pouvoirs, en les chargeant d'accomplir à sa place tel ou tel acte d'information qu'il estime nécessaire. Cette délégation s'opère au moyen de commissions rogatoires. Elles se justifient par l'une ou l'autre des raisons suivantes : soit l'éloignement du juge d'instruction par rapport au lieu où l'acte d'instruction doit être fait ; soit la nécessité, pour le juge d'instruction, de se décharger de certaines de ses tâches d'investigation. Le régime des commissions rogatoires se définit par rapport aux destinataires de la commission, aux actes prescrits par la commission, à son délai d'accomplissement.

• Les **destinataires**, ou délégataires d'une commission rogatoire. Ce sont parfois des juges : tout juge du même tribunal que le juge d'instruction, ou tout juge d'instruction, en quelque tribunal que ce soit (art. 151, al. 1 CPP). Mais le plus souvent, les commissions rogatoires sont confiées à des officiers de police judiciaire (art. 81, al. 4 CPP), dont c'est (*supra,* n° 719) l'une des missions.

• Les **actes prescrits** par la commission rogatoire : celle-ci précise la nature de l'infraction formant l'objet des poursuites. Et les actes d'information qui sont prescrits doivent être des actes en rapport direct avec l'infraction poursuivie (art. 151, al. 2 et 3 CPP).

• Le **délai d'accomplissement** des opérations prescrites est fixé par la commission rogatoire. À défaut d'une telle fixation, la commission rogatoire et les procès-verbaux qui retracent son accomplissement doivent être transmis au juge d'instruction délégant dans les huit jours de la fin des opérations exécutées en vertu de la commission (art. 151, al. 4 CPP).

776. Le déroulement des commissions rogatoires. — Les magistrats ou officiers de police judiciaire commis, délégataires du juge d'instruction, agissent en ses lieu et place. Cela comporte une double conséquence :

• Ceux qui exécutent une commission rogatoire ont à respecter les **mêmes règles et formalités que celles s'imposant au juge d'instruction** lorsqu'il opère lui-même : ainsi, quand l'officier de police judiciaire procède, sur délégation, à l'audition d'un témoin, il lui fait prêter serment, ce qui ne se ferait pas s'il l'entendait au cours d'une enquête policière (*supra,* n° 707).

• Les magistrats ou officiers de police judiciaire commis pour l'exécution exercent, dans les limites de la commission rogatoire, **nombre de prérogatives du juge d'instruction** (art. 152, al. 1, CPP). En conséquence, ils peuvent citer des témoins, qui sont tenus – sous peine d'amende (art. 153 CPP) – de comparaître, de prêter serment et de déposer (*supra,* n° 758). En conséquence encore, les magistrats ou officiers commis peuvent procéder à des perquisitions et saisies, même dans le cas d'infraction non flagrante, contre le gré des personnes concernées. Cependant, il existe des limites aux pouvoirs des délégataires.

777. Limites aux pouvoirs conférés par les commissions rogatoires. — La délégation consentie par commission rogatoire rencontre trois limites.

• Le magistrat chargé de l'information doit en conserver la direction effective. Il doit, entre autres, ne recourir aux commissions rogatoires que pour les actes d'information auxquels il se trouve dans l'impossibilité de procéder lui-même (art. 81 al. 4, CPP). Il doit aussi vérifier les éléments d'information recueillis sur commission rogatoire (art. 81 al. 5, CPP).

• Quand le destinataire de la délégation n'est pas un juge, mais un officier de police judiciaire, celui-ci ne peut pas procéder à des interrogatoires et confrontations de la personne mise en examen. Il ne peut pas non plus (sauf à leur demande) procéder à l'audition des parties civiles ou des témoins assistés (art. 152, al. 2, CPP).

• Si les nécessités de la commission rogatoire exigent qu'une personne soit retenue, l'officier de police judiciaire a seulement le droit de la mettre en garde à vue ; il en avise alors le juge d'instruction délégant, qui contrôle la garde à vue. De plus, celle-ci doit respecter les mêmes impératifs que la garde à vue se plaçant dans la phase purement policière (art. 154 CPP). La durée maximale de la garde à vue, les garanties qui l'entourent (*supra,* n° 738 s.) sont donc identiques. Le président de la Chambre de l'instruction (*infra,* n° 785) veille au respect de ces règles, et s'emploie à ce que les procédures ne subissent aucun retard injustifié (art. 220 CPP). Plus largement, il s'assure du bon fonctionnement des cabinets d'instruction de son ressort.

§ 7. La clôture de l'instruction

778. Opérations préalables à la clôture de l'instruction. – Quand son information lui paraît terminée, le juge d'instruction communique le dossier au Procureur de la République et en avise les parties et leurs avocats, par une ordonnance souvent appelée, par la pratique, **ordonnance de soit-communiqué**. Les destinataires du dossier disposent alors d'un délai strict (un mois si la personne mise en examen est détenue, sinon trois mois) pour adresser au juge d'instruction leurs observations (demande d'acte, invocation de nullité). À l'issue de ce délai, les parties disposent d'un délai supplémentaire (dix jours si la personne mise en examen est détenue, sinon un mois) pour adresser au magistrat instructeur leurs observations en réplique ou demander d'autres actes d'information. Ainsi, le Ministère public peut demander un supplément d'information, par un **réquisitoire supplétif**, ou se prononcer, par un **réquisitoire définitif,** sur l'issue de la procédure d'instruction préconisant soit le non-lieu, soit le renvoi devant une juridiction de jugement. À l'expiration des délais s'imposant, le juge d'instruction peut rendre son ordonnance de règlement (art. 175 CPP).

779. La clôture de l'instruction. — Prenant sa décision terminale, le juge va statuer en toute indépendance. S'il estime qu'il n'y a pas lieu de reprendre l'information, il rend une **ordonnance de règlement** (ou de clôture), qui doit être portée à la connaissance des parties privées, ainsi que du Ministère public, mais seulement si l'ordonnance n'est pas conforme à ses réquisitions (art. 183 CPP). Cette ordonnance de règlement peut être **totale ou partielle,** ne couvrant alors que certains des faits dont le juge d'instruction a été saisi (art. 182 CPP). Cette ordonnance sera soit de « **non-lieu** » (à poursuivre), soit de « **renvoi** » (devant la juridiction de jugement).

780. L'ordonnance de non-lieu. — Si le juge estime qu'il n'y a pas lieu à suivre (art. 177 CPP), il rend une ordonnance dite de non lieu. Une telle ordonnance, qui doit être motivée, peut l'être en fait ou en droit. L'ordonnance sera **motivée en fait** lorsque le juge d'instruction estime qu'il n'y a pas de charges suffisantes contre la personne poursuivie. En pareil cas, si de nouvelles preuves sont découvertes ultérieurement, le Ministère public pourra requérir la réouverture de l'instruction sur charges nouvelles. L'ordonnance sera **motivée en droit** lorsque le juge d'instruction se fonde non sur l'insuffisance des preuves, mais sur des raisons d'ordre juridique. Par exemple, le fait commis ne constitue pas un crime ou un délit ; ou bien l'action publique se trouve prescrite. L'ordonnance motivée en droit et devenue définitive présente seule un caractère irrévocable.

Dans les deux cas, l'ordonnance de non-lieu entraîne la libération de la personne mise en examen, lorsqu'elle était provisoirement détenue. Et le juge d'instruction peut ordonner la diffusion du non-lieu dans les médias (art. 177 1 CPP). De plus, si l'information a été ouverte sur constitution de partie civile, le juge d'instruction peut infliger au plaignant – s'il juge cette constitution abusive ou dilatoire – une amende dont le maximum est de 15 000 euros (art. 177-2 CPP).

781. L'ordonnance de renvoi. — S'il existe contre la personne mise en examen des charges constitutives d'infraction, le juge d'instruction en détermine la qualification juridique (art. 176 CPP) et prend une ordonnance de renvoi qui permettra de suivre, ou poursuivre, c'est-à-dire transmettre le dossier à la juridiction de jugement. Mais il faut ici distinguer deux hypothèses : suivant qu'aux yeux du juge d'instruction, l'infraction qu'il croit constituée relève d'une qualification non criminelle ou bien, à l'inverse, d'une qualification criminelle.

782. Qualification non criminelle. — Si le juge d'instruction considère que le fait en cause constitue une contravention, il y a renvoi devant le Tribunal de police ou devant la juridiction de proximité (art. 178 CPP). S'il considère que le fait en cause constitue un délit, il y a renvoi devant le Tribunal correctionnel. Dans les deux cas, le juge d'instruction rend une **ordonnance de renvoi** qui couvre, s'il en existe, les vices de la procédure d'instruction. Quelle est la conséquence du renvoi sur le contrôle judiciaire, ou la détention provisoire, de la personne mise en examen ?

Au cas de renvoi devant le Tribunal de police, contrôle judiciaire ou détention provisoire doivent cesser, puisque ces deux mesures sont étrangères au domaine des contraventions (*supra,* n° 765 et 769).

Au cas de renvoi devant le Tribunal correctionnel, l'ordonnance de renvoi met normalement fin à la détention provisoire ou au contrôle judiciaire. Toutefois, une ordonnance distincte peut maintenir ces mesures jusqu'à la comparution devant le Tribunal. Cette ordonnance, susceptible d'appel devant la Chambre de l'instruction, doit être spécialement motivée. De plus, le maintien en détention provisoire cesse de produire effet à l'expiration d'un délai de deux mois, sauf prolongation – à titre exceptionnel, et motivée – par le Tribunal (art. 179 CPP).

783. Qualification criminelle. Jadis et maintenant... — Longtemps le verdict d'une Cour d'assises (sauf cassation pour vice de procédure) fut souverain, vu la présence des jurés : « vox populi, vox Dei ». La loi du 15 juin 2000 a cassé cette tradition séculaire. À présent, le verdict des cours d'assises peut faire l'objet d'un appel (*infra*, n° 834). En conséquence, la matière criminelle a largement perdu sa singularité procédurale. À présent, le juge d'instruction, tout comme en matière non criminelle, peut déférer devant une Cour d'assises la personne mise en examen. Il le fera par une ordonnance de renvoi, dite alors de mise en accusation. Cette ordonnance peut être attaquée par la voie de l'appel devant la Chambre de l'instruction.

Section 2
La Chambre de l'instruction

784. Organisation de la Chambre de l'instruction. — La Chambre de l'instruction (un président, deux conseillers) est une section de la Cour d'appel. En principe, le président est exclusivement attaché à ce service, il ne siège pas ailleurs, alors que les conseillers peuvent assurer le service d'autres chambres de la Cour (art. 191 CPP). À la Chambre de l'instruction est attaché un greffier. Les fonctions du Ministère public sont exercées par le procureur général ou par ses substituts (art. 192 CPP). La Chambre de l'instruction se réunit au moins une fois par semaine et, sur convocation de son président ou à la demande du procureur général, aussi souvent qu'il est nécessaire (art. 193 CPP).

785. Attributions du président de la Chambre de l'instruction. — Le président de la Chambre de l'instruction dispose de pouvoirs propres (art. 219 à 223 CPP), qui lui permettent de **contrôler le bon fonctionnement des divers cabinets d'instruction** de la Cour d'appel. Notamment, il veille à ce que la détention provisoire ne soit pas prolongée sans nécessité (*supra,* n° 773), à ce qu'il ne soit pas fait abus des commissions rogatoires (*supra,* n° 777), et plus généralement à ce que les procédures ne subissent aucun retard injustifié (art. 220 et 221-2 CPP). En outre, il a la prérogative, fort importante, de « **filtrer** » **les appels des parties privées** (*infra,* n° 791 s.).

786. Attributions multiples de la Chambre de l'instruction. – Quant à la Chambre de l'instruction elle-même, ses attributions sont nombreuses. Elle supervise les instructions menées dans son ressort : saisie par son président d'une demande tendant au « réveil » de l'instruction dans laquelle aucun acte d'instruction n'a été accompli depuis au moins quatre mois (deux mois s'il y a détention provisoire de la personne mise en examen), la Chambre de l'instruction peut soit **évoquer** (*infra,* n° 800), soit **renvoyer le dossier** à un autre juge d'instruction. Elle peut aussi renvoyer le dossier au juge d'instruction initialement saisi, mais sous la menace d'être remplacé dans le cas d'inaction persistant plus de deux mois encore, ou seulement un mois s'il y a détention provisoire de la personne mise en examen (art. 221-2 CPP).

Par ailleurs, la Chambre de l'instruction exerce un **contrôle sur les officiers et agents de police judiciaire** (art. 224 à 230 CPP). Elle peut leur adresser des observations ; elle peut aussi leur interdire – temporairement ou définitivement – l'exercice de leurs fonctions d'officier de police judiciaire, soit dans le ressort de la Cour d'appel, soit sur tout l'ensemble du territoire (art. 227 CPP). De plus, la Chambre de l'instruction connaît des **demandes d'extradition** (art. 696-13 s. CPP), de **réhabilitation** (art. 783 CPP), de certains **règlements de juges** (art. 658 CPP, voir *infra,* n° 815).

787. Attributions principales de la chambre de l'instruction. Plan. — Ces attributions principales font surtout de la Chambre de l'instruction une **juridiction d'instruction du second degré**. Sa mission est alors de juger l'appel interjeté contre les ordonnances rendues lors de l'instruction, soit par le juge d'instruction, soit par le juge des libertés et de la détention en matière de détention provisoire. Pour décrire la chambre de l'instruction, il faut considérer successivement : sa saisine (§ 1) ; sa procédure (§ 2) ; ses arrêts (§ 3).

§ 1. Saisine de la Chambre de l'instruction

788. Les sources de saisine. — En matière non criminelle (contraventions, délits, l'instruction est en général facultative. Elle l'est donc, à plus forte raison, devant la juridiction du second degré : la Chambre de l'instruction ne connaît de l'information diligentée par le juge d'instruction que si elle est saisie du dossier. Par qui et comment l'est-elle ? À s'en tenir aux situations les plus courantes, on rencontre deux sources de saisine.

• Parfois, une décision du juge paraît contestable à l'un des protagonistes de l'affaire, que ce soit le Ministère public ou non. Par exemple, une ordonnance du juge des libertés et de la détention met en détention provisoire la personne mise en examen. Par exemple encore, le juge d'instruction refuse d'ordonner un acte d'investigation que la partie civile a réclamé. Dans ces cas, la Chambre de l'instruction se trouve saisie par un **appel**.

• Parfois, il semble aux parties qu'une irrégularité de procédure vicie l'instruction. Dans ce cas, la Chambre de l'instruction se trouve saisie par une **requête en nullité** de la partie la plus vigilante.

A L'appel contre une décision du juge d'instruction ou du juge des libertés et de la détention

789. La possibilité de l'appel. — Quand l'appel est-il possible contre les décisions de ces juges ? La loi répond en distinguant selon la personne appelante : soit le Ministère public, c'est-à-dire la partie publique ; soit les parties privées.

790. Droit d'appel général du Ministère public. — Il est peu probable que la partie publique et poursuivante cherche à freiner le cours de la justice. En conséquence, le Ministère public reçoit un droit d'appel général. Le Procureur de la République et le procureur général peuvent interjeter appel de toute ordonnance du juge d'instruction ou du juge des libertés et de la détention (art. 185 CPP). Si le juge, saisi de réquisitions du Ministère public, n'a pas rendu d'ordonnance, le Procureur de la République est en droit, pour vaincre son inertie, de saisir directement la Chambre de l'instruction (art. 82, al. 5 CPP).

791. Droit d'appel restreint des parties privées. — On peut craindre que ces parties privées pratiquent parfois des appels dilatoires. La personne mise en examen, pour retarder sa condamnation. La partie civile, pour retarder la mise hors de cause de son adversaire. Dès lors, la loi restreint de deux façons leur droit d'appel. Le plus souvent, il n'est recevable que dans des cas limitativement énumérés, en rapport étroit avec l'intérêt évident de la partie considérée. Et lors même que l'appel semble admis de façon moins étroite, c'est qu'il est soumis à « **filtrage** » **:** le président de la Chambre de l'instruction, par une ordonnance insusceptible de recours, peut refuser de saisir la Chambre de l'instruction. Cela s'applique tant à la personne mise en examen qu'à la partie civile. Mais leur situation respective étant bien différente (l'une demanderesse, l'autre défenderesse au procès pénal), leur droit d'appel doit être précisé distinctement.

792. Droit d'appel de la personne mise en examen. — Ce droit lui est reconnu, sans filtrage, dans les cas énumérés par l'article 186 CPP. Et, sous condition de filtrage (*supra*, n° 753), dans les cas prévus par l'art. 186-1 CPP.

793. Droit d'appel de la partie civile. –De façon symétrique, ce droit lui est reconnu, soit sans filtrage, soit sous condition de filtrage, dans les cas prévus par les mêmes articles 186 et 186-1 CPP.

794. Délais de l'appel. — L'appel doit avoir lieu : de la part de la personne mise en examen, ou de la partie civile, dans les dix jours qui suivent la notification de la décision (art. 186 CPP) ; de la part du Ministère public, dans les cinq jours qui suivent la notification de l'ordonnance, si l'appel est interjeté par le Procureur de la République ; dans les dix jours qui suivent l'ordonnance, s'il est interjeté par le procureur général (art. 185 CPP) ;

795. Formes et procédure de l'appel. — L'appel est formé par une déclaration au greffe du Tribunal de grande instance, sauf l'appel du procureur général, qui est notifié aux parties. La personne mise en examen et détenue peut aussi interjeter appel par déclaration auprès du chef de l'établissement pénitentiaire. La procédure de l'appel est la procédure ordinairement suivie devant la Chambre de l'instruction (*infra*, n° 799).

796. Effets de l'appel. — Il faut distinguer l'effet de l'appel sur la décision frappée d'appel, et sur l'instruction menée.

• **Quant à la décision frappée d'appel**, celui-ci comporte un effet suspensif. En conséquence, cette décision ne peut être mise à exécution, ou qu'il n'a pas été jugé par la Chambre de l'instruction. Le simple délai d'appel (excepté le délai d'appel, de dix jours, du procureur général) entraîne aussi l'effet suspensif. Mais cette règle se trouve écartée pour la détention provisoire et le contrôle judiciaire. L'ordonnance les prescrivant reste en vigueur jusqu'à son éventuelle infirmation, infirmation accélérée, le cas échéant, par le jeu du référé-liberté (*supra,* n° 771). Et symétriquement, la décision d'y mettre fin doit être aussitôt suivie d'effet, nonobstant le délai d'appel ou l'appel du Ministère public – sauf alors l'effet du référé-détention (*supra* n° 773).

• **Quant à l'instruction menée**, l'appel ne l'interrompt pas, normalement. Mais la règle rencontre deux exceptions. D'une part, quand il s'agit de l'appel contre une ordonnance de règlement, ce qui va de soi, puisqu'alors le juge a clos son information. D'autre part, le président de la Chambre de l'instruction peut ordonner – par une décision non susceptible de recours – que l'instruction soit suspendue (art. 187 CPP). Il en va de même pour la requête en nullité, autre hypothèse où la Chambre de l'instruction peut se trouver saisie.

B La requête en nullité

797. Causes de nullité. — Tout comme au cours des enquêtes policières (*supra,* n° 740 et 744), il arrive qu'au cours de l'instruction, des irrégularités se produisent. Ainsi, des écoutes téléphoniques ont été pratiquées en méconnaissance du Code de procédure pénale (art. 100 à 100-7 CPP). Cela peut comporter, pour l'auteur de l'acte illicite, des sanctions disciplinaires, voire pénales (dans cette dernière hypothèse, voir *supra,* n° 725). Mais la sanction la plus évidente est la nullité de l'acte dont il s'agit. Quelles sont les causes de nullité ?

Dans certains cas, un texte prévoit expressément la nullité de tel ou tel acte irrégulièrement accompli. On parle alors de **nullités textuelles.** Par exemple, en matière de perquisition et saisie (art. 59, al. 2 CPP).

Dans d'autres cas, le texte ne prévoit pas de nullité, mais les exigences qu'il énonce paraissent essentielles, c'est-à-dire d'une importance telle que leur irrespect n'est pas acceptable. On parle alors de nullités virtuelles, ou plus évocatoirement de **nullités substantielles.** Leur existence est consacrée par un texte général (art. 171 CPP). Les causes de nullité sont donc nombreuses. Néanmoins, la nullité ne s'ensuit qu'assez rarement. Cela tient à sa mise en œuvre.

798. Mise en œuvre de la nullité. — Le juge d'instruction, le Procureur de la République, les parties (personne mise en examen, la partie civile, le témoin assisté (art. 173 CPP) peuvent présenter à la Chambre de l'instruction une **requête en annulation.** Mais le succès de la demande se heurte **à maints obstacles.**

• La partie au préjudice de laquelle une formalité substantielle a été méconnue a pu faire **renonciation à s'en prévaloir**. Cela régularise la procédure (art. 172 CPP).

• La requête en annulation est irrecevable quand l'**acte contesté** (mise en détention provisoire) est **susceptible d'appe**l de la part de la partie concernée (art. 173, al. 4 CPP).

• Il existe par ailleurs des **forclusions** : ainsi quand la nullité viciant l'interrogatoire de première comparution remonte à plus de six mois ; ou quand la nullité viciant un acte n'a pas été invoquée lors du premier interrogatoire ultérieur (art. 173-1 CPP). De même, si les parties privées n'ont pas saisi la Chambre de l'instruction, durant le délai précédant la clôture de l'instruction (*supra,* n° 778). Lorsqu'elles ont saisi la Chambre de l'instruction, les parties doivent lui soumettre tous les moyens de nullité dont elles peuvent avoir connaissance. Faute de quoi, les parties ne seront plus recevables à les invoquer ultérieurement, à moins que la Chambre ne décide de les relever d'office ; car elle en a le droit, mais non pas l'obligation (art. 174, al. 1 CPP).

• Enfin, de par **un texte général (art. 802 CPP)** « en cas de violation des formes prescrites par la loi à peine de nullité ou d'inobservation des formalités substantielles, toute juridiction, y compris la Cour de cassation, qui est saisie d'une demande d'annulation ou qui relève d'office une telle irrégularité, ne peut prononcer la nullité que lorsque celle-ci a eu pour effet de porter atteinte aux intérêts de la partie qu'elle concerne ». En d'autres termes, et selon un vieil adage, « **pas de nullité sans grief** »**,** c'est-à-dire pas de nullité sans un préjudice, dont la preuve pèse sur qui réclame l'annulation. Mais cette solution restrictive ne vise que les « formes » et les « formalités ». Qu'en est-il alors pour les garanties de fond, par exemple la durée maximale de la garde à vue ? Leur irrespect devrait conduire à la nullité indépendamment de tout préjudice prouvé. Il y aurait alors « nullité sans grief », ou comme on dit parfois, « nullité péremptoire ». La jurisprudence, jusqu'à présent, est loin d'avoir accepté cette solution. Hors d'un « grief » démontré, elle réduit les nullités péremptoires à quelques rares violations affectant la justice pénale dans son aspect d'ordre public. Cette jurisprudence est en général critiquée, notamment à raison de l'incertitude qu'elle entretient. Quoiqu'il en soit, lorsque la Chambre de l'instruction prononce l'annulation, elle en fixe la portée. Soit qu'elle limite l'annulation à tout ou partie des seuls actes viciés.

Soit qu'elle l'étende à tout ou partie de la procédure ultérieure (art. 174, al. 2 CPP).

§ 2. Procédure devant la Chambre de l'instruction

799. Les quatre caractéristiques de la procédure. — Cette procédure offre quatre caractéristiques, qui peuvent être ainsi résumées :

• **Procédure assez rapide :** le procureur général, Ministère public près de la Chambre de l'instruction, et qui à ce titre reçoit le dossier, doit le soumettre à la Chambre de l'instruction, avec son réquisitoire, dans de brefs délais, plus brefs encore en matière de détention provisoire. Et la Chambre (art. 194 CPP) doit statuer à bref délai, suivant un calendrier impératif.

• **Procédure contradictoire :** chacune des parties et son avocat sont avisés de la date de l'audience, au moyen d'une lettre recommandée, par le procureur général (la personne détenue reçoit notification par le chef de l'établissement pénitentiaire). Pour permettre aux parties de préparer leur argumentation, un certain délai (quarante-huit heures en matière de détention provisoire, cinq jours dans les autres cas) doit être ménagé. Durant ce temps, le dossier, comprenant les réquisitions du procureur général, est déposé au greffe, et tenu à la disposition des avocats (art. 197 CPP).

• **Procédure partiellement orale :** à l'audience, après le rapport d'un conseiller de la Chambre, le procureur général et les avocats des parties présentent verbalement des observations qui doivent être « sommaires ». La comparution personnelle des parties peut être ordonnée. Elle est de droit lorsque la personne mise en examen est détenue et qu'elle – ou son avocat – en fait la demande (art. 199 CPP).

• **Procédure partiellement publique :** en principe les débats se déroulent, et l'arrêt est rendu, en Chambre du Conseil, où le public n'est pas admis. Cela tient à ce que l'instruction, qui doit rester secrète dans toute la mesure non nécessitée par les droits de la défense (art. 11 CPP), n'est pas terminée. Cependant, dans certains cas, à la demande des parties, la procédure peut devenir publique (art. 199 CPP).

§ 3. Arrêts de la Chambre de l'instruction

800. Les arrêts avant clôture de l'instruction. — La chambre de l'instruction, une fois saisie, est en possession du dossier, et peut en faire l'examen complet, sans se borner à trancher la seule question qui lui a été soumise. C'est ce qu'on appelle **l'évocation.** La chambre de l'instruction dispose alors des pouvoirs les plus larges, qui lui permettent de prendre, le cas échéant, les décisions suivantes :

• **Mettre en liberté,** même d'office, la personne détenue provisoirement. À l'inverse, la chambre de l'instruction peut ordonner le la mise sous contrôle judiciaire ou le placement en détention de la personne mise en examen (art. 201 CPP).

• **Étendre les poursuites** à tous les chefs d'infractions, principaux ou connexes, résultant du dossier, qu'il s'agisse d'individus déjà renvoyés devant elle, ou non.

• **Compléter l'information**. Ou bien en prescrivant un acte précis d'information (art. 201 al. 1 CPP), par exemple un contre-expertise. Ou bien en prescrivant un supplément d'information (art. 205 CPP) qui englobera les divers actes paraissant utiles à la manifestation de la vérité.

• **Annuler une procédure irrégulière** (art. 206 CPP). Après annulation (en tout ou partie), la Chambre de l'instruction peut renvoyer le dossier à un juge d'instruction (celui précédemment saisi de l'affaire, ou un autre) ; elle peut aussi évoquer, c'est-à-dire conserver le dossier et terminer elle-même l'information.

• **Infirmer l'ordonnance** dont il est fait appel. Soit ordonnance du juge des libertés et de la détention en matière de détention provisoire, soit ordonnance du juge d'instruction (art. 207 CPP). Dans ce dernier cas, la chambre de l'instruction dispose du même choix que lorsqu'elle annule la procédure : renvoyer l'affaire à un juge d'instruction ou évoquer.

801. L'arrêt de clôture. — Quand cela devient possible, la Chambre de l'instruction rendra son arrêt de clôture. Cet arrêt peut être **soit de non-lieu**, **soit** de **renvoi devant la juridiction de jugement**. Le renvoi se fait, suivant l'infraction dont s'agit, soit devant le tribunal de police (situation rare) ; soit devant le tribunal correctionnel ; soit devant la Cour d'assises. Dans ce dernier cas, on parle d'un arrêt de mise en accusation. Ces arrêts sont susceptibles de pourvoi en cassation ; mais le pourvoi n'est possible que dans certains cas et sous certaines conditions (*infra,* n° 898).

Titre 3
Des juridictions répressives de jugement

802. Juridictions de droit commun et juridictions d'exception. — Les juridictions répressives se divisent en juridictions ordinaires ou de droit commun, d'une part, et en juridictions d'exception, d'autre part. Les juridictions de droit commun, dans leur domaine, ont compétence à moins qu'un texte particulier ne la leur refuse. Inversement, les juridictions d'exception ne sont compétentes que pour certains types d'infractions. Parmi les **juridictions d'exception**, on peut citer les juridictions concernant des infractions qui seraient commises par des personnalités politiques : **Haute Cour de justice**, quant à la haute trahison d'un Président de la République (art. 68 de la Constitution) ; **Cour de Justice de la République**, quant aux crimes et délits commis par des membres du gouvernement dans l'exercice de leurs fonctions (art. 68-1 s. de la Constitution). Seules seront étudiées les juridictions de droit commun.

803. Les diverses juridictions de droit commun. — Leur classification est calquée sur la classification des infractions en crimes, délits, contraventions (*supra,* n° 15 s.). Ces juridictions de droit commun sont : pour les crimes, la **Cour d'assises** ; pour les délits correctionnels, le **Tribunal correctionnel ;** pour les contraventions, le tribunal d'instance, qui se se dédouble, comme on l'a vu : **Tribunal de police et juridiction de proximité.** Toutes ces juridictions entrent dans une organisation judiciaire, dominée par le principe d'unité des justices répressive et civile.

Le schéma d'ensemble déjà présenté (*supra,* suite au n° 25) a fait apparaître l'étagement des juridictions de jugement, mais aussi leur différenciation d'avec les juridictions d'instruction. C'est qu'il y a **séparation des fonctions de jugement et d'instruction.** L'instruction réunit les preuves, apprécie la vraisemblance d'une culpabilité ; tandis que la juridiction de jugement se prononce sur elle. C'est pourquoi le juge d'instruction « ne peut, à peine de nullité, participer au jugement des affaires pénales dont il a connu en sa qualité de juge d'instruction » (art. 49 CPP). Il s'ensuit encore, de cette séparation des fonctions d'instruction et de jugement, une autre différence, qui concerne la procédure suivie.

804. Procédure devant les juridictions de jugement. — Tandis que l'instruction s'opère suivant une procédure inquisitoire (partiellement au moins, *supra,* n° 747), la procédure devant les juridictions de jugement est entièrement **accusatoire,** c'est-à-dire **orale, publique et contradictoire**. Tant le prévenu (devant le Tribunal de police ou le Tribunal correctionnel), que l'accusé (devant la Cour d'assises) se défendent librement contre l'accusation soutenue par le Ministère public, et la partie civile éventuellement. Cela revient à dire que les juridictions ont pour mission de trancher le débat sur les preuves et contre-preuves fournies de part et d'autre. **Trois principes** s'appliquent alors relativement à la preuve : quant à sa charge ; quant à sa recherche ; quant à son appréciation.

805. Principe relatifs à la charge de la preuve. — C'est au Ministère public qui soutient l'accusation de faire la preuve de l'infraction et de la culpabilité du délinquant. Il y a là l'application d'une règle générale, vraie en droit civil comme en droit pénal, et en vertu de laquelle c'est au demandeur qu'incombe la charge de la preuve (« *actori incumbit probatio* »). Le Ministère public qui requiert une condamnation joue un rôle de demandeur. Il suit de là que si la partie publique ne parvient à faire qu'une preuve insuffisante, s'il subsiste un doute, **le doute s'interprète en faveur de l'accusé** (« *In dubio pro reo* », *supra,* n° 132). En d'autres termes, toute personne poursuivie pénalement bénéficie de la **présomption d'innocence,** dont le principe est proclamé par les textes suréminents (*supra,* n° 89 s.) relatifs aux droits de l'homme (art. 9 de la Déclaration des Droits de l'Homme et du Citoyen – art. 6-2 de la Convention européenne des droits de l'homme). Tant que cette présomption n'est pas détruite par une preuve contraire (*supra,* n° 177), la personne poursuivie ne doit pas être condamnée. Toutefois, quand la personne poursuivie invoque une cause d'irresponsabilité pénale, elle doit en prouver l'existence. C'est l'application d'une règle générale : en se prévalant d'une exception, le défendeur devient, dans cette mesure, un demandeur. C'est donc à lui d'apporter la preuve de ce qu'il prétend, suivant un autre vieil adage « *reus in excipiendo fit actor* ».

806. Principe relatif à la recherche des preuves. — Les preuves ainsi fournies semblent insuffisantes aux juridictions de jugement. Ces juridictions peuvent alors ordonner de nouvelles investigations : ainsi **complément d'expertise**, **descente sur les lieux**... Mais en pratique, de telles mesures n'interviennent qu'assez rarement. À ce stade, les preuves sont le plus souvent réunies ; les débats se concentrent sur leur discussion contradictoire (*supra,* n° 699).

807. Principe relatif à l'appréciation des preuves. — Le juge n'est pas lié par les preuves qui lui sont apportées ; il les apprécie librement. Ce qui décisif, en d'autres termes, c'est **l'intime conviction du juge.** Dans l'Ancien Droit, il en fut autrement. La loi forçait le juge à adopter une opinion déterminée lorsqu'une preuve déterminée lui était apportée. Par exemple, elle pouvait l'obliger à considérer comme vrai le fait rapporté par trois témoins, même s'il était entièrement convaincu que ces témoins ne disaient pas la vérité. C'est ce qu'on appelait le système des preuves légales. Aujourd'hui, par contraste, règne le système des **preuves morales.** La force d'un procédé de preuve n'est pas déterminée par la loi. Le principe comporte pourtant quelques exceptions. Ainsi certains procès-verbaux ont une force probante fixée par la loi (*supra,* n° 718).

808. Plan du présent titre. — Avant de décrire les trois étages de juridictions pénales de droit commun (*supra*, n° 803), puis les voies de recours possibles contre leurs décisions, il convient d'exposer les règles générales gouvernant la compétence des juridictions répressives. D'où la division de ce titre en cinq chapitres :

Chapitre 1. – **La compétence des tribunaux répressifs.**

Chapitre 2. – **La Cour d'assises.**

Chapitre 3. – **Le Tribunal correctionnel.**

Chapitre 4. – **Le Tribunal de police et la juridiction de proximité.**

Chapitre 5. – **Les voies de recours.**

Chapitre 1
La compétence des tribunaux répressifs

Section 1
Les règles générales de compétence

809. Définition. — La compétence est l'aptitude d'une juridiction à connaître d'un procès. Il y a trois sortes de compétence : *ratione materiae, loci, personae.*

810. La compétence « *ratione materiae* » ou matérielle. – Cette compétence détermine la nature de la juridiction qui doit être saisie. Le principe est simple : la nature de cette juridiction tient à la nature de l'infraction. La Cour d'assises connaît des crimes, le Tribunal correctionnel des délits, le Tribunal de police et la juridiction de proximité des contraventions. À cette règle fondamentale, existent diverses exceptions. Les plus importantes seront examinées ultérieurement (*infra,* n° 816 s.).

811. La compétence « *ratione loci* » ou territoriale. — Elle a pour but de préciser quel est, dans un ordre déterminé de juridiction, le tribunal qui est compétent. Par exemple, on sait que le tribunal compétent « *ratione materiae* » est un Tribunal correctionnel. Encore faut-il choisir, parmi les différents tribunaux correctionnels se partageant le territoire français, celui qui doit être saisi. Les règles de compétence « *ratione loci* », dite encore relative, sont les suivantes. En matière de police, le tribunal compétent est celui du lieu où l'infraction a été soit commise, soit constatée, ou encore le tribunal de la résidence du prévenu (art. 522 CPP). En matière correctionnelle et criminelle, sont compétentes les juridictions d'instruction et de jugement dans le ressort desquelles figure : a) soit le lieu de l'infraction b) soit le lieu de résidence de la personne en cause c) soit le lieu de son arrestation d) soit le lieu de sa détention (art. 52 et 382 CPP).

À ces règles générales, il existe diverses exceptions (*infra,* n° 816). Elles concernent notamment : les infractions en matière économique et financière qui relèvent de la compétence d'un tribunal de grande instance spécialisé siégeant dans le ressort de chaque Cour d'appel (art. 704 s. CPP) ; les actes de terrorisme (art. 706-16 s. CPP).

812. La compétence « *ratione personae* » ou « personnelle ». — Il y a des cas où la compétence se détermine par des qualités personnelles du délinquant, telles que son âge ou sa fonction. Ainsi les juridictions pour mineurs connaissent des infractions commises par les mineurs (*infra,* n° 943 s.).

813. Caractère d'ordre public des règles de compétence. — Toutes les règles de compétence sont d'ordre public, car elles tendent toutes au bon fonctionnement de la justice pénale. Il en résulte trois conséquences. En premier lieu, les règles de compétence ne peuvent être modifiées par l'accord des parties au procès pénal. En deuxième lieu, l'exception d'incompétence peut être relevée pour la première fois devant la Cour d'appel ; et la **Cour de cassation peut relever d'office tous moyens de nullité, y compris ceux tirés de l'incompétence** (art. 595 CPP). En troisième lieu, pour prévenir la nullité, le tribunal a le devoir de vérifier sa compétence dès le début du procès, avant tout examen de l'affaire sur le fond. S'il s'estime incompétent, il lui faut se dessaisir d'office, c'est-à-dire même si les parties ne relèvent pas l'incompétence ; mais on verra que cette solution se trouve souvent méconnue par la pratique de la correctionnalisation (*infra,* n° 818 s.).

814. Les conflits de juridictions. — Il peut arriver que dans une même affaire, deux juridictions saisies se déclarent toutes deux compétentes. Il y a alors conflit positif de juridiction. À l'inverse, il se peut que plusieurs juridictions saisies se déclarent toutes incompétentes. Le conflit est alors négatif.

815. Le règlement de juges. — Négatif ou positif, le conflit sera résolu par la procédure dite de « règlement de juges » dont le détail est réglé par les articles 657 à 661 CPP. En principe, c'est le tribunal occupant le rôle de supérieur hiérarchique commun aux tribunaux répressifs concernés qui tranche le conflit. Ainsi, lorsque le conflit se présente entre deux tribunaux correctionnels du même ressort de Cour d'appel, c'est la Cour d'appel, en sa Chambre de l'instruction, qui procédera au règlement de juges (art. 658 CPP). Lorsque le conflit se présente entre deux tribunaux de ressorts différents ou bien entre un tribunal d'exception et un tribunal de droit commun, le conflit ne pourra être résolu que par la Chambre criminelle de la Cour de cassation.

Section 2
Les dérogations aux règles générales de compétence

816. Énumération. — Il y a des cas où les règles générales de compétence, telles qu'on les a exposées, font l'objet de dérogations. Il ne s'agit pas ici d'indiquer toutes ces dérogations, dont beaucoup ne concernent que des hypothèses bien particulières, mais seulement celles qui entrent fréquemment en jeu. De telles dérogations, d'une grande importance pratique, ont pour origine : la plénitude de juridiction de la Cour d'assises (§ 1) ; la correctionnalisation (§ 2) ; la connexité (§ 3) ; l'existence d'une exception préjudicielle (§ 4).

§ 1. La plénitude de juridiction de la Cour d'assises

817. Sa raison d'être. — La plénitude de juridiction de la Cour d'assises procède du principe « qui peut le plus peut le moins ». Ainsi le Tribunal de police, compétent pour les seules contraventions de police, ne peut statuer en matière ni de délits, ni de crimes. Ainsi, le Tribunal correctionnel peut statuer sur le fait qui se révélerait, au cours des débats, n'être qu'une contravention (art. 466 CPP). Mais il ne peut connaître d'un crime. La Cour d'assises, au contraire, compétente pour condamner un crime, l'est *a fortiori* pour juger ce qui se révélerait, au cours des débats, n'être qu'un délit correctionnel. En d'autres termes, « la Cour d'assises a plénitude de juridiction pour juger, en premier ressort ou en appel, les personnes renvoyées devant elles par la décision de mise en accusation » (art. 231 CPP).

§ 2. La correctionnalisation

818. Définition. Exemples. — On appelle ainsi le procédé qui consiste à déférer au Tribunal correctionnel un fait pourtant criminel. Par exemple, un individu a commis un vol qualifié crime (ainsi, vol avec usage ou menace d'une arme, art. 311-8 CP). En oubliant cette circonstance aggravante, le Parquet poursuivra le délinquant du chef de vol simple, ce qui ne constitue qu'un délit correctionnel.

819. Intérêts pratiques de la correctionnalisation. — Cette pratique est instituée pour deux raisons principales. D'une part, les

Cours d'assises comportent en majorité de simples citoyens. On peut craindre, dans certaines affaires, que leur sentimentalisme n'entraîne l'acquittement. On pense que le Tribunal correctionnel, uniquement composé de juges professionnels, sera moins sensible à l'éloquence du barreau. De plus, la correctionnalisation allège la besogne de la justice. Elle diminue les frais et raccourcit les délais du jugement, la procédure d'assises étant plus coûteuse et plus longue.

820. Valeur légale de la correctionnalisation. — Cette pratique est sans doute illégale. Mais, en fait, l'illégalité en'est pas souvent relevée. Elle ne l'est pas par le Ministère public, qui en est l'auteur. Et la personne poursuivie, qui pourrait contester la correctionnalisation, préfère souvent ne pas comparaître en Cour d'assises. Quant au tribunal, il devrait se dessaisir d'office, puisque la violation des règles de compétence, qui sont d'ordre public, est évidente. Mais il s'abstient souvent de le faire.

821. La correctionnalisation à l'audience de la Cour d'assises. — La correctionnalisation peut également se produire, lors du procès, devant la Cour d'assises. Elle est alors parfaitement légale. Par exemple, dans le cas d'un vol avec usage d'une arme, crime que le Parquet n'aurait pas correctionnalisé (*supra,* n° 818), on suppose que la Cour et le jury, ayant répondu affirmativement sur le fait principal de vol, nient la circonstance aggravante d'usage d'une arme pour éviter à l'accusé l'application d'une peine trop sévère. Du fait de cette réponse négative, le crime se transforme en simple délit correctionnel. Mais la Cour d'assises reste compétente pour juger, en vertu de sa plénitude de juridiction (*supra,* n° 817).

§ 3. La connexité

822. Les cas de connexité. — Il y a connexité lorsque plusieurs infractions ont entre elles des rapports étroits. Il paraît alors rationnel de ne pas disperser leur poursuite et leur jugement. Les cas de connexité sont au nombre de quatre (art. 203 CPP) :

• lorsque les infractions ont été commises en même temps par plusieurs personnes réunies

• lorsqu'elles ont été commises par différentes personnes en différents temps et en divers lieux, mais par suite d'un concert formé à l'avance entre elles

• lorsque les coupables ont commis certaines infractions pour se procurer les moyens de commettre les autres, pour en faciliter, pour en consommer l'exécution ou pour en assurer l'impunité. Par exemple, un faux a été commis pour réaliser une escroquerie

• lorsque des choses enlevées, détournées ou obtenues à l'aide d'un crime ou d'un délit ont été en tout ou partie recelées. Autrement dit, le recel est connexe à l'infraction originaire.

823. Les conséquences de la connexité. — Elles se manifestent au stade soit de l'instruction, soit du jugement.

• Au stade de l'instruction, la Chambre de l'instruction peut étendre l'information à tous les chefs d'infractions connexes résultant du dossier (*supra,* n° 800)

• Au stade du jugement, on peut étendre la compétence d'une juridiction aux affaires connexes, qui seraient normalement du ressort de juridictions différentes. On parle alors d'une **prorogation de compétence** au profit de la juridiction qui fera le regroupement procédural, tandis que les autres juridictions seront dessaisies. Mais comment désigner cette juridiction de regroupement ? Quand il s'agit de juridictions de nature différente, on proroge la compétence de la juridiction apte à juger l'infraction la plus grave. Et l'on fait prévaloir la juridiction de droit commun sur la juridiction d'exception, sauf s'il s'agit d'une juridiction pour mineurs, qui doit rester seule compétente à propos de mineurs. Quand il s'agit de juridictions de même nature, on proroge le plus souvent la compétence du tribunal saisi le premier. Mais il faut surtout rechercher la solution favorable à la meilleure administration de la justice. S'il paraît nécessaire, on fera recours au règlement de juges (*supra,* n° 815).

824. L'indivisibilité. — Il s'agit d'une sorte de connexité plus intense, de sorte que les prorogations de compétence, en général facultatives dans le cas de connexité simple, deviennent obligatoires. Ainsi dans l'hypothèse d'infraction unique, commise par plusieurs personnes, coauteurs ou complices, il existe une indivisibilité devant entraîner l'unité de poursuites et de juridiction compétente. Cependant, cette notion d'indivisibilité présente des contours parfois incertains. Ainsi dans l'hypothèse d'infractions multiples, ayant le même auteur, et présentant entre elles un rapport de nécessité ; on dit parfois qu'elles forment, dans l'esprit de leur auteur, un tout indivisible par l'unité de dessein. Mais distinguer alors l'indivisibilité d'avec la connexité devient difficile.

§ 4. L'exception préjudicielle au jugement

825. La notion d'exception préjudicielle au jugement. — On suppose qu'au cours du procès pénal, une question – qui n'est pas normalement de la compétence du juge répressif – se pose et conditionne l'issue du procès pénal. Ainsi, l'article 314-1 du Code pénal réprime l'abus de confiance. Ce délit suppose la violation d'un contrat par lequel quelqu'un a reçu un bien à titre précaire : par exemple, prêt d'un bijou, que l'emprunteur refuse de rendre. Il prétend avoir reçu de bijou par don, ce qui exclut l'abus de confiance. Enprunteur ou propriétaire ? Question de droit civil, mais essentielle pour la réponse de Droit pénal. Cette question peut-elle être tranchée par le juge répressif ? En principe, oui. Car, dit-on, « le juge de l'action est le juge de l'exception » (*infra,* n° 826). Mais dans certains cas, il en va différemment. Le tribunal compétent pour juger l'exception n'est pas le même que celui qui connaît de l'action. On parle alors d'exception préjudicielle (*infra,* n° 827).

826. Principe : le juge de l'action est juge de l'exception. — Dans l'exemple ci-dessus, le tribunal répressif sera compétent pour statuer sur la nature du contrat, prêt ou donation du bijou en cause. Il est souhaitable qu'il en soit ainsi pour la célérité de la justice pénale. Si le prévenu pouvait à tout instant provoquer un sursis à statuer, sous le prétexte que le procès soulève des exceptions de la compétence d'autres tribunaux, il y aurait là le moyen de faire traîner en longueur les procès répressifs.

Bien sûr, ce principe entraîne des dérogations aux règles ordinaires de compétence. Dans l'exemple choisi, le tribunal répressif va statuer sur une question qui relève, normalement, de la compétence du tribunal civil. Mais cela n'a guère d'inconvénient pratique, puisque l'unité de la justice pénale et civile (*supra*, n° 25) conduit les juges à trancher aussi bien des questions de Droit civil que de Droit pénal. De plus, cette fois au détriment de la compétence habituelle des juridictions administratives, le juge pénal a reçu le pouvoir d'interpréter les actes administratifs, aussi bien individuels que réglementaires, et d'apprécier leur légalité, dès lors que la solution du procès pénal en dépend (art. 111-5 CP – *supra,* n° 129).

827. Hypothèse dérogatoire : les exceptions préjudicielles au jugement. — Notre Droit admet cependant que, dans certains cas, le tribunal répressif doive surseoir à statuer jusqu'à ce que la juridiction ou l'autorité compétente pour juger l'exception ait elle-même statué. Les exceptions préjudicielles, n'existant que dans les hypothèses légalement prévues, sont de natures diverses.

• Exceptions préjudicielles **de nature administrative.** Ainsi, dans le cas où la décision pénale dépend de l'interprétation d'un traité international, l'interprétation de ce traité ne peut être donnée que par le ministre des Affaires étrangères.

• Exceptions préjudicielles **de nature pénale.** Ainsi, dans le cas de dénonciation calomnieuse, on ne peut condamner le dénonciateur, si le fait dénoncé a donné lieu à des poursuites pénales, qu'après la décision mettant définitivement un terme à la procédure concernant ce fait (art. 226-11 CP).

• Exceptions préjudicielles **de nature civile.** On peut citer trois cas, qui résultent des contingences de l'histoire plutôt que de grands principes. Premier cas : le délit prétendu soulève une question de **propriété immobilière**. Par exemple, une personne est poursuivie pour un délit forestier, l'abattage sans autorisation d'arbres appartenant à autrui. Mais elle prétend être propriétaire de l'arbre. Le tribunal répressif doit surseoir à statuer jusqu'à ce que le tribunal civil ait tranché la question préjudicielle de propriété (art. 384 CPP). Deuxième cas : l'existence du délit met en jeu une question de **filiation**. D'après l'article 311-6 du Code civil « en cas de délit portant atteinte à la filiation d'un individu, il ne peut être statué sur l'action pénale qu'après le jugement passé en force de chose jugée sur la question de filiation ». Troisième cas : les textes relatifs à la **nationalité** en font une question préjudicielle devant les juridictions pénales autres que la Cour d'assises (art. 29 Code civil).

828. Mise en œuvre de l'exception préjudicielle. – L'article 386 CPP prévoit que :

• pour être recevable, l'exception doit être soulevée par la personne poursuivie avant toute défense au fond ; et doit être, de plus, de nature à retirer au fait qui sert de base à la poursuite le caractère d'une infraction,

• pour être admise, l'exception doit s'appuyer sur des faits ou des titres donnant un fondement probable à la prétention alléguée. Lorsque ces conditions sont réunies, le tribunal fixe un délai durant lequel la personne poursuivie doit saisir l'organe compétent. Si le délai s'écoule sans que le prévenu ait saisi cet organe, le tribunal répressif peut méconnaître l'exception. Si, au contraire, le prévenu a saisi l'organe compétent, le tribunal répressif sursoit à statuer jusqu'à ce qu'il ait été statué par cet organe, dont la décision s'impose alors à la juridiction répressive.

829. Distinction de l'exception préjudicielle au jugement et de la question préjudicielle à l'action publique. — Il ne faut pas confondre les exceptions préjudicielles au jugement (celles qui viennent d'être étudiées) avec la question préjudicielle à l'action publique (*supra*, n° 664). Une telle question fait obstacle à l'exercice même de cette action publique. Au contraire, l'exception préjudicielle au jugement suppose que l'action publique a été mise en mouvement et que la juridiction répressive est déjà saisie. Cette juridiction se borne à différer son jugement, jusqu'à ce que l'organe compétent ait fourni sa réponse.

Chapitre 2
La Cour d'assises

830. Les diverses sortes de Cour d'assises. — Les crimes sont jugés par une Cour d'assises. Mais il faut mettre à part telle ou telle Cour d'assises spécialisée, n'ayant compétence qu'à propos de crimes d'une nature particulière : crimes commis par des militaires en temps de paix (art. 698-6 CPP) ; crimes de nature terroriste (art. 706-25 CPP) ; crimes en rapport avec un trafic de stupéfiants (art. 706-27 CPP). Ces Cours d'assises spécialisées ne sont composées que de juges professionnels. Cela fait contraste, comme on va voir, avec la Cour d'assises qu'on peut appeler de droit commun, et qui symbolise, aux yeux du public, la justice en matière criminelle.

831. La Cour d'assises de Droit commun. Son histoire. — Cette Cour d'assises, qui dispose de la plénitude de juridiction (*supra,* n° 817) opère suivant le mode de l'échevinage. Cela veut dire qu'elle associe des juges de profession et des juges occasionnels, simples citoyens désignés par voie de tirage au sort. Pour cette raison, la Cour d'assises rend un verdict non motivé : elle acquitte ou condamne sans donner ses raisons. Il s'y est longtemps ajouté une autre singularité. Justice issue du peuple (*« vox populi, vox dei »*), une Cour d'assises rendait des verdicts souverains. On ne pouvait les attaquer que pour manquement à la loi, devant la Cour de Cassation. Le recours de droit commun, l'appel, n'existait pas en matière criminelle.

832. Critiques et réforme... — Cette situation suscitait des critiques de plus en plus résolues. On criait au paradoxe : l'appel est une garantie de bonne justice, il existe en matière de contraventions, de délits correctionnels, mais non pas en matière de crimes, où les peines peuvent être beaucoup plus sévères. Comment le justifier ?... À présent, l'appel existe en matière criminelle, de par une réforme en deux temps.

833. Les deux temps de la réforme. — En un premier temps, la loi 2000-516 du 15 juin 2000 (*supra*, n° 28) a introduit l'appel contre les verdicts de la Cour d'assises, mais seulement contre les verdicts de condamnation. Une réforme subséquente (loi 2002-307 du 4 mars

2002) a permis l'appel – du procureur général – contre les verdicts d'acquittement. Toutefois, cet appel fonctionne « à l'économie », si l'on ose dire : on n'a pas organisé de juridictions d'appel distinctes et se situant à un échelon supérieur. C'eût été d'ailleurs difficile, vu l'architecture générale de la Justice française. Par plusieurs traits (*infra*, n° 837), la Cour d'assises se place elle-même à hauteur de la Cour d'appel. Dès lors un recours de type « vertical » aurait exigé la création – fort onéreuse – d'un nouvel étage de juridiction.

834. L'appel enfin, mais un appel tournant. — Dès lors, et les finances publiques étant moins expansibles que les décisions rationnelles, on a choisi « l'appel tournant » : cet appel saisit une autre Cour d'assises, de même structure, avec simplement quelques jurés de plus : neuf en premier ressort, douze en appel (art. 296 CPP). Il s'ensuit que la Cour d'assises de premier ressort et la cours d'assises d'appel se ressemblent beaucoup. On peut donc les décrire en même temps, qu'il s'agisse de leur organisation (section 1) ou de leur procédure (section 2).

Section 1

Organisation de la Cour d'assises

835. Cours d'assises à compétence spécialisée. — On a vu que ces cours (*supra*, n° 830) sont composées, uniquement, par des juges de profession. À savoir : un Président et six assesseurs, lorsque la Cour spécialisée statue en premier ressort, et huit assesseurs lorsqu'elle statue en appel.

836. Cours d'assises à compétence générale. — Ces cours d'assises, de droit commun par conséquent, sont départementales et intermittentes, fonctionnant par sessions (une tous les trois mois, avec possibilité de sessions supplémentaires (art. 236 CPP). Autre particularité, ces cours d'assises font siéger, côte à côte, des juges professionnels et de simples citoyens. Les juges professionnels constituent la cour au sens strict, la cour tout court. Les simples citoyens, juges occasionnels, constituent le jury. Ce sont les jurés, dont on sait (*supra*, n° 834) qu'ils sont neuf en premier ressort, douze en appel. Il y a lieu d'examiner successivement la cour (§ 1) et le jury (§ 2).

§ 1. La cour

837. Un président, deux assesseurs. — La cour proprement dite se compose d'un président et de deux assesseurs. Étant donné que la Cour d'assises n'est pas permanente, la composition de la cour n'est pas fixe ; son personnel peut être emprunté à des juridictions variables suivant la session. Le président doit être un président de chambre (ou un conseiller) à la Cour d'appel dans le ressort de laquelle se trouve la Cour d'assises. Il est désigné pour trois mois par le premier président de la Cour d'appel. Les deux assesseurs sont désignés également pour trois mois par le premier Président de la Cour d'appel, parmi les conseillers de la Cour d'appel, ou parmi les présidents ou juges du Tribunal de grande instance. Il peut leur être adjoint, pour les procès qui exigent de longs débats, un ou deux assesseurs supplémentaires, qui assisteront aux débats, et qui seront chargés de remplacer les titulaires empêchés. Supplémentaires ou pas, les assesseurs, comme bien sûr le président de la cour, ne **peuvent pas être choisis parmi les magistrats qui ont participé à l'instruction de l'affaire**, soit comme juges d'instruction, soit comme siégeant à la Chambre de l'instruction. Le Ministère public est représenté par un membre du Parquet général ou du Parquet de grande instance. Le greffier est également emprunté au greffe de la cour ou du Tribunal de grande instance.

§ 2. Le jury

838. Recrutement des jurés (art. 255 à 258-1 CP). — Chaque juré doit satisfaire aux conditions suivantes : être citoyen français (homme ou femme), être âgé de plus de vingt-trois ans, jouir de ses droits politiques, civils et de famille, avoir son domicile ou sa résidence dans le ressort de la Cour d'assises. Ne peuvent être jurés, même lorsqu'ils remplissent les conditions précédentes : d'une part, ceux qui sont atteint d'une des incapacités énumérées par la loi (art. 256 CPP) ; d'autre part, ceux qui tombent sous le coup d'une des incompatibilités prévues par l'article 257 CPP, entre les fonctions qu'ils exercent et celles de juré (ainsi pour les membres du Parlement, les policiers ou gendarmes en activité de service). Sont dispensés d'être jurés : les septuagénaires, ainsi que toute personne invoquant un motif grave reconnu valable (art. 258 CPP). Enfin sont exclus ceux qui ont déjà rempli les fonctions de juré dans le département depuis moins de cinq ans (art. 258-1 CPP).

839. Le jury de session. — Dans ce vaste réservoir de jurés potentiels, encore faut-il choisir ceux qui, durant une session donnée, seront à la disposition de la justice pour figurer éventuellement, dans le jury de jugement d'une affaire donnée. Le choix du jury de session résulte d'une suite d'opérations assez complexes décrites par les article 259 s. CPP, se terminant avec le tirage au sort des 40 jurés et 12 suppléants par un tirage au sort.

840. Le jury de jugement. — Enfin, après l'ouverture de la session, au jour prévu pour chaque affaire, on tire au sort, parmi le jury de session, le nom de ceux qui formeront le jury de jugement, après exercice éventuel du droit de récusation (*infra,* n° 848). Mais, par là même, on en vient au jugement d'une affaire déterminée ; par conséquent, à la procédure que suit la Cour d'assises avant d'en arriver à son verdict.

Section 2
La procédure en Cour d'assises

841. Caractères généraux de la procédure. — La procédure en Cour d'assises, comme toute procédure devant les juridictions répressives de jugement (*supra,* n° 641), est de type accusatoire, c'est-à-dire qu'elle est orale, publique, et contradictoire.

• **Orale :** la Cour d'assises ne statue pas sur pièces, mais d'après les preuves administrées directement devant elle. On ne se bornera pas à la lecture des procès-verbaux de constat ou d'interrogatoire, des rapports d'experts. Les officiers de police judiciaire et les experts, qui ont établi procès-verbaux et rapports, seront appelés à témoigner. Les pièces à conviction seront mises sous les yeux de la Cour d'assises, qui se décidera d'après ce qu'elle a entendu et vu.

• **Publique :** la publicité de la procédure est assurée par l'admission du public à l'audience, « à moins que la publicité ne soit dangereuse pour l'ordre ou les mœurs », et que dès lors, en application de l'article 306 CPP, le huis clos se trouve ordonné. En outre, la presse peut rendre compte des débats, sous certaines restrictions (art. 308 CPP, art. 434-25 CP).

• **Contradictoire :** les parties au procès pénal, Ministère public, partie civile, accusé, ont le droit de produire sur un pied d'égalité leurs preuves, et de discuter librement celles qu'on leur oppose. Et la présence d'un défenseur auprès de l'accusé est obligatoire. Par ailleurs, la procédure en Cour d'assises (d'où son originalité) est longue autant que formaliste : ce que sa description permettra de vérifier.

842. Division. — Cette description sera menée suivant un plan chronologique : la procédure jusqu'à l'ouverture de l'audience inclusivement (§ 1) ; les débats à l'audience jusqu'à la clôture des débats (§ 2) ; la procédure après la clôture des débats jusqu'au verdict (§ 3).

§ 1. La procédure jusqu'à l'ouverture de l'audience inclusivement

843. La décision de renvoi. — Il faut d'abord rappeler que la Cour d'assises est saisie par une ordonnance du juge d'instruction ou par un arrêt de la chambre de l'instruction (art. 181 et 215 CPP). Ordonnance ou arrêt, cette décision de mise en accusation contient – à peine de nullité – l'exposé des faits objet de l'accusation et leur qualification légale.

844. Présence de l'accusé lors de son procès. — Quand l'accusé n'est pas détenu, il doit se présenter au jour fixé pour l'interrogatoire par le président des assises ; sinon, et faute d'excuse légitime, le Président pourra décerner un mandat d'arrêt. De même, au cours des débats, s'il apparaît nécessaire (art. 272-1 CPP). Quand l'accusé est détenu, mais ailleurs, il doit être transféré à la maison d'arrêt du lieu où se trouvent les Assises, dès que l'arrêt de mise en accusation est devenu définitif (art. 269 CPP).

845. L'interrogatoire par le président des Assises. — Cinq jours au moins avant que les débats publics ne s'ouvrent, le président des Assises ou un juge délégué doit procéder à l'interrogatoire de l'accusé (art. 272 CPP). Cet interrogatoire, qui a lieu à la maison d'arrêt ou au siège de la Cour d'assises selon que l'accusé est détenu ou non, présente une triple utilité :

- **vérifier l'identité de l'accusé**
- **vérifier qu'il dispose d'un avocat** pour l'assister dans sa défense. Si l'accusé n'a pas choisi son avocat, le président lui en désigne un d'office. À titre exceptionnel, le président peut autoriser l'accusé à prendre pour conseil un de ses parents ou amis
- **vérifier que l'instruction est complète** ; le cas échéant, le président peut ordonner un supplément d'information, ou même le renvoi de l'affaire à une session ultérieure des assises.

846. Significations diverses. — L'accusé doit recevoir signification de la liste des témoins que le Ministère public et la partie civile ont l'intention de faire entendre ; ainsi que du nom des experts appelés à rendre compte des examens techniques dont ils ont été chargés au cours de l'information. Inversement, l'accusé doit signifier la liste de ses témoins. De plus, le procureur général doit signifier à l'accusé la liste des jurés de session (*supra,* n° 839). La signification doit intervenir au plus tard l'avant-veille de l'ouverture des débats. Ainsi la défense se trouve-t-elle en mesure d'exercer son droit de récusation (*infra,* n° 848).

847. Ouverture de la session. — Au jour et à l'heure fixés pour l'ouverture de la session, la cour proprement dite (composée du président et des assesseurs), le Ministère public et le greffier entrent dans la salle des assises, où les 40 jurés figurant sur la liste annuelle (*supra,* n° 839) et les 12 jurés suppléants qui composent le jury de session ont été convoqués. Souvent, tous les jurés ne sont pas présents. Certains sont excusés. Contre les défaillants non excusés, la cour prononce immédiatement l'amende, pouvant aller jusqu'à 3 750 € (art. 288 CPP). S'il reste, sur les 40 jurés, moins de 23 (ou 26 lorsque la Cour d'assises statue en appel), leur nombre est complété par appel aux jurés suppléants ou même, s'il le faut, à des jurés désignés par voie du sort sur la liste spéciale (art. 289-1 CPP).

848. Constitution du jury de jugement. — Au jour indiqué pour chaque affaire, la cour prend séance, et fait introduire l'accusé qui comparaît libre d'entraves, et seulement accompagné de gardes pour l'empêcher de s'évader (art. 318 CPP). Le président vérifie encore l'identité de l'accusé, et le jury de jugement doit être alors formé (art. 295 et 296 CPP).

À cette fin, le nom de chacun des jurés composant le jury de session est déposé dans une urne, et on fait le **tirage au sort du nom des jurés** qui composeront le jury de jugement. Au fur et à mesure que les noms sont tirés de l'urne, l'accusé et le Ministère public exercent leur **droit de récusation.** Les récusations ne sont pas motivées. L'accusé ne peut récuser (art. 298 CPP) plus de cinq jurés (six en appel), le Ministère public plus de quatre (cinq en appel).

Le jury de jugement est constitué à l'instant où le sort a désigné le nombre requis de jurés non récusés – à savoir **neuf jurés en premier ressort**, et de **douze jurés en appel** (art. 296 CPP). Dans les procès de nature à entraîner de longs débats, la cour doit ordonner qu'indépendamment des neuf ou douze jurés, le sort désigne un ou plusieurs **jurés supplémentaires** qui assisteront aux débats, et remplaceront, le cas échéant, ceux des jurés « titulaires » empêchés de suivre les débats jusqu'au bout (art. 296 CPP).

Une fois le jury de jugement définitivement constitué, les causes de nullité ayant pu surgir postérieurement à la décision de mise en accusation doivent être immédiatement soulevées, à peine de forclusion, devant la cour proprement dite (305-1 CPP).

849. Dernières formalités avant l'ouverture des débats. — Le président fait alors prêter aux jurés le serment qui comporte une obligation triple :

• se rappeler que **l'accusé est présumé innocent**, et que le doute doit lui profiter,

• se rappeler aussi que, respectant la prescription légale, l**es jurés doivent ne se décider que suivant leur intime conviction,** et

• et qu'ils doivent aussi, par la suite, et même bien après la fin de la session d'assises, **conserver le secret des délibérations** (art. 304 CPP).

Le président fait ensuite donner lecture, par le greffier, de la liste des témoins, dont l'huissier fait l'appel (art. 324 CPP). Le président les invite à se retirer « dans la Chambre qui leur est destinée » (art. 325 CPP) et dont ils ne sortiront que pour déposer. Enfin, le président invite l'accusé et les jurés à écouter avec attention la lecture, que fait le greffier, de la décision de renvoi (art. 327 CPP). Les débats vont commencer.

§ 2. Les débats à l'audience jusqu'à la clôture des débats

850. Règle de la continuité des débats. — Aux termes de l'article 307 CPP, « les débats ne peuvent être interrompus et doivent continuer jusqu'à ce que la cause soit terminée par l'arrêt de la Cour d'assises. Ils peuvent être suspendus pendant le temps nécessaire au repos des juges et de l'accusé ». Cette règle, dite de la continuité des débats, est spéciale à la Cour d'assises. Elle signific pratiquement qu'à la différence de ce qui se passe devant d'autres juridictions, comme le Tribunal correctionnel, on ne peut entreprendre l'examen d'une affaire sans avoir rendu le verdict concernant la précédente affaire. Cette règle n'empêche pas que la cour ordonne le renvoi de l'affaire entreprise à une session ultérieure (art. 343 CPP), s'il apparaît que tous les éléments d'appréciation ne sont pas encore réunis.

851. Le rôle du président. Son pouvoir discrétionnaire. — Durant les débats, le rôle essentiel est tenu par le président des assises. Il a, en même temps que la police de l'audience, la direction des débats (art. 309 CPP). Surtout il dispose d'un pouvoir discrétionnaire, « en vertu duquel il peut, en son honneur et en sa conscience, prendre toutes mesures qu'il croit utiles pour découvrir la vérité » (art. 310 CPP). C'est un pouvoir essentiellement personnel, qui n'appartient pas aux présidents des autres juridictions de droit commun, et dans l'exercice duquel le président ne relève que de son for interne. L'exercice de ce pouvoir est d'ailleurs facultatif. Le président peut aussi, s'il estime opportun, saisir la cour proprement dite (*infra,* n° 854).

852. Effets du pouvoir discrétionnaire. — Grâce à ce pouvoir discrétionnaire, le président des Assises pourra faire entendre des personnes qui ne figurent pas sur la liste des témoins ; par exemple, une personne qui se trouve présente dans la salle ou en faire appeler une, au besoin par mandat d'amener. Les témoins aussi entendus ne prêtent pas serment, et leurs déclarations ne sont considérées que comme renseignements. Mais en réalité, cette restriction n'a pas grande portée pratique puisque la cour et les jurés décident d'après leur intime conviction. Le pouvoir discrétionnaire donne également au président le droit de se faire apporter toutes nouvelles pièces « qui lui paraissent, d'après les développements donnés à l'audience, utiles à la manifestation de la vérité ». Les mesures prises par le président en vertu de son pouvoir discrétionnaire ne sont susceptibles d'aucun recours, si ce n'est par un pourvoi en Cassation pour excès de pouvoir, dans le cas où le président aurait méconnu les limites de ce pouvoir discrétionnaire.

853. Limites du pouvoir discrétionnaire. — Elles sont assez difficiles à préciser. L'opinion régnante admet cependant :

- que ce pouvoir ne doit pas méconnaître les droits de la défense,
- qu'il ne peut être utilisé lorsqu'un acte d'information peut être fait dans les formes légales sans nécessiter l'ajournement des débats.

854. Rôle de la cour proprement dite. — Pendant l'audience, le rôle des deux magistrats assesseurs est plus effacé. Les assesseurs n'interviennent (en même temps que le président) que lorsque des décisions doivent être prises par la cour proprement dite, la cour au sens strict. Ainsi, au cas d'incidents contentieux pouvant s'élever au cours des débats. Ainsi encore, quand le président lui « transfère » son pouvoir discrétionnaire (*supra,* n° 851). Pour le surplus, le rôle des magistrats assesseurs se rapproche de celui des jurés.

855. Rôle des jurés. — Les jurés doivent suivre les débats avec attention et impartialité. Ainsi que les assesseurs, avec la permission du président, il peuvent poser des questions à l'accusé et aux témoins, et pareillement, ils doivent le faire sans manifester leur opinion (art. 311 CPP).

856. L'interrogatoire de l'accusé. — Les débats commencent par l'interrogatoire de l'accusé. Cet interrogatoire à l'audience, et sur le fond de l'affaire, ne doit pas être confondu avec l'interrogatoire se plaçant quelques jours avant l'audience (*supra,* n° 845). À présent, il s'agit d'un interrogatoire sur le fond même de l'affaire. Le président, qui reçoit les déclarations de l'accusé, ou les provoque par ses questions, a le devoir de ne pas manifester son opinion sur la culpabilité (art. 328 CPP).

857. Production et discussion des preuves. — Après l'interrogatoire, les témoins déposent séparément, dans l'ordre fixé par le président, après avoir chacun prêté le serment « de parler sans haine et sans crainte, de dire toute la vérité, rien que la vérité » (art. 331 CPP). En général, on entend d'abord les **témoins à charge**, puis les **témoins à décharge**. Les uns et les autres rapportent oralement ce qu'ils ont à dire. Ils ne doivent déposer que sur les faits reprochés à l'accusé, sur sa personnalité et sur sa moralité. Après chaque déposition, le président peut poser directement des questions aux témoins (art. 332 CPP) ; les assesseurs et les jurés peuvent aussi poser des questions en demandant la parole au président (art. 311 CPP) ; de même le Ministère public, l'accusé et la partie civile ou leurs conseils, peuvent poser des questions (art. 312 CPP). Les **experts**, eux aussi, sont entendus comme témoins ; mais à la différence des témoins proprement dits, ils prêtent serment en d'autres termes, et peuvent s'aider d'écrits dans leur déposition, en consultant leur rapport et ses annexes (art. 168 CPP). Durant les dépositions, le président peut faire représenter les diverses **pièces à conviction**, et recueillir les **observations de l'accusé ou des témoins** (art. 341 CPP). Par ailleurs, si les débats en font apparaître le besoin, la cour peut ordonner le renvoi de l'affaire à une prochaine session (art. 343 CPP) ; elle peut aussi prescrire, si cela leur paraît utile, un complément d'expertise ou une contre-expertise (art. 169 CPP).

858. Plaidoiries, réquisitoire et clôture des débats. — Une fois terminée l'instruction à l'audience, c'est-à-dire après que les preuves ont été produites et discutées, la parole est donnée à l'avocat de la partie civile s'il y en a une ; le Ministère public prononce son réquisitoire ; puis l'avocat de l'accusé plaide. Il peut y avoir réplique de la partie civile et du Ministère public, mais de toute façon, l'accusé ou son conseil ont toujours la parole les derniers (art. 346 CPP). Le président déclare alors que les débats sont terminés (art. 347 CPP).

§ 3. La procédure après la clôture des débats jusqu'au verdict

859. Position des questions. — Les débats clos, le président des assises va poser les questions sur lesquelles la cour et le jury seront appelés à se prononcer. Ces questions doivent être rédigées par écrit sur une feuille dite « **feuille de questions** », principales ou autres.

• Les **questions principales** découlent de la décision de mise en accusation. Elles concernent chaque élément constitutif du crime dont il s'agit et toute circonstance aggravante ainsi qu'inversement, toute cause légale d'irresponsabilité pénale, et toute cause d'exemption ou de diminution de peine (art. 349 et 349-1 CPP).

• Les **questions autres que principales** se rapportent aux circonstances aggravantes, d'exemption ou de diminution de peine qui, non mentionnées dans la décision d'accusation, ont été découvertes au cours des débats. Tantôt, ces questions autres que principales visent des circonstances aggravantes. On les appelle alors **questions spéciales** (art. 350 CPP). Tantôt, ces questions autres que principales tendent, au contraire, à rendre moins sévère l'accusation primitive. On les appelle alors **questions subsidiaires** (art. 351 CPP). Par exemple, la question principale ayant porté sur un homicide volontaire, le président pourra poser, pour le cas d'une réponse négative à cette question principale, une question subsidiaire relativement aux mêmes faits, mais alors qualifiés de « coups et blessures ayant entraîné la mort sans intention de la donner ».

Principales ou autres, ces diverses questions doivent être intelligibles à tous. Il s'ensuit deux conséquences. D'une part, les **questions** doivent être **rédigées en fait et non en droit.** Par exemple, le président ne doit pas demander au jury : « X... est-il coupable de vol ? », mais « X... est-il coupable d'avoir soustrait frauduleusement telle chose au préjudice de Y... ? ». Cela s'explique parce que les jurés n'ont pas forcément de connaissances juridiques. D'autre part, les **question**s doivent être simples et **non complexes.** En effet, la cour et le jury doivent répondre par oui ou par non à chaque question posée. Si la question portait sur deux faits distincts et indépendants, une seule réponse – par oui ou par non – serait équivoque.

860. Dernières formalités avant les délibérations. — Avant que la cour et le jury se retirent pour délibérer, le président leur donne lecture d'une instruction dont le texte entier figure à l'article 353 CPP, et qui rappelle que les juges ne doivent se prononcer, dans la sincérité de leur conscience, que d'après leur intime conviction. Le président fait ensuite retirer l'accusé de la salle d'audience. Si l'accusé est libre, le Président lui enjoint de ne pas quitter le Palais de justice durant le délibéré ; le cas échéant il indique le local où l'accusé doit demeurer, sous surveillance du service d'ordre (art. 354 CPP). Le président invite la force armée à garder les issues de la chambre des délibérations, dans laquelle nul ne pourra pénétrer sans autorisation. Enfin, le président déclare l'audience suspendue (art. 354 CPP).

861. La délibération de la Cour d'assises. — Les magistrats de la cour et les jurés se retirent alors dans la Chambre des délibérations, dont ils ne peuvent sortir qu'après avoir pris leur décision (art. 355 CPP). Les trois magistrats et les jurés (neuf si la Cour d'assises statue en premier ressort, douze en appel) délibèrent et votent ensemble.

862. Le vote sur la culpabilité. — Il se fait par des scrutins secrets, distincts et successifs, concernant chacune des questions posées par la feuille (*supra,* n° 859).

Les voix se décomptent de la manière suivante : les bulletins blancs ou nuls sont comptés comme favorables à l'accusé (art. 358 CPP). C'est l'application du principe que le doute bénéficie à l'accusé (*supra,* n° 805).

Toute décision défavorable à l'accusé doit réunir une majorité des deux tiers. À savoir (art. 359 CPP) : majorité de huit voix au moins quand la Cour d'assises statue en premier ressort et qu'elle est donc composée de 12 personnes (3 juges de profession + neuf jurés) / majorité de dix voix au moins quand la Cour d'assises statue en appel et qu'elle est donc composée de 15 personnes (3 juges de profession + 12 jurés). Cette règle empêche qu'aucune décision défavorable à l'accusé soit acquise sans avoir réuni la majorité du jury.

En cas de réponse négative sur la culpabilité, ou sur la responsabilité pénale, la délibération est terminée, l'accusé doit être acquitté. En cas de réponse affirmative sur la culpabilité – à moins qu'on se trouve dans le cas d'une exemption de peine (*supra,* n° 387) – la cour et le jury délibèrent sans désemparer sur l'application de la peine.

863. Le vote sur la peine. — Il s'opère, toujours au scrutin secret, de la manière suivante (art. 362 CPP).

• Une peine doit recueillir la majorité : **soit la majorité des deux tiers** (donc huit voix en premier ressort, dix en appel) si l'on veut infliger, se montrant fort sévère, le **maximum de la peine privative de liberté** ; **soit la majorité simple** (donc sept voix en premier ressort, huit en appel) dans les autres cas.

• Si, après deux tours de vote, la peine proposée n'obtient pas la majorité requise, il doit être procédé à un troisième tour durant duquel la peine la plus forte prononcée au tour précédent sera écartée.

• Si, à ce troisième tour, aucune peine n'a encore obtenu la majorité, il sera procédé à un quatrième tour, et ainsi de suite, en continuant à écarter la peine la plus forte jusqu'à ce qu'une peine soit prononcée. Lorsqu'elle prononce une peine correctionnelle, la Cour peut ordonner le sursis – avec ou sans mise à l'épreuve – à la majorité simple.

864. Arrêt de la Cour. Voies de recours. — Après signature de la feuille des questions, portant mention des décisions prises, et signée par le président ainsi que par le premier juré qu'a désigné le sort (art. 364 CPP), la Cour d'assises rentre dans la salle d'audience. Le président fait comparaître l'accusé, donne lecture des réponses faites aux questions, et prononce l'arrêt, lequel n'est pas motivé. Cet arrêt peut être, selon le cas, d'acquittement, d'exemption de peine, ou de condamnation (art. 366 CPP).

• **L'arrêt d'acquittement** est rendu si toutes les réponses sur l'existence de la culpabilité ont été négatives. Un tel arrêt d'acquittement peut être frappé d'appel par le procureur général (art. 380-2 CPP).

• **L'arrêt d'exemption de peine** est rendu si l'accusé, quoique déclaré coupable, bénéficie d'une cause d'exemption (*supra,* n° 387), et qu'en conséquence, aucune peine ne lui est applicable.

• **L'arrêt de condamnation** constate la culpabilité de l'accusé et lui fait application de la peine. Cette peine sera déterminée par la délibération de la cour et du jury. L'arrêt qui n'acquitte pas (qu'il soit donc d'exemption ou de condamnation) peut faire l'objet de voies de recours. Ou bien l'appel, quand la Cour d'assises a statué en premier ressort (*infra,* n° 890). Ou bien le pourvoi en cassation, quand la Cour d'assises a statué en appel (*infra,* n° 899).

865. Règlement des intérêts civils. — Il y a lieu enfin de procéder au règlement des intérêts civils. Les décisions, à cet égard, sont prises par la cour seule, sans participation du jury. Elle statue sur les demandes de restitutions (par exemple en cas de vol) et sur les demandes de dommages et intérêts, que ces demandes aient été formées par l'accusé acquitté contre la partie civile ou par la partie civile contre l'accusé (art. 371 CPP). On remarquera que la partie civile peut obtenir des dommages-intérêts au cas, bien sûr de condamnation, ou d'exemption de peine puisque dans ce cas (*supra,* n° 387) l'accusé a tout de même été jugé coupable. Mais la partie civile est en droit d'obtenir des dommages-intérêts même au cas d'acquittement, car l'accusé peut avoir commis une faute civile à l'encontre de la victime (art. 372 CPP). Cette dernière solution est particulière ; elle s'explique par la plénitude de juridiction propre à la Cour d'assises (*supra,* n° 817). On se rappelle en effet que lorsqu'un jugement de relaxe est prononcé par le Tribunal correctionnel ou le Tribunal de police, ces juridictions ne peuvent pas (sauf une exception très précise, *supra,* fin du n° 689) allouer de dommages et intérêts à la partie civile. Celle-ci doit agir au civil.

Chapitre 3
Le Tribunal correctionnel

866. Compétence et organisation. — Le Tribunal correctionnel connaît – c'est là l'objet premier de sa compétence, des **délits correctionnels** (art. 381 CPP). Mais sa compétence s'étend aux délits et contraventions qui forment avec l'infraction déférée un ensemble indivisible ; elle peut de plus s'étendre aux délits et contraventions connexes (*supra,* n° 822 s.). Et le Tribunal correctionnel connaît encore des infractions qui paraissaient être des délits, mais qui se révéleraient, au vu des débats, ne constituer que des contraventions (art. 466 CPP). Ce Tribunal correctionnel (dont la compétence territoriale a été définie, *supra,* n° 811) est une **formation du Tribunal de grande instance**, dont l'ensemble comporte : d'une part, un Ministère public (Procureur de la République et ses substituts, *supra,* n° 653), un ou plusieurs juges d'instruction, un ou plusieurs juges de l'application des peines ; d'autre part, des formations de jugement : une ou plusieurs chambres civiles, une ou plusieurs chambres correctionnelles. Il existe au moins un Tribunal correctionnel par département. Tandis que, dans le ressort de chaque Cour d'appel, il existe un Tribunal correctionnel spécialisé dans le traitement des délits économiques ou financiers (art. 704 CPP). Le Tribunal correctionnel, lors de ses audiences, est en principe composé de **trois juges** du siège, soit un président et deux assesseurs. Cependant, pour remédier à l'encombrement de la justice, c'est **parfois** un **juge unique pour certains délits, énumérés limitativement** (art. 398 et 398-1 CPP).

867. Saisine du Tribunal correctionnel. — En laissant de côté l'hypothèse toute simple d'une comparution volontaire du prévenu (sur convocation sans forme, au besoin verbale, venue du Ministère public), on recense **quatre modes de saisine** (art. 388 CPP).

• Le **renvoi** ordonné par la juridiction d'instruction, ordonnance de renvoi du juge d'instruction ou arrêt de renvoi rendu par la Chambre de l'instruction. Le renvoi est la seule forme possible de saisine lorsque l'instruction est obligatoire (*supra,* n° 675).

• La **citation directe** faite au prévenu, qu'elle émane de la victime (partie civile) ou du Procureur de la République.

• La **convocation par procès-verbal.** — À la suite d'une enquête de police révélant une infraction, celui qui paraît en être l'auteur se trouve « déféré au Parquet ». S'il existe contre le « déféré » des preuves et que le tribunal paraisse en mesure de se prononcer, le procureur peut, après avoir informé la personne qu'elle a droit à l'assistance d'un avocat, l'inviter à comparaître devant le tribunal dans un délai qui ne peut être inférieur à 10 jours (sauf renonciation expresse de l'intéressé en présence de son avocat) ni supérieur à 2 mois (art. 394 CPP). Le procureur notifie au prévenu les faits retenus à son encontre, le lieu, la date et l'heure de l'audience. Cette notification est mentionnée au procès-verbal (d'où le nom de convocation par pv). La copie du pv est remise sur-le-champ au prévenu, ce qui vaut citation. Ainsi convoqué, le prévenu peut être soumis au contrôle judiciaire jusqu'à sa comparution, par ordonnance du juge des libertés et de la détention.

• La **comparution immédiate**. Elle suppose trois conditions. Il faut d'abord, comme dans l'hypothèse précédente, que les preuves réunies paraissent au Parquet suffisantes pour entraîner la condamnation du « déféré » par le tribunal. Il faut ensuite que l'emprisonnement encouru soit au moins égal à deux ans, ou six mois dans le cas de délit flagrant (art. 395 CPP). Il faut enfin qu'il ne s'agisse pas d'un mineur ; ni d'un délit de presse ; ni d'un délit politique ; ni d'une infraction dont la procédure de poursuite est prévue par une loi spéciale (art. 397-6 CPP). Quand ces conditions se trouvent réunies, le procureur peut traduire le prévenu « sur le champ » devant le tribunal. Le prévenu sera jugé séance tenante, s'il y consent. S'il n'y consent pas, le tribunal juge dans un délai variant suivant la peine encourue (art. 397-1 CPP). En attendant, à la demande du Procureur, le prévenu peut être placé, par le juge des libertés et de la détention, soit sous contrôle judiciaire, soit en détention provisoire (art. 394 et 396 CPP). Le jugement doit alors être rendu dans les deux mois qui suivent, sinon il sera mis fin à la détention provisoire.

868. Procédure devant le tribunal correctionnel. — La procédure obéit aux caractères généraux de la procédure devant les juridictions de jugement : **accusatoire** (*supra,* n° 804), **donc** orale, publique et contradictoire.

• **orale** : le tribunal entend le prévenu, la partie civile, les témoins, les experts. Les auteurs des procès-verbaux peuvent être appelés à témoigner. Cependant, en pratique, la règle de l'oralité n'est pas toujours entièrement respectée. Il arrive que le tribunal forme sa conviction surtout par la lecture des pièces.

• **publique** : sauf huis clos, le public est admis à l'audience. Sous certaines restrictions (art. 38 et 38 *ter* loi 29 juillet 1881 sur la liberté de la presse – art. 434-25 CP), la presse peut rendre compte des débats.

• **contradictoire** : les parties au procès produisent et discutent les preuves sur un pied d'égalité ; l'assistance d'un avocat n'est pas obligatoire, sauf infirmité du prévenu de nature à compromettre sa défense (art. 417 CPP). La présence personnelle du prévenu est requise, toutes les fois qu'il est établi qu'il a eu connaissance de la citation l'invitant à comparaître, et qu'il ne fournit pas une excuse reconnue valable. Dès lors, le prévenu non-comparant et non excusé sera jugé de façon réputée contradictoire (art. 410 CPP). Cependant, quelle que soit la peine encourue, le prévenu est autorisé, sauf si le tribunal ordonne sa comparution personnelle, à se faire représenter par son avocat (art. 411 CPP). Lorsqu'un prévenu encourt une peine d'emprisonnement supérieure à deux ans, qu'il a été régulièrement cité à personne, et que pourtant il ne comparaît pas à l'audience, le Tribunal correctionnel peut décerner à son encontre un mandat d'amener ou d'arrêt qui permettra d'assurer ultérieurement sa comparution. (art. 410-1 CPP).

869. Déroulement de la procédure. — Il existe une procédure simplifiée pour certains délits, principalement les délits « routiers », dont l'hécatombe a paru justifier une répression rapide (art. 495 s. CPP). Quant à la **procédure ordinaire** devant le Tribunal correctionnel, elle est beaucoup moins formaliste et compliquée que devant la Cour d'assises. Elle se déroule suivant un schéma assez simple. Le président, après avoir constaté l'identité du prévenu, s'il est là, donne connaissance de l'acte qui a saisi le tribunal, et vérifie la présence des témoins, experts, éventuellement de la partie civile (art. 418 s. CPP).

• Se place ici, le cas échéant, l'**invocation des nullités**. Cette invocation se trouve exclue lorsque le tribunal est saisi après une instruction préparatoire et que les parties sont forcloses (*supra,* n° 798), mais elle reste possible dans les autres cas (art. 385 CPP). Les exceptions de nullité doivent être présentées avant tout débat sur le fond, et le tribunal doit statuer sur elles. Il peut le faire dès à présent, par un jugement distinct et préalable. Il peut aussi « joindre l'incident au fond » ; autrement dit, il se prononcera, une fois clos les débats, par un seul et même jugement ; lequel, s'il rejette l'exception de nullité, statuera sur le fond.

• Commence alors l'**administration des preuves :** lecture éventuelle des procès-verbaux et des rapports d'experts, audition des témoins, présentation des pièces à conviction. Toutes opérations à propos desquelles les parties peuvent proposer leurs observations, et discuter les preuves. Le tribunal peut, s'il l'estime utile, ordonner une expertise (art. 434 CPP), un transport sur les lieux (art. 456 CPP), ou même un supplément d'information (art. 463 CPP) que diligentera un des membres du tribunal. Mais ces mesures sont rares.

• Quand l'administration des preuves est terminée, viennent les **observations des parties** : la partie civile est entendue, le Ministère public prend ses réquisitions, le prévenu (ou ses avocats) présente sa défense. La partie civile ou le Ministère public peuvent répliquer, mais le prévenu ou son avocat doivent toujours avoir la parole les derniers (art. 460 CPP).

• Après les débats, le **jugement** est **rendu**, soit à l'audience même, soit à une audience ultérieure (art. 462 CPP).

870. Des divers jugements que peut rendre le Tribunal correctionnel. — Le jugement sur le fond, par lequel normalement le Tribunal correctionnel termine son examen de l'affaire, peut être précédé d'un jugement sur la compétence ou de jugements avant-dire droit.

871. Jugement sur la compétence. — Le Tribunal correctionnel peut avoir à statuer sur sa compétence, à la demande des parties qui soulèveraient une exception d'incompétence. De plus, le tribunal peut – d'office – se déclarer incompétent. Ainsi parce que le fait se révèle être un crime (art. 469 CPP). Mais en pratique, à raison de la correctionnalisation (*supra,* n°s 818 s.), cette solution n'est pas toujours observée. Et si le fait dont le Tribunal correctionnel a été saisi se trouve n'être, au résultat des débats, qu'une contravention, le tribunal doit cependant statuer (art. 466 CPP).

872. Jugements avant-dire droit. — Au cas d'invocation d'une nullité (n° 869), le tribunal peut estimer préférable de statuer sur ce point, avant de rendre son jugement sur le fond. De même, il arrive que le tribunal, s'il se considère insuffisamment éclairé, ordonne un supplément d'information (*supra,* n° 869) ; ou bien que, l'affaire étant renvoyée à une audience ultérieure, le tribunal ait dû statuer sur le maintien en détention du prévenu (art. 464-1 CPP). Dans toutes ces hypothèses, il s'agit de jugements « avant-dire droit », c'est-à-dire antérieurs au jugement sur le fond.

873. Jugement sur le fond. — Il peut être de trois sortes.

• quand le tribunal estime que le fait poursuivi ne constitue aucune infraction à la loi pénale, ou que le fait n'est pas établi, ou qu'il n'est pas imputable au prévenu, et qu'en conséquence, il convient de renvoyer celui-ci des fins de la poursuite (art. 470 CPP), le jugement est de **relaxe**. Dans ce cas, sauf une exception précise (*supra,* n° 689 *in fine*), le tribunal ne peut allouer de dommages-intérêts à la partie civile. Cela ne veut pas dire que la partie civile n'y ait pas droit ; car en l'absence de faute pénale de la part du prévenu, il peut exister une responsabilité civile. Mais dans ce cas, la partie civile doit s'adresser aux Tribunaux civils. Toujours dans l'hypothèse d'une relaxe, le tribunal peut allouer des dommages-intérêts au prévenu, lorsque la partie civile a mis en mouvement l'action publique contre lui (art. 472 CPP). De plus, cette partie civile encourt une amende civile pouvant se monter à 15 000 euros (art. 392-1 CPP).

• Le jugement d'**exemption de peine** (*supra,* n° 387), et le jugement de **dispense de peine** (*supra*, n° 396), contiennent constatation de la culpabilité du prévenu. En conséquence, celui-ci peut être condamné à des dommages-intérêts envers la partie civile.

• Le jugement de **condamnation** fixe la peine que le condamné doit subir, sauf l'effet d'un sursis (*supra,* n°s 511 s.) ; de plus, s'il existe une partie civile, le jugement lui alloue réparation (art. 464 CPP).

874. L'exécution des jugements rendus par le Tribunal correctionnel. — Qu'il soit de relaxe, d'exemption ou de dispense de peine, de condamnation, le jugement sur le fond, en principe, n'est pas immédiatement exécutoire, puisque les voies de recours de l'opposition ou de l'appel ont, en principe, un effet suspensif (*infra,* n°s 888 et 893). Les effets du jugement sur le fond ne devraient donc pas se produire avant qu'il soit devenu définitif. Cependant, cette règle connaît diverses exceptions.

• En ce qui concerne l'**action civile**, le jugement peut ordonner le versement à la victime – nonobstant opposition ou appel – de dommages-intérêts.

• En ce qui concerne l'**action publique**, deux hypothèses en sens inverse sont à considérer. Première hypothèse : le prévenu était détenu provisoire, et il n'a pas été condamné à une peine d'emprisonnement « ferme ». Puisque le jugement n'est pas définitif, l'individu ne devrait pas être relâché. Mais l'article 471 CPP décide qu'il y aura mise immédiate en liberté. Seconde hypothèse : le prévenu était libre (non détenu provisoire), et il est condamné. Normalement, la peine n'étant pas encore applicable, il faudrait attendre pour l'exécuter que le jugement soit devenu définitif. Cependant, s'il s'agit d'un délit de droit commun, et si la peine prononcée est au moins d'une année d'emprisonnement sans sursis, le tribunal peut, par décision spéciale et motivée, décerner mandat de dépôt ou d'arrêt contre le prévenu, et ce mandat sera exécutoire, nonobstant opposition ou appel (art. 465 CPP). De plus, lorsque les faits sont commis en état de récidive légale, le tribunal peut, toujours par décision spéciale et motivée, décerner mandat de dépôt ou d'arrêt contre le prévenu (art 465-1 CPP). Enfin, diverses peines peuvent être déclarées exécutoires par provision (art. 471, al. 4 CPP).

Chapitre 4
Le Tribunal de police et la juridiction de proximité

875. Rappel sur la compétence et l'organisation. — Ces deux juridictions sont compétentes en matière de contraventions, infractions punies d'une peine d'amende n'excédant pas 3 000 € (art. 131-13 CP). Suivant l'article 521 CPP, le tribunal de police connaît des contraventions de la cinquième classe. La juridiction de proximité – sauf exception résultant d'un décret en Conseil d'État – connaît des contraventions des quatre premières classes. Juridiction de proximité et tribunal de police, qui siègent à juge unique, sont des formations du Tribunal d'instance (*supra,* n° 25). Le Ministère public y est représenté, en général, par le commissaire de police du lieu où siège le tribunal (*supra,* n° 653).

876. Procédure ordinaire (art. 531 s. CPP). — La saisine s'opère de la même manière que pour le Tribunal correctionnel, mais la convocation par procès-verbal et la comparution immédiate (*supra,* n° 867) sont exclues. Quant au déroulement de la procédure, les règles à suivre sont presque identiques à celles suivies devant le Tribunal correctionnel. Il suffit donc de noter ici les rares particularités que la procédure présente, et qui tiennent à la moindre gravité des infractions jugées. D'abord, les contraventions n'étant plus passibles d'emprisonnement (*supra,* n° 365), le **prévenu peut toujours se faire représenter** (art. 544 CPP). Sa comparution personnelle n'est donc pas requise. Ensuite, les **débats** seront **beaucoup plus rapides**. Cependant, le nombre énorme des contraventions (notamment celles commises en matière de stationnement automobile) « embouteillent » l'institution judiciaire. Pour y remédier, on va jusqu'à supprimer la nécessité du jugement, par divers procédés. Il s'agit soit de la procédure simplifiée, soit de l'amende forfaitaire.

877. La procédure simplifiée (art. 524 à 528-2 CPP). — Sauf rares exceptions, cette procédure est applicable à toute contravention, au gré du Ministère public. Quand il choisit de l'appliquer, il sollicite du juge une **ordonnance pénale, rendue non contradictoirement, et non motivée**. Si l'ordonnance du juge n'a pas fait l'objet, dans les délais légaux, d'une voie de recours, elle prend la force de chose jugée. Au cas d'opposition, l'affaire est portée à l'audience du tribunal de police, selon la procédure ordinaire.

878. L'amende forfaitaire (art. 529 à 530-3 CPP). — Le procédé est encore plus expéditif que la procédure simplifiée puisqu'il **peut supprimer totalement l'intervention du juge**. Ce mode de perception connaît, pour tel ou tel genre particulier de contraventions, des variantes subtiles. Il n'est pas certain que la complication du système stimule l'efficacité des recouvrements. Il faut alors noter que, pour inciter au paiement rapide, les citoyens qui s'acquittent dans le délai d'un mois bénéficient d'une remise de 20 %, qui ne peut excéder 1 500 euros (art. 707-2 CPP). Et que certaines contraventions de police routière sont punies d'une sanction complémentaire assez intimidante, le retrait de points sur le permis de conduire (art. L 223-1 s. Code de la route).

Chapitre 5
Les voies de recours

879. Notion générale. — Les voies de recours sont des procédures qui ont pour but de faire modifier, voire annuler, une décision judiciaire. Ces examens nouveaux accroissent les garanties du justiciables. Les voies de recours font l'objet des trois principales classifications qui suivent.

880. Voies de recours ordinaires et extraordinaires. — Ordinaires, les voies de recours ont pour but de faire procéder à un nouvel examen de l'affaire ; elles sont normalement ouvertes aux justiciables. Ce sont l'**opposition** et l'**appel**. Les voies de recours **extraordinaires** ont pour but de faire juger la régularité de la décision attaquée ; elles ne sont ouvertes que dans les cas limitativement énumérés par la loi. Ce sont les **pourvois** : **en cassation** (que ce soit un pourvoi dans l'intérêt des parties, ou que ce soit un pourvoi dans l'intérêt de la loi) ; le pourvoi **en annulation** d'ordre du garde des Sceaux ; le pourvoi **en révision**.

881. Voies de rétractation et voies de réformation. — Cette seconde classification ne s'applique qu'aux voies de recours ordinaires. La voie de rétractation suppose que la première décision a été prise en l'absence (non fautive) du prévenu : l'affaire est alors soumise à la même juridiction que celle qui s'est déjà prononcée. C'est le cas de l'**opposition**. La voie de réformation suppose que la première décision est rendue contradictoirement, et que le nouvel examen de l'affaire est fait par une juridiction supérieure. C'est le cas de l'**appel**.

882. Voies de recours antérieures ou postérieures à l'autorité de la chose jugée. — Un jugement n'acquiert l'autorité de la chose jugée que lorsqu'il n'est plus susceptible d'opposition, d'appel ou de pourvoi en cassation dans l'intérêt des parties. Ces voies de recours tendent donc à empêcher le jugement d'acquérir l'autorité de la chose jugée. Une fois que le jugement a acquis l'autorité de la chose jugée, il peut encore être attaqué, mais de façon beaucoup plus restrictive, ou bien par le pourvoi en cassation dans l'intérêt de la loi, ou bien par le pourvoi en annulation d'ordre du garde des Sceaux, ou bien par le pourvoi en révision.

883. Plan du chapitre. — S'inspirant de cette dernière classification, on examinera : les voies de recours antérieures à l'autorité de la chose jugée (Section 1) ; l'autorité de la chose jugée (Section 2) ; les voies de recours postérieures à l'autorité de la chose jugée (Section 3).

Section 1
Les voies de recours antérieures à l'autorité de la chose jugée

884. Énumération, division. — On trouve ici : l'opposition, l'appel et le pourvoi en cassation dans l'intérêt des parties.

§ 1. L'opposition

885. Notion générale. — Lorsque le prévenu ne comparaît pas à l'audience répressive, par lui-même ou par représentant, il n'est pas en mesure de faire valoir sa défense, et cela peut très bien ne pas être de sa faute : il n'aura pas eu connaissance de la citation, ou bien il a une excuse, reconnue valable, de ne pouvoir venir à l'audience (grand éloignement, maladie par exemple). Dans ce cas, la décision rendue, hors de la présence du prévenu ou de son représentant, n'obéit pas au principe selon lequel la procédure doit être contradictoire. Et comme par hypothèse, on ne peut le reprocher au prévenu, la loi lui permet d'attaquer cette décision au moyen de l'opposition. Suite à cette voie de recours, c'est la juridiction ayant rendu la décision qui doit se prononcer de nouveau, cette fois après contradiction ; peut-être la défense, étant alors en mesure de produire ses arguments, amènera-t-elle la juridiction à se rétracter, et c'est pourquoi on qualifie l'opposition de **voie de rétractation.**

886. Domaine de l'opposition. — Il faut ici distinguer suivant qu'on se trouve en matière criminelle ou non-criminelle.

• **En matière criminelle**, il existait la « **purge de contumace** », au cas où la personne mise en accusation s'était enfuie, qu'on l'ait donc jugée hors sa présence. Si le « contumax » était repris ou se constitue prisonnier, la condamnation par contumace se trouvait anéantie. On jugeait alors le contumax, plus tard retombé sous main de justice, de façon contradictoire. La loi Perben 2 (supra, n° 54) a supprimé la contumace, et l'a **remplacée par le défaut criminel** (art. 379-2 à 379-6 CPP). Mais à présent que l'appel existe en matière criminelle (*supra,* n° 833, *infra,* n° 890), n'y aurait-il pas possibilité de défaut à hauteur d'appel, lorsque le condamné parvient à prendre la fuite ? Non, car dans ce cas, l'appel est frappé de caducité (art. 380-11 CPP).

• **En matière non criminelle**, l'opposition ne se conçoit pas pour le Ministère public, dont l'indivisibilité (*supra,* n° 658) garantit la présence à tout procès pénal. L'opposition concerne donc les parties privées : la personne civilement responsable, et la partie civile, pour leurs intérêts civils seulement ; et bien sûr le prévenu. Cette dernière hypothèse, la plus importante, sera seule envisagée. L'opposition est recevable contre toutes les décisions par défaut rendues en matière correctionnelle ou de police (que ce soit par le Tribunal de police, le Tribunal correctionnel ou la Chambre des appels correctionnels). Mais quand peut-on dire qu'une décision est par défaut ? Selon la raison d'être de l'**opposition, quand le prévenu, non fautivement, n'a pas comparu**, soit par lui-même, soit par représentant quand il y est autorisé (art. 411 CPP). Il en résulte que l'opposition n'est permise que dans les deux cas prévus par la loi (art. 410 CPP). Premier cas, le prévenu ayant été cité régulièrement, mais sans notification directe à sa personne, il n'est pas établi qu'il ait eu connaissance de la citation. Second cas : le prévenu ayant eu connaissance de la citation, invoque une excuse, reconnue valable, pour ne pas s'être présenté.

887. Procédure de l'opposition. — Que le jugement par défaut émane d'un tribunal correctionnel d'un Tribunal de police ou d'une juridiction de proximité (art. 544 CPP), la procédure est la même. L'opposition se fait par notification au Ministère public, au moyen d'une lettre recommandée avec demande d'avis de réception (art. 490 CPP). Lorsque l'opposant est détenu, l'opposition peut être faite par déclaration auprès du chef de l'établissement pénitentiaire. Le délai est de dix jours si le prévenu réside en France métropolitaine, d'un mois s'il réside hors de ce territoire (art. 491 CPP). Ce délai part du jour où le jugement est signifié au défaillant. Mais la signification, prfois, n'a été faite qu'au domicile du condamné, voire même à la mairie ou au parquet du domicile du condamné, et ce condamné peut n'avoir pas été touché par la signification. Dans ce cas, l'opposition reste recevable jusqu'à ce que la prescription de la peine soit acquise.

888. Effets de l'opposition. — L'opposition comporte un double effet.

• **Effet suspensif.** L'opposition suspend l'exécution du jugement par défaut. Mais il faut aller plus loin : le simple délai d'opposition est, à lui seul, suspensif. Cette solution cependant comporte quelques tempéraments. Ainsi le tribunal, peut ordonner le versement provisoire de dommages-intérêts à la partie civile, ou (*supra,* n° 874) décerner contre le prévenu condamné à plus d'une année d'emprisonnement sans sursis un mandat d'arrêt exécutoire nonobstant opposition.

• **Effet extinctif.** L'opposition annule le jugement rendu par défaut, qui devient non avenu (art. 489 CPP). La juridiction qui a statué par défaut est saisie en vue d'un nouvel et complet examen de l'affaire. Si le prévenu opposant comparaît à l'audience fixée, il sera jugé contradictoirement. Le premier jugement étant anéanti, le tribunal retrouve son entière liberté. Il peut supprimer, ou atténuer, ou aggraver la condamnation prononcée. Si le prévenu opposant fait défaut une deuxième fois, ce qu'on appelle alors l'**itératif défaut**, il est débouté de son opposition et le jugement reprend toute sa force. Toutefois, au cas de condamnation à une peine privative de liberté sans sursis, le tribunal peut ordonner le renvoi de l'affaire, pour le temps nécessaire à la recherche de l'opposant. Il peut aussi diminuer la peine (art. 494 et 494-1 CPP).

§ 2. L'appel

889. Notion générale. — L'appel diffère de l'opposition en ce sens que le nouvel examen de l'affaire est fait non plus par la juridiction qui a statué, mais par une juridiction autre. On l'a déjà relevé : tandis que l'opposition est une voie de rétractation, l'appel est une **voie de réformation**.

890. Domaine de l'appel. — Les ordonnances du juge d'instruction peuvent être frappées d'appel, sous certaines conditions, devant la chambre de l'instruction (*supra,* n° 789 s.). Quant aux décisions des juridictions de jugement, l'appel est très largement admis.

• En **matière criminelle** (*supra,* n° 833), l'appel déclenche un nouvel examen par une autre Cour d'assises, mais comportant un nombre supérieur de jurés, 12 au lieu de neuf (*supra,* n° 848). Cependant, l'appel formé par une partie civile contre le seul arrêt rendu sur l'action civile est porté devant la chambre des appels correctionnels (art. 380-5 CPP).

• En matière non criminelle, il faut distinguer. Pour les **délits correctionnels**, l'appel est possible dans tous les cas et de la part de toutes les parties (art. 497 CPP) : Ministère public, prévenu ; ainsi que personne civilement responsable et partie civile, mais pour ces dernières, seulement quant à leurs intérêts civils. S'agissant de **contraventions**, l'appel est admis assez largement (art. 546 CPP). Contraventions ou délits correctionnels, l'appel est porté devant la même juridiction, c'est-à-dire la Cour d'appel, en sa Chambre des appels correctionnels. Cependant, l'appel en matière de contraventions est examiné par le seul Président de la Chambre (art. 547 CPP). Tout ce qui précède ne vaut pas seulement pour les jugements rendus sur le fond par les juridictions correctionnelles et de police, mais aussi pour les jugements qui les ont précédés, jugements sur la compétence et jugements d'avant-dire droit (*supra,* n° 871 s.). Cependant, cet appel risquant d'être dilatoire, on le soumet à des conditions précises.

891. Conditions de l'appel. — Elles concernent soit le délai, soit la recevabilité de l'appel.

• Concernant le **délai** de l'appel, il faut mettre à part les jugements relatifs à la mise en liberté du prévenu, ou au contrôle judiciaire : l'appel doit être formé dans un délai de vingt-quatre heures (art. 501, al. 1 CPP). Quant aux autres jugements, sauf texte dérogatoire, le délai d'appel est de dix jours (art. 380-9 CPP pour les crimes, 498 CPP pour les délits, 547 CPP pour les contraventions).

• Concernant la **recevabilité** de l'appel, il se pose deux questions en sens contraire. Première question : pour les jugements qui ne portent pas sur le fond, **à partir de quand** l'appel est-il possible ? Les articles 507 et 508 CPP détaillent les solutions, assez complexes. Elles reposent sur le procédé du filtrage, déjà décrit à propos de l'instruction (*supra,* n° 791 s.). Seconde question : pour les jugements qui portent sur le fond, **jusqu'à quand** est-il possible d'interjeter appel ? durant un délai de dix jours, pour ce qui concerne l'appel principal, formé par le principal perdant. Mais il arrive qu'en riposte à cet *appel principal*, un autre plaideur qui n'avait reçu du jugement qu'une satisfaction partielle, veuille aussi faire appel. On parle alors d'*appel incident*. Il peut être formé dans un délai supplémentaire de cinq jours.

892. Formes de l'appel. — L'appel, toujours porté devant la Cour d'appel, se fait par une déclaration au greffe de la juridiction qui a rendu la décision attaquée (art. 380-12, 502 et 547 CPP), ou, si le condamné est en état de détention, par une déclaration auprès du chef de l'établissement pénitentiaire (art. 380-13 CPP).

893. Effet suspensif de l'appel. — L'appel a un effet suspensif qui s'attache même, d'ailleurs, aux simples délais d'appel. Cette règle comporte cependant des exceptions.

• pour **les jugements sur la compétence**, et les **jugements avant-dire droit**, qui ne mettent pas fin à la procédure, le président de la Chambre des appels correctionnels peut décider que l'appel formé contre eux ne sera jugé que plus tard, en même temps que le jugement sur le fond. Cela revient à dire que ces jugements là deviennent exécutoires avant que l'appel soit jugé.

• **pour les jugements sur le fond**, l'appel est en principe suspensif, mais ce principe est affaibli par des exceptions. La principale concerne la liberté de celui condamné en premier ressort. En matière correctionnelle, comme on a vu (*supra,* n° 874), le tribunal a pu décider l'incarcération du prévenu, nonobstant l'appel. En matière criminelle, le mandat de dépôt qui a permis d'incarcérer l'accusé, continue de produire ses effets pour toute la durée de la peine prononcée (art. 367 CPP). Sauf au condamné en première instance à solliciter sa mise en liberté (*supra* n° 773).

894. Effet dévolutif de l'appel. — L'appel, dit-on, comporte un effet dévolutif. Cela veut dire que la juridiction qui juge l'appel recommence le procès ; qu'elle doit en reconsidérer tout autant les circonstances de fait que les éléments de droit.

Mais cet effet dévolutif de l'appel ne se produit que dans la mesure où la juridiction supérieure a été saisie. Or, l'appelant ne peut la saisir qu'en ce qui concerne son propre intérêt (« **pas d'intérêt, pas d'action** », dit l'adage). Il en découle diverses conséquences. Si le Ministère public a seul fait appel, la juridiction statuant en appel ne sera saisie que de l'action publique. Si au contraire c'est la partie civile seule qui a fait appel, l'effet dévolutif sera restreint à l'action civile. Seule la personne poursuivie peut faire appel en ce qui concerne tant l'action publique que l'action civile. L'appelant peut d'ailleurs restreindre son appel à certaines dispositions de la décision de premier ressort. La Cour d'appel ne doit alors statuer que sur les chefs du jugement dont il a été fait appel.

De plus, l'appel ne peut jamais nuire à la partie privée qui l'interjette. C'est la **prohibition de la « *reformatio in pejus* »**, qui aggraverait le sort de l'appelant. Ainsi, sur le seul appel de la partie civile, la cour ne peut jamais diminuer les dommages et intérêts qui lui ont été alloués. Sur le seul appel du condamné, la juridiction d'appel ne peut que confirmer ou restreindre la condamnation ; elle ne peut l'aggraver (art. 380-3, 515 CPP). Il n'y a que l'appel du Ministère public (dit **appel « *a minima* »**) qui laisse à la cour une entière liberté sur les conséquences de l'action publique. Elle pourra ainsi augmenter ou diminuer la peine prononcée. La raison en est que le Ministère public représente l'intérêt de la société, et que cet intérêt n'est pas nécessairement dans une aggravation de la pénalité, mais plutôt dans sa juste application (art. 515 CPP). L'effet dévolutif de l'appel ne joue donc pleinement que si l'appel est fait par toutes les parties et sur tous les chefs du jugement.

895. L'évocation. — Lorsque l'irrégularité qui motive l'appel consiste dans l'omission ou la violation des formes prescrites par la loi à peine de nullité, l'article 520 CPP prescrit à la juridiction d'appel, en même temps qu'elle annule le jugement irrégulier, de statuer sur le fond. C'est ce que l'on appelle l'évocation. Il en résulte une économie de temps et de frais, mais encore une atteinte au principe du double degré de juridiction, atteinte d'autant plus sensible que l'évocation est obligatoire. C'est de plus une exception marquante, à l'effet dévolutif de l'appel (*supra*, n° 894).

896. Procédure et jugement de l'appel. — En matière criminelle, l'appel est jugé par une autre Cour d'assises, comportant davantage de jurés (*supra,* n° 834) et désignée par la chambre criminelle de la Cour de cassation (art. 380-1 s. CPP). En matière correctionnelle ou de police, l'appel est jugé par la Chambre des appels correctionnels, formation de la Cour d'appel. Cette chambre est composée d'un président et de deux conseillers, assistés d'un greffier. Les fonctions du Ministère public y sont exercées par un membre du Parquet général. La procédure est en principe la même que celle suivie en premier ressort. Les parties en cause ont la parole dans l'ordre suivant : d'abord les parties appelantes, puis les parties intimées (celles contre lesquelles l'appel est dirigé). Mais la personne poursuivie ou son avocat ont toujours la parole les derniers. L'arrêt rendu peut être (art. 514 à 519 CPP) un arrêt d'irrecevabilité, si l'appel est tardif ou irrégulièrement formé ; dans le cas contraire, l'arrêt envisagera le bien-fondé de l'appel. L'**arrêt** sera **confirmatif** (dans ce cas, il confirme la décision prise en premier ressort), ou bien l'arrêt sera **infirmatif** (dans ce cas, il infirme cette décision soit totalement soit partiellement).

§ 3. Le pourvoi en cassation dans l'intérêt des parties

897. Notion générale. — Le pourvoi en cassation (porté devant la Chambre criminelle de la Cour de cassation) a pour objet de faire corriger les erreurs de droit qui ont pu être commises par les premiers juges du fait. Ce pourvoi en cassation diffère donc profondément de l'appel, qui permet aux juges, dits du fait ou du fond, de reconsidérer l'affaire dévolue dans son aspect matériel comme dans son aspect juridique. Au contraire, la Cour de cassation doit tenir pour acquis les faits, tels que constatés dans la décision frappée de pourvoi. Le contrôle se borne à vérifier que cette décision applique correctement la loi. On dit, pour exprimer cela, que **la Cour de cassation est juge, non du fait, mais du droit**. Ou bien, en d'autres termes, qu'elle ne constitue pas un troisième degré de juridiction.

898. Cas d'ouverture du recours en cassation. — Il résulte de ce qui précède que le pourvoi en cassation est nécessairement une voie de recours extraordinaire. Il n'est pas possible dans tous les cas, mais seulement si l'on invoque une violation de la loi. Quelle violation ? La liste de celles pouvant donner ouverture à cassation est limitative. Elle comporte **cinq cas**.

• **Incompétence** de la juridiction qui a rendu le jugement attaqué. En principe l'incompétence, qui est d'ordre public en matière répressive, peut être invoquée sans restriction devant la Cour de cassation. Mais à ce principe, il existe deux exceptions. D'une part, en matière criminelle, la décision de renvoi (*supra,* n° 843), une fois devenue définitive, fixe la compétence de la Cour d'assises. D'autre part, en matière correctionnelle, l'incompétence de la juridiction de première instance ne peut pas être invoquée par le prévenu, s'il ne l'a pas opposée devant la Cour d'appel, sauf si cette cour avait été saisie par l'appel du Ministère public (art. 599 CPP).

• **Excès de pouvoir.** Dans ce cas, la juridiction était régulièrement saisie, mais elle a pris une décision qu'elle n'avait pas le droit de prendre. Par exemple, un Tribunal correctionnel s'est permis d'enjoindre au Parquet de poursuivre telle personne, ce qu'interdit l'indépendance du Ministère public par rapport au siège (*supra,* n° 658).

• **Inobservation des formes** prescrites à peine de nullité (*supra,* n° 797). Ces formes ont pu ne pas être observées, soit au cours de la phase préliminaire au jugement, soit au cours de la procédure de jugement. Mais les nullités qui s'ensuivent peuvent être « couvertes ». En matière non criminelle, les nullités commises lors de l'instruction sont couvertes par l'ordonnance de renvoi (*supra,* n° 783) ou par l'arrêt de renvoi (*supra,* n° 801) devenus définitifs. Et lors de la procédure de jugement, les nullités commises en première instance, si elles n'ont pas été opposées devant la Cour d'appel, ne peuvent plus l'être devant la Cour de cassation (art. 599 al. 1 CPP). En matière criminelle, et semblablement aux solutions indiquées pour l'incompétence, la décision de renvoi devenue définitive couvre tous les vices de la procédure antérieure d'instruction. De plus, devant la Cour d'assises, les nullités qui entacheraient la procédure préliminaire à l'ouverture des débats (*supra,* n° 837 à 839) sont couvertes une fois le jury de jugement constitué définitivement (*supra,* n° 848). Et maintenant que l'appel existe en matière criminelle (*supra*, n° 890) les nullités qui n'ont pas été soulevées devant la Cour d'assises statuant en appel se trouvent couvertes (art. 599 al. 2 CPP).

• **Défaut, insuffisance ou contradiction de motifs.** Les juridictions (sauf les Cour d'assises) sont tenues de motiver leurs décisions, précisément pour permettre à la Cour suprême d'exercer son contrôle. L'article 593 CPP, qui vise l'hypothèse du défaut de motifs, en rapproche l'omission ou le refus de statuer sur une des demandes des parties.

• **Fausse application de la loi pénale :** par exemple, l'arrêt attaqué par un pourvoi en cassation a qualifié les faits de vol, alors qu'il s'agissait légalement d'une escroquerie. Cependant le pourvoi en cassation ne prospérera pas si la peine était justifiée (*infra,* n° 900).

899. Décisions susceptibles de pourvoi en cassation. — Le pourvoi en cassation n'est possible que contre les seules décisions qui ont été rendues en **dernier ressort.** Il faut entendre par là que le pourvoi est irrecevable si les voies de recours ordinaires n'ont pas été utilisées autant qu'il était possible. En conséquence, il n'y a pas de recours possible en cassation : d'une part, contre toute décision qui était susceptible d'appel, mais n'en a pas fait l'objet ; d'autre part, contre toute décision qui est encore susceptible d'opposition. L'exigence du dernier ressort, ainsi précisée, couvre toutes sortes de décisions, qu'elles soient rendues par des juridictions d'instruction, ou par des juridictions de jugement.

Quant aux **juridictions d'instruction**, le pourvoi n'est permis que contre les arrêts rendus par la Chambre de l'instruction, mais sous les distinctions et conditions, assez complexes, prévues par les article 570 et s. CPP. De plus, par un mécanisme identique décrit à propos de l'appel (*supra,* n° 791-793), le pourvoi se trouve soumis à filtrage (art. 571 CPP).

Quant aux **juridictions de jugement** (que ce soit en matière criminelle, correctionnelle ou de police), le pourvoi peut frapper tant leurs décisions d'avant-dire droit et leurs décisions sur la compétence que leurs décisions sur le fond. S'agissant des **décisions d'avant-dire droit et sur la compétence**, le pourvoi n'est pas toujours immédiatement recevable. Il ne l'est – par transposition de la règle à propos de l'appel (*supra,* n° 891) – que si la décision met fin à la procédure, ou si le président de la Chambre criminelle agrée la requête tendant à faire déclarer le pourvoi immédiatement recevable. Sinon, le pourvoi en cassation ne sera examiné qu'en même temps que le pourvoi formé contre la décision sur le fond (art. 570 et 571 CPP). S'agissant des **décisions sur le fond**, l'arrêt d'acquittement prononcé par une Cour d'assises d'appel peut faire l'objet seulement d'un pourvoi dans l'intérêt de la loi (*infra,* n° 918) dont la portée est platonique.

900. Personnes admises à former un pourvoi en cassation. — En principe, chacune des parties au procès pénal peut former un pourvoi, mais sous la condition d'avoir un **intérêt :** « Pas d'intérêt, pas d'action ». C'est une règle générale, déjà rencontrée à propos de l'appel (*supra,* n° 894). En conséquence, la partie civile ne peut se pourvoir qu'en ce qui concerne ses intérêts civils ; le Ministère public, qu'en ce qui concerne l'action publique. Seule la partie poursuivie peut se pourvoir tout à la fois quant à l'action civile et quant à l'action publique. Une autre application de cette exigence d'intérêt figure dans l'article 598 CPP, selon lequel l'annulation ne peut pas être obtenue lorsque le juge du fond s'est trompé dans la citation du texte de loi fondant la condamnation, mais que cette erreur de citation ne modifie pas la peine encourue. La jurisprudence a généralisé ce texte au moyen de la **théorie** dite **de la** « **peine justifiée** ». Lorsque la décision frappée de pourvoi contient une erreur juridique, mais que cette erreur est sans conséquence sur le résultat du procès, le pourvoi ne peut prospérer. Car l'issue aurait été la même si les juges du fond avaient développé une argumentation exacte ; le condamné n'a donc pas d'intérêt à se pourvoir.

901. Délais et formalités du pourvoi. — Le délai pour former le pourvoi est de cinq jours francs. Il court à dater, soit du prononcé de la décision, soit de la signification, soit du moment où l'opposition n'est plus possible, selon les diverses hypothèses que prévoit l'article 568 CPP Le pourvoi se forme par une **déclaration** au greffe de la juridiction qui a rendu la décision attaquée (art. 576 CPP), ou bien, si le demandeur en cassation est détenu, par une déclaration auprès du chef de l'établissement pénitentiaire (art. 577 CPP). En outre, le pourvoi se trouve soumis à diverses conditions. L'un d'entre elles était l'exigence de la « mise en état » pour les condamnés laissés libres, mais condamnés à une peine privative de plus d'un an. Ces condamnés devaient se constituer prisonniers, sans quoi leur pourvoi serait irrecevable. Or, la Cour européenne des droits de l'homme (par deux arrêts en date du 29 juillet 1998 – Guérin, Omar contre France) a condamné ce système, estimant qu'il restreint de manière excessive l'accès au contrôle de cassation, dont « l'importance peut se révéler capitale pour l'accusé ».

En conséquence, la loi du 15 juin 2000 a supprimé la mise en état. Restent dès lors deux conditions. En premier lieu, l'auteur du pourvoi doit opérer la **notification** du recours aux autres parties (art. 578 CPP). En second lieu, le condamné doit opérer, au greffe de la Cour de cassation, **dépôt du mémoire** exposant ses moyens de cassation, dans le délai d'un mois qui suit le pourvoi ; à moins que, dans ce délai, un avocat se constitue pour lui (art. 585-1 CPP), auquel cas le conseiller rapporteur fixe un délai pour le dépôt du mémoire (art. 588 CPP).

902. Effets du pourvoi en cassation. — Le pourvoi en cassation comporte à la fois un effet suspensif et un effet dévolutif.

• L'**effet suspensif,** qui s'attache d'abord au délai même du pourvoi, puis au pourvoi formé, paralyse l'application de la décision frappée du recours en cassation. Cependant, l'effet suspensif comporte des exceptions (art. 569 CPP). D'abord, il ne joue pas contre les condamnations civiles, qu'il faut exécuter nonobstant le pourvoi. Ensuite, lorsqu'une décision de portée pénale – ainsi, concernant la détention provisoire – ne subit pas l'effet suspensif de l'appel (*supra,* n° 874), elle ne le subit pas davantage au stade du pourvoi.

• L'**effet dévolutif** découle du pourvoi, mais dans des limites précises. D'une part, la Chambre criminelle ne doit statuer que par rapport à l'intérêt de l'auteur du recours. C'est ce qu'on appelle aussi l'effet relatif du pourvoi. Par exemple, dans le cas d'un pourvoi de la seule partie civile, la Chambre criminelle ne statuera que sur les intérêts civils. D'autre part, la Chambre criminelle ne doit statuer que par rapport aux moyens du pourvoi, qui circonscrivent le débat juridique. Ainsi, lorsque le pourvoi est dirigé seulement contre une partie de l'arrêt (on dit, dans le langage du Palais, un « chef » de l'arrêt), la Chambre criminelle n'a pas à examiner les autres chefs. Dès lors, l'arrêt attaqué ne peut faire l'objet que d'une **cassation partielle**. Dans le même sens, la chambre criminelle n'a pas le devoir de soulever des nullités non invoquées par le pourvoi. Mais elle en a le droit : il lui appartient de relever « tous **moyens d'office** » (art. 595 CPP), c'est-à-dire de sanctionner des violations de la loi non invoquées par l'auteur du pourvoi. Cela donne à la Chambre criminelle le pouvoir de mieux contrôler le respect de la loi pénale par le juge du fond.

903. Procédure suivie, arrêt rendu par la Chambre criminelle. — La procédure est simple. Il n'est tenu que rarement d'audience. De manière habituelle, la Chambre criminelle entend le rapport d'un conseiller, qui se prononce d'après les mémoires écrits ; elle écoute les conclusions du Ministère public près la Cour de cassation. Puis elle rend son arrêt, dans un délai qui n'est pas fixé par la loi, sauf cas particuliers : en matière de détention provisoire, par exemple, il faut que la Chambre criminelle ait statué dans les trois mois qui suivent la réception du dossier à la Cour de cassation ; sinon, la personne détenue doit être mise en liberté d'office (art. 567-2 CPP).

La Chambre criminelle rend ou bien un arrêt de **rejet** (du pourvoi), **ou** bien un arrêt de **cassation.** Au cas de rejet du pourvoi, les choses sont simples : l'arrêt attaqué acquiert définitivement l'autorité de chose jugée. Mais la situation peut devenir beaucoup plus complexe au cas de cassation, qu'il s'agisse de sa portée ou de sa nature.

904. La portée de la cassation. — L'effet dévolutif du pourvoi (*supra,* n° 902) limite la portée de la cassation. Elle ne vaut que pour les personnes s'étant pourvues. Il peut s'ensuivre des situations qui heurtent le bon sens. Par exemple, deux coauteurs d'une infraction sont condamnés. Mais l'un forme un pourvoi, qui entraîne – à son égard – l'annulation de toute la procédure, pour une grave irrégularité. Les preuves contre lui ne pouvant plus servir, il échappe à la répression. Tandis que l'autre coauteur, ne s'étant pas pourvu, reste condamné, cela par l'effet d'une procédure dont la Cour suprême a pourtant constaté le vice majeur. Afin d'éviter de telles conséquences, « en toute matière, lorsque l'intérêt de l'ordre public ou d'une bonne administration de la justice le commande, la Cour de cassation peut ordonner que l'annulation qu'elle prononce aura effet à l'égard des parties qui ne se sont pas pourvues » (art. 612-1 CPP).

905. La nature de la cassation. — Parfois, la cassation qui intervient ne laisse plus rien à juger de l'affaire. Par exemple, la Chambre criminelle constate que la prescription avait éteint l'action publique, ce qui termine l'affaire. Dans de telles hypothèses, assez rares, il intervient un arrêt de **cassation sans renvoi.** Mais le plus souvent, il reste à juger sur le fond de l'affaire, ce qui nécessite la saisine d'une juridiction du fond. À cette fin, la Chambre criminelle prononce un arrêt de **cassation avec renvoi.** Un tel arrêt remet l'affaire devant une juridiction de même ordre, de même nature et de même degré que celle qui a rendu la décision cassée. Par exemple, si le pourvoi a été formé contre l'arrêt d'une Cour d'appel, l'affaire doit être renvoyée à une autre Cour d'appel. Ou plus rarement la même, mais alors « autrement » composée.

Quels sont les pouvoirs de la juridiction de renvoi ? Ils sont bornés par l'ampleur de la cassation prononcée, qui peut n'être que partielle (*supra,* n° 902). Ils le sont aussi par la **règle prohibant la « *reformatio in pejus* »** (*supra,* n° 894). Cette règle trouve ici son autre application : lorsque la cassation intervient sur le seul pourvoi du condamné, la juridiction de renvoi peut maintenir ou diminuer la peine précédemment prononcée, mais ne peut pas l'aggraver. Quant au sens de l'arrêt rendu sur renvoi, la plupart du temps, il est conforme à la solution résultant de l'arrêt de cassation. Cela met fin à la procédure. Mais il peut arriver que la juridiction de renvoi, résistant à l'arrêt de la

Chambre criminelle, statue dans le même sens que la première juridiction du fond. Si, en pareil cas, un second pourvoi se trouve formé par la même partie et avec les mêmes moyens, la Cour de cassation doit alors statuer en Assemblée plénière et renvoyer une seconde fois devant une nouvelle juridiction. Dans cette hypothèse, comme il faut bien que le circuit prenne fin, la juridiction de renvoi est tenue de statuer conformément à l'arrêt de l'Assemblée plénière. Afin de raccourcir un parcours aussi long, le premier président de la Cour de cassation peut saisir l'Assemblée plénière dès le premier pourvoi, s'il se pose dans l'affaire une question de principe.

Section 2
L'autorité de la chose jugée

906. Effets de la chose jugée. — Lorsque aucune des trois voies de recours que nous venons de décrire ne peut plus être exercée, soit parce qu'elles ont été exercées déjà, soit parce que le délai dans lequel elles peuvent être formées se trouve expiré, le jugement acquiert la force exécutoire et la force de chose jugée.

• **Force exécutoire**, cela veut dire que l'exécution par la force en est possible ; par exemple, le condamné à l'emprisonnement sera incarcéré. Mais on a vu (*supra,* n° 888, 893 et 902) qu'en matière pénale, l'exécution des décisions de justice était – sauf exception légale – suspendue par le délai et l'exercice des voies de recours.

• **Force de chose jugée**, cela veut dire que la décision est considérée comme l'expression de la vérité en vertu d'une présomption absolue de la loi et que, dès lors, l'exercice d'aucune action ne pourra contredire ce qui a été définitivement jugé. Il faut, en effet, que les procès connaissent une fin, que la chose jugée devienne incontestable. Toute action allant à l'encontre de la chose jugée se heurtera donc à l'exception de chose jugée.

907. Les trois situations possibles. Division. — Or, une infraction pénale peut donner lieu tant à l'action publique qu'à l'action civile. Trois situations sont alors concevables.

• Dans la première situation, c'est d'abord une action civile qui a été exercée. Alors, la chose jugée au civil n'a pas d'autorité au criminel, sauf exceptions légales (v. *supra,* n° 827).

• Dans la deuxième situation, la même infraction donne lieu à deux actions publiques successives. En pareil cas se pose la question de l'autorité de la chose jugée au criminel sur le criminel (*infra,* n° 908 s.).

• Dans la troisième situation, la même infraction donne lieu successivement à une action publique et à une action civile. Alors se pose la question de l'autorité de la chose jugée au criminel sur le civil (*infra*, n° 911 s.).

§ 1. L'autorité de la chose jugée au criminel sur le criminel

908. La distinction nécessaire. — Il faut distinguer entre les décisions des juridictions d'instruction et les décisions des juridictions de jugement.

909. Décisions des juridictions d'instruction. — On doit considérer séparément les décisions de non-lieu et les décisions de renvoi.

• En ce qui concerne les **ordonnances** ou **arrêts de non-lieu,** deux hypothèses se présentent. Première hypothèse : la décision est fondée en fait. Elle repose alors sur l'insuffisance des charges. Elle n'a qu'une autorité de fait, se cantonnant aux seules charges examinées. En conséquence, si de nouvelles charges surviennent, l'action publique peut être reprise. Ce sera la réouverture de l'instruction sur charges nouvelles (art. 188 s. CPP). Seconde hypothèse : la décision de non-lieu est fondée en droit. Par exemple, elle affirme que l'acte dénoncé ne constitue pas un délit. La décision de non-lieu possède alors l'autorité de la chose jugée. Si l'on prétendait réouvrir l'instruction, la personne autrefois mise en examen pourrait l'arrêter en faisant valoir l'exception de chose jugée.

• En ce qui concerne les **ordonnances** ou **arrêts de renvoi** devant une juridiction de jugement, elles ne peuvent avoir l'autorité de la chose jugée, puisqu'elles ne statuent que sur la vraisemblance de la prévention, et non pas sur son bien-fondé. La juridiction de jugement se décidera en toute liberté.

910. Décision des juridictions de jugement. — Une personne définitivement jugée pour un certain fait ne peut plus être poursuivie à raison du même fait. Que la personne ait été condamnée ou pas, toute nouvelle action contre elle se heurterait à l'exception de chose jugée, qui est d'ordre public. Ce qu'exprime l'adage : ***« non bis in idem »***. La nouvelle action publique n'est interdite, évidemment, que si elle est dirigée contre la même personne à raison du même fait. Une poursuite à raison du même fait, mais contre une autre personne, coauteur ou complice, est bien sûr permise. De même est possible une seconde poursuite contre la même personne, si la cause en est une infraction totalement distincte de la première.

Reste l'hypothèse d'une nouvelle poursuite, contre la même personne à raison du même fait, mais ce fait étant visé sous une qualification différente. L'autorité de la chose jugée s'y oppose-t-elle ? Il existe un texte, l'article 368 CPP, selon lequel « aucune personne acquittée légalement ne peut plus être reprise ou accusée à raison des mêmes faits, même sous une qualification différente ». Mais ce texte est écrit à propos de la Cour d'assises : doit-on lui reconnaître une portée générale ? La jurisprudence répond par la négative. Elle admet qu'un individu condamné par un Tribunal correctionnel pour homicide involontaire, mais dont l'intention de tuer se révèle depuis lors, peut être poursuivi du chef de meurtre. C'est ce qui fut décidé dans l'affaire Laurent (Crim. 19 mai 1983 B. n° 149), pour la raison suivante : s'il s'agit du même fait matériel (homicide), il ne s'agit pas du même fait juridique, puisque l'élément psychologique diffère entièrement d'une qualification à l'autre (*supra,* n° 125).

§ 2. L'autorité de la chose jugée au criminel sur le civil

911. Principe : la chose jugée au criminel fait autorité sur le civil. — La chose jugée par le tribunal répressif saisi de l'action publique s'impose au juge statuant au civil. Peu importe que l'action civile soit exercée devant un tribunal civil ou devant un tribunal répressif. Cette autorité sur le civil de la chose jugée au pénal a pour but d'**éviter des contrariétés de jugement.** Il serait nuisible au prestige de la justice de voir le tribunal civil contredire ce qu'a jugé le tribunal répressif.

Mais pourquoi donner la prééminence à ce qui est jugé sur l'action publique, et non à ce qui est jugé sur l'action civile ? La raison en est double. D'une part, l'action publique met en jeu l'intérêt général de la société, tandis que l'action civile ne met en jeu que des intérêts particuliers. D'autre part, l'exercice de l'action publique permet d'utiliser des moyens de preuve beaucoup plus puissants que le simple exercice de l'action civile. On doit donc présumer que la juridiction répressive statuant sur l'action publique est la mieux informée de la vérité. Cette **prééminence du pénal sur le civil**, au point de vue de la chose jugée, explique aussi la règle que l'on a rencontrée déjà : **le criminel tient le civil en état** (*supra,* n° 648).

912. Application du principe. — Il convient d'examiner successivement : l'autorité des décisions d'instruction ; de condamnation ;

d'exemption de peine ; enfin des décisions renvoyant des fins de la poursuite.

913. Décisions des juridictions d'instruction. — La chose jugée par les juridictions d'instruction n'a pas normalement autorité au civil. En effet, quand il s'agit d'une ordonnance ou arrêt de renvoi devant la juridiction de jugement, il n'y a pas chose jugée tant que cette juridiction n'a pas statué. S'il s'agit au contraire d'une ordonnance ou arrêt de non-lieu, son autorité – fondée sur l'insuffisance des charges ou le caractère non délictueux du fait – n'empêche pas le juge civil de découvrir d'autres charges ou de constater que le fait, s'il ne constitue pas une infraction pénale, est un délit civil.

914. Décisions de condamnation. — Le prévenu ayant été condamné par le tribunal répressif, le juge saisi de l'action civile ne pourra refuser des dommages et intérêts à la victime, au motif qu'aucune faute n'a été commise. En effet, du moment que l'existence d'un délit pénal a été reconnue, le délit civil existe à plus forte raison, et le juge civil contredirait le juge pénal s'il niait l'existence de ce délit. Mais le juge civil pourrait refuser l'octroi de dommages et intérêts, au motif que l'infraction n'a causé aucun préjudice à la victime. Ce ne serait pas contredire le juge pénal, celui-ci n'ayant pas statué, par hypothèse, sur la question de préjudice. L'autorité de la chose jugée au pénal ne s'applique strictement qu'à ce qui a été jugé par le tribunal répressif ou, comme il est dit souvent, aux seules constatations qui sont le « soutien nécessaire » de la décision pénale.

915. Décisions d'exemption de peine. — Les solutions précédentes relatives à la décision de condamnation s'appliquent à la décision d'exemption de peine ; si l'individu poursuivi est exempté de peine, il est cependant proclamé coupable ; en conséquence, l'existence d'une faute pénale a été constatée par le juge répressif.

916. Décisions renvoyant des fins de la poursuite. — Elles émanent, soit d'un Tribunal correctionnel ou de police (jugement de relaxe), soit de la Cour d'assises (arrêt d'acquittement).

• Quant au **jugement de relaxe,** s'il est motivé par l'inexistence des faits reprochés, ou de la non-participation du prévenu à l'infraction, le prévenu ne pourra être condamné au civil. Mais si le jugement de relaxe est fondé sur ce que le fait n'est pas puni par la loi pénale, le prévenu pourra être condamné au civil. Il est fort possible, en effet, qu'une faute constitutive d'un délit civil ne tombe pas sous le coup de la loi pénale : il n'y a donc pas contradiction entre les deux décisions. Il n'en va différemment qu'au cas de poursuite pénale fondée précisément sur l'inattention ou l'imprudence (homicide, coups et blessures par imprudence, art. 221-6, 222-19, R. 625-2 CP) ; car dans cette hypothèse, il y a identité de la faute pénale et de la faute civile ; et si le juge répressif a nié la faute pénale, le juge civil ne pourrait reconnaître une faute civile sans contredire la décision répressive. Enfin, il peut exister une responsabilité civile du fait des choses, en dehors de toute faute prouvée (art. 1384, al. 1 Code civil). Pour cette raison, au cas d'homicide ou de blessures par imprudence, le juge pénal – même s'il relaxe le prévenu – est en droit d'allouer des dommages-intérêts (art. 470-1 CPP, *supra,* n° 689 *in fine*). La règle joue fréquemment en matière d'accidents de circulation.

• Quant à **l'arrêt d'acquittement**, il n'empêche pas que l'accusé puisse être condamné à des dommages-intérêts. L'article 372 CPP décide même que ces dommages-intérêts peuvent être accordés à la partie civile par la Cour d'assises (*supra,* n° 865). Cette condamnation civile, ici encore, ne porte pas atteinte à la chose jugée au pénal, et ne la contrarie pas ; l'acquittement résulte en effet d'un verdict négatif sur la question de culpabilité. Comme un tel verdict n'est pas motivé, il peut s'expliquer par le défaut d'intention criminelle. Or, l'absence d'intention criminelle laisse subsister la possibilité d'une faute d'inattention ou d'imprudence génératrices d'un quasi-délit civil. On retrouve les solutions indiquées à propos du jugement de relaxe, et fondées sur la même raison d'être.

Section 3
Les voies de recours postérieures à l'autorité de la chose jugée

917. Division. — Ces voies ont été longtemps au nombre de trois : le pourvoi en cassation dans l'intérêt de la loi (§ 1) : le pourvoi en annulation d'ordre du garde des Sceaux (§ 2) ; le pourvoi en révision (§ 3). Il s'y est ajouté, beaucoup plus tard, le réexamen d'une décision pénale consécutif au prononcé d'un arrêt rendu par la Cour européenne des droits de l'homme (§ 4).

§ 1. Le pourvoi en cassation dans l'intérêt de la loi

918. Notion générale. — Un tel pourvoi suppose qu'une décision pénale n'a pas été frappée de pourvoi en cassation dans le délai légal.

Elle a donc acquis l'autorité de la chose jugée. Il se peut pourtant que cette décision méconnaisse la loi. Le procureur général près la Cour de cassation peut alors exercer un pourvoi « dans l'intérêt de la loi ». Si, par l'effet de ce pourvoi, la cassation est prononcée, les parties ne peuvent pas s'en prévaloir. Le mécanisme n'annule pas la décision rendue (art. 621 CPP). Il vise seulement à prévenir la jurisprudence qui se formerait, en violation du droit, à partir d'un « précédent » mal inspiré. De par sa nature même, une telle cassation est une **cassation sans renvoi.**

§ 2. Le pourvoi en annulation d'ordre du garde des Sceaux

919. Notion générale. — Ce pourvoi est prévu par l'article 620 CPP Alors que dans le cas précédent le procureur général près la Cour de cassation agit de sa propre initiative, dans le cas présent, il ne peut agir que sur l'ordre écrit du ministre de la Justice. Ce pourvoi en annulation a une portée beaucoup plus large que le précédent. Il concerne toutes les décisions judiciaires, même celles qui n'auraient pas été susceptibles d'un pourvoi en cassation par les parties. Il s'applique de plus aux actes d'administration judiciaire, qui ne sont pas des actes de juridiction ; par exemple, un pourvoi pourrait être formé contre une opération irrégulière de tirage au sort d'un jury.

920. Effets du pourvoi. — Le but du pourvoi est donc d'assurer le respect de la loi dans tous les actes judiciaires. Mais l'article 620 CPP ne dit pas que ce pourvoi en cassation reste sans effet à l'égard des parties. La Cour de cassation en a déduit que le pourvoi en annulation, s'il ne peut leur nuire, peut leur profiter. Par suite, il s'agit d'une **cassation tantôt sans renvoi, tantôt avec renvoi.** Elle aura lieu sans renvoi si la décision cassée est un arrêt d'acquittement : car la cassation ne doit pas nuire à l'individu acquitté. Il y aura cassation avec renvoi si la décision cassée est un jugement ou un arrêt de condamnation ; et la juridiction de renvoi pourra acquitter, ou condamner à une peine moins sévère ; mais elle ne pourra pas aggraver la condamnation.

§ 3. Le pourvoi en révision

921. But de la révision. — Il peut arriver que malgré la garantie du double degré de juridiction et celle du pourvoi en cassation, les juges se soient trompés. Ils ont pu d'abord innocenter un coupable ; la loi française ne se préoccupe pas de cette première erreur ; elle profite au coupable, sauf dans un cas très rare (*supra,* n° 910). Mais il peut arriver aussi que les juges aient condamné un innocent, en commettant une erreur judiciaire. C'est pour **réparer une erreur judiciaire** possible que les articles 622 à 626 CPP ont organisé le pourvoi en révision des décisions qui ne sont plus susceptibles, par ailleurs, d'une autre voie de recours.

922. Domaine de la révision. — La détermination législative des cas d'application du pourvoi en révision soulève deux sortes de préoccupations contradictoires qu'il faut bien concilier. D'une part, il serait d'une injustice choquante de maintenir une erreur judiciaire. Mais, d'autre part, il ne faut pas ouvrir trop largement la possibilité d'une révision qui porte atteinte à l'autorité de la chose jugée. Le Code d'Instruction criminelle de 1808, surtout sensible à la seconde préoccupation, n'avait prévu que trois cas, particuliers et restrictifs, de révision. Mais une affaire célèbre (l'affaire Dreyfus) a fait apparaître l'insuffisance de ces dispositions. En conséquence, une loi du 8 juin 1895 a donc créé un nouveau cas, celui-ci général. Il y a donc présentement quatre cas de révision (art. 622 CPP).

Premier cas : après une condamnation pour homicide, des pièces sont représentées propres à faire naître de suffisants indices sur l'existence de la prétendue victime de l'homicide.

Deuxième cas : après une condamnation pour crime ou délit, un nouvel arrêt ou jugement a condamné pour le même fait un autre accusé ou prévenu et les deux condamnations ne pouvant se concilier, leur contradiction est la preuve de l'innocence de l'un ou de l'autre condamné.

Troisième cas : après une condamnation, un des témoins entendus a été poursuivi et condamné pour faux témoignage contre l'accusé ou le prévenu.

Quatrième cas : après une condamnation, vient à se produire ou se révéler un fait nouveau ou un élément inconnu de la juridiction au jour du procès, fait ou élément de nature à susciter un doute sur la culpabilité du condamné.

Le domaine de la révision est donc largement ouvert. Cependant la loi limite la possibilité de révision aux **condamnations criminelles et correctionnelles**. Les condamnations de police n'ont pas une gravité suffisante pour justifier semblable procédure.

923. Mécanisme de la révision. — La révision peut être demandée par le ministre de la Justice, par le condamné ou son représentant légal, et en cas de mort du condamné, par le conjoint, ses enfants, ses parents, ses légataires et toutes les personnes qui ont reçu du condamné mission expresse de demander la révision. La demande est adressée à une **commission composée de cinq magistrats de la Cour de cassation**. Dès que la demande est transmise à la commission, celle-ci, qui est un organe d'instruction, entreprend les investigations ou vérifications nécessaires. Elle peut suspendre l'exécution de la condamnation, comme pourra plus tard le faire la Chambre criminelle de la Cour de cassation, qui statuera en tant que cour de révision, si la commission décide de la saisir.

Quand la Chambre criminelle estime la demande mal fondée, elle la rejette. Quand la Chambre estime, au contraire, que la demande est fondée, elle annule la condamnation prononcée. Mais cette annulation s'opère tantôt avec renvoi, tantôt sans renvoi.

Annulation avec renvoi : cela se produit si la Chambre criminelle estime possible de procéder à de nouveaux débats contradictoires. Elle renvoie donc devant une juridiction de même ordre et de même degré, laquelle dispose des mêmes pouvoirs qu'une juridiction de renvoi sur cassation (*supra,* n° 905).

Annulation sans renvoi : cela se produit s'il est impossible de procéder à de nouveaux débats contradictoires (décès, par exemple, de l'ancien condamné) ; ou bien si l'annulation prononcée ne laisse rien subsister qui puisse être qualifié de crime ou délit.

924. Effets de la révision. — Que la révision ait lieu avec ou sans renvoi, les effets de l'innocence proclamée sont identiques.

• Il y a **effacement de la condamnation,** laquelle est censée n'être jamais intervenue. Toutefois, cette rétroactivité ne peut pas nuire aux droits des tiers

• Il y a lieu de procurer au condamné, ou s'il est mort, à sa mémoire, une **réparation morale :** affichage, publication au *Journal Officiel,* insertion dans cinq journaux à la charge du Trésor public

• Le condamné, ou toute autre personne justifiant du préjudice – matériel et moral – que lui a causé la condamnation, peut obtenir une **réparation pécuniaire,** payée sur les fonds publics. L'indemnité est allouée par la commission (*supra,* n° 923) ou par la juridiction ayant proclamé son innocence.

§ 4. Le réexamen pour conformité à la Convention européenne des droits de l'homme

925. But du réexamen. — À raison de l'article 55 de la Constitution, la Convention européenne des droits de l'homme dispose d'une valeur *supra-législative*. Il en découle aussi la force du recours individuel *supra-national*, par lequel tout justiciable relevant de la France peut invoquer une violation de la Convention auprès de la Cour européenne des droits de l'homme, siégeant à Strasbourg (*supra*, n° 92). En conséquence, la loi du 15 juin 2000, renforçant la protection de la présomption d'innocence, a prévu le réexamen d'une décision pénale consécutif au prononcé d'un arrêt de la Cour européenne des droits de l'homme (art. 626-1 à 626-7 CPP).

926. Domaine du réexamen. — Il peut être demandé par toute personne reconnue coupable d'une infraction par la justice française lorsqu'il résulte d'un arrêt rendu par la Cour européenne des droits de l'homme que la condamnation a été prononcée en violation de la Convention européenne, dès lors que, par sa nature et sa gravité, la violation constatée entraîne pour le condamné des préjudices que la « satisfaction équitable » (autrement dit la réparation) allouée par la Cour européenne n'aurait pas indemnisés.

927. Mécanisme du réexamen. — Le réexamen peut être demandé par : le ministre de la Justice ; le procureur général près la Cour de cassation ; le condamné ou, s'il est décédé, ses ayants droit. La demande en réexamen est adressée à une commission composée de sept magistrats de la Cour de cassation. La demande doit être formée dans un délai d'un an à compter de l'arrêt de la Cour européenne. La décision de la commission n'est pas susceptible de recours.

928. Effets du réexamen. — Lorsqu'elle estime la demande justifiée, la Commission fait renvoi de l'affaire, après avoir éventuellement suspendu l'exécution de la condamnation jugée non conforme à la Convention. Ce renvoi se place : ou bien devant l'assemblée plénière de la Cour de cassation, si celle-ci peut remédier à la violation constatée par la Cour européenne (par exemple, en examinant un pourvoi qu'elle aurait antérieurement rejeté pour défaut de mise en état (*supra*, n° 901) ; ou bien devant une juridiction de même ordre et degré que celle ayant rendu la décision jugée non conforme à la Convention.

Troisième partie
Minorité pénale

929. Mineurs délinquants : un statut particulier. — L'article 122-8 du Code pénal dispose : « les mineurs capables de discernement sont pénalement responsables des crimes, délits et contraventions dont ils ont été reconnus coupables, dans des conditions fixées par une *loi particulière* qui détermine les mesures de protection, d'assistance, de surveillance et d'éducation dont ils peuvent faire l'objet. Cette loi détermine également les sanctions éducatives qui peuvent être prononcées à l'encontre des mineurs de dix à dix-huit ans ainsi que les peines auxquelles peuvent être condamnés les mineurs de treize à dix-huit ans, en tenant compte de l'atténuation de responsabilité dont ils bénéficient en raison de leur âge.

La loi particulière en cause est l'**ordonnance 45-174 du 2 février 1945, véritable Code de la délinquance juvénile**, et que l'on désigne le plus souvent par l'abréviation « ordonnance de 1945 (en bref, « O. 45 »). Clairement, cette ordonnance assure la prédominance des mesures éducatives, et le rôle subsidiaire de la répression. Mais on constate que la criminalité des mineurs s'est singulièrement durcie. On voit des jeunes, de plus en plus jeunes, commettre des infractions de plus en plus graves, de par leur aspect quasi professionnel ou leur sauvagerie (« tournantes » de banlieue, rituels de viols en collectivité...). Après les élections présidentielles de 2002, est donc intervenue la loi d'orientation et de programmation pour la justice, qui durcissait la réaction sociale à l'encontre de la criminalité adolescente. Or, cette loi fut déférée au Conseil constitutionnel.

930. La décision (29 août 2002) du Conseil constitutionnel. — Le Conseil Constitutionnel (*supra,* n° 90), par sa décision n° 2002-461 DC, a validé ce texte mais rappelé **trois principes de valeur supra-législative** :

- atténuation de la responsabilité pénale des mineurs
- spécialisation des juridictions pour mineurs et de leur procédure
- primauté de l'action éducative dans la prise en charge des des mineurs délinquants.

931. La noria des réformes en cours... Plan de la troisième partie. — Depuis lors, le Droit relatif aux mineurs délinquants a connu maintes réformes : ainsi, loi du 5 mars 2007 sur la prévention de la délinquance, loi du 10 août 2007 renforçant la lutte contre la récidive des majeurs et des mineurs... D'autres réformes s'annoncent : en avril 2008, avènement d'une commission d'études ayant pour objet la « refondation » de la justice pour mineurs... S'en tenant aux textes en vigueur, l'étude qui suit comportera trois chapitres correspondent aux principes proclamés par le Conseil constitutionnel : les règles de fond (chapitre 1er), les règles de procédure (chapitre 2), la prise en charge des mineurs délinquants (chapitre 3).

* *Vu la spécificité du Droit applicable aux mineurs délinquants, il sera judicieux, pour son étude approfondie, de se référer à l'ouvrage spécifique et remarquablement documenté de Mr Pierre Pedron : « Droit et pratiques éducatives de la Protection Judiciaire de la Jeunesse », Gualino éditeur, 2e édition 2008.*

Chapitre 1
Les règles de fond

932. Plan du chapitre. — Dans sa rédaction présente (*supra*, nº 929), l'article 122-8 du Code pénal affirme la responsabilité pénale du mineur. Il faut donc la préciser (section 1). Mais le même texte mentionne tout aussitôt les mesures non répressives, préférablement applicables au mineur : mesures de protection, d'assistance, de surveillance et d'éducation, qu'on peut appeler, globalement, les mesures éducatives (section 2).

Section 1
La responsabilité pénale du mineur

933. Notion de mineur, et particularisme de juridiction... — On considère comme mineur l'individu n'étant pas âgé, à l'époque des faits délictueux, de plus de 18 ans, âge de la majorité civile. Quant aux juridictions compétentes pour juger les mineurs, l'ordonnance de 1945 dispose dès son article premier : « les mineurs auxquels est imputée une infraction qualifiée crime ou délit ne seront pas déférés aux juridictions pénales de droit commun, et ne seront justiciables que des tribunaux pour enfants ou des cours d'assises des mineurs ». Considérant toujours l'âge du mineur à l'époque des faits délictueux, il faut distinguer trois hypothèses.

• **mineur de moins de treize ans –** Il n'est passible d'aucune peine mais, s'il a plus de dix ans, de « sanctions éducatives ». Leur liste (art. 15-1 O. 45), comporte dix possibilités.

• **mineur de treize à seize ans –** Le mineur peut faire l'objet soit d'une peine, soit d'une mesure éducative (*infra*, nºs 935 s.). (art. 2 O. 45). Mais l'esprit de la loi veut que l'application d'une peine soit aussi rare que possible, et qu'au surplus sa rigueur soit modérée. D'une part, certains types de peines sont exclus (art. 20-4 O. 45) : ainsi la peine de jours-amende, l'interdiction de séjour, l'interdiction du territoire français. D'autre part, la peine est réduite, par rapport à celle normalement encourue pour l'infraction commise (art. 20-2 et 20-3 O. 45).

• **mineur de seize à dix-huit ans** – Le mineur de seize à dix-huit ans est, en principe, traité de la même façon que le mineur de treize à seize ans, mais avec cette différence que, lorsqu'il est condamné à une peine, la loi prévoit le refus éventuel de la réduction de peine, par une disposition spécialement motivée du jugement de condamnation (art. 20-2, al. 2 O. 45). Il est donc possible que le mineur de seize à dix-huit ans soit condamné de la même façon qu'un majeur. Cela s'impose quand le mineur de plus de seize ans se trouve en état de récidive une nouvelle fois – sauf, décision spécialement motivée, constatant que ce mineur présente des « garanties exceptionnelles d'insertion ou de réinsertion ».

Section 2
Les mesures applicables au mineur

934. Fréquence et variété de ces mesures. — Ces mesures interviennent, suivant le vœu de la loi, beaucoup plus fréquemment que les peines. Il faut alors distinguer : les mesures éducatives d'assistance, de surveillance et d'éducation (§ 1) ; la liberté surveillée (§ 2) ; les sanctions éducatives (§ 3).

§ 1. Les mesures éducatives d'assistance, de surveillance et d'éducation

935. Variété de ces mesures. — L'article 2 de l'O. 45 dispose que les juridictions pour les mineurs prononcent suivant les cas « les mesures de protection, d'assistance, de surveillance et d'éducation qui semblent appropriées ». Ces diverses mesures, précisées par les articles 15 à 16 ter O. 45, sont fort nombreuses. Elles varient suivant l'âge – **à la date des faits répréhensibles** – du mineur en cause.

936. Les trois catégories de mesures. — Certaines de ces mesures sont applicables à tous les mineurs, d'autres varient suivant l'âge du mineur (moins ou plus de treize ans) à l'époque des faits répréhensibles)

• **Mesures applicables à tous les mineurs**. Il en existe une longue gamme : activité de jour (en vue d'insertion professionnelle ou scolaire), activité d'aide ou de réparation à l'égard de la victime ou dans l'intérêt de la collectivité ; remise de l'intéressé à un particulier qui sera chargé de l'éduquer (parents, tuteur, membre de la famille, personne de confiance) ; placement dans un établissement habilité soit d'éducation ou de formation professionnelle, soit de soins médicaux ou médico-pédagogiques) ; mise sous protection judiciaire ; liberté surveillée (*infra*, n° 938 s.) ;

• **Mesures applicables aux mineurs n'ayant pas dépassé treize ans**. Remise du mineur au service de l'Assistance à l'enfance, placement dans un internat approprié aux mineurs délinquants d'âge scolaire,

• **Mesures applicables aux mineurs de plus de treize ans.** Ce peut être, outre l'avertissement solennel, la mesure d'activité de jour ou le placement dans une institution publique d'éducation surveillée ou d'éducation corrective.

937. Régime juridique de ces mesures. — L'idée maîtresse est que de telles mesures sont toujours prises dans l'intérêt du mineur. Il s'ensuit que :

• ces **mesures** sont **déterminées** par le juge **d'après leur seule valeur « éducative »**, non pas d'après la nature ou la gravité de l'infraction. Il est libre d'en fixer la durée sans qu'elle puisse dépasser l'époque où le mineur atteindra l'âge de 18 ans.

• ces mesures sont **révisables** à tout moment par le juge (art. 27 O. 45).

• Si l'insertion sociale du mineur paraît l'exiger, il peut être placé, pour une durée qui n'excède pas cinq ans, sous « **protection judiciaire** » (art. 16 *bis* O. 45). Cela permet, notamment, d'étendre certaines mesures de protection, d'assistance, de surveillance et d'éducation au-delà de la majorité.

• De plus, ces mesures peuvent comporter le placement du mineur sous le régime de la **liberté surveillée**.

§ 2. La liberté surveillée

938. Définition. — La liberté surveillée (art. 25 s. O. 45) consiste à placer le mineur sous la surveillance d'un **délégué** (« **éducateur référent** », dit-on dans la pratique). L'éducateur référent désigné par justice peut être soit un agent de l'État dit délégué permanent, soit une personne, désignée par le juge, dite déléguée bénévole. L'éducateur référent doit exercer sur le mineur une action éducative, un contrôle sur ses conditions de vie et sur sa conduite, ainsi qu'une surveillance sur les personnes qui en ont la garde.

939. Régime juridique. — La liberté surveillée est possible dans toutes les hypothèses, que l'on applique au mineur une peine ou qu'il fasse l'objet d'une mesure d'éducation. L'éducateur référent fera des rapports au juge en cas de mauvaise conduite, de péril moral encouru par le mineur, ou d'entraves systématiques à l'exercice de la surveillance. Il signalera également toutes modifications des mesures de placement ou de garde qui lui paraîtraient utiles.

940. L'incident à la liberté surveillée. Sa fin. — En faisant un tel rapport, l'éducateur référent soulève ce qu'on appelle un incident à la liberté surveillée, démarche qui peut entraîner certaines modifications des mesures prescrites. La librté surveillée ne peut pas se prolonger au-delà de l'âge de dix-huit ans (art. 19 O. 45)

§ 3. Les sanctions éducatives

941. Une catégorie intermédiaire. — Le Conseil constitutionnel, dans sa décision du 29 août 2002 (*supra*, n° 930) a validé ce type de mesures. Intermédiaires entre les mesures éducatives et la sanction pénale, ces sanctions éducatives, fort diverses, sont énumérées par l'art. 15-1 O. 45, qui prévoit dix possibilités : notamment l'interdiction de fréquenter des coauteurs ou complices éventuels, l'obligation de suivre un stage, l'avertissement solennel... ainsi qu'une mesure d'activité de jour (en vue d'insertion professionnelle ou scolaire). Cependant, – faute de décrets d'application, de conventions avec les organismes concernés – ces sanctions ne sont pas toujours entrées dans la pratique.

Chapitre 2
Les règles de poursuite

942. Plan du chapitre. — Pour juger les mineurs délinquants, il existe des juridictions spécialisées. Leur tâche étant de déterminer les mesures appropriées, principalement d'éducation, subsidiairement de répression, il s'ensuit des particularités notables. Elles concernent soit l'organisation judiciaire et la compétence (Section 1), soit la procédure (Section 2).

Section 1
Organisation judiciaire et compétence

943. Énumération. — Les juridictions spécialisées dans les affaires de mineurs sont :

— le juge des enfants
— le Tribunal pour enfants
— la Chambre spéciale de la Cour d'appel
— la Cour d'assises des mineurs.

Selon le décret 2008-107 du 4 février 2008, le président du tribunal de grande instance désigne l'une des juges des enfants, pour « coordonner les relations de la juridiction des mineurs avec les services chargés de la mise en œuvre des mesures (prescrites) ».

944. Le juge des enfants. — C'est un magistrat spécialisé choisi au sein du Tribunal de grande instance (art. L 252-1 s. Code de l'organisation judiciaire). Une instruction criminelle devant toujours être conduite par un juge d'instruction, les **attributions d'instruction** du juge des enfants n'existent qu'en matière de délits et de contraventions de cinquième classe. De plus, le Ministère public dispose d'un choix (art. 5, al. 2 O. 45) : soit lui confier l'information soit en charger le juge d'instruction. En pratique, cette dernière solution est très peu fréquente. Les **attributions de jugement** du juge des enfants n'existent que pour les infractions qu'il a lui-même instruites. Au lieu de se dessaisir, comme le ferait un juge d'instruction de droit commun, par une ordonnance de clôture, il peut alors statuer lui-même sur le fond (art. 8 O. 45). Mais dans ce cas, il ne peut pas prononcer de condamnation pénale. De telles décisions ne peuvent être prises que par le Tribunal pour enfants. Par ailleurs, le juge des enfants, de par la loi Perben 2 (*supra*, n° 55) est devenu le **juge de l'application des peines à l'égard des mineurs**. Il statue donc, notamment, sur les réductions de peine, les libérations conditionnelles, les semi-libertés, les permissions de sortie.

945. Le Tribunal pour enfants. — Ce tribunal (art. L 251-1 et s. Code de l'organisation judiciaire) est présidé par le **juge des enfants, assisté de deux assesseurs**. Ces assesseurs ne sont pas des magistrats professionnels, mais de **simples citoyens**, nommés pour quatre ans par arrêté du garde des Sceaux. Ils (ou elles) sont choisis parmi les personnes âgées de plus de trente ans, de nationalité française, et s'étant signalées par l'intérêt qu'elles portent aux questions de l'enfance, et par leur compétence. Le rôle du Ministère public est tenu par un magistrat du Parquet du Tribunal de grande instance, spécialement chargé des affaires concernant les mineurs. Le tribunal est compétent : 1° pour les contraventions de cinquième classe et les délits commis par tous les mineurs ; 2° pour les crimes commis par des mineurs de moins de seize ans. Il peut prescrire toute mesure éducative, des sanction éducatives, ou (*supra,* n°s 933 s.) prononcer des peines. Et le tribunal pour enfants est aussi tribunal de l'application des peines (*supra*, n° 600).

946. La Chambre spéciale de la Cour d'appel. — Cette chambre est composée de trois conseillers. Mais parmi eux, doit figurer un **conseiller délégué à la protection de l'enfance.** Il siège comme membre de la chambre de l'instruction pour les affaires concernant les mineurs. Il préside par ailleurs la chambre spécialisée qui connaît des appels formés contre les jugements ou décisions soit du juge des enfants, soit du Tribunal pour enfants.

947. La Cour d'assises des mineurs. — Connaissant des crimes commis par des mineurs de plus de seize ans, cette Cour d'assises est présidée par un conseiller à la Cour d'appel, que désigne le premier président. Elle comprend en outre deux assesseurs, magistrats professionnels, qui doivent être pris, sauf impossibilité, parmi les juges des enfants du ressort de la Cour d'appel. À ces trois magistrats s'ajoute le jury de droit commun. On a vu (*supra,* n° 834) que ce jury comporte neuf jurés lorsque la Cour d'assises statue en premier ressort, et douze lorsqu'elle statue en appel.

948. Compétence territoriale. — Les règles de compétence territoriale sont transposées de celles du droit commun (*supra,* n° 811) : les juridictions pour enfants sont compétentes à raison soit du lieu de l'infraction, soit de la résidence du mineur, ou de ses parents ou tuteur, soit du lieu où il aura été trouvé, soit du lieu où il a été placé à titre provisoire ou définitif (art. 3 O. 45).

949. Compétence relative à l'action civile. — L'action civile peut être portée devant les juridictions spéciales aux mineurs (art. 6 O. 45).

950. Cas où un majeur est impliqué dans la même affaire que le mineur. — Dans ce cas, en principe, le majeur doit être jugé par le tribunal de droit commun et le mineur par la juridiction pour enfants. Il y a disjonction. Toutefois, la disjonction n'est pas obligatoire lorsqu'il s'agit d'un crime commis par un mineur de seize à dix-huit ans. Le juge d'instruction peut alors renvoyer tous les accusés, majeurs ou mineurs, devant la Cour d'assises des mineurs (art. 9-4° O. 45). Cette solution s'explique par le fait que la composition de la Cour d'assises des mineurs n'est pas différente, dans son principe, de la composition de la Cour d'assises de droit commun (*supra,* n° 947).

Section 2
La procédure

951. Contraventions, délits, crimes. Plan. —

• Quand la contravention commise n'est que des quatre premières classes, et sauf application de la procédure dite simplifiée ou du procédé de l'amende forfaitaire (*supra,* n°s 877 et 878), le mineur est traduit devant le Tribunal de police ou la juridiction de proximité (n° 875). Ce tribunal peut admonester le mineur (c'est la seule solution si le mineur a moins de treize ans) ou le condamner à la peine d'amende prévue par la loi. Si le juge de police estime nécessaire une mesure de surveillance, il ne peut pas la prononcer lui-même. Mais il transmettra le dossier au juge des enfants qui aura la faculté de placer le mineur sous le régime de la liberté surveillée (art. 21, al. 3 O. 45).

• Quant aux contraventions les plus graves, celles de 5e classe, elles sont sont soumises en tous points aux règles de procédure applicables aux délits. On peut donc se limiter aux matières correctionnelle et criminelle, en considérant § 1 les pouvoirs du Maire, § 2 l'enquête policière et le choix du Parquet, § 3 l'instruction, § 4 le jugement, § 5 les suites du jugement.

§ 1. Les pouvoirs du Maire

952. En amont des poursuites pénales... — Il s'agit, pour le maire dans la commune duquel l'infraction s'est produite, de pouvoirs nouveaux (loi 2007-297 du 5 mars 2007 relative à la prévention de la délinquance). Ce **maire**, informé par le Ministère public des infractions commises dans sa commune, peut opérer un **rappel à l'ordre** visant un mineur dont les agissements peuvent « porter atteinte au bon ordre, à la sécurité, à la salubrité publique », et lui enjoindre de se conformer « à l'ordre et à la tranquillité publique » (art. L. 2212-2-1 du Code général des collectivités territoriales). Le maire est d'ailleurs informé, par les autorités compétentes, des infractions commises dans sa commune, et des décisions prises subséquemment.

§ 2. L'enquête policière et le choix du Parquet

953. Garde à vue des mineurs, mesures alternatives aux poursuites.

• S'agissant de la garde à vue lors de l'enquête policière, sa durée varie selon l'âge du mineur (art. 4 O. 45), et ses garanties sont renforcées.

• Quant aux mesures alternatives aux poursuites pénales, et qui sont fréquentes (deux cinquièmes environ des délits constatés), ce sont celles prévues par l'article 40-1 CPP. S'y ajoute la possibilité de la composition pénale (art. 7-2 O. 45).

954. Le choix du Parquet. — Le parquet dispose donc d'une large palette de possibilités, ainsi : simple rappel à la loi, orientation vers une structure sanitaire, sociale ou professionnelle, régularisation de la conduite délictueuse, mesure de réparation, médiation, rapprochement entre l'auteur de l'infraction et sa victime, injonction thérapeutique, composition pénale... Une circulaire de la Chancellerie (en date du 13 décembre 2002) souligne que ces diverses mesures doivent « *systématiser la réponse à tous les actes de délinquance, afin de combattre le sentiment d'impunité du jeune délinquant et d'éveiller en lui « la nécessaire prise en compte de sa victime »*... L'objectif est fort louable... mais il ne s'agit que d'une circulaire...

§ 3. L'instruction

955. Caractère obligatoire de l'instruction ? Un principe... et d'importantes exceptions. — Il faut mettre à part les contraventions des 4 premières classes, qui sont jugées par le tribunal de police ou le tribunal de proximité (*supra*, n° 875 et s.). Pour toutes autres infractions, l'instruction fut longtemps obligatoire. Mais à présent, ce principe connaît deux exceptions notables, équivalant à une citation directe devant la juridiction de jugement. La première exception s'opère par la convocation du mineur à comparaître devant le juge des enfants. (art. 5 O. 45). La seconde exception réside dans la procédure dite de « présentation immédiate » (art. 14-2 al. 2 O. 45).

956. Par qui l'instruction est-elle faite ? — Quand l'instruction a lieu, ses modalités varient suivant qu'il s'agit d'une crime ou d'un délit. L'instruction des crimes ne peut être confiée qu'au juge d'instruction qui sera saisi, soit par un réquisitoire du Procureur de la République, soit par une constitution de partie civile. L'instruction des délits correctionnels peut être confiée soit au juge d'instruction, soit au juge des enfants (*supra,* n° 944). Dans la majorité des cas, c'est le juge des enfants qui sera saisi.

957. Division. — Cette dualité de juges investigateurs conduit à considérer : les règles générales concernant toute instruction préparatoire menée contre un mineur (A) ; les règles concernant l'instruction menée par le juge d'instruction (B) ; règles concernant l'instruction menée par le juge des enfants (C).

A Règles générales concernant l'instruction

958. Énumération. — Ces règles concernent : l'éclairage de la personnalité du mineur ; les mesures éducatives provisoires ; les mesures coercitives provisoires.

959. Éclairage de la personnalité du mineur. — Pour éclairer le juge sur les moyens les plus appropriés à l'éducation du mineur, la loi prescrit de procéder à une enquête sociale et à un examen médical. L'**enquête sociale** a pour but d'obtenir « des renseignements sur la situation matérielle et morale de la famille, sur le caractère et les antécédents du mineur, sur sa fréquentation scolaire, son attitude à l'école, sur les conditions dans lesquelles il a vécu ou a été élevé » (art. 8, al. 4 O. 45). L'**examen médical** peut se compléter d'un **examen médico-psychologique** et d'un placement dans un centre d'accueil ou d'observation (art. 8, al. 5 O. 45).

960. Mesures éducatives provisoires. — À l'issue de la première comparution du mineur, le juge d'instruction ou le juge des enfants peut prendre, pour la durée de l'instruction, des mesures d'accompagnement éducatif. Soit la liberté surveillée préjudicielle, qui place le mineur sous la surveillance d'un service éducatif durant l'instruction (art. 8 O. 45). Soit le placement dans un établissement agréé (art. 10 O. 45), pour éloigner le mineur de sa famille ou de sa bande.

961. Mesures coercitives provisoires. — Prises durant les investigations, ces mesures peuvent être : la garde à vue ; le contrôle judiciaire ; et la détention provisoire.

962. La garde à vue du mineur. Sa durée maximale. — La garde à vue du mineur obéit à des règles très protectrices (art. 4 O. 45). Sa durée varie suivant l'âge du mineur.

• Le mineur de moins de 13 ans ne peut pas être placé en garde à vue. Ce principe ne connaît qu'une dérogation, lorsque le mineur a plus de dix ans et qu'il existe contre lui des indices graves ou concordants laissant présumer qu'il a commis un crime ou un délit grave, c'est-à-dire puni par la loi d'au moins cinq ans d'emprisonnement. Encore la garde à vue se trouve-t-elle subordonnée à des conditions multiples. D'abord, elle n'est permise qu'avec l'accord préalable et sous le contrôle d'un magistrat spécialisé dans la protection de l'enfance, lequel détermine la durée de la garde à vue. Ensuite, cette durée ne peut pas excéder douze heures, sauf à titre exceptionnel, par renouvellement de même durée.

• Le mineur de 13 à 16 ans peut être placé en garde à vue, mais pour 24 heures non renouvelables, si le délit n'est puni que d'une peine d'emprisonnement inférieure à cinq ans. S'il l'est, la garde à vue devient renouvelable.

• Le mineur de plus de seize peut subir une garde à vue renouvelable dans tous les cas.

963. La garde à vue du mineur. Ses modalités protectrices. — Les garanties accordées aux majeurs (*supra,* n° 739) sont alors renforcées (art. 4 O. 45). Ainsi, l'entourage du mineur doit recevoir avis immédiat de la garde à vue, sauf décision judiciaire. Les interrogatoires font l'objet d'un enregistrement audio-visuel, placé sous scellés et dont la copie est versée au dossier.

964. Le contrôle judiciaire du mineur. — Il est possible à l'encontre d'un mineur de plus de treize ans lorsqu'il encourt une peine d'emprisonnement égale ou supérieure à cinq ans et qu'il a déjà fait l'objet d'une mesure éducative (art. 10-2 al. 4 O. 45). Ce contrôle peut inclure l'obligation de respecter leur placement en centre éducatif fermé.

965. La détention provisoire du mineur. — La détention provisoire est exclue pour les mineurs de moins de treize ans. Quand le mineur a plus de treize ans et moins de dix-huit, la détention provisoire est exceptionnelle : elle suppose que le mineur n'a pas respecté les conditions de son contrôle judiciaire, et qu'il encourt une peine précisée par les articles 11 à 11.2 O. 45.

B Règles concernant l'instruction menée par le juge d'instruction

966. La soumission au droit commun. — Quand le juge d'instruction est saisi, le principe est que, sous réserve des règles dérogatoires protectrices du mineur (*supra,* n°s 958 s.), l'instruction obéit aux règles du droit commun (*supra,* n°s 750 s.). Notamment, les règles protectrices des droits de la défense, concernant les interrogatoires, devront être respectées (*supra,* n°s 760 s.). L'instruction se terminera par une ordonnance de non-lieu, ou une ordonnance de renvoi. Quand il s'agit d'un mineur de seize ans, ayant commis un crime ou un délit, le renvoi est toujours ordonné devant le Tribunal pour enfants. Quand il s'agit d'un mineur de seize à dix-huit ans, le juge d'instruction prendra une ordonnance soit de renvoi devant le Tribunal pour enfants s'il y a présomption de délit correctionnel, soit de mise en accusation devant la Cour d'assises des mineurs, s'il y a présomption de crime (art. 9 O. 45). Cette ordonnance pourra faire l'objet d'un appel devant la chambre de l'instruction.

C Règles concernant l'instruction menée par le juge des enfants

967. Une spécificité remarquable. — Lorsque le juge des enfants est saisi, la procédure est simplifiée et les pouvoirs du juge sont plus importants, qu'il s'agisse du déroulement, ou qu'il s'agisse de la clôture de l'instruction (art. 8 O. 45). De plus, le **juge des enfants dispose d'un choix** : il peut agir comme juge d'instruction, et se doit alors d'en respecter les règles procédurales, suivre la **voie « officielle »** ; mais il peut décider d'agit par la **voie officieuse**, s'affranchissant alors des formes requises. Cette voie, le plus souvent choisie, laisse au juge une latitude beaucoup plus grande et favorise un traitement rapide (comme il est souvent préconisé) de la délinquance juvénile.

968. Le déroulement de l'instruction devant le juge des enfants. — Le juge des enfants n'est pas tenu par toutes les règles protectrices des droits de la défense qui s'imposent au juge d'instruction. Ainsi, il n'a pas à observer les formalités qui régissent les interrogatoires ; il peut même procéder par voie officieuse, c'est-à-dire sans avoir à respecter aucune forme. En pratique, il est souvent fait recours à cette procédure officieuse, plus rapide, comme il est ici particulièrement souhaitable.

969. La clôture de l'instruction menée par le juge des enfants. — Le juge des enfants ajoute à ses attributions d'instruction celles de jugement. Dès lors (art. 8 O. 45), quand le juge des enfants estime infondée la poursuite, il rend une ordonnance de non-lieu. Si les faits lui paraissent de nature criminelle, le juge des enfants doit renvoyer l'affaire au juge d'instruction. Sinon, le choix lui est ouvert : saisir le tribunal pour enfants, ou procéder lui même au jugement.

§ 4. Le jugement

970. Juridictions compétentes. Division. — Sauf le cas où l'infraction retenue se trouve n'être qu'une contravention des quatre premières classes (*supra,* n° 951), la décision sera rendue soit par le juge des enfants, soit par le Tribunal pour enfants, soit par la Cour d'assises des mineurs.

971. Le jugement par le juge des enfants. — Le juge des enfants ne peut juger que les affaires qu'il a lui-même instruites. C'est une dérogation au droit commun de la procédure pénale, laquelle a pour principe la séparation de l'instruction et du jugement. Cette dérogation n'est pas sans présenter quelque danger. Mais ce danger semble limité, puisque le juge des enfants n'est en droit d'ordonner que les mesures les moins graves. De plus, il peut surseoir à son jugement et ordonner une mise en liberté surveillée. La procédure est peu formaliste. Elle se déroule en Chambre du conseil, sans aucune publicité, dans le cabinet du juge. C'est ce qu'on appelle l'audience de cabinet. Beaucoup d'affaires de mineurs sont jugées selon cette procédure. Les mesures que le juge des enfants est en droit de prendre, quand l'infraction est établie, lui laissent une latitude extrême. Ces mesures varient suivant les cas et les modes de saisine. Mais il ne peut s'agir que de mesures éducatives (*supra,* nos 935 s.) ou réparatrices. Le juge peut toujours ordonner l'exécution provisoire de sa décision, nonostant opposition ou appel (art. 22 O. 45).

972. Le jugement par le Tribunal pour enfants. — La procédure devant le Tribunal pour enfants (*supra,* n° 945) ressemble à celle suivie devant le tribunal correctionnel, mais avec des particularités importantes, qui varient suivant le mode de saisine (art. 14-2 O. 45).

Ainsi, le juge des enfants, qui a déjà instruit l'affaire, participe à son jugement comme président du tribunal. Ici encore il y a dérogation à la règle de procédure séparant l'instruction du jugement. La publicité de l'audience est très réduite. La reproduction des débats par la presse est interdite. Sont seuls autorisés à assister aux débats les témoins de l'affaire, les proches parents, le tuteur ou le représentant légal du mineur, les membres du Barreau, les délégués à la liberté surveillée, les représentants des services ou institutions s'occupant des mineurs. S'il y a plusieurs prévenus mineurs, ils doivent être jugés séparément. Le mineur peut être dispensé de comparaître. S'il comparaît, le président pourra lui ordonner de se retirer à tout moment. On souhaite éviter au mineur le choc psychologique qui résulterait éventuellement des débats à l'audience. Le Tribunal pour enfants a, comme le juge des enfants, la faculté de surseoir à son jugement, en ordonnant la liberté surveillée (*supra,* n° 939). Le tribunal pour enfants peut aussi, concernant le mineur âgé de plus de treize ans, prendre des mesures éducatives (art. 16) la mise sous protection judiciaire (art. 16 bis O. 45), des sanctions éducatives (*supra,* n° 941) ou prononcer une condamnation pénale (art. 18 O. 45).

Dans tous les cas, le Tribunal peut ordonner l'exécution provisoire de son jugement (art. 22 O. 45). En pratique il y est souvent recouru.

973. Le jugement par la Cour d'assises des mineurs. — La procédure se déroule, en principe, de la même manière que devant une Cour d'assises de droit commun. Cependant, la publicité des débats est soumise aux mêmes restrictions que devant le Tribunal pour enfants, sauf si le mineur est devenu majeur à l'ouverture des débats (art. 306 CPP). Et le fait qu'il s'agisse d'un accusé mineur oblige à poser au jury deux questions supplémentaires.

Première question supplémentaire : y a-t-il lieu de prononcer une condamnation pénale ? Car, même pour un mineur de seize à dix-huit ans, la loi laisse subsister l'option entre la mesure éducative et la condamnation pénale.

Seconde question supplémentaire : y a-t-il lieu d'exclure l'accusé du bénéfice de la réduction de peine tenant à la minorité ? Cette question doit être posée quand il s'agit d'un mineur qui avait entre seize et dix-huit ans à l'époque des faits reprochés (*supra,* n° 933).

Pour certaines infractions graves (2° et 3° art. 20-2, O 45), au cas de récidive réitérée, l'excuse de minorité peut être écartée.

§ 5. Les suites du jugement

974. Division. — D'abord, le jugement rendu est susceptible de voies de recours (n° 975). De plus, quand il ordonne des mesures éducatives, ce qui est le cas le plus fréquent, ces mesures peuvent toujours faire l'objet d'une révision (n° 976). Enfin, l'exécution des peines présente quelques particularités (n° 977).

975. Les voies de recours. — Elles sont soumises, en principe, au droit commun, sauf une importante dérogation.

• **Droit commun** : les jugements du juge des enfants et du Tribunal pour enfants sont susceptibles d'opposition et d'appel. L'appel est porté devant la Chambre spéciale de la Cour d'appel où l'audience est soumise aux mêmes restrictions de publicité que devant le Tribunal pour enfants. Les arrêts rendus en premier ressort par les cours d'assises des mineurs sont passibles de recours devant une autre Cour d'assises statuant en appel (art. 24 O. 45).

• **Dérogation au droit commun** : l'effet suspensif des voies de recours. Lorsque la décision prise a pour objet une mesure éducative, celle-ci risquerait de perdre son effet si l'exercice d'une voie de recours la suspendait. Le juge des enfants et le tribunal pour enfants, peuvent ordonner l'exécution provisoire de leur jugement. En cas de pourvoi en cassation contre une décision, sauf si cette décision porte condamnation pénale, l'exécution provisoire est de droit (art. 22 et 24 O. 45).

976. La révision des mesures d'éducation. — Les mesures éducatives n'ont de chance d'être efficaces qu'à la condition d'être adaptées à la personnalité du mineur, laquelle évolue rapidement. C'est pourquoi leur révision est possible à tout moment, soit d'office, soit à la requête du Ministère public, ou du mineur, ou de la personne qui en a la garde (art. 27 O. 45).

977. L'individualisation des peines. — Quand le mineur doit subir une peine d'emprisonnement, l'individualisation dépend non plus du juge de l'application des peines mais du **juge des enfants**. Cela (art. 20-9 O. 45) tant pour les peines du milieu fermé (permission de sortir, remise de peine, suspension de peine, fractionnement de peine, semi-liberté, libération conditionnelle, placement sous surveillance électronique) que pour les peines se plaçant en milieu ouvert (sursis avec mise à l'épreuve, travail d'intérêt général, suivi socio-judiciaire). Les mineurs bénéficient donc, comme les majeurs, d'un « **sas de sortie** » (*supra*, n° 576).

Chapitre 3
La prise en charge des mineurs délinquants

978. Plan. — Cette prise en charge conjugue beaucoup de dévouements et de bureaucratie, d'intentions généreuses et de résultats inégaux. Elle s'accompagne, en tout cas, d'une complexité qui décourage peut-être plus la description que la criminalité. Pour en donner une vue sommaire, on distinguera : les structures de prise en charge (section 1) les établissements de prise en charge (section 2).

Section 1
Les structures de prise en charge

979. Distinction. — Toutes ces structures, fort diversifiées, offrent un trait commun. Elles concernent la protection des mineurs en danger, qu'ils soient victimes ou qu'ils soient délinquants. Mais il faut distinguer structures publiques et structures privées.

980. La dualité des structures publiques. — La protection de la jeunesse repose sur deux structures publiques, administrative et judiciaire. La structure administrative se trouve à l'échelle des départements, qui assurent la protection de l'enfance en danger : protection maternelle et infantile, service social de l'enfance. La structure judiciaire est disséminée sur tout le territoire. Mais elle agit sous un contrôle central, assuré par le ministère de la Justice (direction de la Protection Judiciaire de la Jeunesse, ou PJJ). La PJJ gère le secteur public de la protection de l'enfance : soit plusieurs centaines d'établissements, et plusieurs dizaine de services éducatifs auprès des tribunaux (ou SEAT). De plus, la PJJ pilote un vaste secteur associatif, relevant d'une structures privées se consacrant à la protection des mineurs.

981. Le fourmillement des structures privées. — Elles visent tant à la protection des mineurs en danger qu'à l'insertion des mineurs délinquants. On compte sur le territoire près de cinq cent associations ayant cet objet. Elles font travailler plus de 25 000 agents salariés, pour la gestion de plus d'un millier d'établissements (services de placements familiaux, d'enquêtes sociales, d'actions éducatives en milieu ouvert).

Section 2
Les établissements de prise en charge

982. Distinction. — Ils relèvent soit du milieu fermé, soit du milieu ouvert. **Le milieu fermé** comporte deux types d'établissement. D'une part, au sein d'un établissement pénitentiaire fermé, un secteur distinct : le Quartier de Détention réservé aux Mineurs (ou QDM). D'autre part, les Établissements Pénitentiaires Spécialisés Mineurs (ou EPSM). Le **milieu ouvert** correspond aux établissements de placement éducatif, accueillant à la fois les mineurs délinquants mais les mineurs relevant de l'assistance éducative. On y trouve une palette très diversifiée : **foyers d'action éducative ; centres éducatifs renforcés ; centres éducatifs fermés**.

Paradoxe : ces derniers centres, en dépit de leur nom, ne sont pas matériellement fermés. Ce sont plutôt des « internats », n'astreignant le mineur (en attente de jugement ou déjà jugé) qu'à des mesures de surveillance et de contrôle. C'est seulement si le mineur se soustrait à ces mesures qu'il pourra être mis en milieu fermé, soit pour détention provisoire, soit pour exécution d'une peine privative de liberté.

983. Structures nouvelles des services dédiés à la délinquance des mineurs. D'ores et déjà, la direction de la Protection Judiciaire de la Jeunesse a réorganisé ses structures. Une nouvelle nomenclature distingue deux sortes de services

- services éducatifs, soit auprès des tribunaux, soit en établissements pénitentiaires
- services territoriaux, soit d'insertion des jeunes sous mandat de justice, soit de milieu ouvert. De plus, une commission de réforme a été mise en place. Elle préparera le remplacement de l'Ordonnance 45-174 du 2 février 1945 relative à l'enfance délinquance.

Table alphabétique

(Les chiffres renvoient aux numéros de paragraphes)

A

F

G

I

N

O

P

T

U

V

Table des matières

INTRODUCTION

Première Partie

DROIT PÉNAL

Deuxième partie

PROCÉDURE PÉNALE

Troisième partie

MINORITÉ PÉNALE

MANUELS

Collection dirigée par Bernard AUDIT et Yves GAUDEMET

Ph. ARDANT : *Institutions politiques et droit constitutionnel,* 19e éd., 2007.
B. BASDEVANT-GAUDEMET et J. GAUDEMET : *Introduction historique au droit,* XIIe-XXe siècles, 2e éd., 2003.
A. BATTEUR : *Droit des personnes et de la famille et des incapacités,* 3e éd., 2007.
J.-B. BLAISE : *Droit des affaires,* 4e éd., 2007.
M. BOUVIER, M.-Ch. ESCLASSAN et J.-P. LASSALE : *Finances publiques,* 8e éd., 2006.
B. BRACHET : *Le système fiscal français,* 7e éd., 1997.
Ph. BRAUD : *Sociologie politique*, 9e éd., 2008.
D. CARREAU et P. JUILLARD : *Droit international économique*, 4e éd., 1998.
J.-P. CHAUCHARD : *Droit de la Sécurité sociale,* 4e éd., 2005.
O. CACHARD, *Droit du commerce international*, 2008.
J.-Ph. COLSON : *Droit public économique,* 3e éd., 2001.
G. CUNIBERTI, *Grands systèmes de droit contemporains*, 2007.
I. DAURIAC : *Les régimes matrimoniaux,* 2004.
A. DECOCQ et G. DECOCQ : *Droit de la concurrence interne et communautaire,* 2e éd., 2004.
A. DECOCQ et G. DECOCQ : *Droit européen des affaires,* 2003.
G. DE GEOUFFRE DE LA PRADELLE et M.-L. NIBOYET, *Droit international privé*, 2007.
E. DERIEUX, *Droit de la communication,* 4e éd., 2003.
E. DERIEUX, *Droit des médias (Droit français, européen et international),* 5e éd., 2008.
J.-Y. FABERON et J. ZILLER : *Droit des collectivités d'Outre-Mer,* 3e éd., 2007.
B. FAGES, *Droit des obligations*, 2007.
F. FAVENNEC-HÈRY et P.-Y. VERKINDT, *Droit du travail*, 2007.
M. FROMONT et H. MAURER : *Droit administratif allemand,* 1995.
Y. GAUDEMET : *Droit administratif,* 18e éd., 2005.
O. GOHIN : *Institutions administratives*, 5e éd., 2006.
G. GOUBEAUX et P. VOIRIN : *Droit civil,* 2 vol., t. 1, 31e éd., 2007, t. 2, 25e éd., 2008.
F. HAMON et M. TROPER : *Droit constitutionnel*, 30e éd., 2007.
J.-J. ISRAEL : *Droit des libertés fondamentales,* 1998.
J.-C. JAVILLIER, M. MOREAU et J.-M. OLIVIER : *Droit du travail*, 7e éd., 1999.
E. JEULAND : *Droit processuel,* 2007.
P. JULIEN et N. FRICERO : *Droit judiciaire privé*, 2e éd., 2003.
P. JULIEN et G. TAORMINA : *Voies d'exécution et procédures de distribution,* 2000.
P. KINDER-GEST : *Droit anglais*, vol. 1 : *Institutions politiques et judiciaires,* 3e éd., 1997.
J. LAROCHE : *Politique internationale,* 2e éd., 2000.
F. LECLERC : *Le droit des contrats spéciaux*, 2007.
D. LEGEAIS : *Droit civil : sûretés et garanties du crédit*, 6e éd., 2008.
J. LEROY : *Droit pénal général,* 2e éd., 2007.
G. LYON-CAEN et J. TILLHET-PRETNAR : *Droit social,* 5e éd., 1995.
B. MATHIEU et M. VERPEAUX : *Contentieux constitutionnel des droits fondamentaux,* 2002.
J. MESTRE et M.-E. TIAN-PANCRAZI : *Droit commercial,* 27e éd., 2006.
H. OBERDORFF, *Droits de l'homme et libertés fondamentales*, 2008.
F. PÉROCHON et R. BONHOMME : *Entreprises en difficulté, instruments de crédit et de paiement*, 7e éd., 2006.
D. PORACCHIA, F. RIZZO, J.-M. MARMAYOU et F. BUY, *Droit du sport*, 2006.
J.-F. RENUCCI : *Droit européen des droits de l'Homme,* 3e éd., 2002.

L. RICHER : *Droit des contrats administratifs,* 6e éd., 2008.

J. RIDEAU : *Droit institutionnel de l'Union et des Communautés européennes,* 5e éd., 2006.

J.-J. ROCHE : *Relations internationales*, 3e éd., 2005.

P. RODIÈRE : *Droit social de l'Union européenne,* 2e éd., 2002.

J.-C. SOYER : *Droit pénal et procédure pénale*, 20e éd., 2008.

F. STASIAK : *Droit pénal des affaires,* 2005.

L. TROTABAS et P. ISOART : *Droit public (droit constitutionnel, droit administratif, finances publiques, droit administratif spécial)*, 24e éd., 1998.

D. VIDAL : *Droit des sociétés*, 5e éd., 2006.